21世纪经济管理新形态教材·工商管理系列

U0368095

管理沟通：
理念、方法与实践

张振刚　李云健　◎　编著

清华大学出版社

北　京

内 容 简 介

《管理沟通：理念、方法与实践》聚焦中国文化情境和日常工作场景下的沟通理念与沟通问题，包括理念篇、策略篇和实践篇。

本书有三大特色：①系统性。本书以层级递进的方式，强调以正确的沟通理念为指引，指导不同情境下的沟通实践，体系完整、逻辑清晰。②指导性。本书强调以科学的方法论指导实际沟通问题，着重培养学生的方法论意识，让学生学会做正确的事、正确地做事、合作地做事。③实用性。本书选择有代表性的案例与情境，有针对性地设计自我评价、情境模拟和案例分析等内容，强调师生互动，以实战演练提高学生的沟通技能。

本书不仅可以作为高等学校经济管理类专业教材，也可作为职业经理人、企业中高层管理者的参考用书。

本书封面贴有清华大学出版社防伪标签，无标签者不得销售。

版权所有，侵权必究。举报：010-62782989，beiqinquan@tup.tsinghua.edu.cn。

图书在版编目（CIP）数据

管理沟通：理念、方法与实践 / 张振刚，李云健编著 . —北京：清华大学出版社，2022.1（2025.7重印）
21世纪经济管理新形态教材 . 工商管理系列
ISBN 978-7-302-59332-4

Ⅰ.①管… Ⅱ.①张…②李… Ⅲ.①管理学—高等学校—教材 Ⅳ.① C93

中国版本图书馆 CIP 数据核字（2021）第 208265 号

责任编辑：徐永杰
封面设计：汉风唐韵
责任校对：宋玉莲
责任印制：沈　露

出版发行：清华大学出版社
　　　网　　址：https://www.tup.com.cn, https://www.wqxuetang.com
　　　地　　址：北京清华大学学研大厦 A 座　　邮　编：100084
　　　社 总 机：010-83470000　　　　　　　邮　购：010-62786544
　　　投稿与读者服务：010-62776969，c-service@tup.tsinghua.edu.cn
　　　质量反馈：010-62772015，zhiliang@tup.tsinghua.edu.cn
印 装 者：三河市天利华印刷装订有限公司
经　　销：全国新华书店
开　　本：185mm×260mm　　印　张：22.5　　字　数：398千字
版　　次：2022 年 1 月第 1 版　　印　次：2025 年 7 月第 5 次印刷
定　　价：66.00 元

产品编号：094526-01

前　言

　　"管理沟通"是一门涵盖组织行为学、心理学、社会学、伦理学、政治学和文化学等多学科知识的课程，内容庞杂，如何在有限的课时内讲完、讲明白，就需要一个清晰的教学逻辑体系。为此，本书尝试构建"理念＋方法＋技能"的"管理沟通"课程教学逻辑体系。我们认为，"管理沟通"课程的教学应该遵循从理念、方法到技能这一逻辑体系，重点传播正确的理念、提供科学的方法指导，并组织学生进行情境演练以提升实战技能。首先，理念应排在首位，只有掌握正确的理念，才能做正确的事，即强调理念转变驱动态度和行为的改变；其次，只有掌握科学的方法论，方能正确地做事，即通过提高效率以达到事半功倍的效果；最后，在理念转变的基础上，用科学的方法论提升实践中的沟通技能，方能顺利地解决管理中遇到的问题。

　　在这一教学逻辑体系的基础上，本书分为理念篇、策略篇和实践篇三大部分：

　　（1）理念篇强调理论知识的普及与思想理念的传播。理念篇主要回答管理沟通是什么、应遵循哪些基本原则和思想方法。系统介绍了管理沟通的涵义、功能、要素、过程、类型、原则、障碍和思想方法，使得读者对管理沟通有一个初步的了解，方便深入学习，也为沟通策略的提出、沟通实践问题的分析和解决奠定坚实的理论基础。

　　（2）策略篇主要阐述通用性的管理沟通方法策略。基于沟通过程中的5个基本环节，本书从主体策略、客体策略、信息策略、渠道策略和反馈策略5个方面对管理沟通的方法、策略进行梳理、归纳。主体和客体是沟通的实体，信息管理、渠道选择和反馈与否都取决于沟通实体的决策，因而我们首先要进行主体和客体分析，做到"知己知彼"，进而再选择合适的信息策略、渠道策略和反馈策略。具体来看，主体策略主要阐述认识自我、管理自我与说服自我的问题，即通过认识自我扬长避短，通过管理自我使自己的行为符合规范，通过自我暗示和自我调整说服自我，以让主体更容易被理解、认可和接受；客体策略主要分析客体的类型、需求和感受，以更好地引导和说服客体，即通过认识他人来投其所好，进而影响他人；信息策略主要是指信息收集与表达的方法，其中信息收集策略包括倾听和阅读，信息表达策略包括说话和写作；渠道策略主要介绍书面渠道、口头渠道和非语言渠道的特点，在此基础上给出沟通渠道选择与完善的方法；反馈策略则是在分析反馈影响因素的基础上，给出给予反馈、接收反馈和寻求反馈的方法。通过对五大策略的讲解，引导读者掌握科学的方法论，学会做正确的事、正确地做事、合作地做事。

（3）实践篇主要以沟通实践来检验沟通理论与沟通策略的正确性，通过实践提升沟通技能。基于中国文化情境与实践经验，结合日常管理沟通场景和当今沟通热点，本篇主要从人际沟通、团队沟通、组织内部沟通、商务谈判沟通、危机管理沟通和跨文化沟通展开讨论。其中，人际沟通主要是指基于人与人之间的关系发展阶段来探讨人际关系建立、维持以及人际冲突处理技巧；团队沟通主要是在团队建设的基础上探讨团队激励、团队决策和团队冲突管理等的沟通技巧；组织内部沟通主要包括上行沟通、下行沟通和平行沟通，如何赢得领导的欣赏、下属的尊敬和同事的帮助等是本章的重点；商务谈判沟通是组织对外合作或解决争端的常见途径，我们应该掌握哪些原则和技巧，才能在商务谈判中赢得优势和主导权是本章的重点；危机管理沟通主要是在了解危机特点和危机管理沟通常见障碍的基础上，探讨危机管理沟通的策略和发生危机时与媒体沟通的技巧；跨文化沟通主要是在中西方文化差异分析的基础上，探讨跨文化经营管理中的沟通原则和沟通策略。

本书有三大特色：①系统性。本书以层级递进的方式，强调以正确的沟通理念为指引，指导不同情境下的沟通实践，体系完整、逻辑清晰。②指导性。本书强调以科学的方法论指导实际沟通问题，着重培养学生的方法论意识，让学生学会做正确的事、正确地做事、合作地做事。③实用性。本书选择有代表性的案例与情境，有针对性地设计自我评价、情境模拟和案例分析等内容，强调师生互动，以实战演练提高学生的沟通技能。

本书是我二十余年教学经验的总结与升华，是集体智慧的结晶，由我和李云健负责制定全书的详细写作提纲，提出编写思路、构建概念框架、确定具体内容，以及最后的审核校对。本书的编写工作主要由我和李云健执笔完成，其中，余永进参与了第1、10章资料的更新和修改，张君秋参与了第2、3章资料的更新和修改，陈文悦参与了第4、9章资料的更新和修改，杨玉玲参与了第5、6章资料的更新和修改，章安康参与了第7、8章资料的更新和修改，叶宝升、黎祯祯参与了第11、12章资料的更新和修改。在编写的过程中，华南理工大学"管理沟通"课程专任教师张春阳老师提出了宝贵的修改建议，华南理工大学吴耀华老师、李娟娟硕士、张易硕士、崔婷婷硕士、杨金玲硕士等在本书的前期编写工作中也做出了重要的贡献，在此一并表示衷心的感谢。

　　此外，本书的许多理论、方法、观点都是建立在前人大量研究的基础之上的，在此对所有被引用和借鉴成果的相关作者表示衷心的感谢。由于作者的水平和精力有限，书中的遗漏、缺点在所难免，敬请读者不吝批评指正。我们也期待未来使用本书的同仁们能够不吝赐教，让我们能进一步更新和完善本书的知识体系。

　　最后衷心感谢清华大学出版社徐永杰编辑等的鼎力支持！

于华南理工大学工商管理学院

2021 年 8 月

教 学 建 议

 教学目的

    本课程的教学目的在于让学生了解管理沟通的基本理念，掌握管理沟通的方法论，提升管理沟通的实战技能。具体来说，就是要转变学生的思维理念，传播正确的思想方法，普及管理沟通的理论知识，着重培育学生的方法论意识，引导学生学会做正确的事、正确地做事、合作地做事和系统地做事，进而提高学生的自我管理能力、学习创新能力、表达交流能力和组织领导能力。

前期需要掌握的知识

    管理学、心理学等相关知识。

课时分布建议

教学内容	学习要点	课时安排 MBA、MPA	课时安排 本科生
第1章 管理沟通概述*	（1）理解管理沟通的基本概念、功能和类型 （2）掌握管理沟通要素和五个重要环节的分析 （3）掌握管理沟通的原则 （4）掌握管理沟通的思想方法	4	4
第2章 管理沟通的主体策略*	（1）学会识别自我的性格特征、明晰自我的角色定位 （2）了解个体沟通动机的三大理论 （3）掌握认同管理、情感管理、压力管理和时间管理的方法 （4）掌握进行自我暗示、自我调整和自我说服的方法	4	4
第3章 管理沟通的客体策略*	（1）了解如何进行客体分析 （2）掌握引导客体的三种方式 （3）了解说服模型，掌握说服的策略和技巧	4	4
第4章 管理沟通的信息策略*	（1）重点掌握信息表达的方法论 （2）了解倾听的环节，掌握有效倾听的方法 （3）了解阅读的层次，掌握SQ4R阅读法 （4）掌握演讲、会谈和面谈的技巧 （5）掌握写作的原则以及各类管理文体的写作重点	6	6

续表

教 学 内 容	学 习 要 点	课时安排	
		MBA、MPA	本科生
第5章 管理沟通的渠道 策略*	（1）了解书面沟通、口头沟通和非语言沟通的特点及其适用情境 （2）掌握身体语言、副语言和环境语言的运用技巧 （3）掌握书面渠道、口头渠道以及非语言渠道的配合使用技巧	4	4
第6章 管理沟通的反馈 策略	（1）理解反馈的涵义 （2）了解影响反馈过程的因素 （3）掌握给予反馈、接收反馈和寻求反馈的技巧	2	2
第7章 人际沟通	（1）掌握人际关系建立与维持的方法 （2）掌握与人交往的相关礼仪规范 （3）掌握人际冲突的处理技巧	4	4
第8章 团队沟通	（1）掌握团队激励的三种管理沟通技巧 （2）掌握团队决策的三种管理沟通技巧 （3）掌握团队冲突管理的八大技巧	4	4
第9章 组织内部沟通*	（1）理解组织内部沟通的基本概念和类型 （2）了解上行沟通、下行沟通、平行沟通的目的、形式和障碍 （3）掌握上行沟通、下行沟通、平行沟通的个人策略与组织策略	4	4
第10章 商务谈判沟通	（1）了解商务谈判的基本概念和过程 （2）掌握商务谈判的基本礼仪 （3）掌握商务谈判的技巧，可以在不同的情形下和基于不同的谈判对象选择合适的技巧	4	—
第11章 危机管理沟通*	（1）了解危机、危机管理和媒体沟通的含义 （2）了解危机管理沟通的障碍与解决策略 （3）掌握危机管理的事前防控、事中处理和事后恢复策略 （4）掌握危机时媒体沟通的四大原则及新闻发布的技巧	4	4
第12章 跨文化沟通*	（1）了解文化和跨文化沟通的含义 （2）了解管理沟通过程中常见的文化差异 （3）了解跨文化沟通的障碍与沟通原则 （4）掌握跨文化沟通中的组织策略与个人策略	4	—
课时总计		48	40

　　说明：①带 * 的章节，建议作为必讲内容；不带 * 的章节，可根据实际教学安排有选择性地讲授。②情境模拟、案例讨论等的课时，已经包含在各章节的课时中。

目　录

第一部分　理　念　篇

第二部分　策　略　篇

第三部分　实　践　篇

第一部分 理 念 篇

第1章　管理沟通概述

独处者非神即兽。

——亚里士多德

【学习目标】

➤ 掌握沟通的基本概念，理解管理沟通的四大功能。

➤ 掌握管理沟通的八大要素和五个重要环节分析。

➤ 了解管理沟通的四种分类标准。

➤ 理解管理沟通的六大原则。

➤ 从哲学、方法论、理论方法、技能经验四个层面掌握管理沟通的思想方法。

【导引故事】多一些"板凳上的谈心"

从"套话"到"大白话"的语言"转码"，需要党员干部时刻保持乐于谈心的自觉，增强善于谈心的能力。

《人民日报》曹怡晴编辑等在重庆开州区满月乡双坪村调研采访时，参加了村里的一次院坝会。村口坪坝，第一书记以及村干部等同村民们一块儿坐在几条板凳上，聊起了扶贫搬迁政策。一位村民提出："我大伯还是想待在山上，住我爹隔壁能有个照应，就把原来的房子重新修修不行吗？"听罢，第一书记便劝道："老王啊，你们一家都搬到镇上了，你爹迟早也要搬走，你大伯一个人谁照顾？山上那屋太危险了，搬下来，用水用电都方便，去卫生院也快。而且，新农村这边乡亲多，左邻右舍的，不比山上好哇？你大伯是五保贫困户，搬家、建房子国家都有补助，钱的事别担心，再好好跟你大伯说说？"拉家常似的，就把搬迁的好处、帮扶的政策给村民解释得清清楚楚。

在农村扶贫工作中，这种"板凳上的谈心"，很有必要。过去有些驻村干部在给贫困户宣讲政策时，怕说错话，习惯照着文件原原本本地念。台上讲得干瘪枯燥，台下听得云里雾里，大多数贫困户根本不晓得政策文件到底说了啥，对参加村民会议也不积极。其实，刚到村里驻村调研，笔者也常因"说话"吃了不少亏。进了一家贫困户，张口就问："大姐，您家里平时有享受到啥帮扶政策没有？"自以为问得挺热乎，可对方却一脸茫然：享受？帮扶？政策？啥意思？不懂！沟通不畅，村民就不乐意拿你当自己人，也懒得掏心掏肺讲自个儿的事，这时候还谈什么挖鲜活故事？想都别想。

在脱贫攻坚成效评估过程中，一些第三方机构也总出现这种尴尬的无效沟通。该村所在区县的扶贫办主任曾分享了类似的故事：2016 年，由某大学教授及在读研究生组成的评估组来到邻镇某村开展评估工作，因为评估组成员之前没有和贫困户打交道的经验，全拿规范的书面语来提问：扶贫攻坚工作中，政府有没有派结对帮扶干部来你们家？有没有制定相应的帮扶措施？听得村民好不耐烦，多数回答"没有"或"不知道"。其实，试着换成更通俗的群众语言，效果就会好得多：平时有没有干部到你们家里来？有没有跟你们一块儿想办法多收粮食多挣钱？面对这样亲切易懂的询问，村民们才能听得进去、答得出来。

当然，不仅仅是扶贫工作，"做好党的一切工作，必须走群众路线"。群众路线怎么走？学会说话很关键——拒绝"高冷"，还原"草根"，少说"官话"，多说"白话"，在这方面，近几年不少地方都作出了有益的尝试。例如，2016 年 9 月，河南省出台《河南省行政机关政策文件解读实施办法》，要求"红头文件"必须用通俗易懂的语言，把群众关心的事情讲清楚。从"套话"到"大白话"的语言"转码"，需要党员干部时刻保持乐于谈心的自觉，增强善于谈心的能力。

面对群众，无论是在村道巷口的答疑解惑，抑或是入门入户的信息沟通，多一些"板凳上的谈心"，多创造以心交心的机会，党员干部才能真正成为"发展的开路人、群众的贴心人"，而群众，也才会真正把你视为无话不谈的亲人、真心相待的朋友。

改编自：曹怡晴. 多一些"板凳上的谈心"[N]. 人民日报，2017-05-24（005）.

在导引故事中，第一书记通过改变与群众的沟通方式，既提高了效率，也解决了问题。马克思指出："人的本质不是单个人所固有的抽象物，在其现实性上，它是一切社会关系的总和。"（《马克思恩格斯选集》第 1 卷，第 56 页）人与动物的根本区别在于人具有社会性，即每个人自出生起就要与周围的人建立各种各样的社会关系，如同事关系、朋友关系等。在建立和维护社会关系网络的过程中，人们需要与他人进行交流、分享与合作。沟通自然而然地成为人际交往、团队合作、组织管理中无所不在又必不可少的基本活动，它能帮助人们互相理解、消除隔阂、化解矛盾，实现情感交流、信息分享和分工协作。

1.1　管理沟通的涵义

《大英百科全书》从媒介视角将沟通解释为："用任何方法，彼此交换信息。即指一个人与另一个人之间用视觉、符号、电话、电报、收音机、电视或其他工具为媒介，所从事之交换消息的方法。"《韦氏大辞典》从内容视角将沟通解释为"文字、文句或消息之交通，思想或意见之交换"。《现代汉语词典》从目的视角将沟通解释为"本指开沟以使两水相通，后用以泛指使两方相通连，也指疏通彼此的意见"。综合上述观点，沟通（communication）是指人与人之间通过语言与非语言的方式传递和理解信息、思想和情感并得到理解和反馈的过程。

1. 管理与沟通

杰克·韦尔奇把管理归结为"管理就是沟通，沟通，再沟通"，组织管理过去是沟通，现在是沟通，未来还是沟通。由此可见，管理与沟通密切相关，良好的沟通会促进成功的管理，成功的管理离不开有效的沟通。具体来看，管理的四项基本职能与沟通均存在密切相关关系。

（1）计划。作为一个组织，需要制订各种计划，包括战略规划、财务预算、技术预见及研究开发等。为了制订工作计划，明确预设目标，必须依靠有效的管理沟通活动，广泛征求意见，集中大家的智慧。例如，召开员工座谈会、组织专家咨询会、进行方案论证会、开展实地考察调研等，都需要进行有效的管理沟通，以获得真实的意见，得到大家的支持。

（2）组织。制订了良好的计划，常常因为组织缺乏适当的职权和责任划分，缺乏合理的组织结构予以支持而落空。所以，为了实现组织目标、实施工作计划，就必须对员工进行工作计划的宣贯和教育，以便于统一指挥，对责、权、利进行合理的考核和分配，从而落实工作计划。例如，格力电器在颁布总裁禁令后，留出一个星期对员工进行全员教育培训，之后才严格实行总裁禁令。在实施过程中，对于违反禁令的员工，不论是谁，严肃处理，公之于众。总裁禁令的成功实施，也是公司管理沟通的成功实践，为格力电器的发展奠定了坚实的基础。

（3）领导。领导是一种组织行为。领导，一个是思想在前引"领"，另一个是激励在后督"导"。所以，作为组织的领导，在开展"领"和"导"的过程中，必须正确开展管理沟通。在"领"方面，领导者要善于向员工描绘组织的愿景和目标，把正确的价值观和精神向往传达给大家，要善于塑造形象，获得支持，凝聚人心，形成合力。我们在生活和工作中可以看到，大多数领导都是高水平的演说家，他们善于表达，让员工听起来激动，想起来感动，感觉做起来有用，回到工作岗位自觉采取行动。在"导"方面，领导要理解下属的需要，善于运用激励措施，激发员工的主观能动性，提升员工的满意度，获得员工的正向反馈，得到大家的拥戴，进而提高工作绩效，实现管理目标。

（4）控制。计划可以科学制订出来，组织结构可以合理优化，员工的主观能动性也空前高涨，但是管理目标并没有如期实现，为什么？很大的可能是没有做好基于目标管理（MBO）的组织控制。控制过程可以划分为：①准确地测量工作实际的绩效。②将实际工作绩效与目标标准进行比较。③采取有效的管理行动来纠正偏差或不适当的衡量标准。格力电器合肥基地采取数据赋能积分管理，开展目标管理，用电子屏幕将每一个班组、每一个员工、每一天的工作绩效（状况）公布出来，如多少天无差错等，形成"比学赶帮超"的氛围。还用"抢单"的方法，悬赏鼓励所有的员工为某一个生产环节的问题提供优化解决方案。

2. 管理沟通的定义

计划、组织、领导、控制是组织管理的基本职能，管理者在实施这四项基本职能的过程中都离不开沟通。在组织中，管理者可以通过信息、思想和情感交流，传递组织的愿景、目标、使命和价值观，传达组织的命令要求，进行过程控制，反馈组织的运行情况，提高管理绩效。从组织内部来看，沟通把人与生产资料在特定时间内整合起来，以达到生产要求。在组织内部，管理沟通既包括管理者进行指挥和发布命令，也包括管理者从下属那里获得有效反馈，例如：

- 管理者如何让员工获得的信息与其发出的信息相符，使其不会对组织的决策产生偏见和不快。
- 管理者如何倾听下属真正的想法和意见，并将其作为决策的依据。
- 管理者如何鼓励下属汇报负面信息，同时不歧视提供坏消息者，以便于正确决策。
- 管理者如何鼓励"挑刺者"指出自己工作方式、工作计划或重大决策中的错误和不足。

在管理的过程中，管理者不仅要重视正确决策和科学指挥，还必须积极鼓励自下而上的交流和反馈，因为管理沟通，组织变得更富有生命和活力。

从组织外部来看，因生产投入需要，组织需要通过沟通与外部供应商建立联系，因产出产品销售需要，组织需要通过沟通与客户建立联系。换言之，管理活动中的沟通是组织内外部信息、思想和情感的传递和交换。

虽然沟通是管理的主要方法和途径，沟通的效果也决定了管理的水平和效果，但管理沟通与一般意义上的沟通有所不同。首先，涵盖范围不同。沟通涵盖了所有人与人、人与组织、组织与组织之间的信息传递和理解的过程，而管理沟通涵盖的一般是组织管理活动中发生的人与人、人与组织、组织与组织的沟通过程。可以说，管理沟通是沟通在管理中的应用。其次，侧重点不同。沟通侧重于信息的传递、理解与互动，管理沟通侧重于管理目标的实现，管理沟通会牢牢围绕着公司经营目标，通过信息、思想、情感的传递和理解，以实现这一目标。最后，特征有所不同。管理沟通一般具有计划性和规范性，而一般意义上的沟通则不具备较强的计划性和规范性。

根据管理沟通和一般沟通的不同，我们可以给管理沟通下一个定义，即管理沟通是运用一定的策略，通过合适的渠道和手段，实现信息、思想与情感在个体、群体或组织之间的有效传递和交流，进而达成理解、共识和妥协，最终实现管理目标的过程。

3. 管理沟通的内容

管理沟通的内容主要包括中性的信息、理性的思想和感性的情感（见图 1-1）。中性的信息指的是在沟通过程中传递的数据、信息，它们是中性的，人们运用准确化和形象化的方式进行表达，能客观地反映现实世界的状况。理性的思想指的是在沟通过程中传递的价值判断，人们通过对经验、事实、想法和态度进行概括、归纳、抽象成为鲜明的观点，运用结构化、简明化的方式进行表达，体现逻辑的力量。感性的情感指的是在沟通过程中传递的情感、情绪，这些都是感性的，为中性的信息和理性的思想增添一种色彩或温度，或冷或热、或刚或柔、或明或暗地增强对方的理解和体验。

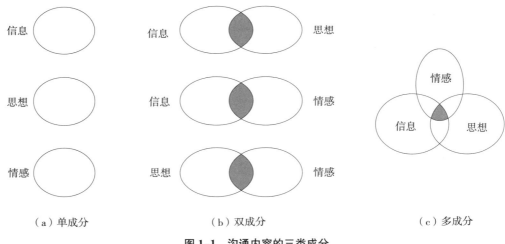

（a）单成分   （b）双成分   （c）多成分

图 1-1   沟通内容的三类成分

（1）信息。事实是客观存在的一切事物与现象，通过数据和信息进行表达。数据是用符号、字母、数字等方式对客观事物属性及其相互关系进行描述的抽象表示。信息则是有目的、有意义、有用途的数据。信息是沟通的基础，管理者需要谨慎地选择关键、准确、最新和有用的信息，否则会因为数据的泛滥或失真，让沟通活动失去有效和可靠的基础。对于无法或难以量化的事实，需要准确地定性描述、客观评价，使其能够真正成为我们进行科学决策、有效沟通的基础和依据。随着5G 技术的发展与普及，走进大数据时代的趋势愈加迅猛，基于互联网的新媒体如微博、微信、各种社交网和平台等，正深刻地改变着我们的生活。截至 2020 年 12

月，我国的网民规模为 9.89 亿 [①]。庞大的网民数量在互联网上不断生成新的信息和数据，这些信息和数据是宝贵的财富。在数据时代浪潮中，如何运用新媒体开展沟通，是我们面临的机会和挑战。

（2）思想。思想是指客观存在反映在人的意识中并经过思维活动而产生的结果，是人类一切行为的基础，人因思想而强大，因思想而崇高。沟通中的思想是指沟通主体所要传达的世界观、价值观、人生观等对客观事物及其本质属性的理性认识。管理者有没有思想，主要有三个特征：①他的观点是否鲜明、信念是否坚定，他能否持续地、稳定地向人们传达正确的精神向往和价值追求。②他的观点是否被逻辑严谨地表达，他能否用简明而又易于理解的语言和方式系统地向人们传达他的观念和想法。③他的观点是否能够引起受众的共鸣和响应。拿破仑说过，世上只有两种力量：利剑和思想。从长而论，利剑总是败在思想手下。沟通的力量，在于传达思想的力量。人格的魅力，在于用思想而不是武力去征服对手。古往今来，无论是一个国家还是一个组织，真正的王者总是善于通过最容易理解的语言，最易于接受的方式，向民众传达他的理念和想法并在他们之中建立信仰系统，从而达到有效治理的目的。思想是一种强大而不朽的力量，伟大的管理者总是用思想而不是武力来征服世界、塑造未来，因为他们的思想能够左右人们的意向，改造民众的信仰。

（3）情感。心理学认为，情感是人对客观事物是否满足自己的需要而产生的态度体验。在工作中要进行有效沟通，很多时候都需要情感和情绪作为依托。情感和情绪都是人对客观事物所持的态度体验，只是情绪更倾向于个体基本需求欲望上的态度体验，而情感则更倾向于社会需求欲望上的态度体验。情感是指对行为目标目的的生理评价反应，具有相对稳定性，而情绪是指对行为过程的生理评价反应，具有相对的不稳定性。正确地进行情感和情绪表达，有助于管理者表达对组织成员的关心与关爱，对优秀员工的表扬与激励，对犯错误员工的宽容和鼓励等。不适当地对下属进行批评与指责、讽刺和歧视等，会带来消极和负面的影响。杰出的管理者无一例外都是优秀的激励者，他们善于通过沟通传达组织对员工的情意，描绘组织的美好愿景、伟大使命、奋斗目标、重要任务和价值规范，从情感上感动员工，从情绪上影响员工。

管理沟通是管理者对信息进行加工处理，发挥智慧进行选择、判断、推理、决策和行动的过程。真正有效的管理沟通，应该是对信息、思想和情感的有机整合，有信息、事实的有力支撑，有思想、理论的正确指引，有情感、情绪的可靠依托。

不同于一般的人际沟通，管理沟通围绕组织目标进行信息、思想与情感的传

---

① 中国互联网络信息中心 . 第 47 次《中国互联网络发展状况统计报告》[EB/OL].（2021—02—03）[2021—05—31].http://www.cnnic.net.cn/hlwfzyj/hlwxzbg/hlwtjbg/202102/t20210203_71361.htm.

递和理解，是实现管理目标的手段。管理沟通可能发生在个体之间、个体与组织之间、团队之间以及组织之间，包括人际沟通、团队沟通、组织内部沟通、商务谈判沟通、危机管理沟通和跨文化沟通等类型。

1.2　管理沟通的功能

在组织管理活动中，沟通无处不在，是组织成员日常工作中的重要组成部分。综合来看，管理沟通具有四大功能：提高效率、提高效果、提高效能、提高效益。

（1）提高效率。所谓效率，是指通过正确地做事，将投入转化成产出的程度。从经济学角度看，效率是指单位投入产出比。而从管理学角度看，效率是指单位时间内完成的工作量。对于限定的时间和资源投入，产出越多，效率越高。类似的，对于同样的产出，投入的时间和资源越少，效率越高。在公司管理中，管理沟通提高效率主要表现在以下两个方面：

第一，沟通有助于提高个人的工作效率。一个人要想提高工作效率，必须学习和加强管理沟通。首先，通过沟通向他人学习隐性知识。学习和运用科学的方法、掌握先进的工具和遵循标准的流程，不仅需要与时俱进地进行学习和持之以恒地进行自我修炼，还需要与同事、同行开展经验交流和知识分享的活动。现在许多大公司如格力、美的、广药集团、中兴通讯等，都建立了培训学院，加强对员工的培训和教育，推动员工之间的交流和沟通。其次，通过沟通获得他人的理解和支持。在工作中，部门之间、同事之间往往由于工作边界不够清晰而产生矛盾，通过沟通，可以消除误会，获得理解，得到他人更多的帮助和支持，从而将更多的时间和精力投入到工作中，更好地开展工作。

第二，沟通有助于提高组织的生产效率。切斯特·巴纳德（1997）认为，组织是一种有意识地对人的活动或力量进行协调的关系，是两个或两个以上的人自觉协作的活动或力量所组成的一个体系。因此，组织的生产效率与组织内的协作水平相关，而协作水平又深受沟通的影响。有效的沟通能够让信息在组织内准确、迅速地传递，便于组织及时调整生产方案、配置人力资源，从而缩减生产时间、降低资源浪费、提高生产效率。

（2）提高效果。效果是指人或组织实践活动产生的客观结果，包含可量化的绩效评价和不可量化的社会评价。换言之，效果是指做正确的事，达到预期目标的程度。提高效率强调的是正确地做事，而提高效果要求我们要做正确的事。前者重视过程控制，后者注重方向把握。效率的提高并不意味着一定能取得好的效果。例如，装配老爷车的人均产量由 1 辆车 / 天提高到 2 辆车 / 天，生产效率提高了（见图 1-2），但是，如果生产出来的老爷车并不受市场欢迎，那么，生产越多，亏损越多。效率越高,效果越差。"方向不明干劲大"往往导致的结果就是"南辕北辙"。

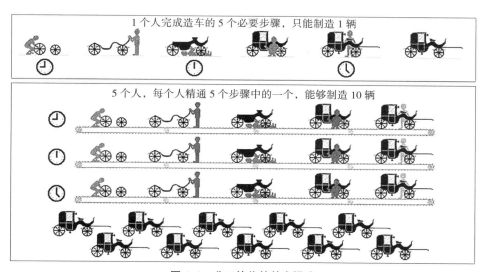

图 1-2　分工协作的效率提升

资料来源：微软百科全书，Encarta Encydopedia.

因而，组织在做战略决策前，应搜集完整的信息，集思广益，群策群力，进行充分的沟通，方能找准发展方向，取得良好的效果。

从个人层面来看，沟通有助于促进个人的职业发展。有研究调查表明，沟通能力在某种程度上决定职业生涯。例如，普林斯顿大学研究发现：智慧、专业技术、经验三者只占成功因素的 25%，其余 75% 取决于良好的人际沟通。哈佛大学调查结果显示：在 500 名被解职的员工中，因人际沟通不良而导致工作不称职者占 82%。由此可见，沟通能力在个人的职业发展中起到决定性的作用。反之，沟通不畅则不利于个人发展。在现实生活中，常常可以看到这样的例子：一些人在工作岗位上勤勤恳恳，努力工作，业绩优良，但是，忽视及时向领导汇报，忽略搞好同事关系，而且还爱发牢骚，有点自以为是，由此常常得不到领导的赏识和群众的支持，结果，当组织提拔干部时常常被忽视。

（3）提高效能。效能是通过组织成员合作地做事，达成组织系统目标的能力。个人的能力是有限的，当他融入一个团队，通过与团队的其他成员合作地做事，才能使自己变得更加强大。在组织管理活动中，通过沟通进行信息、思想和情感的传递，可以促进组织成员之间、团队之间或组织之间的分工协作，提高双方合作的意愿和效率，进而有利于预定任务和预期目标的完成，提高组织的整体效能。在公司管理中，管理沟通提高效能表现在以下三个方面：

第一，提高个体的自我效能感。个体通过自我沟通进行积极的心理暗示，通过参加团队项目，开展团队沟通进行合作和分享，可以提高完成工作任务、实现工作目标的信心，会表现出更主动积极的工作态度和行为。

第二，提高团队效能。团队中的有效沟通能够确保团队成员间的信息畅通传递，增强团队的凝聚力，产生协同效应。例如，通过沟通促使团队的分工协作更为紧密和高效，老爷车装配 5 人团队的产能提高到 10 辆，大于分工前的 5 辆，产生整体大于部分之和的协同效应，团队生产能力得到了提高。

第三，提高组织效能。首先，通过会议、文件和公告等形式，建立起上行、下行和平行沟通的渠道，使得政令上传下达、反馈及时有效、部门合作分享，进而将组织里面的个体、团队、部门有效组织起来，使得"人人有事做、事事有人做、人事两不空"。其次，组织是由不同个性特质、文化背景、学识水平、利益诉求的成员与团队组成，在组织运行过程中，难免会因价值观不同、利益矛盾等问题产生怀疑、误会、冲突。沟通可以协调各方的利益，调停与解决存在的矛盾冲突，消除存在的各种误会，减少组织内部的恶性竞争以及缓和矛盾冲突，沟通还可以促进一种良好人际关系氛围的建立。最后，通过沟通交流，可以促进组织的愿景、使命、价值观和目标等的学习和分享，促进成员个人的意愿与组织的愿景能够有机地结合起来。

在组织管理活动中，管理沟通成为组织的生命线、润滑剂和黏合剂，其通过资源整合、冲突协调、力量凝聚的方式来提高组织完成预定任务和预期目标的能力。

（4）提高效益。效益是指项目所产生的价值、意义、贡献，包括项目本身得到的直接效益和由项目引起的间接效益，它是效率、效果和效能的统一，达到总体最优。例如，在公司管理活动中，我们不仅要考虑提高效率（低成本、高产出）、效果（良好的市场反应）、效能（高产能），还要从总体上考虑各利益相关者的需求，让员工高兴、投资者放心、消费者满意等。在公司管理中，管理沟通提高效益表现在：①提高经济效益。组织内部沟通能够提高生产效率、组织效能，降低成本，带来更高的销售收入、利润和纳税等直接的经济效益。②提高社会效益。通过媒体进行产品宣传，组织可以让更多的消费者了解其产品，扩大产品的知名度、美誉度和影响力。通过媒体进行公司责任宣传。③提高产业效益。通过同行业组织间的合作沟通，与合作伙伴共享先进的经验方法，有利于提高同行业公司的生产效率，带动行业发展。

1.3　管理沟通的要素及过程

管理沟通的要素是指所有管理沟通过程共同具有的、必不可少的组成因素，包括沟通的目标、主体、编码、渠道、解码、客体、反馈和背景。

（1）目标：沟通目标是指整个沟通过程所期望达到的目的和解决的最终问题。一般而言，沟通主要有两个目标：①获得客体的理解、相信、认可与支持。②有效解决目前存在的问题和矛盾。在管理沟通过程中，首先应该确定目标，只有在明确目标的基础上，合理选择沟通策略和沟通渠道，才能确保不偏离轨道。

（2）主体：沟通主体是指有目的地对沟通客体施加影响的个体或组织的代理人。主体是沟通的发动者，即沟通信息的发送者，是整个沟通过程的起点，在沟通过程中占据主导地位，可以选择和决定沟通客体、沟通环境、沟通渠道和沟通策略。沟通主体的知识水平、思维能力和实战经验等会影响整个沟通过程的有效程度，因而沟通主体首先应从认识自我开始，认识自己的优势，界定自身的角色定位，选择适当的渠道和策略。

（3）编码：编码是指组织信息以将所要传递的信息符号化的过程。沟通主体通过一定的方式、逻辑框架把自己内隐的信息、思想和情感等内容用相应的、通用的和可传递的语言、文字、图形或其他非语言形式表达出来。通常来说，良好的编码要符合认知习惯和逻辑表达，具有修辞之美，即要回答"对不对""通不通"和"美不美"的问题。

（4）渠道：沟通渠道是指信息、思想和情感的传递载体，包括书面渠道、口头渠道和非语言渠道。其中书面渠道有文件、报告、信件、电子邮件和短信等形式。口头渠道有面谈、会议、演讲和电话等形式。非语言渠道有表情、手势、服饰和发型等身体语言，语调、音量等副语言，空间环境、自然环境和时间环境等环境语言。不同的沟通内容要求使用不同的渠道，如工作总结报告就不适宜通过口头渠道进行表达，而应采用正式的书面文件作为渠道。

（5）解码：解码是信息接收者根据自身的知识经验对所接收到的符号化信息进行翻译和还原，形成可以理解的内容的过程。有效的沟通是经过编码与解码后，接收者得到的信息与发送者发送的信息完全吻合。解码错误会导致信息被误解或曲解，从而会产生沟通障碍。

（6）客体：沟通客体又称沟通对象，即信息的接收者，包括个体和组织的代理人。沟通客体是沟通过程的落脚点，对有效沟通的达成具有积极的能动作用。相对于沟通主体而言，沟通客体通常处于被动接受信息的地位。因而客体对沟通活动的重视和投入程度会影响沟通的有效程度，鉴于此，我们需要了解客体的需求和感受，引导和说服客体积极参与管理沟通活动。

（7）反馈：反馈是沟通客体将接收并理解的信息及感受告知沟通主体的过程。在管理沟通过程中，反馈是必不可少的重要环节，它使得沟通成为一个互动过程。反馈的作用一方面在于检验接收者是否正确理解了发送者所发信息的涵义，另一方面在于从客体那里获取建议。例如，通过下属的反馈，管理者不仅能够检验下属是否正确理解和贯彻执行命令，还能获取下属关于实施方案的建议等。

（8）背景：背景是指对沟通活动有着重要影响作用的历史情况和现实环境，包括心理背景、社会背景、空间背景、时间背景和文化背景。其中心理背景是指沟通双方的认知、情绪和态度，如偏见、高兴、悲伤、敌对和淡漠等。社会背景是指沟通双方的社会角色关系，如上下级关系和朋友关系等。空间背景是指沟通发生的场所，如场所布局、光线、冷热和色彩等。时间背景是指沟通发生的时点，如白天或晚上。文化背景是指沟通者在其社会文化传统中所形成的较为稳定的价值取向、思维模式和心理结构的总和，如东方文化和西方文化。

　　一般来说，沟通背景的各种要素组合会形成特定的沟通氛围，如防御性沟通氛围和鼓励性沟通氛围。防御性沟通氛围将限制和阻碍沟通过程。在防御性的沟通氛围下，人们变得谨慎和退缩，因为发言者使得听者感到威胁。在这种环境下，听众会摆出反攻的姿势，致力于证实自己是正确的，因此防御性的听众很少听清信息并且常常歪曲信息发送者的价值观和动机。面对威胁时，个体为了自保而退缩，所以防御性氛围会削弱人们的精力。而鼓励性沟通氛围则有助于促进开放交流。鼓励性沟通氛围鼓励人们广泛地进行接触、沟通、交流。人们在陈述自己的观点时（本质上说，是表现自己时），得到他人的尊重和支持，感到安全，确信自己是有价值的，由此愿意去尝试新的事物，提出新的问题和观点。鼓励性氛围有助于个体在组织内部释放能量，发挥主观能动性。

　　管理沟通过程是指一次完整的管理沟通活动所包含的环节与阶段，它是沟通目标、主体、编码、渠道、解码、客体、反馈和背景的系统整合。在一定的沟通背景下，沟通主体有了沟通的想法（如传递信息、传播思想和交流情感），并对沟通客体的需求进行分析，接着主体进行信息编码，选择适当的沟通渠道将信息传递出去，客体接收到信息后对信息进行解码，到这里信息完成了单向传递。客体接收到并理解信息后，对信息进行评估，通过语言或非语言的形式作出反应并将其反馈给主体，此时信息完成了双向传递。经过若干次的沟通循环后，若双方达成妥协或共识，就完成了一次有效的沟通，如图1-3所示。

　　要实现有效沟通，关键在于做好沟通主体分析、沟通客体分析、信息处理分析、渠道选择分析和沟通反馈分析五个基本环节。

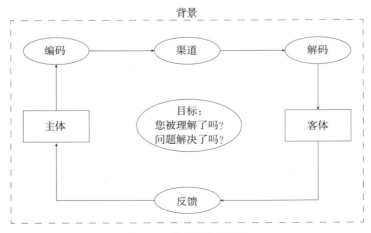

图1-3　管理沟通的过程

（1）沟通主体分析。对于沟通主体来说，首先应明确沟通的目标，并在目标的引导下，结合自身的身份地位、个性特质、专业知识和沟通技能等特点，进而选择合适的沟通策略。沟通主体分析应明确四个关键问题：①我进行沟通的目标是什么？如获得理解、解决问题。②我是谁，我的角色定位是什么？③我在哪里，我所处的情境如何？④我能给受众什么？沟通主体明确了这四个关键问题后，能够正确地自我定位，明确沟通的重点。

（2）沟通客体分析。沟通客体分析包括四个基本问题：①他们是谁？②他们需要什么？③他们感受如何？④如何激发他们？首先，我们应该了解受众的年龄、性别、身份地位、受教育程度、信仰、职业和职位等基本情况。其次，在了解受众基本情况的基础上，继而深入探究他们想要获得什么。再次，在沟通过程中，我们还要观察受众对沟通内容的兴趣等反应以及他们态度的变化。最后，根据他们的反应，找到最能够激发他们的沟通方式。

（3）信息处理分析。在互动沟通的过程中，任何沟通参与者都扮演着信息发送者与信息接收者的角色，即需要对信息进行编码与解码。编码是信息组织与表达的过程，包括说话和写作。解码是信息获取与理解的过程，包括倾听和阅读。信息的处理要求我们要掌握基本的倾听、阅读、说话和写作的方法技能，以更为准确地对沟通内容进行编码与解码，避免信息失真与信息误解。

（4）渠道选择分析。沟通渠道包括语言渠道和非语言渠道，其中语言渠道包括书面渠道与口头渠道，非语言渠道包括身体语言、副语言和环境语言。渠道选择分析包括：①了解各类渠道的优缺点。②在了解的基础上选择适合本次沟通活动的渠道进行信息传递、思想传播与情感交流。沟通渠道本身没有优劣之分，只有适合或不适合，因而应结合自身特点、受众需求与沟通内容等，通过比较分析选择最合适的沟通渠道。

（5）沟通反馈分析。沟通反馈包括隐性反馈和显性反馈。隐性反馈是指客体接收到信息后的第一反应，即沟通客体受到信息刺激而引起的意见、态度和行为变化，如不满、高兴以及由此触发的行为等。显性反馈是指客体对主体进行回应的沟通过程，包括信息编码与渠道选择等环节。在互动沟通中，沟通者既扮演着给予反馈的角色，又充当接收反馈的角色，因而我们要掌握给予反馈、接收反馈和寻求反馈的技巧，明确何时应该进行反馈、如何接收反馈和寻求反馈。

1.4　管理沟通的类型

管理沟通可以依据沟通渠道的规范性、沟通的信息符号种类、沟通的互动性、沟通的层次划分为不同的类型。

（1）根据沟通渠道的规范性可分为正式沟通与非正式沟通。正式沟通与非正式沟通最大的不同在于是否通过组织正式规定的渠道和程序进行信息的传递。前者的通道清晰可见，一般为官方的和书面的，如组织间的信函往来、组织内部的文件传达、汇报制度等。后者则不拘泥于某一规定的渠道，一般较为随意、口头或即兴，如朋友聚会时的闲聊以及小道消息等。

对应于正式沟通和非正式沟通，沟通的网络分别有正式沟通形态网络和非正式沟通形态网络。五种正式沟通形态网络，如图 1-4 所示。

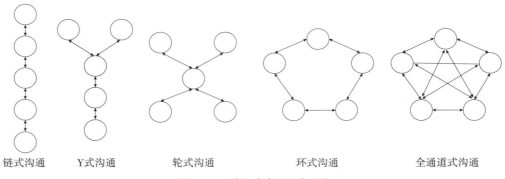

链式沟通　　　　Y式沟通　　　　轮式沟通　　　　环式沟通　　　　全通道式沟通

图 1-4　五种正式沟通形态网络

链式沟通相当于组织内部的纵向沟通网络，链条上的每个成员代表着一个层级，每个成员只能与相邻层级的成员进行沟通，信息传递的方向只能是由上而下或者由下而上，不能越级传递。居于两端的成员只能与相邻的一个成员联系，而居中的成员可以分别与上下两个层级的成员联系。如图 1-5 所示，总经理、副总经理 A、市场部经理和单个员工的沟通就是链式沟通，其中总经理只能与副总经理

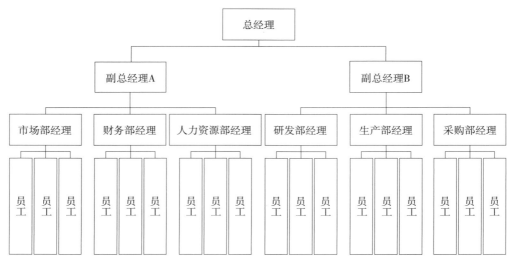

图 1-5　组织架构和信息流

A 沟通，市场部员工只能听命于市场部经理。市场部经理既听从副总经理 A 的命令，也指挥市场部员工开展工作。在链式沟通网络中，由于沟通的层级太多，容易引起信息失真，造成公司高层与基层认知差异显著。解决之道在于，实施分权管理，减少公司的管理层级，使管理架构趋于扁平化，从而缩短沟通的链条。

【课堂互动】传声筒游戏

　　老师先把全班分成了若干组，每组 8~12 人，每组排成一列。老师先把句子轻声念给每一组的第一位学生，再由这位学生轻声地传给下一个组员，直到每组的最后一人。最后一位学生把听到的句子写在黑板上。传递话语的过程中注意轻言轻语，不能让其他同学听到，其他同学也不能提示。游戏结束后，学生自由发表感悟。

　　Y 式沟通是组织内部的另一种纵向沟通网络，传播过程有一个信息沟通枢纽，成为沟通的中心。高层领导通过信息沟通枢纽向下发布命令，下属通过信息沟通枢纽向上汇报工作。此网络集中化程度较高，解决问题速度快，但容易造成信息的曲解，组织成员的满意度较低。如图 1-5 所示，部门经理就是一个信息沟通枢纽，如人力资源部的每个员工都只能够通过人力资源部经理向上汇报工作。在命令发布时，两位副总经理也要通过人力部经理向人力资源部员工发布命令。

　　轮式沟通属于组织内部的控制性网络，其中一人是信息的汇集点和发布点，是沟通的权威中心，其他成员之间几乎不存在沟通。此网络的集中化程度高，解决问题速度快，但获取信息的渠道少，组织成员满意度较低，士气低落。如在事业部制的公司中，总公司与各事业部之间的沟通就是如此。

　　环式沟通相当于把链式沟通的两端连接了起来，形成一个圆环。与链式沟通不同的是，环式沟通使居于两端的成员也能同时与两侧的成员联系，就好比在公司高层和基层之间设置了一个沟通与反馈的渠道。这种回路和反馈依然不能解决信息失真的问题，却能极大地提升组织成员的满意度。如有些公司设置了"总经理信箱"和"总经理接待日"，为基层员工提供了一种反映问题的渠道，也由此拉近了高层与基层的距离。

　　全通道式沟通是指所有的沟通参与者相互之间可以进行双向交流的沟通网络形态，处于这一沟通网络形态中的每个成员之间都有联系，成员之间可以自由地进行交流。这一沟通形态的优点在于每个成员都可以自由交流，合作氛围较为浓厚。缺点是沟通的渠道和信息过多，容易影响工作效率。如在实际工作中，座谈会就是一种全通道式沟通，处于座谈会中的每个成员一般都有自由发言的权利，且发言的信息会被其他所有人知悉。

　　以上五种沟通形态各有优缺点，见表 1-1。在管理实践中，管理者应该结合实际情况，选择恰当的沟通形态，扬长避短，以期促进组织工作的顺利开展。

表 1-1   五种正式沟通形态网络的比较

沟通形态评价标准	链式沟通	Y 式沟通	轮式沟通	环式沟通	全通道式沟通
集中性	适中	较高	高	低	较低
速度	适中	快	1. 快（简单任务） 2. 慢（复杂任务）	慢	快
正确性	高	较高	1. 高（简单任务） 2. 低（复杂任务）	低	适中
领导能力	适中	高	高	低	较低
全体成员满足	适中	较低	低	高	较高
适用情境	会议精神传达	部门与副总经理沟通	事业群与总公司沟通	总经理信箱	座谈会

四种非正式沟通形态网络，如图 1-6 所示。

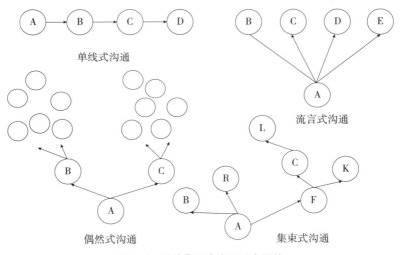

图 1-6   四种非正式沟通形态网络

　　单线式沟通由一个人转告第二个人，而第二个人也只转告下一个人，最后把信息传递到最终接收者。区别于正式沟通形态中的链式沟通，单线式沟通的信息传递只有一个方向，最初的信息发布者无法准确控制谁是最终接收者。通过非正式的电话进行的沟通往往属于单线式沟通。一般情况下，电话传递的消息只会被接打电话的两个人知晓，而且消息一经传出，很难控制对方会将消息传递给谁。

　　流言式沟通是由一个人主动地把信息传递给其他许多人。信息发布者可以有意识地选择传递的对象、控制传递的范围。如员工在公司内部论坛上发出的小道消息往往就属于流言式沟通，此类消息一经发出就被公司内部的其他人知晓，且该类消息的内容往往较为随意，真实性无法保证。

　　偶然式沟通是指按照偶然的机会，碰到什么人就转告什么人，并无一定的中心人物或选择性。如公司员工在电梯内的闲谈就属于偶然式沟通,员工需要经常乘坐电梯,但乘坐电梯的时间往往都很短,且遇到的人具有偶然性,故而这一沟通一般不会形成中心人物,也不具备选择性。

集束式沟通是指除了信息发布者外,还可能在沟通的过程中产生几个中心人物,由他再转告其他若干人,形成另一个集群,中心人物就好比消息的"转播站"。如在多个微信群中转发消息就可看成是集束式沟通,在这一沟通中,将消息转发至新的微信群中的人即可看作是中心人物,他们承担着消息"转播站"的功能。

综合来看,无论是正式沟通还是非正式沟通,都是为了协调组织中的权责、资源和关系,以使部门与部门之间、员工与员工之间做到相互配合、相互协作。

(2)根据沟通的信息符号不同可分为语言沟通与非语言沟通。其中:语言沟通包括口头沟通和书面沟通,非语言沟通包括肢体语言沟通、副语言沟通和空间位置沟通,如图 1-7 所示。

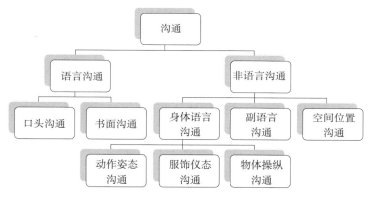

图 1-7　语言沟通与非语言沟通

(3)根据沟通的互动性不同可分为单向沟通与双向沟通。单向沟通是无信息反馈的沟通,双向沟通是有信息反馈的沟通。在组织中最常见的例子就是:领导对下属下达命令(到此为单向沟通),下属重复任务并说出自己的行动计划(到此为双向沟通)。做工作报告、发表演讲都属于单向沟通,会议、会见和谈判等则属于双向沟通。

(4)根据沟通的层次不同可分为自我沟通、人际沟通、群组沟通、组织沟通与跨文化沟通。自我沟通是自己与自己进行沟通,信息的发送者与接收者是同一个体。人际沟通是指人与人之间(不同个体之间)信息的传递、情感的交流过程。群组沟通是为达成相同的目标,组织中两个或两个以上相互影响的个体组成集合体并进行交流的过程。组织沟通发生在连接公司内部员工的网络中或连接不同公司、社会媒体等外部网络中。跨文化沟通主要研究来自不同文化的人或群体之间的交流互动。

其中，组织沟通包括组织内部沟通和组织外部沟通，组织内部沟通进一步可划分为上行沟通、下行沟通与平行沟通，如图 1-8 所示。

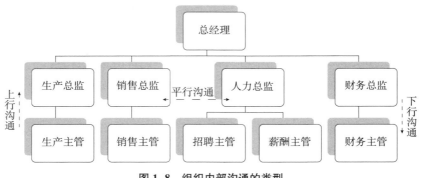

图 1-8   组织内部沟通的类型

1.5 管理沟通的原则

要实现有效沟通，人们必须遵守一定的沟通原则。只有遵循这些原则，人们想要传递的信息才能如预期那样及时、准确、完整地被沟通客体所接收和理解，进而才能获得对方的理解、共鸣，问题才能得到有效解决。

（1）主动原则。主动是指个体按照自己设置的目标行动，而不依赖外力推动的人格特质和行为品质。人的本质是主动而非被动的，个人行为更多地取决于自身的抉择，而不是外在的环境。积极主动的人理智胜于冲动，他们会慎重思考，选定价值观并将其作为自己行为的内在动力，他们能够营造有利局面，使事情按照自己的意图发展。消极被动的人则截然相反，他们感情用事，易受环境或条件作用的驱使。在管理沟通中，无论是管理者还是被管理者，都可以采取积极主动的沟通态度，营造鼓励性的沟通氛围，不应消极等待，而应通过主动交流、主动反馈、主动支持和主动跟进，争取在第一时间内获得理解，解决问题，达成目标。

具体来看，一是应秉持主动与他人交流信息、思想、情感等的沟通理念与为人处世的风格，如在工作中，应主动向上司汇报工作的进度与所遇到的困难，提出所需的支持，而不是等到无法按时完成时才向领导抱怨。二是应对沟通过程中存在的阶段性问题、达成的阶段性共识进行总结并与沟通对象进行分享，进一步巩固共识，为下一阶段沟通的有效进行提供保障。三是应事先对沟通客体进行分析，了解其利益需求，并在沟通中不断地假设、观察、追问以发现对方的需求，从而提供主动支持满足其需求，以拉近双方距离。四是应密切注意沟通对象的细节表现，根据这些细微的行为特征，不断调整自己的沟通方式，以达到最佳的沟通状态，从而保证沟通的有效性。

（2）尊重原则。尊重原则是指管理沟通过程中应体现出尊敬沟通对象和重视沟通内容的态度和行为。根据马斯洛需求层次理论，每个人都有被尊重的需求。在人际交往中，尊重是沟通的基础，认同则是对他人基本的尊重。在沟通中，每个人都希望自己的思想、观点得到他人的认可赞同。因而，在沟通过程中，首先要积极倾听。倾听是接收对方信息的最主要的渠道，是确保沟通信息对称的前提，也是对沟通对象尊重的基本表现。通过积极倾听，可以向对方传递积极的信号，表明自己对讨论的话题非常感兴趣，也可借此鼓励对方表达得更清晰、更深入、更详细。此外，对他人正确的观点应及时给予认同和肯定的反馈，以示尊重对方、加强沟通效果。

（3）同理心原则。同理心又可称为换位思考、移情、共情，指的是从某个人的角度来体验世界，重新创造个人观点的能力。同理心原则要求我们在人际交往过程中，要能够体会他人的情绪和想法、理解他人的立场和感受、真诚地关心对方的需求，并站在他人的角度思考和处理问题。同理心，是设身处地为他人着想，即想人所想，是理解至上的一种处理人际关系的思考方式。在沟通过程中，将心比心、设身处地为对方着想是达成理解与共识不可缺少的心理机制。这就要求我们要学会互相体谅、宽容、理解、信任，做到宽以待人、严于律己，做到己所不欲勿施于人。

（4）文化情境原则。文化情境原则是指管理沟通策略的选择应适用于特定的文化情境。文化背景与实际情境都会对沟通产生重要的影响，处理不好则会阻碍有效沟通，甚至导致沟通失败。不同国家、不同区域的文化不同，使得人们的沟通习惯不同。不同沟通对象的个性、需求不同，不同情境场合下的实际情况不同，这都使得沟通技巧的运用必须更具灵活性。换言之，在沟通过程中，我们应重视文化情境因素的影响，做到具体情况具体分析，选择最适合该文化情境的沟通策略组合。

（5）信息对称原则。信息对称是指沟通双方所掌握的沟通信息是完全的、一致的，即所传递的信息是完全的和精确对称的。信息的完全性就是要求沟通者提供的信息是真实的、全面的，即不存在信息欺骗行为，并且要向沟通客体提供5W1H（why、what、where、when、who、how）六个方面的全面信息，不要让对方去猜测。信息的对称性要求信息发送者所编码的信息能为接收者完全接收，即信息在传播与接收过程中基本不改变或偏离原意。信息对称原则要求在沟通过程中应以事实为基础，采用"观点＋理由＋事实"的表达方法以客观陈述所发生的事实，用数据和事实去沟通。例如，小李是三好学生（观点），理由有三：其一，他学习好；其二，他思想好；其三，他身体好。具体事实是：他学习好，发表高水平论文10多篇，连续3年获得国家奖学金；他思想好，被评为优秀共产党员；他身体好，每天坚持锻炼身体，获得学校游泳比赛冠军。

（6）问题导向原则。问题导向原则是指沟通应以解决问题和
达成目标为出发点和工作重点。有效沟通应该具有明确的沟通目
标，即为了获得理解与解决目前存在的问题，以达成一致。问题
不清晰，目标不明确，必将导致所发送的信息混乱、模糊不清，
接收者只能靠经验和情境去揣摩对方的用意，从而容易导致沟通
误差或沟通失败。除了清晰界定问题之外，问题导向原则还应体
现出"对事不对人"，这就要求在沟通过程中应学会克制情绪，不搞人身攻击，不
轻易下结论，从解决问题的角度来考虑沟通的策略。

1.6 管理沟通的障碍

一个完整的管理沟通过程包括沟通的目标、主体、编码、渠道、解码、客体、
反馈和背景。在这个过程中，任何一个环节出现问题，都有可能导致管理沟通过
程出现障碍。

基于沟通过程，管理沟通的障碍一般有三种：①出现在发送端，主要是指信
息产生或编码受阻。②出现在传递过程中，是指信息传递渠道不当或存在干扰。
③出现在接收端，主要是指客体对信息的解码、识别、理解和吸收障碍。

1. 发送端障碍

发送端包括的要素有沟通的目标、主体和编码，发送端障碍可分为时机障碍、
经验障碍和个体差异障碍等。

（1）时机障碍是指沟通发起的主体对信息编码及发送的时间不及时或不恰当
所导致的管理沟通障碍。信息具有一定的时效性，如果主体不能够及时对信息进
行编码并发送，那么就可能导致信息过时，从而让信息失去价值。如果发送者不
能够适时地发送信息，在接收者不能或难以接收此类信息时选择了发送，则会降
低信息的接收效率，从而出现管理沟通障碍。

（2）经验障碍是指信息发送者只在自己的知识经验范围内对信息进行编码或
编码处理不当导致的管理沟通障碍。如果发送者和接收者之间的经验范围有交叉，
那么信息就可以较容易地被传送和接受。然而当二者之间没有共同的经验区域时，
信息接收者不能理解接收到的信息的含义，难以进行有效的信息沟通。

（3）个体差异障碍是指个体的气质、情绪、思维方式和个体记忆等的差异导
致的管理沟通障碍。例如，沟通过程中信息发送者性格比较孤僻、内向、不善言辞，
在沟通时可能会使信息传达不完整，接收者可能只得到片面的、零散的、次要的
信息，这就会产生沟通障碍。

2. 传递过程障碍

传递过程障碍是指在信息传递的过程中因各种因素干扰而产生的管理沟通障

码，包括传递渠道不当、传递过程失真和外部干扰等。

（1）传递渠道不当是指因为选择了不合适的传递渠道导致的管理沟通障碍。信息有多种传递渠道，不同的渠道适合传递不同的信息，当我们错误地选择传递渠道时，容易造成管理沟通障碍。例如，对于比较重要的事情，口头传达就比较不正式，书面传递就比较正式。对于比较紧急的事情，用电话沟通会比邮件沟通更有效，此时如果选择不合适的传递渠道，就会造成管理沟通障碍。

（2）传递过程失真是指信息的接收者接收到的信息与信息发出者发出的信息不一致的情况。在信息传递过程中，信息传递的环节越多，对信息进行的加工就相应增多，信息就越有可能失真。因为人与人的理解、态度等的不同，信息在传送过程中可能会被过滤或曲解。比如产生信息传导不当，即信息的中间接收者经常同时充当信息发送者的角色，对接收到的信息进行理解和加工，进而再传递给下一个信息接收者，这样就可能造成最终接收者对信息理解的困难或理解错误，从而使信息失真。

（3）外部干扰是指由于背景因素和外部环境干扰导致的障碍。沟通双方的心理背景、社会背景等都会对管理沟通造成影响，如沟通主客体的情绪、习俗、态度和地位等的不同，都会影响管理沟通结果。同时，双方的沟通过程也经常会受到自然界各种物理噪声、机器故障的影响或被其他事物干扰，如在使用电话沟通时信号不好，这些都会导致管理沟通障碍。

3. 接收端障碍

接收端包括的要素有信息解码、客体和反馈，其障碍主要有解码不当、信息过载及认知障碍等。

（1）解码不当是指由于信息的接收者对信息的解码不当导致的障碍。当信息接收者对信息进行解码时，需要站在与信息发送者同一背景下，才能够准确地理解信息表达的原义。如主人请客吃饭，眼看约定的时间已过，只来了几个人，不禁焦急地说"该来的没有来"，已到的几位客人一听，扭头就走了两位。主人意识到他们误解了他的话，又难过地说"不该走的走了"，结果剩下的客人也都气呼呼地走了。这既有发送者信息编码不当的问题，也有接收者对信息解码不当的问题，即解码不当也会造成沟通障碍。

（2）信息过载是指当接收者接收到的信息超过信息接收者所能接收的信息数量时产生的管理沟通障碍。当接收者接收的信息超出所能够接收的数量时，必然有一部分信息会被忽略，从而产生管理沟通障碍。因此，信息接收者要学会有条理地整理信息，并重点关注重要信息，从而避免被埋没在信息堆里。

（3）认知障碍是指由于个人都有自身独特的认知框架和偏好的交流方式所导致的管理沟通障碍。每个人都有自身独特的认知框架和偏好的交流方式，因此不同的人对同一信息的理解通常会有所差异。除此之外，由于直觉的选择性，人们往往习惯于接收某一部分信息并忽略其他信息。信息接收者往往会根据个人的立场和认识解释其所获得的信息，也可能出于个人的愿望、某种目的而有意强调信息的某一方面而忽略另一方面，或者曲解信息的本义。

1.7　管理沟通的思想方法

认知，又称认识，是指通过形成概念、知觉、判断或想象等心理活动来认识外界事物的过程。通常来说，我们认识和改造世界的层次可分为技能经验、理论方法、方法论和哲学四个层面，如图 1-9 所示。

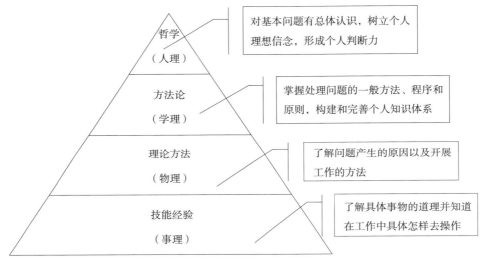

图 1-9　认知的层次

技能经验是认知的最基本层面，即对于事理的认识，是指在工作实践中探索出来的各种具体的技术、经验、方法与工具。技能经验的掌握对我们工作实践的开展具有直接的指导作用，告诉我们在工作中怎样去操作。理论方法是认知的第二个层次，即对于物理的认识，是建立在客观世界的系统研究之上所形成的整体性的、科学性的、系统性的知识。理论方法不仅告诉我们怎样面对一个问题、解决一个问题，还告诉我们问题产生的原因以及开展工作的方法，对专业技能的发展起到重要的理论支撑作用。方法论是认知的第三个层次，即对于学理的认识，指的是处理问题的一般方法、程序和原则。方法论是一个人系统思考、概括归纳以及框架构建能力的体现，有助于个人知识体系的构建和完善。哲学则是认知的最高层次，即对于人理的认识，意为"热爱智慧"，主要包括存在的问题、知识的问题、价值的问题、推理和证明的标准问题。哲学能够体现一个人思想的力量，对个人理想信念的树立和判断力的形成具有引领作用。整体来看，技能经验和理论策略属于具象认知，而方法论和哲学属于抽象认知，认知过程就是从具象到抽象。优秀的管理者应该学会从哲学、方法论、理论方法和技能经验四个层面来认识管理沟通工作，做到"明事理、懂物理、晓学理、通人理"，掌握业务管理的技术工具、经营管理的理论知识、解决问题的方法原则和为人处世的沟通艺术，追求效率、效果、效能和效益的最大化。

管理沟通的思想方法、理论和实践内容以及相关章节安排，见表 1-2。

表 1-2　管理沟通的思想方法、理论和实践内容

思想方法		理论和实践内容	
哲学	战略思维	胸怀全局、超前谋划、服务大局	沟通思想、沟通理念
	辩证思维	对立统一、质量互变、否定之否定	
	创新思维	反思批判、创造超越、实践取向	
	底线思维	忧患意识、边界意识、主动意识	
	系统思维	把握整体、分析关联、统一管理	
方法论	界定问题	识别假问题、找出真问题、清晰地陈述	5W1H 分析、问题树分析
	明确目标	总体目标、行动目标、阶段目标	
	分析原因	以事实为基础、以假设为导向、以结构为核心	
	提出对策	对症下药、切实可行、条理清晰	
	分步实施	方案执行、效果评估、策略调整	
理论方法	理论基础（第 1 章）	管理沟通概述	涵义、功能、要素、过程、类型、原则和思想方法
	五大策略（第 2~6 章）	主体策略	认识与管理自我，认识与说服他人，信息获取与表达，沟通渠道的选择，给予、接收与寻求反馈
		客体策略	
		信息策略	
		渠道策略	
		反馈策略	
技能经验	五种形式（第 7~12 章）	人际沟通	建立关系、解决冲突
		团队沟通	领导、管控、合作
		组织内部沟通	上行沟通、平行沟通、下行沟通
		商务谈判沟通	商务礼仪及谈判技巧
		危机管理沟通	危机管理及媒体沟通
		跨文化沟通	文化冲突及其管理应对
	四类技能	自我管理能力	提升素质
		学习创新能力	提高效率
		表达交流能力	产生效果
		组织领导能力	增强效能

从哲学层面看，管理沟通的思想与理念应体现出战略思维、辩证思维、创新思维、底线思维和系统思维。这五大思维是习近平总书记提出的，对于管理沟通具有重要的参考价值，其强调要以战略思维谋全局、以辩证思维解忧难、以创新思维增活力、以底线思维定边界、以系统思维聚合力。

（1）战略思维。战略思维是对关系事物全局的、长远的、根本性的重大问题进行谋划（分析、综合、判断、预测和决策）的思维过程。管理实践活动本身的复杂性和过程性，决定了所有实践主体都应具有从空间和时间维度总揽全局的战略思维能力。

①拥有胸怀全局的意识。不谋全局者不足以谋一域，即使处于局部的位置，也需要了解全局，具备全局意识。只有增强全局意识，了解战略大局，才能自觉在大局下行动，为全局的发展作出应有的贡献。也就是说，在管理工作中，要站在战略的高度，以登泰山而小天下的气度和胸襟，把方向、抓重点、谋全局，做到"运筹帷幄之中，决胜千里之外"。

②具备超前谋划的能力。不谋长远者不足以谋一时，我们应善于把当前问题放在事件发展过程中加以思考，不能急功近利、鼠目寸光，而应立足现实面向未来，以长远的眼光去思考、预测和谋划，善于审时度势，做到因势而谋、应势而动、顺势而为。特别是在形势复杂多变的环境下，组织工作面临着许多新情况、新矛盾、新问题，这就要求管理者应具备超前谋划的眼光和快速应变的能力，对事情的发展走势和可能结果进行科学预测、准确判断。

③遵循服务大局的原则。当局部利益与全局利益发生矛盾时，应毫不犹豫地服从大局，而不要局限于一人一事的狭隘利益和个人情感。判断是非得失应以大局利益作标准，做到"有所为有所不为""有所进有所退"，切不可因小失大，捡了芝麻丢了西瓜。古人有云"将欲取之，必先予之""小不忍则乱大谋"，有时候适当的妥协、让步、退却是为了更好地服务于大局，避免由于今天的"胜利"而使明天的发展丧失必要条件。

（2）辩证思维。辩证思维是指以变化发展的视角去认识事物的思维方式。辩证思维是唯物辩证法在思维中的运用，包括对立统一、质量互变和否定之否定。

①对立统一规律表明，任何事物都包含着内在的矛盾性，事物内部矛盾推动事物发展。这就要求我们不仅要意识到组织中冲突存在的必然性，还要在看待问题时一分为二，既看到有利的一面，又看到不利的一面，分清主要矛盾与次要矛盾，分清轻重缓急，突出沟通重点，抓住沟通的关键环节。

②质量互变规律揭示事物、现象由于内部矛盾所引起的发展是通过量变和质变的互相转化而实现的。组织中人与人之间交往过程中产生的小隔阂、小矛盾、小冲突，若不通过沟通去解决，长期积累可能会转化为一种敌对的关系，给组织带来巨大的破坏。

③否定之否定规律表明事物自身发展的整个过程由肯定、否定和否定之否定诸环节构成。其中否定之否定是发展过程的核心，是事物自身矛盾运动的结果和矛盾的解决形式。在解决管理沟通问题的过程中，要以变化发展的视角认识沟通问题，正确地对待解决问题过程中的顺利和困难，不要简单地、机械地将解决策略归结为"正确的"或"错误的"。同一沟通问题可能会因沟通情境、沟通对象、文化背景、时空背景不同而适用不同的沟通策略，因而在沟通的过程中要实事求是，具体问题具体分析，做到灵活应对。

（3）创新思维。创新思维是指人们突破既有经验局限，打破常规思维，在前人理论和实践基础上实现超越的思维方式。创新思维的科学价值和管理启示主要体现在思想解放上，包括反思批判精神、创造超越精神和实践取向精神。

①反思批判。在怀疑乃至否定的前提下，对习惯的思维模式和传统的管理体系进行反思和批判，对旧有的认识框架进行打破和对现有的认识范围进行突破，才能创造性地解决问题，开拓出一片新的天地。

②创造超越。创新思维是在前人的基础上超越前人，即在创造性反思的基础上批判继承、推陈出新，为认识事物和解决问题提供新的视角、新的切入点。通常来说，创新思维的创造超越要通过加法、减法、变换、逆向、类比、联想、迂回和发散等思维来实现。同理，我们运用类比联想的方法，学以致用，举一反三，也可以将这种方法应用在其他情境，以创造性地解决问题。

③实践取向。创新思维应以实践应用为最终取向，从实践中来又必须回到实践中去。在管理工作中，创新思维要以解决各个领域中的实际问题为出发点，以推动实践发展为价值目标，始终关注创新的实践应用结果和成效。

（4）底线思维。底线思维是指依据客观实际或某种需求设定最低目标和边界条件，做好最坏打算、争取最好结果的一种积极思维方式。运用底线思维指导管理工作，关键是要科学研判，充分估量组织工作中可能出现的不确定性，未雨绸缪，防患未然。

①要树立忧患意识。"居安思危，思则有备，有备无患"，着眼于负面后果，预先建立防控体系，从坏处准备，向好处努力，有助于管理者在环境复杂多变的新媒体时代，时刻保持强烈的忧患意识，始终以高度负责的态度、如履薄冰和如临深渊的心态，深入排查，科学评估工作环节中的风险点、隐患点，做到心中有数、应对有案，甚至化风险为坦途、变挑战为机遇。

②要强化边界意识。底线是由量变到质变的一个临界值，是不可逾越的警戒线、限制范围、约束框架，是稳定发展的安全阀、稳压器、保险杠。从管理沟通视角来看，达成沟通目标的方式多种多样，我们要把握底线边界，不能做违反法律法规、道德宗旨和社会规范的事情。在管理沟通中，我们要结合自身的身份地位、权力、责任等，把握好沟通的方向、程度、内容，明确什么该"讲"、

什么不该"讲"、向谁"讲"、"讲"多少等，尽量避免产生冲突。若冲突发生了，应坚守"斗而不破"原则，不要撕破脸面，要给双方留下回旋的余地，即"做人留一线，日后好相见"。

③要增强主动意识。底线思维不是一种消极被动的防范思维，也不是要求仅仅守住底线而无所作为，而是一种积极主动的思维。它要求我们在想问题、做决策、办事情的过程中，从底线出发，步步为营，主动工作，积极作为。特别是在困难增加、危机出现时，更要坚定积极向上的信念，攻坚克难，主动应变，及时应对，逐项落实预案，最终战胜困难、化解危机。

（5）系统思维。系统思维就是把认识对象作为一个系统，从系统和要素、要素和要素、系统和环境的相互联系、相互作用中综合地研究认识对象的思维方法。系统是万事万物的存在方式之一，其最基本的属性包括多样性、相关性和一体性。在管理工作中，系统思维的运用应在系统三个最基本属性的基础上，做到把握整体、分析关联和统一管理。

①把握整体。系统思维的第一要义是整体观念，即从整体上认识和解决问题。彼得·圣吉在《第五项修炼》中提到："系统思维是'看见整体'的一项修炼。"它植根于重视整体互动而非局部分析的思考方式。因而，我们要避免"坐井观天""以偏概全"等片面思维，而应通过空间维度、时间维度、跨学科、跨专业等多视角来认识和解决问题。

②分析关联。系统分析包括要素分析、结构分析、环境分析、行为分析和过程分析等，其中要素分析和结构分析是其他分析的基础。一方面我们要分析组织由哪些要素（员工）组成，组织结构和功能如何。另一方面还要分析组织内部形成的文化氛围和所处的外部环境，厘清人与人、人与事、事与事之间的关联性。

③统一管理。在处理管理问题时，我们不仅要从宏观层面分析存在的问题，找出问题产生的真正原因，进行统一谋划、设计解决方案，而非"头痛医头，脚痛医脚"，还要把握好个体之间、个体与团队之间、个体与组织之间、组织之间的相互关系与影响作用，借助其中的关联性来实现有效的沟通。

从方法论层面看，解决问题的过程通常包括界定问题、明确目标、分析原因、提出对策和分步实施五个步骤，这对于管理沟通问题同样适用。

（1）界定问题。界定问题是识别假问题、找出真问题并清晰陈述的过程。首先应识别假问题。客观存在的问题本身并无真假之分，但是，由于认识或专业局限等原因，人们提出或理解的问题会有真假之分。例如，许多管理者认为，"80后""90后"员工以自我为中心、不敬业、不安心工作，甚至指出"'80后''90后'一代不如一代"。事实上，不管什么年代，年轻员工总比老员工更张扬个性、更具"棱角"、更具"初生牛犊不怕虎"的精神，几千年来的人并未出现一代不如一代的衰落。可见，"'80 后''90 后'一代不如一代"是假问题。在识别假问题的基础上，应通过提问法、问题分解法、比较法等方法来挖掘和界定背后的真问题。由于新生代员工的成长环境与上一代有所不同，传统的管理方式往往难以适用于对新生代员工进行管理。因而对于管理者来说，真问题应是：如何更好地管理"80 后""90 后"员工？如何对"老、中、青"不同年龄段的员工进行区别管理？在界定真问题的基础上，应明确将要解决的问题是研究性问题（如调研报告问题）、决策性问题（如战略规划问题）或行动性问题（如项目动员问题）。最后须清晰地陈述。确定问题类型后，紧接着就要对要解决的问题进行清晰的陈述，即陈述的问题应是一个主导性的、具体的、有内容的、可行动的问题，而非笼统的事实罗列。

（2）明确目标。任何管理沟通都是为了达成某一目标而进行的。管理者在进行沟通之前，必须明确沟通的目标，包括总体目标、行动目标和阶段目标。

①明确总体目标。总体目标是管理者期望得到的最根本的结果，如获得理解与解决问题。若主要是想获得理解，那么沟通过程中应着重注意人际关系或公共关系的建立、维持与改善，以获得对方的理解、体谅与支持。若是以解决问题为主要目的，则应坚持问题导向，对事不对人，强调工作的效率与效果。

②明确行动目标。行动目标是管理者为达到总体目标而进行的具体、可度量、有时限的步骤。例如，某公司为实现"传、帮、带"制度，总经理为每一位新进员工安排一名老员工做其导师，并要求师徒每周开一次会，帮助新员工快速成长。在这个事件中，总体目标是为了实现公司"传、帮、带"制度，行动目标是要求老员工与新员工每隔一周开一次讨论会。

③明确阶段目标。阶段目标是在实现总体目标的过程中，每一个阶段或每一个时期内设置的短期目标。比如说，公司在危机管理的过程中，应分别明确"及时告知真相，遏止谣言传播"和"恢复公司形象，修复合作关系"两个阶段目标，最终实现"化解危机、转危为机"的总体目标。

（3）分析原因。任何问题的产生都有其内在的原因。根据麦肯锡的经验做法，思考和分析问题应遵循"事实为基础、假设为导向、结构为核心"的原则。

①以事实为基础。在界定真问题（事实）的基础上，分解问题与淘汰非关键问题，即运用决策树分析法等将问题分解为几个子问题，并对此进行判断归类，抓住主要问题，淘汰非关键问题。接着从现实中去收集和整理与这些关键问题相关的背景信息。

②以假设为导向。基于相关的事实、数据和以往的经验，提出问题的原因假设和方案假设，并尽可能搜集与问题直接相关的事实证据来证明或驳斥假设。假设是解决问题过程中所必需的"地图"，是思考和分析问题的方向。一个好的假设，就是成功解决问题的一半。

③以结构为核心。严格的结构化应体现"相互独立，完全穷尽"原则，以使分析问题的思路清晰、结构合理、内容完整。在分析问题的过程中，事实的收集和假设的提出都应做到"相互独立，完全穷尽"，这样才能充分考虑到所有可能的原因，并找到重点问题以及分析问题的关键环节，进而方能提出全面、合理的假设，找到解决问题的钥匙。

（4）提出对策。提出对策是指针对存在的问题及其原因给出具有针对性和可行性的行动方案的过程。结合收集到的事实、数据以及原因分析结果，提出的对策应具有针对性、可行性和条理性。

①要对症下药。在找到问题产生的原因后，就应针对每一个原因"对症下药"。例如，由"人"引发的问题，可以从奖惩措施、职能监管、主管领导以及个人的能力水平、思想态度、做事方法等方面提出相应的对策。由"规章制度"引发的问题，则应从制度补充修订、加大宣传教育等方面进行考虑。

②要切实可行。所提出的对策必须具有可行性、可操作性，如要符合社会的道德规范、组织的规章制度、个人的能力水平、情境的特定需求等，要有明确的实施主体，要有切实的措施步骤。

③要条理清晰。在确保对策具有针对性和可行性的基础上，对策的表述应条理清晰、结构完整。按照对策的适用情境或思考的逻辑顺序，常用的处理方法主要有：依据解决问题的时间可分为长期、中期、短期；依据解决问题的目标可分为总体目标、行动目标和阶段目标；依据对策实施的轻重缓急可分为重要且紧急、重要不紧急、紧急不重要、不重要也不紧急。对策的提出应分清轻重缓急，抓住重要原因，制订切实可行的行动方案，方能有效地解决实际问题。

（5）分步实施。分步实施是指依照原计划有步骤地实施解决方案的过程，包括方案执行、效果评估和策略调整三个环节。

①方案执行。提出一个好的方案后，一方面需要有人去贯彻落实；另一方面要寻求组织资源和高层领导的支持，在此基础上循序渐进地实施方案。

②效果评估。方案执行一段时间后，应对方案的落实情况、预定的阶段性目标和指标的实现程度进行评估，以对方案价值进行评估，为后期的策略调整提供依据。以人际冲突的解决为例，若采取"合作双赢"的处理策略，一段时间后应评估双方的人际关系是否改善、合作意愿是否增强等，以判断该"合作"策略是否恰当，是否需要调整。

③策略调整。当效果评估结果发现，原策略的效果并不理想，或者所处的情境发生较大变化时，我们应该考虑进行策略调整，以满足实际需要。

综合来看，本书聚焦于中国情境下的沟通理念与沟通问题，提出并阐述了"理念＋方法＋技能"的逻辑体系，强调沟通理念的转变和方法论的指导，从哲学和方法论视角去学习管理沟通的理论方法，提升管理沟通的实战技能。

【本章小结】

1.管理沟通的涵义：运用一定的策略，通过合适的渠道和手段，实现信息、思想与情感在个体、群体或组织之间的有效传递和交流，进而达成理解、共识和妥协，实现管理目标的过程。

2.管理沟通的四大功能：提高效率、提高效果、提高效能和提高效益。

3.管理沟通的八大要素：目标、主体、编码、渠道、解码、客体、反馈和背景。

4.管理沟通的五个重要环节分析：沟通主体分析、沟通客体分析、信息处理分析、渠道选择分析和沟通反馈分析。

5.管理沟通的四种分类方法。

（1）根据沟通渠道的规范性不同可分为正式沟通与非正式沟通。

（2）根据沟通的信息符号不同可分为语言沟通与非语言沟通。

（3）根据沟通的互动性不同可分为单向沟通与双向沟通。

（4）根据沟通的层次不同可分为自我沟通、人际沟通、群组沟通、组织沟通与跨文化沟通。组织沟通可分为组织内部沟通和组织外部沟通，其中，组织内部沟通包括上行沟通、下行沟通与平行沟通。

6.管理沟通的六大原则：主动原则、尊重原则、同理心原则、文化情境原则、信息对称原则和问题导向原则。

7.管理沟通的主要障碍：发送端障碍、传递过程障碍和接收端障碍。

8.管理沟通的思想方法。

（1）五大思维：战略思维、辩证思维、创新思维、底线思维和系统思维。

（2）五个步骤：界定问题、明确目标、分析原因、提出对策和分步实施。

（3）五大策略：主体策略、客体策略、信息策略、渠道策略和反馈策略。

（4）四类技能：自我管理能力、学习创新能力、表达交流能力和组织领导能力。

【问题讨论】

1.简要说明沟通的内涵以及沟通在管理中的作用。

2.为了实现有效沟通，应掌握哪些策略？

3.管理沟通中的障碍有哪些？

4.如何控制沟通中的信息，以实现有效沟通？

【案例分析】小王的烦恼

离职再就业

2007 年 7 月，小王从国内一所知名大学毕业进入某名企工作。2009 年，由于不能接受在 2008 年全球金融危机中被降薪，小王冒着金融危机尚未解除、工作难找的风险，愤然离职。此时的他，满怀着对第一家公司的不满，抱着对美好未来的憧憬，迷茫地寻找属于自己的未来。甚至写了一篇洋洋洒洒的决心书来激励自己，表示对未来充满信心，绝不后悔。

离职一个月之后，小王接到一个工作录用聘书。尽管该工作录用聘书的工作内容与他之前的工作"八竿子打不着"，但由于正值金融危机之时工作难找，而且小王觉得自己适应能力很强，换个行业自己也完全可以适应，且考虑到那个行业看上去属于比较朝阳的行业，也是一个民企。如此再三考虑后，小王还是去了。

加班的烦恼

工作的第一天，小王对公司情况有了一个大致了解，接受了一些内部培训。一周以后便开始上岗。小王所在的部门是市场部，该部门市场总监是个工作狂，据说经常连续工作到凌晨。小王发现，整个公司的加班文化特别严重，五点下班以后，几乎没有人会走，不管有事没事都要留到八点以后。刚开始几天，小王心想反正家里也没什么事情，就尽量加班，跟同事们同一时间下班。一个周五，小王要回第一份工作时的住处搬家，由于路程较远，五点一到，他就下班走人了，没和任何人打招呼。后来同事打电话说："市场总监找你有事，你不在，他很不高兴。"此事在小王心中造成了不小的阴影，他觉得这个领导很可怕，以后不管什么情况都尽量等领导走了之后自己再回家。

首次任务

两周过去了，小王逐渐熟悉了公司的情况。领导开始给小王派任务了，交给小王的第一个任务他不是特别熟悉，并被告知一周后完成。由于小王的不熟悉，他感到无从下手。但领导此时出差在外，小王心想不便打扰，所以并没有向领导请教。他自己就浪费了几天时间搜集资料来做一些大致的了解。一周之后，领导回来了，跟小王要资料，小王说这个任务他不是特别懂，希望领导给他点意见。谁知领导非常生气地训斥他："不懂可以打电话问，或者发邮件也可以，但是绝对不可以一周什么事情也不做！要主动和领导沟通！"当时小王就傻了，但是也没多说什么，请领导多给一周时间，他会尽力做好。

与外部门沟通

由于此次任务有很多事项需要和其他部门沟通，小王心想自己跟他们不熟，采用发邮件的方式会好些，只要把事情说明白就应该没有太大问题。因此，小王给别的部门同事发了邮件，其中有些还是外省公司代表处的。部分同事反应很快，将小王要的资料迅速回复给他。但是外省公司的，可能由于经常在外面有销售活动未能及时回复，小王又发送邮件催了一次，对方依旧没有回复。这样，三天过去了，小王开始急了，赶紧给他们打电话。电话那头，同事还算客气，但是他说："不好意思，你要的这些资料我这里暂时没有，而且我在外地出差，如果需要的话三天以后才有可能发给你，如果早点告诉我，情况会好点。"小王这次傻眼了，因为两天后，领导就要资料，时间根本来不及。

又过了一周，领导问小王要报告。小王说，由于部分分公司资料没给齐，暂时做不出来，需要延后几天。领导质问道，两周时间，他们资料还没给齐？小王没有多作辩解，只是跟领导保证过几天将任务完成。

与领导沟通

又过了三天，小王好不容易将报告做出来了，他用邮件发给了领导。他以为有什么问题领导肯定会来找他要求他修改，因此就闲在那里等领导回复。但是两天过去了，一点动静都没有。小王心想：难道领导没收到邮件？因此又检查了一下邮箱，确定领导的确收到了邮件。一周过去了，领导又问他那份报告的事情，小王说一周前就给您发过去了。领导埋怨说做完了怎么也不告诉他，他邮件很多，有时不一定会看到他发的邮件。小王觉得很委屈：明明自己辛苦完成的工作，发给你了，是你自己没看，还怪我。

坐冷板凳

做完这份报告之后，领导也没提什么修改意见，也没安排什么任务，过了几天就又出差去了。小王就有了属于自己的空闲时间，上上网、看看新闻，觉得日子很舒服，不知道上班要干点什么。两天之后，领导回来了，小王本以为领导会安排点任务给他，谁知道领导也没来找他，他还是照样偷偷摸摸地上网、聊天，等着领导给他安排任务。一周过去了，小王依然没有接到任何任务，领导似乎也不管他了。他开始有点担心了，但又顾忌到领导太忙，自己不敢去找领导，主动要求安排任务，因此他就继续等待。晚上同事们加班，他也不得不留下来，尽管无事可做，但还是在那里耗时间。

沟通不畅，离职

又过了一周，小王进公司大概一个月的时间，领导总算来找小王了，小王十分忐忑，不知道领导会给他安排什么任务。可这次领导并没有提到工作的事情，只是跟小王谈工作态度问题。领导说："小王啊，你来公司也已经有一个月了，有什么工作业绩没有啊？"小王说："没什么，就完成了一个报告，还在等着您给我下任务呢。"领导说："小王，你是我一手招进来的人才，名校毕业，又在那么大的公司做了两年，本来我很看好你的，想让你当我的左右手，然而我经过观察发现，你做事情最大的一个缺点就是不够积极主动，什么时候都要人家给你布置任务，你为什么不能主动来找我沟通工作问题呢？"小王此刻深受启发。但由于以前都是领导安排任务，自己按部就班地完成即可，因此在与领导的沟通上依旧没有什么大的改观。又过了一个月，试用期要结束了，小王也觉得在这里工作不受重用，没有什么激情，因此试用期没过，小王就主动提出了离职，再次投身金融危机之后的求职人群中。

资料来源：杜慕群．管理沟通案例 [M]．北京：清华大学出版社，2013．

思考讨论题：

1.据此案例，你认为沟通的意义体现在哪里？

2.在案例中，与小王沟通的有哪几类人？与他们沟通的策略有何不同？

3.你认为小王的沟通方式存在哪些问题？应如何改进？

4.小王的沟通故事对你的日常沟通有何启发？

第二部分　策　略　篇

第 2 章　管理沟通的主体策略

简单而又无比强烈的情感主宰了我的一生：爱的渴望、
知识的追求以及对人类苦难的极度同情。

——罗素

【学习目标】

➤ 学会识别自我的性格特征，明晰自我的角色定位。

➤ 了解个体沟通动机的三大理论。

➤ 掌握认同管理、情感管理、压力管理以及时间管理的方法。

➤ 掌握进行自我暗示、自我调整和自我说服的方法。

【导引故事】"认识你自己"

千百年来人类关于"自我"的探讨一直没有终止，笛卡儿在《第一哲学沉思集》中有一段很著名的关于"我"的描述："最后必须做出这样的结论，而且必须把它当成确定无疑的，即有我、我存在这个命题，每次当我说出它来，或者在我心里想到它的时候，这个命题必然是真的。"他有一句我们今天耳熟能详的表述——"我思故我在"，将人类对自我的认识与人类的意识联系在一起，认为人类的意识活动是自我存在的根源。

在哲学史上，很多哲学家探讨过自我这个问题。最早，苏格拉底将"认识你自己"视为哲学的原则，这实现了人认识自我的一次飞跃。苏格拉底认为，哲学的对象不是自然，而是人的心灵，是自我。因为对世界本原的真正探究不是要找出某一物质的本原，而是要发现那个使万物井然有序存在的基本精神力量。这只能通过对人本身的认识来求证。苏格拉底之后，"认识你自己"成为贯穿西方哲学发展的主题。随后，笛卡儿高扬人的主体性，通过"我思故我在"的命题确认了人的主体地位，将哲学思维的触角由外部世界引向了人本身。这之后，随着生物学、心理学等自然科学的不断发展，一些思想家开始从人这个抽象概念视角转向人的心灵深处去探寻人的存在。他们以非理性的本能、欲望、冲动为基础来认识人的本性，企图以此来找到真实的自我。如叔本华称欲求和挣扎是人的全部本质，人的求生欲望决定了人的存在。法国生命哲学代表人物柏格森认为人是无法用概念、判断、推理等理性方法来描绘的，只有通过一种非理性的直觉来把握。通过直觉，可以感觉到人的生命是盲目的冲动，是欲望，是一股绵延不断的生命流。生命是由非理性的本能决定的，人生的一切价值和意义是在本能的驱动下完成的。

而在心理学研究的领域，有两个词被认为是与自我的研究紧密相关的。一个是"ego"（即本我、自我），该词广泛见于精神分析学派的研究中，它是弗洛伊德精神分析理论的核心概念之一，是人格结构的重要组成部分，侧重心理特征。精神分析学派认为，自我是社会化的本我，它遵循现实社会的法则，使人跳出自我为所欲为的快乐原则，并用现实原则指导人们适应社会生活。由于弗洛伊德的影响力，这个词在诸多心理学之外的研究领域被沿用。另一个词"self"，也被译成自我，这是一个使用更普遍的自我概念，是指个体生理与心理特征的总和，是个体独特的、持久的同一性身份。当前国内外心理学界的主流理论中所探讨的自我，主要沿用这个概念。西方绝大多数心理学家关于自我的讨论，从威廉·詹姆斯最早开始提出基于"self"的自我的概念，到乔治·赫伯特·米德区分主体的我（I）和客体的我（me），再到人本主义学派的另一位代表人物卡尔·罗杰斯对自我所进行的系统研究，都采用了这一解释。罗杰斯认为，自我概念是与一个人自身有关的内容，是个人自我知觉的组织系统和看待自身的方式。他认为，对于一个人的个性与行为具有重要意义的是他的自我概念，而不是其真实自我（real self），自我概念不仅控制并综合着个人对于环境知觉的意义，而且高度决定着个人对于环境的行为反应。

由上可知，自我是非常复杂的，既可以从哲学层面去解释，也可以从心理学范畴去研究。同时，我们不能停止认识自我，因为认识自我是实现人生意义和价值的条件，是人生大智慧的最高表现。老子说：知人者智，自知者明。认识你自己，可以获得智慧和安宁。

资料来源：王雨涵. 认识自我：心理学家名家名著导读 [M]. 北京：生活·读书·新知三联书店，2019.

春秋时期著名军事家孙子认为，在军事行动中，"知己知彼，百战不殆。不知彼而知己，一胜一负。不知彼，不知己，每战必殆"。其实对于管理沟通亦是如此，沟通双方达成理解、共识和妥协的过程中，知己有利于扬长避短，知彼有助于投其所好。其中，知己是前提和基础，它能使我们更有针对性地管理自我，控制自己的思想、情感和行为，从而在沟通过程中表达规范、行为得体，让客体更容易理解、认可和接受。沟通主体对自己进行认识和管理的一系列方法就构成了管理沟通的主体策略。

2.1　认识自我

美国心理学家约瑟夫·勒夫特和哈里·英格姆在 20 世纪 50 年代提出"约哈里窗"模型，如图 2-1 所示。

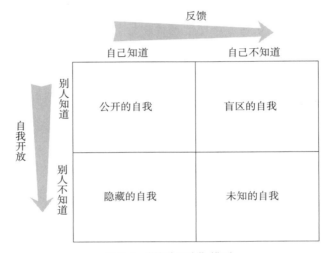

图 2-1　"约哈里窗"模型

资料来源：Luft J，Ingham H. The Johari Window：a graphic model of awareness in interpersonal relations[J]. Human relations training news，1961，5（9）：6-7.

他们认为，个体的内心世界可划分为四大区域：①开放区——公开的自我，代表自己和他人共知的信息，如你觉得自己工作很努力，你的领导、同事也认为你工作很拼命。②盲点区——盲区的自我，代表个体自身不知，但为他人所知的信息，如你觉得自己对下属很关心，但员工却认为你很苛刻且难以接近。③隐蔽区——隐藏的自我，代表自己知道，别人不知道的信息，如你对某同事心存芥蒂，但从不说出来，也不表现出来。④未知区——未知的自我，代表自己和他人都无从知晓的信息，这个区域最为神秘，具有模糊性、隐蔽性和不确定性。

在开放区，沟通主体与客体的交流更为畅通，沟通的效果更易令双方满意，因此，在开放区进行的沟通是最有效的。扩大开放区的方式有两种：①从开放区扩展到隐蔽区，这是纵向扩大开放区，称之为"自我开放"，需要个体通过告知的方式与他人发生互动。②从开放区扩展到盲点区，是横向扩大开放区，称之为"反馈"，需要个体通过询问、探索和实践活动以加深对自己的认识。

【课堂互动】运用"约哈里窗"认识和评价自我的方法

1. 在各自的小组内，每个人分别写出组内每一位成员（包括自己）具有的 5 种个人品质，或 5 种工作习惯、特点，或 5 个长处、弱点。

要求：必须对组内每位成员进行评判。

2. 将评判的内容交给组内每位相关成员。

3. 每位成员轮换朗读出来：别人对自己的态度；自己对自己的认识。

4. 小组讨论时出现的认识差异及产生原因。你真的认识你自己吗？怎样才能真正认识自己？谁应该是你获得有价值反馈的最佳人选？找到别人与自己的评价差异产生的原因。

在运用"约哈里窗"时，我们可以从五个方面认识自己：①基于别人对自己的态度来了解自己。②通过和别人比较认识自己。③利用他人反馈客观地认识自己。④通过和自己比较认识自己。⑤通过内省来观察自己、认识自己。

然而，认识自我是困难的，因为真实的自我往往隐藏在无意识中，而我们的认识方式，是借助于语言、求助于思维，这种一般性的思想和判断，不足以全面认识真实的"自我"。因此，我们要善于运用理论工具，从性格和角色定位等多个角度认识自我。

2.1.1　识别性格特征

你是否问过自己：为什么我总是对犯错误的下属发脾气？为什么我总是害怕向领导汇报工作？为什么在团队讨论时我总是无话可说？想得到答案需要从你的性格入手。性格是人对现实的态度和行为方式中较稳定的个性心理特征，是个性的核心部分。人的性格千差万别。有的人诚实正直但略显呆板，有的人活泼好动但缺乏毅力，有的人深沉多思但沉默寡言。在管理沟通中，我们应注意自己性格的哪些方面能获得别人良好的反应，从而提升自己的个人形象，即扬长。我们还要留意哪些方面容易冒犯别人，并有意识地加以控制，以免伤害或激怒对方，即避短。

本节主要介绍艾森克人格特质理论和荣格性格类型学说两大性格理论，其中，艾森克人格特质理论是从性格特质的角度剖析个体的性格特征，荣格性格类型学说是通过划分性格类型对个体性格特点进行分析。

1. 艾森克人格特质理论

英国心理学家艾森克（1947）认为，人格是一个人的性格、气质、智力和体格特质的稳定持久的综合体，人格决定了这个人在环境适应中的独特性。其中，内外倾和神经质两个维度与人格特质密切相关，人们在这些方面的不同倾向和不同表现程度，构成了他们不同的人格特征，如图 2-2 所示。

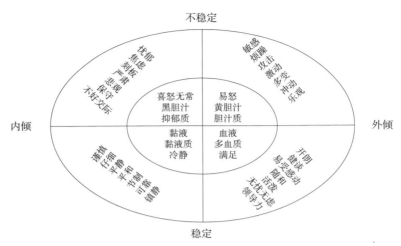

图 2-2　艾克森人格特质理论

（1）内外倾。内外倾是人类性格的基本类型。内倾是指将注意力集中在内部，以自我为中心。典型内倾性的人，表现安静，不喜欢与各种人交往，对人有所保留或保持距离。善于自我省察，善于控制情感，很少有攻击行为，但一旦被激怒则很难平复。做事保守可靠，瞻前顾后，喜欢事先订计划，不轻举妄动。待人接物严肃，非常看重道德价值。外倾是指将注意力集中在外部世界。典型外倾性的人，喜欢开玩笑，无忧无虑，不记仇，乐观；善于交际，不喜欢静坐独处；喜欢寻求刺激，喜欢环境变化；做事急于求成，好出风头，易冲动；富于攻击性，但又很容易冷静下来。

（2）神经质。神经质的两个维度是情绪稳定和情绪不稳定。情绪不稳定的人易焦虑、易激动，总是喜怒无常、忧心忡忡。对各种刺激往往表现出过于强烈的反应，且情绪冲动后难以平复。因此，他们的行为有时显得刻板、偏执或不合常理。与此相反，情绪稳定的人，表现稳重、性情温和、不易焦虑。对各种刺激的反应较轻微，善于自我控制，容易恢复平静。

内外倾与神经质的极端表现

内倾的人："我不愿意与他人沟通。"外倾的人："我非常愿意与他人沟通。"

情绪不稳定的人："我害怕与他人沟通。"情绪稳定的人："我善于与他人沟通。"

艾森克提出，仅就两种维度上的极端表现而言，具有这种极端表现的只是极少数人，大多数人则处于平均水平附近。从管理沟通的视角来看，偏内倾型的个体要克服不自信的心理，避免过于含蓄、吞吞吐吐，可通过多参加集体活动提高自信。偏外倾型的个体要忌讳过于大大咧咧、无所顾忌，可通过有意识地培养倾听的习惯以提高细心程度。情绪较不稳定的个体要克服急躁和冲动，避免与对方产生冲突，可通过语言暗示的方法时刻提醒自己"冲动是魔鬼"，或多与他人交流，学会换位思考，练就开阔的心胸和沉稳的性格。

2. 荣格性格类型学说

荣格是瑞士著名的哲学家、心理学家和精神分析医师。荣格认为："人主要受一些不为我们所知的力量的控制，这些力量来源于自己的潜意识部分。潜意识既有积极作用也有消极作用，正是人的这种意识构成了每个人的独特性格。"1921 年，荣格提出性格类型学说，提出人的心理活动具有知觉、直觉、思维和情感四种功能，并将其分为知觉—直觉、思维—情感两个维度。

（1）知觉—直觉。知觉与直觉是一对相互对立的功能，它们构成了心理活动的基础，代表人们收集信息的两种方式。知觉是指个体对事物的感知主要集中在当前确定的、现实的具体内容和细节上，主要运用的是自己的感官。知觉型的人知道什么或相信什么是因为亲眼看到、亲耳听到或亲手摸到，处理问题时注重经验并依赖过去，他们是天生的唯物主义者和务实派，不喜欢处理非常规问题，不擅长把握抽象的事物，喜欢操作性强的事物。直觉是指个体对事物的感知主要集中在事物的整体轮廓、相互关系以及发展的可能性上，主要运用的是一种洞察力。直觉型的人着眼于个人的想法而不是事实，他们更相信"第六感"，注重灵魂的启示或心理的体验，这类人具有天生的创造力，喜欢解决新问题，不喜欢常规性工作，厌烦日常琐事，缺乏现实感。

（2）思维—情感。思维与情感是一对相互对立的功能，代表人们作判断时的偏好，是判断和评价信息的两种方式。思维是指个体对事物的判断主要依据客观原则和逻辑结果，更多考虑事物的客观性或多以第三方的角度出发作出判断。思维型的人用头脑判断和评价信息，关注的是逻辑关系，他们客观、理智、通情达理、有分寸感。情感是指个体对事物的判断主要依据个人或社会的价值观，更多考虑自己的决定会给他人带来的结果和感受。情感型的人用心灵判断和评价信息，关注人情，关心的是价值意义，即以人们悲欢爱恨的真实体验为标准来判断事情的正当性，他们主观、感性、性情随和、乐于助人，有较强的社交能力。知觉型、直觉型、思维型与情感型的人存在诸多方面的差异，见表 2-1。

根据知觉—直觉、思维—情感两个维度，性格被分为四种类型：知觉—思维型、直觉—思维型、知觉—情感型和直觉—情感型，四种类型的人倾向于不同的问题解决方式，如图 2-3 所示。

知觉—思维型的人倾向于从环境中收集数据和事实，并利用逻辑解决问题。知觉—情感型的人也是从环境中收集数据和事实，但是利用个人价值观解决问题。直觉—思维型的人喜欢用抽象原则和逻辑解决问题。直觉—情感型的人凭借直觉

表 2-1　知觉型、直觉型、思维型与情感型的比较

特点	知觉型	直觉型	思维型	情感型
注意中心	细节、实际、做事利落	模式、革新、想法、长远规划	实际逻辑、事实、组织原则	人类价值与需求、和谐、感情
时间方向	现在、按现有方式生活	进一步成就、重新规划	过去、现在、未来	过去
工作环境	注意细节、耐心了解细节，不在事实上犯错、非冒险者	着眼于"大图景"、耐心对待复杂性、冒险者	公事公办、不讲个人关系、公平待人、有条理	友好待人、注重个人关系、关心他人
优点	讲求实际、注重结果客观、具有竞争性	见解独到、富于想象、有独创性、理想主义	逻辑性强、坚定、顽强、理智、客观	富有同情心、善于调动他人感情、乐于助人
可能的弱点	项目延误失去耐心，处理事务仓促，缺乏长远目光，将复杂任务简单化	缺乏连续性，不实际，在事实上犯错误，将人们的贡献视为理所当然	分析过度、不讲感情、过分严肃、死板、啰唆	过于感性、不讲原则

资料来源：黑尔里格尔，斯洛克姆，伍德曼，等 . 组织行为学 [M]. 岳进，译 . 北京：中国社会科学出版社，2001.

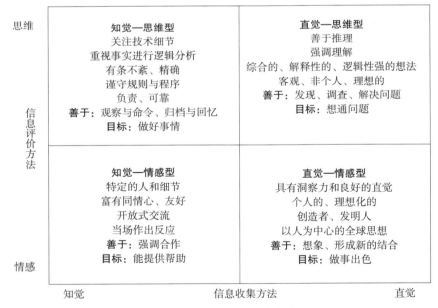

图 2-3　个人处理问题的方式

资料来源：荣格，Jung C G. 荣格性格哲学 [M]. 李德荣，译 . 北京：九洲出版社，2003.

收集数据，利用个人价值观进行决策。荣格对性格类型作出进一步阐述，认为心理活动遵循能量守恒原理，即当一种心理功能充分发挥作用时，它的对立面会受到抵制，即知觉能力越强，直觉能力就越弱。你有多大的情感力量，就等于失去了多大的理性功能。

　　艾森克人格特质理论和荣格性格类型学说都表明,性格没有优劣之分。然而,我们总是对自己的长处熟悉而亲切,对自己的缺点却缺乏意识,不仅如此,我们还常常将别人身上体现出的、自己所缺乏的素质视为毛病或问题。因此,在一般情况下,我们更容易看到与自己性格相近的人的优点,而忽略其缺点。相反,对于与自己性格相差甚远的人,我们更易关注到他们的缺点,而无视其优点。例如,在外倾型的人看来,内倾型的人"沉默寡言、冷漠孤僻"。在内倾型的人看来,外倾型的人"浮躁、不沉稳"。在知觉型的人眼中,直觉型的人往往"不踏实、想入非非、自以为是、好出风头"。在直觉型的人眼中,知觉型的人总是"古板、原则性太强、缺乏想象力"。思维型的人认为,情感型的人"多愁善感、不守原则"。情感型的人却认为,思维型的人"思想复杂、喜欢挑刺、喜欢争辩"。

拓展阅读 2.1

　　可见,我们应该通过了解自我的性格特征,正确对待自身的优缺点,并扬长避短。与此同时,我们应尽量避免以自己的性格为准则去评判他人,也不因他人对自己不够准确的看法和评价而感到失落和困惑。

2.1.2　明晰角色定位

　　有人称职场如戏,每个人都应该扮演好自己的角色。在组织中,我们往往会经历不同岗位、不同层级间的变化,如从规划部调到公关部、从基层晋升到中层甚至高层,这就需要我们练就迅速转换身份、适应不同角色的能力。角色是指人们对于在某一社会单元中占据特定位置的个体所期望的一套行为模式,角色定位是指个体对不同生涯发展阶段和不同情境中所扮演的角色的确定和把握。在不同生涯发展阶段和不同情境中,个体会扮演不同的角色,而不同的角色需要个体具备与之相称的个人素质,并表现出外界所期望的行为,以此得到他人的理解、认可、信任、赏识和尊敬。

　　个体生涯发展是一个有序、具有固定形态的过程。在不同的生涯发展阶段,会有不同的生涯发展角色与之相匹配。在不同的生涯发展阶段下,我们应该定位好与不同环境相适应的重点角色,积累相应的经验,把握恰当的心态,以实现与他人的良好沟通。

　　在管理沟通中,我们主要探讨工作者角色的发展阶段,包括初入职场阶段、发展晋升阶段和职业维持阶段。

　　(1)初入职场阶段。初入职场阶段是指从学生身份即将转变为工作者身份的过渡时期。这段时期,个体扮演着职场新人、基层员工的身份,个体一般需经历融入社会、融入组织、融入岗位的三个"融入"过程。具体而言,首先,个体可以通过请教父母或身边人以及利用互联网等工具进行学习,了解时代与国家的发展态势，用全新的视角与眼光来看待自己所处的世界，从而形成自己的职业人格特征和自我概念，以便更好地融入社会环境中。其次，在入职时，个体可以通过学习公司员工手册，了解公司管理制度，如公司的员工行为规范与职业行为准则、工作时间以及假期管理、薪资管理与员工福利、奖惩制度、财务制度等，以及了解公司的理念，思考个人的行为与公司的理念是否一致，如不一致应该如何改进等，尽快融入新组织中去。最后，在入职后，个体可以通过参加岗位培训、请教老员工等方式，尽快熟悉工作流程，融入岗位。

（2）发展晋升阶段。发展晋升阶段是指个体完成了学生到工作人员的身份转变，踏入工作岗位已经有一段时间了，已经有了一定的技能与经验，准备谋求进一步的发展与晋升。所以在这一阶段，个体需要报以虚心的态度，多听多问，听取前辈和上司的意见和建议，选择一个真正适合自己的工作领域，并努力谋求发展与晋升。随后，个体在职业中逐渐安定下来，正是奋力实现职业目标的大好时期，因此需要具备积极向上、奋勇拼搏的精神，并用自己的冲劲带动团队成员一起努力，共同实现职业目标，不断寻求发展。

（3）职业维持阶段。职业维持阶段是指个体在职业中经过一系列的发展与晋升，已获得一定的成就和社会地位，通常已是组织中具有一定影响力的管理者。此时个体需要展现成熟、稳重、担当的个人魅力，获取下属的信任和忠诚，以此维护已有的成就和社会地位。

需要注意的是，在职业生涯的各个阶段，个体都需要根据内外部环境的不断变化，实现对社会、组织与岗位的不断融入，完成自我的不断完善，以便早日成为职业领域中的专家，实现人生价值。

可见，明晰自己在不同生涯发展阶段和不同情境下的角色定位，有助于厘清当前的任务和方向，明确自己应该干什么，从而表现出与外界期望相一致的行为，避免在与他人沟通的过程中失态，也可有助于建构个体的职业生涯，早日取得职业成功。

2.1.3 明确沟通动机

在沟通主体对自己的性格特征以及相应的角色定位有了一定的了解后，基本形成了对自我的分析与认识。在沟通主体自我分析的过程中，最根本的就是自我沟通，成功的自我沟通是管理沟通成功的前提。主体只有首先明确沟通的动机与目的，才能更好地发挥主体作用，实现有效的管理沟通。关于主体进行沟通的动机和目的，学术界主要有三类代表性理论。

（1）自我呈现论。加拿大社会学家欧文·戈夫曼在《日常生活中的自我呈现》中最先对自我呈现进行了详细论述，其核心思想是人类在社会交往过程中，根据特定的需要，有选择性地将自己想传达的信息传达给他人。[①] 他认为，沟通是凭借自身的言行向他人呈现自我的过程，但往往只呈现有助于维护自身良好形象的某些属性。自我呈现强调通过积极属性的呈现来影响他人的言行，控制他人对待自己的方式。比如，现今社交媒体的兴起颠覆了传统的信息传播、互动和自我呈现的方式，非语言的视觉符号成为网络空间中的"最强音"，以头像为代表的社交媒体视觉符号标识网络空间的个体身份，深刻影响了用户在互联网空间中的表达方式、社交方式和展示方式，用户进行头像更换的行为实质就是一种自我呈现行为的典型例子。

（2）社会交换论。社会交换论的创始人是美国著名社会学家乔治·霍曼斯，他认为人际交往本质上就是一种信息交换。人们的日常沟通行为就是信息、情感等的交换过程，人是经济人，在人际交往中追求利益最大化，在人际交往过程中，精神利润就是用得到的报酬减去付出的代价。任意一方得到的精神利润为零，交往就可能中断，只有双方都获利交往才能继续。霍曼斯的交换理论只是论述了人际交往的某种特点，但他忽视了人的主观能动性、积极性、创造性以及信念、价值观和情感在人际交往中的重要性。

（3）社会比较论。费斯汀格用社会比较论来解释人际沟通的动因。社会比较论是指人们为了使自己的言行和社会团体保持一致，在自己无法确定言行标准时，暂时将团体成员的言行作为自己的言行标准。[②] 社会比较论认为，沟通是自己的态度、意见和行动标准向社会团体的标准统一的过程，对于保持认知上的协调和心理上的平衡，消除言行上的偏差有积极作用。比如，人在较小的年纪时，对社会规范、伦理、道德等几乎没有什么理解和辨别能力，往往选择被动地服从大多数人所认为正确的行为范式，到长大后基本规范框架已经形成，往往不会有大的改动，这样社会习俗、规范便慢慢留存下来了。

杰克·韦尔奇说过："管理就是沟通、沟通再沟通。"公司要实现高速运转、充满生机和活力有赖于下情能为上知、上情能迅速下达，有赖于部门之间互通信息、同甘共苦、协同作战，充分调动员工的积极性和创造性。良好的沟通让员工感觉到公司对自己的尊重和信任，从而产生极大的责任感、认同感和归属感，促使员工以强烈的责任心和奉献精神为公司工作。此外，沟通还能化解矛盾、澄清疑虑、消除误会。管理者最重要的任务就在于培养起员工之间的一种健康向上的关系。在组织中，管理者进行沟通的目的包括传递信息、激励员工、使团队和谐等。

---

① 欧文·戈夫曼. 日常生活中的自我呈现 [M]. 黄爱华，等译·杭州：浙江人民出版社，1989.
② Festinge L. A theory of social comparison processes[J]. Human Relations，1954，7（2）：117—140.

首先，沟通要传递信息，促使各项工作顺利运行。公司的任何一项工作都离不开信息传达。比如，在上级决策的酝酿、准备阶段，下属应该传达有预测性的信息给上级，以作为上级决策的依据。在决策的实施过程中，应该及时传达动态信息给执行人，以及时反映实施进程、成绩、问题等，以便进行协调或修正决策。在完成某项工作、解决某个问题后应该将反馈信息传达给执行人，以提高其解决问题的能力。为进一步提高决策水平，应及时传达专题信息或综合信息给相关人员，以便下一次决策的高效运行。

其次，沟通要满足员工的心理需求，激发员工的工作热情。彼得·德鲁克在《管理：任务、责任、实践》中提出，公司的目的和使命，第一是经济上的成就；第二是使工作富有活力并使员工有成就感；第三是公司对社会的影响和对社会的责任。要使员工富有活力并有成就感，就要促使员工充分参与。员工对自己工作的公司信息有很强的知情欲望，有参与的需求，才能有更高的工作效率。

最后，沟通要能促使团队和谐，改善组织人际关系。工作群体中成员互相交流思想和感情，在沟通中产生共鸣，消除误解，可以形成"人和"的工作环境，增强团队的凝聚力，产生协同效应。

2.2　管理自我

沟通主体在认识自我的基础上不断提升"自我"，才能更好地被理解、认可和接受，从而与客体进行更有效的互动。在组织管理中，管理者会面临各种各样的情境，需要处理各种各样的问题，这就要求管理者既要拥有良好的心理素质，又要具备卓越的管理技能，由此管理者需要在认同、情感、压力、时间等方面管理自我。所谓管理自我，是指个体有意识、有目的地对自己的思想、情感和行为进行控制的过程。

2.2.1　认同管理

在商讨战略时，我们渴望扮演一个目光如炬、高瞻远瞩的谋略家。在商务谈判中，我们希望扮演一个立场坚定、言辞凿凿的谈判家。在员工聚会上，我们试图扮演一个幽默风趣、引人注目的助兴者。身处不同的情境、面对不同的人，我们的态度和行为也会随之变换，这既是为了获取自我认同，如肯定自己的智慧、能力、素质、品质等，又是为了获取他人认同，如维持下属的拥戴、得到上司的青睐、赢得同事的喜爱。认同是指自我和他人对自己在组织中的形象、地位、角色、价值观等方面的理解和接受程度。本部分主要探讨自我认同和他人认同，认同管理则是增强自我认同和他人认同的过程。

1. 自我认同管理

自我认同管理是指个体在自我认识的基础上，理性认可和接受自己在组织中的形象、地位、角色、价值观等方面的过程。性格、兴趣、价值观、角色等特点会在某种程度上影响个体的沟通方式，而自我认同能够决定个体是以积极的心态还是以消极的态度看待自己的沟通方式。例如，面对内向的自己，自我认同感高的个体懂得自我赏识，认为"我享受倾听甚于说话"，而自我认同感低的个体往往自我责备，认为"我真是个懦夫，在大众面前连话都不敢讲"。自我认同管理能够引导我们理性、积极地看待我们的沟通方式，它要求我们拥有真实的自我评价、抱以切合实际的期待以及掌握改变自我的技巧。

拥有真实的自我评价。自我评价具有主观性，往往不符合客观事实，它既可能偏于正面，即对自己的评价高于客观事实，表现为自我膨胀，也可能偏于负面，即对自己的评价比客观事实更严厉，表现为自我贬低。无论是自我膨胀还是自我贬低，都是对真实自我的扭曲，不利于自我认同。自我膨胀易使自己过分自信，甚至自负，盲目接受难以完成的沟通任务，导致沟通失败，从而否定了正面的自我评价，对自己产生怀疑。自我贬低则易引发自我怀疑和自卑，这种持久性的消极状态会阻碍人际沟通的进行，从而进一步强化负面的自我评价。因此在自我评价过程中，我们不要在意他人过度负面的回馈，如刻薄的同事对你的品头论足，或者挑剔的客户对你的批评指责，对于这些不真实的评价，我们可以列举出来，然后让其他人帮助自己了解自身真实的能力和不足之处。

抱以切合实际的期待。常言道："期待越高，失望越大。"如果每一次的期待都换来失望，那我们只会越来越不相信自己。因此在许多情况下，我们无法认同自我的重要原因来自于期待过高。没有哪一个下属能够出色地完成每一次任务，也没有哪一个上司可以有效地化解每一场危机。要求自己在每一次沟通过程中都表现得完美无缺、游刃有余，这是不切实际的期望，势必会给自己带来挫败感。因此，我们要抱以切合实际的期待，不因自己缺乏天赋而感到悲惨，也不因自己能力不如他人而感到苦恼，而是将过去的自己作为参照，期待变成一个更加努力、更有技巧、更有智慧或更加出色的人。

掌握改变自我的技巧。认同自我并不意味着认同自己的一切，要避免盲目认同，遵循理性判断。优点要发扬，缺点要尝试着改变，通过克服缺点、弥补不足来促进自我认同。如果放任自己的缺点和不足，不设法改变，那么我们就不会进步，可能仍然是一个爱在下属面前发脾气的人，或者依旧是一个没办法处理好同事关系的人，抑或还是一个在上司面前颤抖到说不出一句话来的人。如此一来，沟通的障碍始终存在，沟通的目标还是难以实现。因此，我们要想方设法地改变自己的缺点和不足，扫除沟通中的障碍。改变自我的一个技巧是向优秀的人学习，仔细观察那些善于沟通的人的言行举止，通过取长补短提升自我，促进自我认同。

2. 他人认同管理

他人认同管理是指个体塑造自我以获取他人认可和接受的过程。缺乏他人认同的员工往往容易产生自卑、抑郁、苦闷等消极情绪，从而大大降低工作的积极性。因此，他人认同管理对于我们在组织中的发展意义重大，它能有效增强工作的动力。他人认同管理可通过有效提升个人可信度和灵活选择沟通方式来实现。

有效提升个人可信度。个人可信度是指客体对主体的信任与依赖程度，受外表形象、身份地位、专业知识、良好意愿和共同价值五个因素的影响，见表2-2。良好的外表形象能加强对受众的吸引力，给受众留下良好的印象，促使受众喜欢你、接受你并认同你。身份地位和专业知识都能产生权威的效应，增强说服力，让受众认可并接受你的观点或要求。

表2-2　提升个人可信度的因素和技巧

因素	建立基础	对初始可信度的强调	对后天可信度的加强
外表形象	吸引力	强调受众认为有吸引力的特质和共同点	通过认同受众利益来树立形象，运用受众认为活泼的语言及其他表达方式
身份地位	等级权力	强调你的头衔和地位	与地位很高的人建立良好的关系或引用他的话语
专业知识	知识和能力	包括经历、学历、荣誉，分享专业知识	与受众认为是专家的人建立良好的关系或引用他的话语
良好意愿	个人关系、长期记录	长期记录	通过强调听众利益来表达良好意愿
	值得信赖	承认利益上的冲突，作出合理的评估	
共同价值	道德准则	以共同的价值观引导沟通	

2.2.2　情感管理

当上司分配了一项你不感兴趣的任务时，你会感到抵触和反感，还是仍旧抱以热情和激情去完成？当下属与你的价值观冲突时，你是愤怒和责骂，还是理解和宽容？面对诸如此类的外界刺激时，你会反应过激、不能平复，还是能够从容面对、冷静处理？对这些问题的回答反映了你的情感管理能力。情感是指人对客观事物是否满足自己的需要而产生的态度体验。在管理沟通中，正确地表达情感能够促进组织成员之间的相互关心、相互鼓励、相互宽容和相互支持，营造良好的沟通环境。有效管理情感离不开个体智商、情商和逆商的共同作用。

1. 智商、情商与逆商

（1）智商。智商是测量个体智力发展水平的一种指数。智商评估的方法有两种：①"比率智商"，即"智商等于智力年龄除以实际年龄"。②"离差智商"，指的是"以每一年龄阶段内全体人的智力分布作为正态分布，以个体在这一年龄分布中距离均数的位置，判定个体的标准分数"。这是一种与常模比较的相对位置比率分数。由此看来，智商在智力理论中是一种定量的相对比率概念。

高智商的男性理性，做事能力强，顽强不屈、野心勃勃，但往往自视甚高，对他人的评价毫不在意。高智商的女性思想丰富、内向沉稳，但凡事往往想得太多，工作易产生焦虑，且容易陷入沉思而难以自拔。

（2）情商。"情商"最早由耶鲁大学的彼得·沙洛维教授和新罕布什尔大学的约翰·梅耶教授于 1990 年正式提出。直到 1995 年，美国《纽约时报》专栏作家丹尼尔·戈尔曼出版《情感智商》一书后，情商这一概念才引起了世界各地人们的广泛关注。戈尔曼将情商定义为能够控制自己的冲动、充分理解对方情感并能及时处理情绪危机的能力。他认为情商是一种中介能力，人们要想发挥其他能力，都必须通过情商这个中介，因此可以说情商控制着人们方方面面的能力，决定着我们一生的成就。

情商高的男性和女性具有相似的特点。情商高的男性感性，为人处世能力强，他们性格外向、喜爱社交、富有同情心、乐于助人，具有较强的责任感，能恰如其分地处理好自己与他人的关系，使他人在与自己相处时感到舒适自在。情商高的女性外向开朗、热爱交际、态度自然，喜欢直接表达情感，生活充满情趣。

拓展阅读 2.2

（3）逆商。20 世纪 90 年代中期，美国著名学者保罗·史托兹教授最早提出逆商的概念。他认为，逆商就是一个人在面对逆境和挑战时，准确界定事由、恰当处理阻碍和及时总结经验教训的能力。史托兹认为，逆商作为衡量一个人忍受逆境、战胜逆境的素质标准，它的高低直接关系到一个人成功的可能性，发挥着比情商和智商更为重要的作用。史托兹把逆商分解为四个关键因素：控制感、起因和责任归属、影响范围、持续时间。

①控制感是指人们面对逆境时，所感知的自己对周围环境的驾驭能力和控制能力。面对突如其来的逆境或挫折，控制感弱的人只会怨天尤人、唉声叹气、逆来顺受、得过且过。控制感强的人则会破釜沉舟、奋力一搏，改变思维和行为模式，竭力扭转不利的局面。控制感与一个人的理想信念有关，拥有坚定理想信念的人，具有实现伟大目标的强烈意识和情感，坚信能够控制和克服一切困难阻碍，达到成功的彼岸。华南理工大学校友汪象华将军在 2007 年寄给笔者的贺年卡上，写了这样一段话："信念迸发无穷的力量，信念源于崇高的追求，她是克服一切困难的良药。"这段话，一直珍藏于笔者的心中，并深受鼓舞。

②起因和责任归属是指怎样解释逆境的起因，对于逆境人们应该承担多少责任。导致人们陷入挫折或逆境的起因大致可分为内因和外因。前者如自己的疏忽、无能、未尽全力或宿命论。后者如突然的变故、合作伙伴失误、时机尚未成熟等。

因内因陷入逆境的人会说：这全是我的错、我注定要失败，从而很容易导致过度自责、意志消沉、自怨自艾、自暴自弃和自我挫败。因外因陷入逆境的人会说：都是因为时机不成熟、准备工作不完备或他人失误，从而很容易把责任推得一干二净。高逆商者，既不会把所有的原因都归于自己，也不会把所有的责任都推给别人，而是对逆境进行科学理性的归因，愿意在合理的限度内承担属于自己的那份责任，同时痛定思痛，制订周密的计划，保证下次不再犯同样的错误。

③影响范围是指逆境多大程度上会影响人们生活的其他方面。高逆商者往往能够将陷入逆境所带来的负面影响仅限于某一范围，不至扩大到其他层面，并能够将其负面影响程度降至最小。如身陷学习中的逆境，就不会把消极影响扩大到工作和家庭生活中。与家人吵架，就仅限于此，不会因此失去家庭。而低逆商者则会把逆境的消极影响扩大，使生活的各个方面都一团糟。

④持续时间是指逆境所带来的负面影响对人们正常生活的影响时间有多长，逆境持续时间有多久以及造成逆境的起因因素将持续多久。逆商高的人，因为能直面逆境并能迅速扭转不利局面，因而能将逆境所带来的负面影响控制在最短的时间内。而逆商低的人，则因为在逆境中迷失而久久不能走出悲观失望的阴霾。

逆商高的人对逆境有强的控制感、能进行正确科学的归因并勇敢担负责任、能将逆境的影响控制在最小范围和最短时间内，他们勇敢地迎接挑战，克服常人不能克服的困难，勇往直前，从而到达胜利的彼岸。逆商低的人则恰恰相反，他们常常在潜力没有充分发挥的情况下就自暴自弃，结果功亏一篑。

（4）智商、情商与逆商的作用。在沟通的过程中，智商、情商和逆商是不可缺少的三个要素，它们相互影响、相辅相成。我们要充分开发自己的智商、情商和逆商，培养相应的素质和能力，培养逻辑思考、解决问题的能力。开发情商使自己更加热心，充满自信，增强自己感染与激励他人的能力。开发逆商塑造自己不屈不挠、坚持、乐观的品质。充分挖掘和培养智商、情商与逆商，能使我们的人格更趋完善，为提升自我和超越自我铺就成功之路。

一般来说，智商使人发现机会，情商使人抓住机会，逆商使人利用好机会。智商高、情商高的人，往往会春风得意。智商低、情商高的人，通常有贵人相助。智商高、情商低的人，很可能怀才不遇。智商低、情商低的人，大多数一事无成。

2. 有效管理情感

情感管理是指个体充分发掘和利用情感使自我产生积极自觉、有效的行为的过程，它涉及以下五个方面。

（1）意识管理。意识管理是指对内在心理的自我感知过程，它是情感管理的基石，是心理领悟及自我理解的关键。如果无法注意到自身的真实感受，就只能听命于感受。个体的自我意识会产生两种结果：①被感知到的负面情感吞没，被动地成为负面情感的俘虏，迷失于其中而不自知，经常感到压抑和失控。②主动面对并控制负面情感，积极采取措施使自己摆脱困境。意识管理能力强的人，对生活拥有较强的掌控能力。意识管理能力弱的人，容易受到负面信息的影响且不能自控。

（2）情绪管理。情绪管理是指建立在意识管理基础上的恰当处理情绪的过程，它要求个体具备自我减压，摆脱过度焦虑、抑郁或易怒情绪的能力。艾森克的人格特质理论表明，情绪不稳定的人容易对各种刺激表现出过于强烈的反应，情绪冲动后难以平复。在与他人沟通的过程中，情绪不稳定会促使个体产生刻板、偏执或不合常理的行为，从而令人难以理解和接受。为了不做情绪的奴隶，我们需要对情绪进行有效的管理，如通过看电影放松心情、通过运动减轻压力等。情绪管理能力强的人可以从容面对生活的挫折，情绪管理能力弱的人则常常受到负面情绪的困扰。

（3）激励管理。激励管理是指为实现目标而积极调动、指挥情感的过程，它是集中精力、控制自我情感以及发挥创造力的关键。激励管理通过主动引导情感从积极方面影响其他能力，使我们努力发挥各种内在心理能力的作用。例如，保持自信、乐观和充满希望的情感能让我们对所从事的工作充满热情和快乐，即使处于压力之下也能从中受到激励而保持好心情，增强灵活思考、处理复杂问题的能力。激励管理能力强的人能延迟满足和抑制冲动，能进入全神贯注的境界，不管从事何种工作，都会更加高产和高效。激励管理能力弱的人总是无精打采、郁郁寡欢，缺乏积极性。

（4）同理心管理。同理心管理是指进入并了解他人的内心世界，并将这种了解传达给他人的过程，它是最基本的人际关系能力，要求与他人感同身受。同理心的产生需要一定的条件，当情感强烈时很难或者不会产生同理心，只有在个体足够冷静时，才能接受他人微妙的情感信号，进而理解他人、关怀他人。缺乏同理心常常会引发严重的后果，轻则无友相伴，重则产生严重的心理疾病。同理心管理能力强的人能通过强烈的社会信号，敏锐地感受到他人的需求与欲望。同理心管理能力弱的人自私自利，易受他人排挤。

（5）人际关系管理。情感管理中的人际关系管理是指管理他人情绪的过程。人际关系管理的核心是善于调节他人情绪，前提是个体自身的自控力要达到一定的水平，即具备减轻自身愤怒和困扰、控制冲动和兴奋的能力。其次，个体需在人际互动中展现出更强的表现力和感染力，使自身在人际互动的深入和亲密层面处于主导地位，以此影响他人的情感。人际关系管理能力能够强化一个人的受社会欢迎程度、领导权威、人际互动的效能等，它是一种社交竞争力。人际关系管理能力强的人在任何需要良好人际互动的领域都会有出色的表现，人际关系管理能力差的人往往难以适应社会，甚至会四处碰壁。

2.2.3　压力管理

在组织管理中，每个人都充当着各种各样的角色，每一种角色都必定承载着自己或外界的期望。这些期望会促使我们产生或大或小的压力，期望越高，压力越大。例如，你受到上级的赏识并晋升为部门经理，自从晋升后，上级领导期望你能提升部门业绩，下属期待能有更好的发展空间，你自己也希望能有一番作为，此时的你可能会承受着巨大的压力，若不能及时且有效地缓解压力，你会感到焦虑、压抑、疲惫，甚至最终被击垮。因此，我们需要压力管理。有效管理压力是一项重要的技能，有助于我们将压力转化为动力，从而更加沉着冷静地应对不同的情境、处理不同的问题。

1. 压力的涵义及类型

（1）压力的涵义。压力一般用来描述人们在面对学习、工作和生活等方面的要求时所感受到的心理和生理上的紧张状态。本书中，压力是指一个人无力应对知觉到的（真实存在或想象中的）对自己心理、生理、情绪及精神受到威胁时所产生的一系列生理性反应及适应现象（Munz，2001）。

（2）压力的类型。压力可以分为三种：正性压力、中性压力和负性压力（Lazarus 和 Folkman，1984）。①正性压力是会激发个体朝向成就或健康的理想水平的积极压力。一般情况下，产生正性压力的情景都是让人愉快的，因此不被视为威胁。②中性压力是一些不会引发后续效应的无关紧要或无所谓的信息或感官刺激，无所谓好坏。③负性压力是会促使人产生恐惧或愤怒等不良情绪的消极压力，常被简称为压力。负性压力又分为急性压力和慢性压力，前者一般来势汹汹然后迅速消退；后者出现的时候一般不强烈，但旷日持久。相比之下，慢性压力更可能诱发疾病，因为身心要被危险持续地唤醒，常常处于紧张而压抑的状态。

然而，在一定的条件下，正性压力和负性压力之间可以转化。当压力不断增加时，正性压力就会逐渐转化为负性压力，身体健康状况和工作绩效也会随之下降，生病的可能性会增加。最佳的压力水平是在正性压力变为负性压力的临界点。研究表明，在最佳点处，与压力有关的荷尔蒙可以提高身体的效能和处理信息的能力，使人更加警觉。不过离开最佳点之后，人各方面的效能都开始下降，从生理角度来说就是健康状况下降。

2. 压力作用的过程

（1）压力源的内涵。压力源是制造或引发压力的事物，被认为是威胁的情境、环境或刺激。压力源一般分为两类：身体层面的压力源以及心理层面的压力源。身体层面的压力源一般是由于身体健康出现问题而产生的身体压力，相比之下，心理层面的压力源占据的比重最大，它来源于对刺激的认知。个体对于自我的思想、观念、态度以及价值观有本能的防御，一旦它们受到挑战、冲击以及违背，自我就会感觉到威胁，从而产生压力反应。因此，心理层面的压力源最可能引发压力。

（2）压力反应。当压力源作用时，机体所产生的非特异性表现称为压力反应。压力反应一般包括生理反应、认知反应、情绪反应和行为反应，并构成内在的相互作用。当人们感觉到压力时，往往会出现一些明显的信号。比如，在情绪上表现为焦虑、淡漠、抱怨、易怒和精神疲惫，在生理上表现为经常生病、疼痛和疲惫等，在行为上表现为回避责任、不喜交往、行为极端、自我伤害、忽视自己和判断力下降。

来自身体或心理的压力源被个体认知为不可控的威胁情境时，会引起生理、心理以及行为的紧张感，最终使个体表现出生理、情绪以及行为上的异常。压力作用的过程如图 2-4 所示。

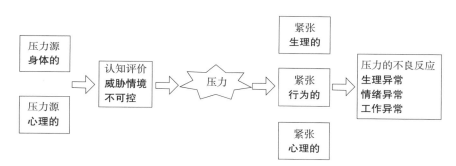

图 2-4　压力作用的过程
资料来源：杰拉尔德·格林伯格，罗伯特·A.巴伦.组织行为学 [M].范庭卫，等译.
南京：江苏教育出版社，2005.

3. 压力管理的方法

压力管理是指个体有效地应对在压力情况下的生理和心理唤起，分为两部分：①针对压力源产生的问题本身进行处理。②对压力造成的反应，如情绪、生理和心理等方面进行缓解。压力管理的方法一般可以分为生理技巧、认知技巧和生活方式管理（西华德，2008）。

（1）生理技巧。①体育疗法。体育疗法是指通过特定的体育活动治疗疾病或恢复机体功能。体育运动可以产生脑内啡，它跟吗啡、鸦片一样具有止痛效果，可以让人产生欢欣感。

体育运动通常可分为无氧运动和有氧运动两大类。无氧运动是指肌肉在"缺氧"的状态下高速剧烈的运动，如赛跑、举重、投掷等。有氧运动是指人体在氧气充分供应的情况下进行的体育锻炼，如跆拳道、游泳、慢跑、瑜伽等。无氧运动锻炼肌肉强度，有氧运动则增强心血管与肺部功能。大量研究表明，有氧运动对释放愤怒和减少焦虑情绪有巨大的作用。因此，当你感受到压力的侵袭时，应该通过自己喜欢的有氧运动释放压力、缓和情绪。

②按摩疗法。按摩疗法是指通过按摩舒缓紧张的肌肉和神经，使人的身体和心理都得到放松。按摩疗法可以提高神经反射感受器的活跃度，从而增强循环和引起血管扩张。按摩产生的生理效果有助于减少甚至消除思想中的负面成分，使焦虑、疲劳、抑郁和愤怒的程度显著下降，还能缓解紧张性头痛以及其他与压力有关的疾病，从而达到疏通心理、降低压力的效果。

按摩疗法需要借助肌肉按摩这一特殊的辅助手段。专业的肌肉按摩是指对人的皮肤、肌肉、韧带和结缔组织进行推拿，以此来减轻肌肉紧张程度，提高肌肉组织及周围关节的舒适度。一般情况下，按摩疗法需要在专业机构进行。然而，需要注意的是，在皮疹、严重瘀伤以及肌肉拉伤等情况下不适合使用按摩疗法。

（2）认知疗法。认知疗法是指通过认知和行为改变个体的不良认知，从而矫正个体的不良行为。艾利斯（1962）认为，所有的信息在输送给大脑时都要经过解释，当足够多的刺激被解释成具有威胁性时，就会演变成压力，但这种对压力的知觉是可以改变的。Meichenbaum（1975）针对改变压力的知觉提出了认知重构的应对技术，这种技术旨在通过外部谈话内容来对内部自我对话进行修正，从而降低感知到的压力强度。

为了重构知觉、减轻心理压力，我们可以采取三种与态度相关的行为：①把注意力集中在积极的事情上，尝试去冒一些可以预见的风险。②听从自己的直觉，跟随内心的感觉，并且学会倾听直觉的声音而不是那些让自己恐惧和退缩的声音。③在糟糕的情境中寻找积极的一面。

（3）生活方式管理。生活方式管理是指通过培养良好的生活方式，改善和维护健康。作息不规律、饮食不注意等不健康的生活方式不仅影响人们的身体健康，还会间接影响心理健康。上班族压力大的一大原因就是生活方式不健康，要想有效降低压力，需要从以下三个方面对生活方式进行管理。

①放松情绪。繁重的工作、快节奏的生活时常让人觉得疲惫，情绪、精力甚至身体容易出现不同程度的问题。当你被紧张的工作、繁重的信贷、复杂的人际关系等压得喘不过气来的时候，最行之有效的方法是放松情绪、好好休息，如散步、看电影、聊天、下棋、冥想等。哈佛大学的心脏病专家贝森发现了一种基于呼吸的压力管理技巧。在这个技巧中，你需要运用腹式呼吸法缓慢而均衡地吸气和呼气。每一次呼气时，口中重复一个能够使你感到舒适的词语，如"温暖""平静""平和"等，只要这个词语能让你感到轻松和平静，都会有效果。每天练习两次，每次10~20分钟，做得越多，就能掌握得越好，以至于在你感到紧张的时候能够运用它尽快放松自己、释放压力。

②保证睡眠。有相当一部分压力与身体健康状况密切相关。当健康状况不佳时，

人们更容易产生压力。人体好比一个天然的大工厂，体内的许多器官需要在我们入睡后才能进行有效运作，如果睡眠的时间和质量不能保证，就会影响身体健康，从而导致压力的产生。

例如，科学表明，23：00~ 次日 1：00 为肾、肝排毒时间，此时人体需要熟睡。如果肾脏、肝脏长期排毒不畅，会加大其负荷，导致废物、毒素在体内堆积，这些毒素一旦进入血液，会对细胞造成不可逆转的损害。凌晨 3：00~5：00 为胆、肺排毒时间，排毒需要在熟睡时进行。

保证充足的睡眠可以使身体得到放松，压力得到减缓。然而，现代很多上班族经常忙碌到深夜一两点，甚至更晚，导致睡眠不足。睡眠不足很容易引起生理问题和心理压力。平衡好工作和睡眠时间对人们保持身体健康和提高工作效率至关重要，拥有充足和高质量的睡眠可以让你工作时处于精力充沛的状态。

③寻求支持。当面对繁重的工作时，我们要善于寻求支持，尽可能减少压力源。客观地说，个人的能力无论大小终究是有限的，同理，所能负荷的压力与承担的责任也不是无限的。古语有"众擎易举"的说法，这就要求在客观评估自我能力的基础上，讲究方法、有所选择、充分信任、寻求支持，广泛调动一切积极因素克服困难、完成任务、实现目标。

拓展阅读2.4

当我们在压力的作用下产生悲伤、愤怒、烦恼和怨恨等负面情绪时，应主动向亲友倾诉，寻求安慰与帮助，而不是闷在心里，使自己陷于更为被动的境地。

2.2.4　时间管理

在工作中，我们常常有这样的感慨："时间都去哪儿了？"似乎我们一天忙到晚，可是事情总是做不完，也做不好。此时你需要仔细想想，你在组织中究竟扮演什么角色？你需要做的是什么？你每天花了多少时间在该做的事情上，又浪费了多少时间在毫无意义的事情上？在组织管理中，你所扮演的角色越重要，组织对你的时间要求也往往越严格，如对管理者而言，审批文件、开会、应酬，甚至关心下属等各种繁杂的事务如同家常便饭，如果不能有效管理时间，管理者就容易在一堆事务前手忙脚乱，从而影响与他人沟通的效果。因此，有效管理时间是管理沟通中必须学习的一项技能，正如彼得·德鲁克所言："时间是最稀有的资源。若不将时间管理好，要想管理好其他事情就只是空谈。"

1. 时间管理的涵义

时间管理是指运用一定的方法和工具对时间进行有效规划以实现既定目标的过程。随着社会节奏的不断加快，时间的缺乏和管理不善成为很多人生活中首要的压力源。通过有效的时间管理，有意识地减缓各种活动的节奏，可以减轻压力。有效的时间管理并不意味着你能获得更多的时间，而是意味着你能更好地利用有限的时间，提高工作效率，降低工作压力，从而改善生活品质。

2. 时间管理的障碍

进行有效的时间管理，需要对时间管理的障碍有深刻的了解和认识。时间管理的障碍主要有五类：拖延、时间陷阱、工作机器、完美主义和行为陷阱[①]。

（1）拖延。拖延是指个体以延迟的方式逃避需要完成的事情，以至在期限到来之时事情仍未完成或草率完成。拖延是一种自我阻碍的行为，引发拖延的因素主要有：①对成功完成任务缺乏自信。②感知到目标与回报之间的不公平。③无法自我约束，易冲动和分心。拖延症如图 2-5 所示。

图 2-5　拖延症

克服拖延需要学会目标管理，首先制定现实的、可操作的目标，并将目标分解成一个个小单元，保证每个小单元能够在较短的时间内完成。其次在完成每一个小单元后，给予自己一定的奖励。在整个目标实现的过程中，如果缺乏自我约束，可以借助第三方的监督。

克服拖延的方法和工具有很多，但任何一种方法都需要拖延者耐心学习、坚决执行。

（2）时间陷阱。时间陷阱是指试图在一个时间点上做多件事情。陷入时间陷阱的人总是在与时间讨价还价，凡事亲力亲为，而且事无不办，其结果通常是没有一件事情能做到让人满意。时间陷阱源于高估或过分重视自己，总是觉得别人的能力不够，只有自己才能把事情做好。

拓展阅读 2.5

---

① Brain Luke Seaward. 压力管理策略：健康和幸福之道 [M]. 许燕，等译. 北京：中国轻工业出版社，2008.

　　克服时间陷阱需要学会分权分责，有意识地将自己的精力集中于少数重要的事情上，把大部分不重要的、繁琐的事情交托给其他人处理。当别人完成任务时，尝试赞美他人。当自己专注于处理少数事情并取得成功时，奖励自己。通过赞美他人和奖励自己强化"不必事事躬亲"的观念，以此克服时间陷阱。

　　（3）工作机器。工作机器是指人像机器一样做事，从不思考如何节省时间、提升效率。工作机器产生的根源是人们企图通过延长工作时间来维持重要性或者自尊，从而获得自我肯定。因此，陷入工作机器的人倾向于回避节省时间的技术和生产力的测量，因为这些会威胁到他们的自尊和自我肯定。这类人可能会抱怨工作花费了过多的时间，但事实上越长的工作时间越能带给他们满足感和快乐。

　　克服工作机器通常需要借助外力，让个体感知到效率低下的威胁，从而不得不考虑接受并学习节省时间的技术。例如，当老员工像工作机器一样对待工作时，管理者可以安排效率高的新员工与之共事，并通过绩效考核的方式奖励效率高或淘汰效率低的员工。这种做法会让老员工产生危机感而努力改进工作效率。

　　（4）完美主义。完美主义是指不顾及时间限制，总要求事情做到完美。完美主义者通常抱有"要么全部要么没有"或"它不是黄金就是垃圾"的极端观念，对他们来说，只要事情没有达到自己设定的标准，即使最终期限将至，也不予理会。完美主义者的极端源于面对失败时的固定心态。持有固定心态的人认为能力是与生俱来、固定不变的，成功就证明你有才能，失败就说明你不够聪明，这种人会把每一次表现当作对自己能力的定论性衡量，因此在面对每一项挑战时，他们不容许出现任何错误，以至于设定几乎达不到的标准来要求自己。

　　当你意识到自己是完美主义者时，不妨用全新的眼光看待不完美：能力是可以发展的，没有必要要求自己达到高标准、高水平，即使失败也没关系，因为失败是一个让我加倍努力的理由，证明我有充实和提升的空间，只要继续努力，我就能变得更加优秀。

　　（5）行为陷阱。行为陷阱是指花费时间做一些无关紧要或者有害无益的事情，从而妨碍了目标的实现。陷入行为陷阱的人最显著的特点是不懂得说"不"，他们希望通过帮助他人（通常指承担不适当的责任）来获取自我价值的确立，但这种做法往往会耽误自己目标的实现。

　　摆脱行为陷阱，需要学会说"不"：①对不必要的事说"不"。不必要的事情是指相对于你的目标而言微不足道的事情。人们的日常事务基本符合二八法则，即20%的事务非常重要，80%的事务不太重要。但我们往往把时间浪费在这80%的琐碎事务中，耽误了20%重要事务的开展。因此，我们要学会拒绝，力求做到用80%的时间处理20%的重要事务。②对不适合的人说"不"。不适合的人是指会对你产生负面影响，阻碍你实现目标的人。当与某些人在一起会让你变得精神不济、沉默无语、能力不佳时，你就应该意识到自己的时间不应该被这些不适合你的人挤占。倘若这些人是你根本没有办法对其说"不"的人（如上司或同事），那么你可以限制自己跟他们交往的时间，以此减少他们对你的负面影响。

　　3. 时间管理的技巧

　　有效管理时间的技巧有很多种，下面介绍一种比较常见又实用的技巧，即"重要—紧急"法。"重要—紧急"法就是把事情按重要性和紧迫性分为四类：重要紧迫型、重要不紧迫型、紧迫不重要型和不重要不紧迫型，如图 2-6 所示。

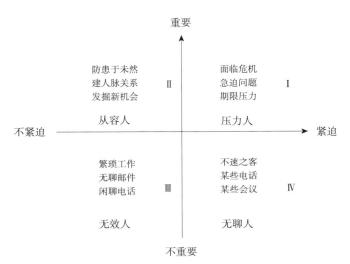

图 2-6　重要—紧急法

资料来源：Axelrod A，Georgescu P. Eisenhower on Leadership：Ike's Enduring Lessons in Total Victory Management[M]. John Wiley & Sons，2010.

　　当事情很多，而且看起来同样重要的时候，运用"重要—紧急"法，将一周的工作分别放在四个不同的象限里，就可以快速作出判断，知道哪些事情应该率先完成。我们应该把精力主要集中在"Ⅰ"中的事情上，如应对危机、解决急迫的问题、处理期限将至的事情等，因为这些任务是重要而又紧迫的。然后再把努力放在"Ⅱ"中的任务上，即完成不紧迫但重要的事情。接着完成"Ⅲ"中的项目，这类事情在条件允许的情况下可以授权别人去做，如接见不速之客。对于"Ⅳ"中的事情，尽可能不做。下面通过一个"手忙脚乱的副经理"的情境模拟练习来了解如何正确运用"重要—紧急"法这一时间管理技巧。

　　🔍【情境模拟】手忙脚乱的副经理

　　某部门共有五个人，一名经理、一名副经理和三名专员，该部门因经理在国外考察学习，日常工作由副经理管理。某天早上8点，该副经理一上班就遇到以下五件事：

（1）本部门一名专员在上班途中发生交通事故，现正在派出所接受调查。

（2）办公桌上放着五份需要处理的文件，其中包括一份急件。

（3）分公司总经理通知：①接到某位大客户投诉该部门的电话，请马上派一名员工去处理。②今天上午 9 点召开分公司座谈会，请派一位员工代表参加。

（4）大学里最要好的同学发来传真，他乘坐的飞机即将于上午 10 点抵达。

（5）总公司通知，上午 8 点 30 分召开公司例会，要求各分公司各部门经理参加。

假如你是该副经理，你将如何处理？请简要说明处理原则和方法。

2.3　说服自我

当人们产生某种有悖于自我认知的行为或面临某种与自我认知不符的情境之后，要对这一行为或情境作出恰当的解释，同时暗示自我对此进行某种程度上的心理接纳，并作出自我调整，进行自我说服，避免产生认知不协调，实现内心平衡。说服自我的过程就是一个自我暗示、自我调整到自我说服的过程，是自我合理化产生的一种长期的态度改变。我们应掌握相应的自我暗示、自我调整与自我说服的相关技巧，更好地实现与自我的沟通。

2.3.1　自我暗示

自我暗示是指透过五种感官元素（视觉、听觉、嗅觉、味觉和触觉）给予自己心理暗示或刺激。对于我们所有的人来说，自我暗示在自我沟通过程中不可或缺。具体来看，自我暗示有三种类型：权威暗示、联想暗示和重复暗示。[①]

1. 权威暗示

权威暗示是指一个人要是地位高、有威信、受人敬重，那他所说的话及所做的事就容易引起别人重视，并让人们相信其正确性，潜移默化地引导或改变对方的态度和行为，即"人贵言重"。"权威暗示"的普遍存在，首先是由于人们有"安全心理"，即人们总认为权威人物往往是正确的楷模，服从他们会使自己具备安全感，增加不会出错的"保险系数"。其次是由于人们有"赞许心理"，即人们总认为权威人物的要求往往和社会规范相一致，按照权威人物的要求去做，会得到各方面的赞许和奖励。在人际交往中，被说服者可能会因为权威人物的话或行为，对自我产生暗示，产生类似于权威人物的行为或观点，从而引导自身的态度和行为的改变。所以，可以邀请对被说服者具有权威作用的人，通过设定权威者的言行，来增强被说服者的心理暗示程度。

---

① 威廉·沃克·阿特金森. 催眠控制术：暗示与自我暗示术 20 讲 [M]. 天津：天津社会科学院出版社，2012.

2. 联想暗示

联想暗示是最常见的一种暗示形式，主要是指在某种情境下，通过联想让人很容易将某些事情同其他事情联系起来，从而给予自己一定的心理刺激。例如，对某些人来说，某种气味会将人的思绪带回到早年的温馨画面、若干年前的经历中。一些旧的旋律会唤起昔日的种种情愫，无论悲伤还是愉悦。同样，在人际交往中，在特定的情境中，人可能会因为环境中某种因素，通过头脑产生联想，从而对自我形成一种暗示，改变自己的行为或态度。所以，可以通过设定某种场景，让被说服者自己产生联想，从而产生利于事物发展的暗示效应来说服自己。

3. 重复暗示

重复暗示是指通过不断重复某个行为来获得心理上的能力和力量的一种方法。暗示是通过反复重复来获得力量的。在首次做出行为时，可能会因为次数过少而没有受到个体任何的关注或重视，基本不可能对心理起到什么作用，但是如果这种行为以正确的方式反复重复的话，就会得到关注和重视。"谎言重复一千次就会成为真理"，其实就是反复的"心理暗示"被强行植入个体的意识中，此时个体的思维能力、判断能力已被强行植入信息所替代而无以发挥作用，而"谎言"就如此简单、直接地变成"真理"了。所以，当一个行为被个体不断重复时，个体很容易就会相信与接受，从而达到说服自己的效果。

简而言之，在自我暗示中，我们不再从外界接受暗示，而是进行自我暗示，从而改变自己的行为与态度，说服自己接受之前不太能接受的行为或观点。

2.3.2　自我调整

自我调整指的是个体改变自己的心理状态以适应环境要求的一种动态过程。[①]人们常常会遇到自我能否适应社会或组织环境的问题，即往往会面临自我行为习惯与新的环境之间存在差异的情境，从而产生自己在适应环境方面的强大压力。要消除这种压力，使自己尽快适应外部环境，就必须进行自我调整，主要可以从以下三个方面进行自我调整。

1. 社会求助

平时和同学、老师、朋友、家人建立互助关系，在情绪不稳定或感到压抑时主动和他们分享感受，比独处冥想、自哀自怨要好得多。从别人那里可以获得提供关于个体被信任和接受的信息，进而会有助于提高个体的自信心。同时个体还可以从别人那里获得有利于改善现有处境的建议和应对的支持，帮助自己进行调

---

① 王财玉，雷雳，乔雪.愉悦追求在自我调节疲劳与大学生智能手机成瘾之间的中介作用：自然联结的调节作用 [J].心理发展与教育，2021（4）：601-608.

整，还可以满足个体与人接触的需要，转移对压力问题的忧虑或者通过正面的情绪影响来降低压力反应，具有缓和、抚慰、稳定情绪的作用。另外，交谈有助于交流思想、沟通感情，增强自己战胜不良情绪的信心和勇气，使得自己能更理智地对待不良情绪，快速调整自己。必要时，也可以向专业的心理辅导机构求助。

2. 认知转换

认知转换是转换看问题的角度，以一种更加积极的方式理解使人产生挫败感、生气、厌恶等负面情绪的事件，或者对情绪事件进行合理化处理，形成正面情绪，以此进行自我调整。改变对情绪事件的理解，改变对情绪事件个人意义的认识，如安慰自己不要生气等。在受了气时，可以换位思考，试着去了解他人的感受，进而获得全新的视角和感觉，让自己站得更远些，看问题更客观些。同时，要有适度的自我预期。一方面，要勇于撕掉一些诸如"我不行""我年纪大了，记性不好""我不会和人交往"等消极的"自我标签"，减少或者摒弃诸如"我应该让同事和领导都喜欢我""我必须完美地做好每一件事"等绝对化的观念和信念。另一方面，要辩证地认识和评价面临的事物，既承认自己的不足，又看到自己的长处，换个角度对待职级的升迁、利益的得失、人生的变故等，学会以积极的心态面对一切。

3. 情绪释放

情绪释放是合理发泄情绪，在适当的场合、用适当的方式来排解心中的不良情绪。合理发泄可以防止不良情绪的危害，帮助我们进行自我调整。我们要合理地释放自己的情绪，如适当地哭一场、痛快地喊一回、毫不掩饰地写日记、进行剧烈运动，这些都可以改变不良情绪。当然，情绪释放不等于放纵自己的感情，不是任性和胡闹。如果不分时间、场合、地点而随意发泄，不仅不会调控好不良的情绪，还会造成不良的影响。另外，对大多数个体而言，上述方式可能是惯常使用的释放方式，我们还可以使用一些技巧，包括呼吸放松法、渐进性肌肉放松法、冥想、想象放松或者重复简单的词语、句子和动作等来舒缓情绪。

2.3.3　自我说服

自我说服，即通过伦理或非伦理的方式让自己作出决定，或产生自己内心所希望的动作和态度。[①] 美国社会学家、社会心理学家乔治·赫伯特·米德在其著作《心灵、自我与社会》中认为，人类有一点不同于动物，即人有"自我感"，即具有心灵的有机体能够成为其自身的沟通对象。换句话说，人可以和自己交流。一个人

---

① Nienkamp，Jean. Internal Rhetorics：Toward a History and Theory of Self-persuasion[M].IL：Southern Illonois University Press，2001.

如能接受他人的态度，像他人一样扮演自我角色，那么，他就达到了"自我"的程度。[①] 具体来说，自我说服的方式有以下三种。

1. 向"他者"寻求帮助

如果要说服自己接受某种与自己价值观不符的观点时，可能要对自我与群体之间的关系、自我价值的实现方式重新进行理性的思考和判断，那么我们可能需要在与"他者"的关系中确认说服自己的基础。有时，我们可以通过其他人对某种观点的评价与看法，或者将自己所处的情境与其他处于类似情境的人进行比较，同时结合自身情况的特殊性，将别人的做法作为说服自我接受某种观点的基础。

2. 展望未来寻找"答案"

现实是无法回避的，更不可能无视它的存在。有时候，在一些问题上暂时没法说服自己，不妨设想下未来的场景，来使自己接受某种观点。比如，小王的妻子现在想要在某地段购置一套房产，但会让整个家庭未来五年内生活拮据，小王基于此并不愿意购房。然而，在听取了权威专家对该地段未来房价的分析，以及自身的深入评估后，小王发现如果几年后再买房，可能会承受更大的经济压力与时间成本时，他很快接受了妻子的想法。因而，在某种观点与自我价值观不符时，可以试着将其纳入未来的情境进行分析，进而更好地说服自我接纳它。

3. 回到自身寻找"希望"

一个人最难说服的是自己。无论是"他者"的帮助，抑或是未来的"答案"，都只能起到暂时缓解精神痛苦的作用，无法从根本上解决问题。所以，我们需要由外而内，向心灵深处求索，把与现实生活的对话关系上升为一种形而上的精神对话关系。经过苦思冥想的煎熬与心灵追问的磨砺之后，我们终于开始平静地看待某种事物了。这种变化的发生，并不是找到了什么灵丹妙药，而是"想通了"，自己找到了一个解释问题的突破口，自己的问题自己解答，并且完全可以说服自己。

【本章小结】

1. 认识自我的三个维度：识别性格特征、明晰角色定位和明确沟通动机。

2. 艾森克人格特质理论按内外倾和神经质两个维度将人格进行划分。

3. 荣格性格类型学说中，性格被分为四种类型：知觉—思维型、直觉—思维型、知觉—情感型和直觉—情感型。

4. 认同是指自我和他人对自己在组织中的形象、地位、角色和价值观等的理解和接受程度。认同管理则是增强自我认同和他人认同的过程。

5. 情感管理包括意识管理、情绪管理、激励管理、同理心管理以及人际关系管理。

---

① 乔治·H. 米德. 心灵、自我与社会 [M]. 赵月瑟，译. 上海：上海译文出版社，2005.

6. 情商是指能够控制自己的冲动、充分理解对方情感并能及时处理情绪危机的能力。

7. 压力是一个人无力应对知觉到的（真实存在或想象中的）对自己心理、生理、情绪及精神受到威胁时所产生的一系列生理性反应及适应现象。有效地对压力进行管理可以将压力转化为动力，从而产生正向效应。

8. 时间管理是指对个人职责排列的优先次序、确定时间表和执行，以达到个人满意水平的能力。"重要—紧急"方法是一种有效管理时间的方法。

9. 自我暗示包括权威暗示、联想暗示、重复暗示。

10. 自我调整是个体为了不断地提高自身的社会环境适应能力，对自身的认识、感情、行为等心理因素进行调整的过程，主要可从社会求助、认知转换以及情绪释放等方面展开。

11. 自我说服是指自己说服自己，即通过伦理或非伦理的方式让自己作出决定，或煽动内心所希望的动作和态度，可以从向"他者"寻求帮助、展望未来寻找"答案"和回到自身寻找"希望"等方面去实现。

【问题讨论】

1. 请结合实际谈谈你对认识自我的认识。

2. 在管理自我的过程中，结合实际谈谈你是如何运用这些自我管理策略的。

3. 简述说服自我的技巧，并谈谈你在实际生活、工作或学习中如何运用这些技巧。

【案例分析】到底是谁的错

一天下午，A 公司销售经理朱玲接到了总经理马文的电话，要求她即刻到总经理办公室汇报与 B 公司冲突的处理意见。朱玲心想，看来又是那个贺飞打电话找马总了。两家公司的冲突从去年底到今年已经持续了近两个月，而且越闹越大，在社会上造成了一些不良的影响。可是怎么处理才能做到既不损害公司的利益又能让对方易于接受呢？朱玲正为此事犯愁。

B 公司是一家从事发电厂管理的公司，近年来发电行业不景气，它希望找到新的利润增长点。国家为了拉动国民经济增长、扩大内需，开始大规模进行城市电网改造，给配网自动化带来了契机。B 公司作为一个新的市场进入者，在发电行业有基础，进入比较容易。经过一段时间的不懈努力，B 公司终于和山东一家地区供电局签订了配网自动化的合同，B 公司想直接购买国内配网自动化产品并在提供该产品的公司的协助下做好这个工程。A 公司是国内最早进入配网自动化领域的厂商之一，早在 1997 年就承接了两个配网自动化项目：D 市供电局、E 市供电局配电网自动化项目，实力较为雄厚。经过一段时间的了解，B 公司觉得 A 公司的配网自动化产品不错，就主动与 A 公司商谈购买配网产品事宜。双方具体负责洽谈的人员正是 B 公司配网自动化项目经理贺飞和 A 公司销售经理朱玲。

贺飞能力平平，但是为人圆滑，与公司总经理关系不错，这个人最大的缺点就是喜欢不懂装懂，总是自以为是，其实他对配网自动化业务似懂非懂，没有什么实际经验。此外，贺飞还有一个突出的缺点，就是喜欢自吹自擂，对领导极尽逢迎，因而常常得到领导的赏识，但与同事的关系十分紧张。这次配网自动化工程对他来说是个挑战，他也想尽量把这件事情做好，这样既可以在领导面前邀功请赏，也可以在同事面前树立威信。

朱玲是一位十分能干的女经理。刚进入 A 公司时她只是一名前台接待员，由于做事干练得到总经理的赏识，不久被提拔为总经理秘书。经过一年的磨炼，调入销售部担任销售工程师，当年销售业绩就十分出色。她是个谈判高手，反应敏捷，坚持原则，与同事、领导的关系也不错。朱玲工作十分尽力。第一次购买 A 公司产品的增值代理往往对 A 公司的产品不大熟悉，需要公司提供大量的技术支持，协调各个方面，朱玲的工作做得十分到位。

在一系列博弈后，双方顺利签订了合同，但在订购 C 产品一个月之后的一天，贺飞突然打电话给朱玲询问订购的机箱是否已经完成，如果完成的话，当板件到上海之后可以按时进行组装接线。朱玲接到这个电话之后觉得十分奇怪：在合同中不是只订购了板件吗？怎么会有机箱和接线呢？朱玲重新翻开一个月前双方签订的合同仔细查看，合同中只列出了板件，对方确实没有订购机箱。朱玲当即打电话给贺飞，说明销售合同中不包含机箱，A 公司将按合同办事，而贺飞认为合同确实是这样，但作为一个整体产品机箱肯定是隐含在其中的，在合同里也可以不写。对此，朱玲没有理睬，坚持己见，并认为贺飞是在故意刁难。

对此，A 公司也非常重视，大家都感到诧异：怎么会发生这种情况呢？大家猜想：一种可能是贺飞对合同的具体操作和合同条款不是很了解，纯属误会。另一种可能是贺飞为了向领导表功，显示其合同谈判能力，有意将合同产品价格说得比较低，并且在向领导汇报时只讲每套产品在合同中的价格，没有说明买到的只是板件而不是整机，领导误认为贺飞说的价格就是整机的价格，因而在做预算时没有考虑机箱等配件的费用。如果是这样，贺飞就难以交代，于是把责任全部推给卖方以逃避责任。为了这件事，贺飞每天打电话来，坚持他的观点，朱玲则不予理睬，双方的矛盾不断加剧。贺飞见问题在朱玲那里得不到有效的解决，就直接打电话给 A 公司总经理马文。马文不了解具体情况，便直接询问有关人员，其中包括朱玲，得到的答复与贺飞所说的不一致。总经理马文认为朱玲应换位思考，与客户协商解决问题，并责成其尽快妥善解决好此事。朱玲知道贺飞向总经理告状之后，心里十分不满。当贺飞再次打电话询问处理结果时，她的态度十分不友好，告诉贺飞要产品机箱是绝对不可能的。而贺飞坚持认为合同中已经隐含机箱，如果订到的产品中不包含机箱，他也绝对不会同意。此后，他不断地给马文打电话。马文十分恼火，给朱玲施加了更大的压力，导致朱玲出现了抵触情绪。其实，朱玲私下里也权衡过利弊得失。B 公司是 A 公司的客户，A 公司应尽最大努力让客户满意。姑且不追究这起纠纷的责任，如果真的对簿公堂，对双方都没有好处。但是如果一味忍让，满足 B 公司的过分要求，显然会使 A 公司的利益受损。再说这场纠纷的真正原因在于 B 公司的贺飞，如果将责任完全推到 A 公司身上实在有些冤枉。生气归生气，事情总得解决，现在总经理马文又在催交解决方案，朱玲该怎么办呢？

资料来源：康青 . 管理沟通 [M].2 版 . 北京：中国人民大学出版社，2018.

思考讨论题：

1. 基于本章所学知识，分析朱玲在角色定位、情感管理等方面存在的问题？她应该如何改进？

2. 在沟通的过程中，贺飞、马文的沟通方式有问题吗？他们应该如何改进？

3. 与同伴分别扮演贺飞、朱玲、马文的角色，探讨并提出解决该问题的方案。

第 3 章　管理沟通的客体策略

诱之以利，动之以情，晓之以理。

——《论语》

【学习目标】

➤ 了解如何进行客体分析。

➤ 掌握引导客体的三种方式。

➤ 了解说服模型，掌握说服的五大策略和九大技巧。

【导引故事】把话说到心窝里

尤秘书打破了经理最喜欢的茶壶。

尤秘书对经理说："刘总！我给您泡茶，泡了这么多年，都很小心，可是今天不晓得怎么搞的，把茶壶打破了。"刘经理先是一怔，然后笑笑，故作没事地说："破了就破了，东西总会破的，改天再买一个新的吧！"

郑秘书也打破了经理最喜欢的茶壶。

郑秘书和尤秘书说了一样的话，却遭到王经理的一顿臭骂。原因是，郑秘书把同样的话，换了个前后次序说出来——

"王总！我打破了茶壶。"她战战兢兢地报告。

"什么？把茶壶打破了？"王总脸色不悦。

"王总！可是我今天不晓得怎么搞的……"她解释。

"你心不在焉！粗心！"

"可是，我给您泡茶，泡了这么多年……"她又解释。

"你还强辩？"王总吼了起来。

同样是打破茶壶，两个秘书却得到迥然不同的回应，归根究底在于沟通主体是否站在对方角度考虑问题。前一个秘书能揣摩上司的心思，迂回婉转地承认错误，因而得到谅解。后一个秘书只站在自己的立场直接陈述事实，且为自己辩护，因而遭到责备。这表明沟通过程中对客体进行分析的重要性，只有深入了解客体，才能知道他们的需求，明白他们的感受，从而巧妙地引导他们，并运用说服的技巧达到沟通的目的。例如，在与部下沟通时，需要明确他要什么、你要什么；在与领导沟通时，需要明确沟通的角度是否正确；在与客户沟通时，需要明确你有什么、客户需要什么等，避免走入沟通的误区。

客体策略是指沟通主体为实现沟通目标而对客体进行分析、引导以及说服的一系列方法。本章主要介绍分析客体、引导客体以及说服客体三部分内容。

3.1 分析客体

对客体进行分析时，通常采取主观分析与客观分析相结合的方式。主观分析就是站在对方的角度、换位思考，客观分析就是借助现有资料、数据、档案等进行分析。客体分析既要分析客体的个体特征（个性分析），又要找到他们的群体特征（共性分析）。概括起来，客体分析主要回答他们是谁（客体的类型）、他们需要什么（客体的需求）和他们感觉如何（客体的感受）三个问题（见图 3-1）。

图 3-1 沟通客体分析三问

3.1.1 客体的类型

客体是信息的接收者，也称为受众。明确客体的涵义是解决"他们是谁"的问题。在沟通的过程中，我们必须考虑沟通对象是否愿意听以及是否能听懂，以避免"对牛弹琴"的尴尬。为此，我们必须明确客体是谁。通常来说，客体的类型可分为以下五类，见表 3-1。

表 3-1 沟通中的五类客体

类 型	特 点
看门人	沟通者与主要受众之间的"桥梁"，有权决定信息能否被传递至主要受众
主要受众	他们决定是否接受主体的建议或者是否按主体的提议行动
次要受众	他们可能受邀对你的提议发表意见，或在你的提议获得批准后负责具体实施
辅助受众	他们可能会接触到信息内容，但不会作出反应
监控型受众	他们密切关注你与主要受众间的信息沟通，并依据对信息的评估来决定是否采取行动

资料来源：基蒂 O. 洛克，唐娜 S. 金茨勒 . 商务与管理沟通 [M]. 赵银德，译 . 北京：机械工业出版社，2013.

　　下面以一个案例说明客体的类型。小南是一家广告公司的客户经理助理。上司让她起草一份关于客户产品市场推广的计划书。小南面对的"看门人"是她的上司，计划书交给客户之前，需经过上司的批准。辅助受众是协助小南完成计划书的同事。主要受众是客户公司该项目的负责人，由他决定是否采用小南的市场推广计划。次要受众是客户公司的市场营销人员，他们会被征询意见以及在方案获得批准后负责具体实施。监控型受众是客户公司的高层管理者，他们会密切关注计划书的预期效果，并且对最终方案的实施具有较大的控制权。

　　在沟通的五类客体中，"看门人"、主要受众以及监控型受众对沟通结果有较大的影响力，要重点关注。对于次要沟通对象，我们也不能忽视，因为他们可能会成为影响结果的"隐藏"受众。

　　除了了解客体类型之外，沟通主体还需对客体的性别及年龄、教育背景、文化背景、身份地位、职业类型、收入状况和兴趣爱好等方面有所了解。

　　（1）性别及年龄。受众的性别影响沟通的主题。男性与女性关注的焦点有很大的差异，如"美容""减肥"等是多数女性永恒的话题，"汽车""足球"等是多数男性的共同爱好。此外，受众的年龄会影响沟通风格。例如，年纪较大的管理者可能更倾向于是权威型领导，重权威，讲服从，因此作为其下属，首先要讲理想抱负，其次遇事要主动报告，最后要按领导批示办事。而较为年轻的管理者可能更具有个性且注重效率，因此作为其下属，表达要注意逻辑，办事要讲求效率。

　　（2）教育背景。受众的受教育水平影响沟通的深度。"与智者言依于博，与拙者言依于辨"，与受教育水平高的人沟通，可以引经据典、旁征博引，让他们感受到彼此之间的思想交流，并且能够从你的言语中有所收获或受到启发。与受教育水平低的人沟通，要依靠通俗易懂的言辞，帮助对方厘清思路、辨明是非，不要让他们对你产生距离感。接下来我们看一个沟通故事：

　　从前，有一个秀才去买柴，他对卖柴的人说："荷薪者过来！"卖柴的人听不懂"荷薪者"（担柴的人）三个字，但是听得懂"过来"两个字，于是把柴担到秀才前面。秀才问他："其价如何？"卖柴的人听不太懂这句话，但是听得懂"价"这个字，于是就告诉秀才价钱。秀才接着说："外实而内虚，烟多而焰少，请损之。（你的木材外表是干的，里头却是湿的，燃烧起来，会浓烟多而火焰小，请减些价钱吧。）"卖柴的人因为听不懂秀才的话，于是担着柴走了。

　　从该故事中我们也可以看到，客体的教育程度会影响沟通的效率与深度，在与客体沟通时要考虑对方的教育背景，只有这样才能达到较好的沟通效果。

　　文化背景——受众的文化背景影响沟通的内容。受众的国籍、宗教信仰、政治立场等都隐含了许多信息，提前了解受众的文化可以避免沟通过程中的误会。

例如，不与无神论者争辩今生来世等。

身份地位——受众的身份地位影响沟通的态度。"与贵者言依于势，与贱者言依于谦"告诉我们，与地位显赫的人沟通，要表现出充分的自信、自然、坦荡，切忌阿谀奉承、窝囊猥琐；与地位卑微的人沟通，要表现得平易近人、谦虚和气，让他们感受到你的尊重，切忌高高在上、不可一世。

职业类型——受众的职业类型影响沟通的话题。提前了解受众的职业有助于掌握他们的日常生活情况以及关注的焦点。例如，对老师而言，教育是他们关注的话题；对医生而言，茶余饭后谈论健康、保健、养生等话题司空见惯。

收入状况——受众的收入状况影响沟通的话题。"与富者言依于高，与贫者言依于利"告诉我们，与有钱人沟通应谈高雅、文艺、学问，从非物质层面寻找与对方谈话的资本；与贫困者沟通应讲实惠、生财之道等能够吸引他们注意的话题。

兴趣爱好——受众的兴趣爱好影响沟通的具体内容。个体的兴趣爱好既有共性，也有个性。了解受众的性别及年龄、教育背景、文化背景、身份地位、职业类型、收入状况等基本特征，有助于识别个体兴趣爱好的共性。但总的来说，兴趣爱好更多体现的是个性，沟通主体需要对受众进行揣摩，分析其兴趣爱好。例如，谷歌为迎合员工的兴趣爱好，在公司内设置了乒乓球室、台球室、健身房、按摩室、瑜伽房和 KTV 房等娱乐休闲场所，以此激发员工的工作积极性。

【情境训练】如何做一次成功的报告

现在你被邀请要向全校新生做一次报告，主题是关于"如何更快更好地适应大学的学习生活"。为使这次报告成功，你需要做好哪些方面的准备？你觉得对一群刚进大学校门的新生来说，他们具有什么特点？你如何根据新生的特点来设计这次报告？分小组进行情境演练，并在结束后，请各小组之间互相进行点评。

3.1.2　客体的需求

了解客体的需求是解决"他们需要什么"的问题。鬼谷子对其一生的游说经验进行总结，提出游说的技巧"飞箝之术"："飞"是指详细考察对方的愿望和想法，了解他们的好恶，并针对对方的需求进行游说；"箝"是指投其所好，诱引对方上钩之后把对方控制住。这就需要从客体的性别及年龄、教育背景、文化背景、身份地位、职业类型、收入状况和兴趣爱好等特征出发，了解他们已经有什么，还需要什么。客体的需求涵盖较广，下面主要通过五种理论进行阐述。

1. 需求层次理论

亚伯拉罕·马斯洛（Abraham H. Maslow）于 1943 年在《动机与人格》一书中提出著名的需求层次理论，如图 3-2 所示。

马斯洛将人的需求分为 5 个等级，包括生理需求、安全需求、情感和归属需求、

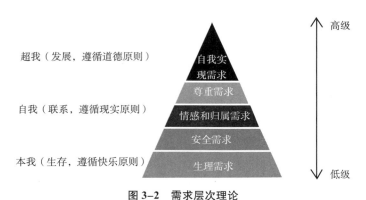

图 3-2　需求层次理论

资料来源：亚伯拉罕·马斯洛.动机与人格 [M].许金声，等译.北京：中国人民大学出版社，2013.

注：本图是笔者根据需求层次理论与弗洛伊德三重人格理论所绘制.

尊重需求、自我实现需求。马斯洛认为人的需求从生理需求到自我实现需求是逐级递进的关系，低级的需求被满足后才会产生更高级别的需求。其中，我们可以将生理需求看做是人格特性中的"本我"，安全需求、情感和归属需求、尊重需求可以看做是人格特性中的"自我",自我实现需求可以看做是人格特性中的"超我"。本我位于人格结构的最底层，是由先天的本能、欲望所组成的能量系统，是无意识、非理性、非社会化和混乱无序的，只遵循享乐原则，意为追求个体的生物性需求，如食物的饱足等。自我是从本我中逐渐分化出来的，位于人格结构的中间层，其作用主要是调节本我与超我之间的矛盾，它既调节着本我，又受制于超我，它遵循现实原则，以合理的方式来满足本我的要求。超我是人格结构中的管制者，由完美原则支配，属于人格结构中的道德部分，其位于人格结构的最高层，是道德化的自我，由社会规范、伦理道德、价值观念内化而来，其形成是社会化的结果。超我遵循道德原则，并有三个作用：抑制本我的冲动、对自我进行监控和追求完善的境界（即自我超越与自我实现）。

　　生理需求和安全需求是人类生存发展最基本的要求。其中,生理需求包括食物、水分、空气等衣食住行方面的需要，如果这些需要得不到满足，个体的生存就会受到威胁。生理需求是驱动个体采取努力工作等行为的最重要的动力，只有当这些生理需求得到满足后，其他高层次的需求才可能成为新的激励因素。安全需求是个体对于人身安全、财产安全等方面的需求。在满足生理需求的基础上，人们期望能够受到保护，避免职业病的侵袭，摆脱恐惧和焦虑等，因而个体会去寻求安全需求的满足。

　　爱和归属的需要是人类最基本的精神需要。当一个人获得基本的物质生活和安全保障以后，他首先最需要的，就是能够生活在一个社区，融入一个群体，加入一个组织并在其中发挥作用，从而获得归属于一个组织的安稳和温暖的感觉。在组织中感知到的归属感使他由此获得精神上的力量和情感上的安慰，使他坚信：

当他孤独的时候，会有人来陪伴；当他无助的时候，会有人来帮助；当他喜悦的时候，会有人来分享；当他痛苦的时候，会有人来分忧。组织的力量会使他变得强大和幸福。2013 年 5 月，笔者去同济大学嘉定校区考察访问。该校区的负责同志介绍了这样一个有意思的情况。学校周边一些富裕农民的子弟，每天开着名牌汽车到大学去上班，从事一些勤杂工作。由于他们是非正式编制人员，每个月的工资并不高，还不够支付养车的费用。但是，他们为什么不愿意待在家里无所事事而愿意这样做"亏本"的事呢？道理就在这里，待在家里没有组织归属感，来到大学工作，有可能使他们在精神上充满力量。当然，一个人工作于一个组织，只是在形式上进入了这个组织，并不意味着他已经从精神上完全融入了这个组织。一个人真正归属于一个组织，前提是他与同事充分沟通、交流情感、关系融洽，并发挥主观能动性，在这个组织的建设和发展中贡献力量。这位负责同志告诉我们，同济大学十分重视组织文化建设，有计划地对这些员工进行学习培训，开展各种团队分享活动，指导他们进行职业生涯规划，努力使这些员工融入同济大学的文化，在心里产生归属感，发自内心热爱这所学校。

当一个人归属于一个组织以后，他自然就会产生这样的认识：只有这个组织变得更加强大，他才能从中获得更多的"爱"和帮助。所以，爱自己的组织，并愿意为她的进步和发展做贡献，也成为一个人内心的一种原始的动力。华中科技大学前校长李培根曾说："什么是母校？就是那个你一天骂它八遍却不许别人骂的地方。"多么朴实精辟的比喻！

在马斯洛提出的自我实现人假设中，他认为最高境界的人就是自我实现人，这类人具备真实、完整、使命、高峰体验等特征，见表 3-2。

表 3-2　马斯洛需求层次理论自我实现人的特点

真实（正确认识现实）	维美（适当的形式）
完整（丰富统一）	善良（与人为善）
完美（平衡有序）	独特（有独立见解）
使命（有始有终）	幽默（平易近人）
容纳（接受自我、他人）	自主（独立精神）
创造（自发性和激情）	高峰体验（人生价值）

资料来源：丹尼斯·库恩.心理学导论：思想与行为的认识之路 [M]. 郑钢，等译.北京：中国轻工业出版社，2004.

其中，高峰体验是指"感受到一种发自心灵深处的战栗、满足、超然的情绪体验"。马斯洛认为，处于高峰体验的人具有最高程度的认同，最接近真正的自我，达到了独一无二的人格或特质的顶点，潜能发挥到最大程度。

　　值得说明的是，自我实现是一种生活和工作的过程及体验，而不是一种终极状态。不管老幼，无论贵贱，一个热爱生活、追求卓越的人，都能够在日常不断体验成功，获得高峰体验，体会人生价值，从而获得社会的认可，得到新的激励，增加新的自我效能感，增强信心，不断挑战自我，向着更高的目标努力。

　　在马斯洛的自我实现理论中，五个需求层次由低级到高级，由物质到精神，自下而上，呈现出一个金字塔形。塔尖是自我实现，没有封顶，可以无限向上延伸。塔尖很美，体现了一种挑战自我、自我超越、追求卓越的理念：人生最大的幸福，不在于取得成功的时候，而在于为实现自己的理想和目标不断努力和追求的过程当中。

　　因而，需求层次理论告诉我们，人人都有需要，某层需要获得满足后，另一层需要才出现，管理者在进行沟通时，必须了解被管理者的需求，满足其最迫切的需求，引导他追求更高层次的需求，才能提高向心力。另外，生存与发展是人及人类一切活动的根本目的，相对于这个目的，安全是基础，交往是条件，尊重是保障。管理者在沟通过程中应该重视需求的不同层次，对于不同需求层次的人群采取不同的沟通措施。

　　2. X-Y 理论

　　道格拉斯·麦克雷戈（Douglas M. McGregor）于 1957 年在《公司的人性面》中首次提出著名的 X-Y 理论。基于人性的不同，管理者面对不同的员工应该采取不同的策略。X 理论针对人的功利性等人性的弱点，Y 理论则是倾向于认为人有自我实现的需要。X-Y 理论的要点内容见表 3-3。

表 3-3　X-Y 理论的要点内容

X 理论	Y 理论
• 人生而好逸恶劳，所以常常逃避责任 • 人生而不求上进，缺少进取心，厌恶责任，宁愿听命于人 • 人生而以自我为中心，漠视组织需要 • 人习惯保守，反对改革，本质上抵制变化 • 缺乏理性，容易受骗，随时被煽动者当做挑拨是非的对象，会作出不适宜的行为	• 人非生性懒惰，要求工作是人的本能 • 一般人在适当的鼓励下，不但能接受而且追求担负责任 • 人的追求是满足欲望需求，只要管理适当，人们就会把个人目标与组织目标统一起来 • 人在执行任务中能够自我指导和自我控制 • 承诺与达成目标后获得的报酬直接相关

　　X-Y 理论告诉我们，既强调要通过组织严格的纪律、规范、规章制度来对个人的行为进行引导，运用领导权威和严密控制来保证组织目标的实现，同时也强调应提供具有吸引力和富有意义的工作，并鼓励参与式和协商式的管理，让职工参与决策，给职工沟通发言的机会，发挥他们的主观能动性，并为满足他们的社会需要和自我实现的需要提供必要的机会。

　　3. 期望理论

　　1964 年，维克托·弗鲁姆（Victor H. Vroom）在《工作与激励》中提出期望理论：人们在工作中的积极性或努力程度（激励的力量）是效价和期望值的乘积，即 $M=VE$（M：激励的力量；V：效价；E：期望值）。其中，效价是指一个人对某项工作及其结果能够给自己带来满足程度的评价；期望值是指人们对自己能够顺利完成该项工作的可能性评估，即对工作目标能够实现的概率的估计。弗鲁姆认为，人之所以能够从事某项工作并达成组织目标，是因为这些工作和组织目标会帮助他们达成目标，满足自己某方面的需要。员工的努力程度最高的条件是员工认为他的努力很可能带来高绩效，高绩效很可能带来奖励，奖励对他是有吸引力的。

因而，在应用期望理论进行激励时，应该处理好努力与绩效、绩效与奖励、奖励与满足个人需要三个方面的关系，才能调动人们工作的积极性。期望理论告知我们，在管理沟通过程中，应注重激励工具的运用，激励对方主动沟通、积极工作，并让员工意识到主动汇报、建议、反馈等沟通行为是组织所期望和鼓励的，这是达成预期目标以及职业生涯发展的工具和途径。

【课堂讨论】格力加薪的理论阐释

2016 年 12 月，格力电器宣布给全体员工在现有月工资基础上普涨 1000 元，发放范围为入职满 3 个月的员工（特殊议薪人员除外）。

2018 年 2 月，格力电器宣布，鉴于在 2017 年取得的优异成绩，为了让大家共享发展成果，公司决定按照人均每月加薪 1000 元的总额度，根据绩效、岗位给员工加薪。

思考与讨论：请问这两次加薪有何不同？哪个激励效果更好？

4. 双因素理论

弗雷德里克·赫茨伯格（Frederick Herzberg）于 1966 年在《工作与人性》中提出双因素理论，即激励因素—保健因素理论。他把公司中的有关因素分为满意和不满意两种因素。满意因素可以使人满足，属于激励因素，若得到满足，可以激励个人或集体以一种成熟的方式成长，使工作能力不断提高。不满意因素是指缺乏这些因素时会产生不满或消极的情绪，使工作热情和积极性降低，如图 3-3 所示。

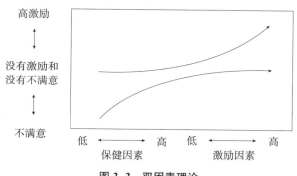

图 3-3　双因素理论

保健因素包括金钱、安全、工作环境和人际关系等，其作用是减少不满意，即只能使员工从"不满意"转为"没有不满意"，并未起到激励作用。激励因素是如成就、赞赏、责任感和上进心等促使个人得到满足的因素，能发挥激励作用。物质上的激励对于个体来说具有基础性的作用。在初期，通过增加物质奖励，可以有效地起到激励组织成员的作用。但是，随着物质奖励的增多，其激励的效果会边际递减。所以，并不是物质奖励越多，就越能鼓舞士气。参与"两弹一星"研制工作的广大干部、工人、解放军指战员，在当时国家经济、技术基础薄弱和工作条件十分艰苦的情况下，自力更生，发愤图强，用较少的投入和较短的时间，突破了原子弹、导弹和人造地球卫星等尖端技术，取得了举世瞩目的辉煌成就。物质上的匮乏并没有影响他们的斗志，而对中华民族的伟大复兴的精神向往激励他们奋发向上，永不言败。

双因素理论告诉我们，管理者在管理沟通的过程中应注重保健因素与激励因素的区分和配合使用，物质激励与精神激励并重，以达到有效沟通的目的。

5. 成就需要理论

1966 年，戴维·麦克利兰在《促使取得成就的事物》一书中提出了成就需要理论。他认为人有三种基本需要：权力需要、社交需要、成就需要。对权力需求强烈的人对施加影响和控制表现出极大的关切，这一类人一般追求领导者地位、好辩论、健谈、直率、头脑冷静、有能力并善于提出要求、喜欢演讲。对社交需求强烈的人需要从社交和友爱中活得快乐。对成就需求强烈的人提升得更快，而且通常希望有发挥才能的环境和条件，一旦条件满足，不需要提供其他激励，也能积极工作。

成就需要理论告诉我们，在对权力需要型客体进行沟通时，应采用咨询和建议的方式，尽量不要以命令和指导的方式，沟通中要对对方的影响力特别地表现出兴趣。在与社交需要型客体进行沟通时，应以交朋友的姿态和口气，建立良好的人际关系，在工作沟通中，可以适当聊聊家庭、生活情况等。在对成就需要型客体进行沟通时，不需要输出"你要认真负责"类信息，而是应认同和肯定他们对工作的责任感和态度。

3.1.3　客体的感受

理解客体的感受是解决"他们感觉如何"的问题，需要回答"客体的情感态度如何""客体对你的信息感兴趣的程度如何"以及"客体的意见倾向如何"。这是一系列层层递进的问题，其中任何一个环节受阻都会影响最终的沟通结果。

了解客体的情感态度。客体的情感态度决定了他是否愿意沟通。当人们受到负面情感影响时，通常不愿意交流，或者会将不良情绪带入沟通过程中，影响最终沟通目标的实现。因此，当客体的负面情感显而易见时，不宜向对方提要求，更不能试图说服对方接受自己的观点。然而，沟通主体可以通过赞美对方、用微笑感染对方、用友善的方式说话、做对方忠实的听众、谈论对方感兴趣的话题等途径引导客体产生正面积极的情感。

了解客体的兴趣程度。客体的兴趣程度决定了他是否愿意继续沟通。兴趣是个体进行某项活动的心理倾向。要想达到沟通的目的，就必须借助兴趣这一巨大的推动力。客体的兴趣可以是自发的，即本身就对沟通内容感兴趣，如与上司谈论一个有助于他升职的方案，此时可以直接进入主题。客体的兴趣还可以是外部刺激的，即通过激励手段促使其产生兴趣，如对参加活动的员工派发红包，此时应该运用征询或参与的沟通策略，让他们加入讨论，共同分享控制权，以此激发客体的兴趣。

了解客体的意见倾向。客体的意见倾向决定了他是否愿意接受沟通内容。在某些情况下，可以根据客体的基本特征及需求初步判断其意见倾向。例如，当你试图请求爱财如命、一毛不拔的老板加薪时，就应该做好他对你说"不"的心理准备。总体而言，客体的意见倾向不外乎三种：正面、中立和负面。当客体表现出正面或中立态度时，需强调对客体有利的信息，以此强化客体的信念。当客体表现出负面态度时，沟通主体应表明真诚态度、寻求共同基础、回应反对意见、呼吁共同期望以转变客体的意见倾向。

拓展阅读 3.1

3.2　引导客体

客体导向的沟通策略本质上是"换位思考"，在进行沟通时，需要明确受众需要什么，我能给和想给受众什么，并把"受众需要的"和"我能与想提供的"有机结合起来。在深入分析和认识客体的基础上，可以通过诱之以利、动之以情、晓之以理，以此引导客体一步步朝着沟通目标迈进。

3.2.1　诱之以利

诱之以利是指通过利益诱引受众。利益，即好处，"天下熙熙皆为利来，天下攘攘皆为利往"。沟通主体应围绕给予受众好处这个中心，让其无法拒绝你的要求或观点。卡耐基在深入研究心理学理论、分析人类共同的心理特点之后提出："说服别人做事的唯一方法是把他想要的东西给他。"然而，每一个人看重的东西不同，甚至同一个人在不同情境下想获得的东西也不相同。结合情境分析受众最想获得的利益并满足他，是引导受众最直接的方式，通常能够立即引起受众的重视。受众的利益一般可分为有形利益和无形利益，对个体而言，有形利益通常起到外在激励的作用，无形利益起到内在激励的作用，见表 3-4。

表 3-4　受众的利益

利益的类型	作用	举例
有形利益	外在激励	高薪、奖金、升职、分房和优越的工作条件等
无形利益	内在激励	被关怀、被理解、被认可、被重视和被信任等

相比于有形利益，无形利益对受众的引导作用更显著，它能促使受众产生责任感、成就感和满足感，激励效果更加持久。然而，人们对利益的追求往往不是单一的，寻找到受众最看重的利益，并有针对性地采取相应的激励手段，可以达到更好的激励效果。比如，格力电器基于经销商追逐利益的心理，通过对经销商采取"淡季返利"以及入股等有形利益激励手段，激发了经销商的销售动力，实现了双赢。

3.2.2　动之以情

动之以情是指利用情感打动受众的心。人的内心往往是感性的，人的行为往往容易受到感性的驱使，因此影响受众的心往往比影响他的大脑更重要。当沟通主体能让受众产生亲切感时，会赢得受众的信任。当沟通主体能与受众产生情感共鸣时，会触动受众的心灵。信任与感动会使受众更愿意亲近或接纳主体，并接受主体的引导。因此，动之以情可从以下两个方面入手。

（1）寻找共同之处，赢得受众信任。人际吸引理论表明，人们总是喜欢在年龄、种族背景、家乡、宗教、社会阶层、受教育水平以及性格、态度、兴趣、价值观等方面与自己相似的人，因为相似性可以增加自己的观点或看法被认同的可能性，这种强化作用可以唤起人们对相似的人的好感。在现实生活中，我们总是更愿意信任自己喜欢的人，乐意接受其观点、听从其指引。因此，沟通主体应加强与受众的互动，正所谓"一回生，二回熟"，只有相互了解才能寻找共同点。除此之外，在与受众"拉关系""套近乎"的过程中，沟通主体要融入真心和诚意，以此增进彼此之间的感情，赢得受众的信任。

（2）引发情感共鸣，触动受众心灵。情感共鸣是指在情境的刺激作用下，主客体产生相同或相似的情感体验。产生情感共鸣的前提是想象，人脑根据以往的经历和体验，对所处情境进行想象，因而产生如临其境、感同身受的情感体验，如观看抗震救灾的节目所引起的同情、怜悯之感。情感共鸣能够拉近主体与受众之间的距离，促使受众敞开心扉，听你所言、感你所感。因此，沟通主体要善于创设情境、营造氛围，引发情感共鸣，触动受众的心灵，让他激动、感动甚至震撼，以此唤起受众的同理心，进而作出你所期待的行为。

3.2.3　晓之以理

晓之以理是指通过讲道理使客体理解并信服。晓之以理要做到不拘一格，灵活多变，根据客体的年龄、性格、思想、处境等情况的不同而改变方式。对于内敛者，应感性启迪、委婉谲谏；对于豪放者，应直言理论、坦率相陈。但不论何种方式，都应将事实和表达相结合，从实质上和形式上阐明观点的真实性、准确性和逻辑性，由此让客体信服。晓之以理主要围绕"说什么"和"怎么说"两大问题展开。

（1）有力的事实。有力的事实是回答"说什么"的问题。"事实胜于雄辩"，以毋庸置疑的事实支撑你的观点，可以让你立于不败之地。吴仪担任对外经济贸易部（商务部前身）副部长时，为解决中美贸易摩擦，与美国进行了一场知识产权谈判。面对对方开场的讥讽——"我们是在跟一个小偷谈判"，吴仪以有力的事实进行反击，她一声厉喝："我们是在与强盗谈判。请看你们博物馆里的收藏，有多少是从中国搞过来的？据我所知，这些中国的珍宝，并没有谁主动奉送给你们，也没有长着翅膀，为什么却越过重洋到了你们手中？这不能不使人想到一页强盗的历史。"强有力的事实让中方代表化被动为主动，美方代表也因此无言以对。

（2）清晰的表达。清晰的表达是回答"怎么说"的问题。培根说过："逻辑与修辞使人善辩。"清晰的逻辑能对客体起到循循善诱的作用，构建清晰的逻辑，首先要建立正确的逻辑关系，遵循客观规律；其次要展示清晰的逻辑推理过程。恰当的修辞手法可以使道理深入浅出、生动形象。使用排比，可以增强你的气势。使用反复，可以强调你的重要观点。使用比喻，可以使客体更容易理解你的观点。例如，毛泽东用"星星之火，可以燎原"比喻中国革命力量由小到大、由弱到强，并将最终取得彻底胜利，一个简单的比喻却起到了鼓舞士气、振奋人心的作用。

【课堂互动】如何以"利、情、理"进行劝说？

市里要组织年轻干部到农村去锻炼一年，领导让你负责，但是很多同事找到你说要照顾家人，不愿意去农村，同时还有许多同事出现了抵触情绪。请分小组进行情境演练。假设同组中的其他同学都是你的同事，你该如何以利诱人、以情动人、以理服人去劝说他们呢？

3.3　说服客体

说服客体是实现沟通目标至关重要的一步。无论传递的信息是正面的还是负面的，我们都希望客体能够记住它、接受它，这就要求沟通主体具有较强的说服力。

说服是一门学问，涉及社会心理学的诸多内容，沟通主体应理解影响个体行为的心理倾向，并由此掌握相应的说服技巧。

3.3.1　说服的模型

　　1959 年，霍夫兰提出基于信息传播过程的说服与态度改变的模型，该模型从传播学的角度进行说服研究，并直观描述说服产生的内在机制和过程。该模型主要说明了说服什么时候发生和怎样发生。模型将说服过程分为三个阶段：注意信息、理解信息和接受信息。按照他们的观点：只有当他人注意到说服信息，理解信息内容，并且接受了这些信息的时候，说服才能发生，三个阶段的任何一个阶段出现问题，说服都不能引发态度的改变，如图 3-4 所示。

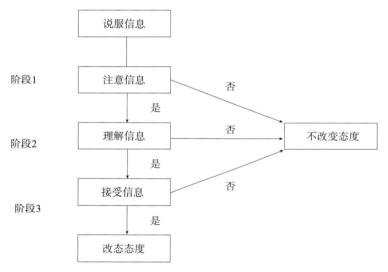

图 3-4　"霍夫兰说服模型"简图

资料来源：卡尔·霍夫兰，欧文·贾尼斯. 传播与劝服：关于态度转变的心理学研究 [M]. 张建中，译. 北京：中国人民大学出版社，2015.

　　随后，西尔斯对"霍夫兰说服模型"加以修正，重点阐释影响受众态度改变的四个要素，即外部刺激、说服对象、说服过程和说服结果的相互关系，同时揭示说服受众的内在动因和过程。该说服模型的每个环节，都表明了说服中所关联的重要因素，如图 3-5 所示。

　　模型中，外部刺激由说服者、说服信息和说服情境组成，其中说服者的影响力取决于他的专业程度、可靠性和受欢迎程度。说服对象的特点包括其投入或承诺、是否对说服有免疫人格特征等，如被说服者如果对一个事物投入了一定的感情或对其有所承诺，被说服的可能性更大。假如被说服者具有一定的"免疫力"，即很难被他人说服，那么说服者可能需要投入更多的时间与精力去说服。在态度改变

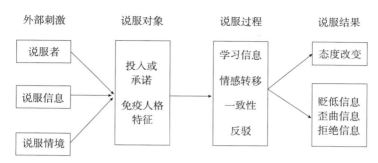

图 3-5 西尔斯的说服模型简图
资料来源：威尔伯·施拉姆，威廉·波特 . 传播学概论（第二版）[M]. 何道宽，译 .
北京：中国人民大学出版社，2010.

的作用过程中，被说服者首先要学习信息的内容，在学习的基础上发生情感转移，把对一个事物的感情转移到与该事物有关的其他事物之上。当接收到的信息与原有的态度不一致时，便会产生心理上的紧张，一致性机制便开始起作用，一致性理论认为有许多种方式可用来减轻这种紧张。有时候人们还采用反驳的方式对待说服信息，按照认知反应论的观点，人们在接收到来自他人的信息后，会产生一系列的主动思考，这些反应进而决定个体对信息的整体反应。但态度的改变主要取决于这些信息所引发的反驳的数量及性质，如果这种反驳过程受到干扰，则产生说服作用。说服结果有两个：一是态度改变，二是对抗说服，包括贬低信息来源、故意扭曲说服信息和对信息加以拒绝掩盖。①

　　西尔斯的说服模型构建了一个关于态度改变的系统性框架，充分考虑了不同个体自身因素和复杂外部影响因素的作用，尤其强调个体在不同条件下的差异化心理活动。为深入理解和进一步影响改变个体的态度提供了有效的参考。

3.3.2 说服的策略

　　在了解说服的作用过程模型的基础上，我们需要进一步掌握说服策略。说服策略是指说服对象运用说服的方法改变被说服对象的心理状态的策略手段，包含以下五种说服策略。

　　1. 单双面论证

　　单面论证是指只讲正面的道理，双面论证是指讲正、反面两方面的道理。在说服他人的过程中，单面论证和双面论证各有利弊，运用时要具体情况具体分析，针对沟通对象的特点、双方观点和时效要求进行灵活选择。比如，沟通对象知识渊博、经验丰富，一般需采用双面论证才能让其信服，反之采用单面论证即可。如果双方观点比较一致，那么采用单面论证即可达到较好的沟通效果。若双方观点对立，那

---

① 张龙，李想 . 管理者为什么纳言 ?——基于说服理论的研究 [J]. 外国经济与管理，2016，38（9）：80—92.

么需要采用双面论证对其中利弊加以详细的阐述。如果沟通之后需要迅速作出决定，那么采用单面论证即可；如果沟通之后还需要经历一段时间才能作决定，那么为避免被说服对象接触到其他观点，可以运用双面论证对说服的效果加以巩固。

2. 诊断和反驳

诊断型说服和反驳型说服被认为是应对负面信息的两种最常用的说服方式。诊断型说服通过给被说服对象提供额外的补充信息来降低负面信息的负面价值。反驳型说服主要是质疑负面信息的有效性（数据、来源等），是对负面信息的直接反驳和对被说服对象能想到的问题的简单回应。诊断型说服主要侧重于说明产生负面信息的事物与同类型其他事物在关键属性上无差异来降低负面信息带来的影响。反驳型说服重在关注负面信息数据的可信性、完整性和样本的有效性。

3. 先效应与后效应

先效应就是先入为主的效应，后效应就是后发制人的效应。先、后效应在生活中应用范围很广，如对于竞选辩论来说，选择出场的顺序主要取决于和竞争对手之间的间隔时间，如果间隔时间很短，可以选择先讲，因为人们在接受新的观点时往往是先入为主的，而此时后者往往还来不及准备内容来反驳自己的观点。如果间隔时间比较长，那么就应该选择后讲，这样就可以有较为充足的时间来有针对性地反驳前者，而且前者的观点已经随着时间的流逝慢慢变得模糊，此时会占有较大的优势。

4. 意会与言传

意会与言传又叫做暗示与明示，在沟通过程中有时需要观点鲜明、结论明确，有时需要含蓄委婉，只能意会不能言传。比如，在论题和论旨比较复杂，受众对象文化水平较低的场合或沟通情境中，选用明示即言传这种方式较好。而在论题论旨比较简单、受众文化水平较高、有能力理解的场合或沟通情境中，选用暗示即意会这种方式较好。

5. 理性与感性

理性沟通是通过摆事实讲道理，充分论证分析，达到沟通的目的。感性沟通是通过种种方法调动情感，达到影响对方的目的。在沟通的过程中，理性和感性各有利弊，感性沟通的优点在于见效快，缺点是持续时间短。同时，感性沟通还要因人而异，年轻人容易接受，年纪较大的人可能不太容易接受。理性沟通与感性沟通的特点相反，可以将二者结合起来，以达到更好的沟通效果。

3.3.3　说服的技巧

在了解如何根据沟通情境灵活选择说服策略的基础上，我们还需要掌握一些基于个体心理效应得出的说服技巧，以达到说服的目的。本部分将介绍 9 种说服的技巧。

1. 善用"闭门羹后效"

闭门羹后效是指当你提出的第一个要求被对方拒绝后，若再次提出一个相对较小的要求，这时第二个要求会被认为是一种妥协，对方会因你的妥协产生愧疚感，因此也易作出让步，接受这个小要求。

假设你到邻居家，请他在你外出的一个月里帮你喂狗和打扫卫生，但他根本没时间帮你做那么多事，因而可能会对你说抱歉。但他也可能会为拒绝你而感到心里过意不去，甚至会产生"自己不近人情"的愧疚感。第二天你再去时，告知他喂狗、浇花和打扫卫生已安排好，问他能否在你外出期间帮忙取一下报纸。如果没有昨天那件事，他可能会拒绝你，但由于他昨天曾拒绝了你的一大堆要求，产生了愧疚感，因而为了让自己心理平衡，他今天很可能答应你的这个小要求。这就是"闭门羹后效"，也称为"留面子"效应，即别人让你吃"闭门羹"后一般会依从你的一个较小的要求。因此，向说服对象提要求时，应先提出最理想的目标，待对方拒绝后，再提出最实际的要求，这样被接受的可能性会大大提高。

2. 借助"登门槛技术"

登门槛技术是指将最终目标分解成一个个小要求，"引诱"对方先同意你的小要求，进而使对方最终与你达成共识。

1966 年，美国心理学家弗里德曼与弗雷瑟曾作过一个实验：研究员随机访问一组家庭主妇（实验组），要求将一个小招牌挂在她们家的窗户上，这些家庭主妇愉快地答应了。过了一段时间，研究员再次访问这组家庭主妇（实验组），这一次，向她们提出把一个不仅大而且不太美观的招牌放在庭院里的要求，结果有超过半数的家庭主妇答应了。与此同时，研究员又随机访问另一组家庭主妇（非实验组），直接向她们提出将这块不仅大而且不太美观的招牌放在庭院里，结果只有不足 20% 的家庭主妇答应。

在管理沟通中，沟通主体往往可以先向客体提出一个小的要求，待对方同意后再说服他接受你的沟通目标。例如，营销人员常常运用"登门槛技术"让消费者免费试用产品，在消费者得到试用品这一好处后，再说服消费者购买产品。

3. 依从权威使受众信服

依从权威是指利用权威使受众相信并服从。人们认为权威的要求总是和社会规范相一致，服从权威不易出错，甚至还可能得到赞许，因此权威能给人带来一种安全感。在管理活动中，权威主要来自地位权力和专业知识。

沟通主体可通过地位权力对受众实行奖赏，如表扬、加薪和升职，以此激励客体，也可以对受众实行惩罚，如减薪、降职和解雇，以此警戒对方。需要注意的是，使用惩罚时要谨慎，只有确保受众能顺从且确信其能消除自身的不良行为时才有效。在运用地位权力时，要善于把握"用赏贵信，用刑贵正"的原则，即运用奖赏时，最重要的是信用，运用惩罚时，最重要的是公正。管理者奖赏的信誉与惩罚的公正，应落实到员工所见所闻的事情上，这样一来，对于那些没有亲眼看到或亲耳听到的人也会产生潜移默化的作用。专业知识往往也能产生权威的作用。沟通主体可以通过加强自己的专业知识建立权威，也可以通过与权威建立联系发挥其效用，如通过引用专家的话使受众信服。

4. 设计"心理砝码"

心理砝码是指人们在衡量物品的价格时，通常会受到其标价的单位的影响。例如，当某件物品标价 20 元时，人们会考虑它到底值 19 元、18 元还是 21 元，即以整数来考虑它的价值。而当某件商品标价 19.95 元时，受"心理砝码"作用，人们会以 5 分、1 毛为单位对商品还价，即还价为 19.90 元或 19.50 元。在管理沟通中，"心理砝码"的技巧可应用于商务谈判，通过巧妙地设置价格，让对方在心理砝码的影响下还价。

5. 利用"认知对比原理"

认知对比原理是指把两件不同的事物放在一起比较时，人们会把它们的差异放大。卡尼曼就曾在《思考，快与慢》中揭示人可能会因为受到某种对比的引导而作出某种平常可能不会作出的行为。比如，在向客户汇报方案时，可以先列举不好的方案，再列举较为成熟的方案，让客户受到认知对比原理的影响，从而增加后一个方案被认可的可能性。认知对比原理常常被运用在募捐活动中。例如，当募捐者想让你捐 100 元时，他通常会告诉你许多人捐了 300 元，其他人捐了 200 元，而那些生活条件不太好的人也捐了 100 元。如此一来，你掏出 100 元甚至更多的钱也就不足为奇了。

6. 巧用"互惠"规范

互惠是指人们倾向于互相给予好处或者互相让步。我们在不知不觉中已受到这种社会规范的影响：获得的同时负有报答的义务。因此，当我们获得他人恩惠时，心理会产生负债感，正所谓"吃人的嘴软，拿人的手短"。为消除这种负债感，我们希望以其他方式回报对方。如推销中常使用的商品免费试用策略，就是先给予客户小恩小惠，让客户心里产生负债感，从而用购买商品来抵消这种负债感。

互惠不仅包含互相给予好处，还适用于互相让步。当我们拒绝他人一个大的请求时，若对方作出让步，退回到一个较小的请求，那么我们也可能会以自己的让步作为一种交换，同意对方较小的请求。在管理沟通中，如果我们想要请求同事帮助，可以通过巧妙、委婉地提及以往曾给予对方的帮助和支持，回顾双方以往良好的合作基础和友好的情谊，或者承诺获得帮助后会在对方需要时给予全力以赴的帮助，这个时候我们就巧妙地运用了"互惠"规范，我们获得对方帮助的可能性通常会提高。

7. "社会确认"来引导

社会确认是指个体在思想和行动上很容易受到周围人的影响，进而仿效他人。

卡威特·罗伯特说过："95%的人都爱模仿别人，只有 5%的人能首先发起行动，所以，要把人说服，我们提供任何证据的效果都比不上别人的行动。"

曾经有研究人员作了一次实验，将两类呼吁酒店客户保护环境的标语放在酒店房间里，并对比效果。第一类标语："保护环境，人人有责"。第二类标语："酒店的大多数客户在住宿期间至少重复使用过一次毛巾。"这两类标语被随机摆放在酒店不同的房间里，并由清洁员工负责收集有无客人重复使用毛巾的信息。最终发现：第二类标语使人们重复使用毛巾的概率提高了 26%。

8. 赢得对方的"好感"

好感是指人们偏向于认可那些自己喜欢的人。因此，赢得对方好感是有效影响他人的途径。许多研究表明，体貌姣好、赞扬以及相似性都会激发好感。多伦多大学的研究学者发现：在联邦竞选中，体貌姣好的候选人得票数会高出那些不具有体貌吸引力的候选人好几倍。赞美他人品格、态度或者表现会让对方产生好感，并让对方心甘情愿地按照赞美者的意愿行事。心理学家伊凡斯利用保险公司的统计数据发现，如果销售人员与潜在客户的年龄、职业、宗教、政治面貌甚至吸烟习惯相同或相似，那么销售人员成功销售保单的可能性明显增大。

9. 告知信息"稀缺性"

稀缺性是指相对于需求，资源总是有限的。当物品和机会变得越匮乏时人们就会越重视，这也恰恰印证了一句俗语——"物以稀为贵"。稀缺性被广泛应用于市场营销领域，市场营销人员总是喜欢通过稀缺性策略言语吸引客户，如"只限前 10 名客户""限量抢购，仅限 3 天""××钻石广告语——贵乎稀有，万里挑一""湖景别墅广告语——森林湖泊，皇家城堡。稀缺资源，传世珍藏"等。

然而，稀缺性不仅是指商品的稀缺，还可以指信息来源的稀缺。当信息来源稀缺并且可靠时，更具有说服力。章信是一家进口牛肉公司的老总，他为了验证稀缺性对说服的影响，安排了一场实验。章信将客户随机分成三组，首先指示销售员向第一组客户群拨打电话，用常规方式推销牛肉。其次在对第二组客户群开展电话销售时，特地加上"预期牛肉短缺"这个信息。最后，在对第三组客户群电话销售时，告诉他们"牛肉即将短缺"。最终结果显示,第一组客户群采购量最低，第二组其次，第三组采购量远远高于前两组，高出第一组将近 600%。原因在于第三组客户受到双重稀缺性的影响，一是牛肉本身的稀缺性；二是牛肉即将短缺这个消息本身的稀缺性。

【本章小结】

1. 客体分析要解决三个基本问题：他们是谁？他们需要什么？他们感受如何？

2. 沟通中会面临五类客体："看门人"、主要受众、次要受众、辅助受众和监控型受众。

　　3. 引导客体的方式：①诱之以利：有形利益和无形利益相结合。②动之以情：寻找共同之处，赢得受众信任。引发情感共鸣，触动受众心灵。③晓之以理：有力的事实、清晰的表达。

　　4. 说服客体的两大模型：霍夫兰说服模型、西尔斯的修正模型。

　　5. 说服客体的五大策略：单双面论证、诊断和反驳、先后效应、意会与言传和理性与感性。

　　6. 说服客体的九大技巧：善用"闭门羹后效"、借助"登门槛技术"、依从权威使受众信服、设计"心理砝码"、利用"认知对比原理"、巧用"互惠"规范、"社会确认"来引导、赢得对方的"好感"和告知信息"稀缺性"。

【问题讨论】

　　1. 结合实际，简述如何对沟通的客体对象进行分析。

　　2. 在工作中如何巧妙运用"诱之以利、动之以情、晓之以理"的策略？

　　3. 简述管理者如何提高自己说服他人的能力。

【案例分析】一个高效但失败的工作方案

　　小王是一名刚毕业的本科生，在校期间担任学生会组织委员，具备良好的组织和沟通能力，毕业后任职于一家中小型公司的综合部门。

　　来到综合部第二个星期，部门李经理交给小王一个任务——制订第三季度公司总结会议计划。接到任务的第一天，小王就开始着手考虑会议安排，按照以往组织学生会议的经验，他按照自己的想法安排了会议室（酒店）、交通工具等。但是由于经验不足，且不像在学校有学生会的支持，因此小王熬了几个夜晚才把这些工作安排妥当，小王对自己制作的方案十分满意。于是在第四天早上，小王信心满满地将方案递交给李经理。令小王意外的是，李经理刚看了几页小王做的方案，就直接告诉小王方案不合格，要求他回去重新做。小王对此感到很郁闷，尽管如此，他还是耐心地把计划再次仔细地研究了一遍，但仍然觉得没有什么大问题。于是第二天再次把方案递交给李经理，同样的情况又发生了，李经理还是让小王回去重新做。

　　小王回到家越想越生气，自己很积极地接受这个任务，也高效地做出了方案，但李经理基本什么都没看就否定了自己，这对自己极其不尊重。小王心想：既然积极工作也得不到肯定，那么我就悠着点，等时限到了我再把这个"成熟"的方案交给李经理。过了三天，李经理向小王询问会议计划的工作进展，并让他到办公室当面汇报。

　　小王来到李经理办公室，立刻将方案递交给李经理。李经理把方案轻轻地放在桌面上，然后对小王说："小王，我很高兴看到你工作的积极态度，并且也高效地完成了我布置的任务。但是作为公司的一名新人，我建议你还是要抱着学习的态度，多向其他同事请教问题。根据你在学校的经历，我估计这次任务对你来说难度不大，事实证明也是如此。但是，这次之所以把这个任务交给你，我还有别的目的。我一直希望你能在做计划之前来我办公室和我讨论一下我们公司开会的情况，能够根据我们公司的要求量身制订会议计划，或者可以更虚心地向同事请教他们的经验，可是在这一点上，你做得让我很失望……"

思考讨论题：

1. 李经理将会议计划的任务交给小王的表面目的与隐含目的是什么？如何读懂领导的隐含意图？

2. 小王的工作方案为何没有得到李经理的认可？

3. 如果你是一名刚入职的员工，应该如何完成上司给你安排的任务？请结合本章的知识和经验谈谈你的看法。

4. 假如这是一个好的方案，小王该如何说服上司接受？

第4章 管理沟通的信息策略

一个人取得成就的高低，取决于其自觉学习、掌握和运用普遍规律的力量。

——张振刚 李云健

【学习目标】

➤ 了解管理沟通中信息收集和表达的四种常见方式。

➤ 掌握信息表达的五个原则。

➤ 掌握倾听的六个环节及有效倾听的五种方法。

➤ 了解阅读的四个层次，掌握 SQ4R 阅读法。

➤ 掌握演讲、会谈、面谈的技巧。

➤ 掌握写作的三个原则以及各类管理文体的写作重点。

【导引故事】"蜂舞"法则

奥地利生物学家弗里茨经过细心的研究，发现了蜜蜂"舞蹈"的秘密。蜜蜂的"舞蹈"主要有"圆舞"和"镰舞"两种形式。工蜂回来后，常作一种有规律的飞舞。如果工蜂跳"圆舞"，就是告诉同伴蜜源与蜂房相距不远，约在 100 米。工蜂如果跳"镰舞"，则是通知同伴蜜源离蜂房较远。路程越远，工蜂跳的圈数越多，频率也越快。如果跳"8 字形舞"，并摇摆其腹部，舞蹈的中轴线跟巢顶的夹角，正好表示蜜源方向和太阳方向的夹角。蜜蜂跳舞时头朝上或朝下，与告知蜜源位置之方向有关：跳舞时头朝上时，表明找寻蜜源位置必须朝着太阳的方向飞行。

"蜂舞"法则揭示的道理：信息是主动性的源泉，加强信息沟通才能改善管理的效果。管理者要像蜜蜂采蜜一样，吸取各种信息沟通方式的特点，将"蜂舞"揉到自己的管理艺术中。

资料来源：文欣.领导不可不知的管理学常识 [M].北京：金城出版社，2011.

蜜蜂能够通过肢体语言传达信息，做到协同合作。人们在日常工作过程中面临着更为复杂的沟通情境，需要处理更多的沟通内容，因而更加需要加强对中性的信息、理性的思想和感性的情感等沟通内容的收集、加工和表达方面的管理，提升管理沟通的信息策略，进而才能达成有效的沟通。

管理沟通中的信息策略是指沟通过程中信息收集与表达的方式方法，包括信息收集的策略和信息表达的策略，其中信息收集的策略主要包括倾听和阅读，信息表达的策略主要包括说话和写作。

4.1　信息的涵义

信息在不同的学术领域中有着不同的内涵。在系统论中，信息被认为是系统内部联系的特殊形式。在控制论中，信息被理解为对外界进行调节并使调节为外界接受而与外界交换得来的东西。在信息论中，信息被看做是可以获得、变换、传递、存储、处理、识别和利用的一般对象。在经济学和管理学中，信息泛指一般的数据、资料、消息、情报和知识等。虽然信息在不同学科的涵义不同，但它们之间有着各种联系。

我国学者柯平从两个角度解释"信息"：①从理论的角度抽象地定义信息，认为信息是客观事物的反映或再现。②从实用的角度定义信息，把信息作为消息、数据、情报、资料和知识等的同义词，或作为它们的统称。

综合不同学科和学者对信息的定义，结合管理沟通的特点，本书将信息定义为：**信息是指发送者向接收者传递的数据、资料、消息、情报、知识以及其中隐含的思想与情感，广义上包括中性的信息、理性的思想和感性的情感。**

沟通的过程实质上就是信息交换的过程。为了更好地了解沟通中的信息，有必要对信息进行分类。根据不同的分类准则和方法，信息可以划分为不同的类型：

（1）以决策目标为准则，信息可以划分为有用信息、无用信息和有害信息。

（2）按信息的媒介类型来分，有语言信息、图像信息、文字信息、数字信息和符号信息等。

（3）从对信息的掌握程度来分，有确定性信息和不确定性信息。

（4）按信息的表现方式来分，有显性信息和隐性信息。显性信息是在沟通过程中，沟通双方表达出的直截了当、显而易见的信息，如沟通双方运用的语言、文字、图像和符号等，能够让人直观理解。隐性信息是在沟通过程中，沟通双方表达出的隐藏在显性信息背后的、不能显而易见的、抽象的信息，如沟通双方的态度、情感、语调和肢体动作等，需要人们进行二次解释才可能理解。

🔍 **【案例】表演大师眼中的隐性信息**

有一位表演大师上场前，他的弟子告诉他鞋带松了。大师点头致谢，蹲下来仔细系好。等到弟子转身后，他又蹲下来将鞋带解松。有个旁观者看到了这一切，不解地问："大师，您为什么又要将鞋带解松呢？"大师回答道："因为我饰演的是一位劳累的旅者，长途跋涉让他的鞋带松开，可以通过这个细节表现他的劳累憔悴。""那你为什么不直接告诉你的弟子呢？""他能细心地发现我的鞋带松了，并且热心地告诉我，我一定要保护他这种热情的积极性，及时地给他鼓励，至于为什么要将鞋带解开，将来会有更多的机会教他表演，可以下一次再说啊。"

在这个故事中，大师的弟子看到的只有显性信息，就是"鞋带松了"，他却没有读懂大师的隐性信息——"饰演的是一位劳累的旅者"。但大师却从弟子的话（显性信息）中，看出了他的积极性（隐性信息）。所以当我们与他人沟通时，既要注重沟通主体的显性信息，更要注重隐性信息，才能实现有效沟通。

4.2　信息的管理

4.2.1　信息收集的途径

信息收集是指根据特定的目标和要求，将分散在不同时空的相关信息，通过特定的手段和措施，搜寻、采集和汇聚的过程。在管理沟通中，常见的信息收集途径是倾听和阅读。比如，倾听他人阐述时，除了准确接收其语言表述的内容外，还需要通过自身的感官系统从对方的神态、语音、语调和肢体语言等方面感知对方所要表达的真正意思。再比如，人们阅读文章时，除了明白字面的意思外，还要从中领悟作者所表达的情感、理念和思想。概言之，要收集沟通主体发出的所有信息，除了要准确把握沟通主体传送的显性信息外，还要学会察言观色，注意所有语言性或非语言性的暗示，尤其应留意非语言行为，辨别需要澄清的混合信息。此外，还要留意主体的观点与感受，如赞同或不赞同、愉快或不愉快等。

在信息收集的过程中，我们还应特别注意以下三点。

（1）明确信息收集的目的。开始信息收集之前，我们要心中有数，明确信息收集的目的，这能帮助我们在大量的沟通信息当中，快速准确地找到自己想要的信息，为下一步的信息处理做好准备。

（2）有针对性地收集有效信息，过滤无用信息。在信息网络高速发展的今天，信息已经泛滥成灾。如果每个新闻都看，每个邮件都处理，那将花费大量的时间，耽误我们的工作。所以，我们要有选择性地过滤信息，收集有价值的信息。

（3）善用反馈，消除信息模糊。在收集信息时，当接收者感到发送者的信息是模糊的、不清晰的，不能准确理解发送者意思的时候，要及时寻求反馈。反馈可以让参与者知道信息传递是否按照计划进行，有助于提高沟通的准确性，减少出现误差的概率。

【案例】"尽快"到底是多快？

一天，公司财务部召开了部门工作会议，每个科室的负责人都在会议上做了当年的工作总结和下一年的工作计划，特别是财务预算计划。会议内容非常重要，小张作为部门秘书，担任了本次会议的记录工作。会议结束后，部门领导交代小张："这次会议内容很重要，你尽快完成今天的会议纪要，并且要把纪要发到各科长手上。"这时，小张的电话正好响了，他急忙答应了一声，就忙着接电话了。

当小张接完电话，才想起来，关于这次会议纪要的撰写及提交要求都没有及时问清楚：领导说的"尽快"，是几天之内？对于这次重要的会议有没有特殊要求？预算表是否要作为附件？完成后是直接发送给与会人员，还是先给领导过目？送呈领导的方式是采用电子版还是纸质版？……一系列问题小张都没有弄清楚。结果，他只能硬着头皮再次去敲开领导办公室的门，再一次让领导在百忙之中确认这些问题。

这个故事告诉我们，当你不清楚领导交办的任务时，一定要及时询问领导。如果仅仅按照你的理解去开展工作，那么当你的理解和领导的意图有偏差，工作没有达到领导的要求时，承担责任的还是你。

4.2.2 信息加工的原则

信息收集环节虽然过滤掉了一些无用信息，但仍有大量的信息进入我们的脑中。这些信息中有正确的、错误的，好的、坏的，完整的、零碎的，有用的、无用的，论据性的、结论性的……美国未来学家约翰·奈斯比特在《大趋势：改变我们生活的十个新方向》中说："我们淹没在信息中，但却渴求知识。"意思是为什么已经被信息淹没的我们却仍然缺乏所需要的知识呢？这是因为在知识经济和信息社会中，失去控制和无组织的信息不再是一种资源。因而，如何对收集到的信息进行加工整理，是有效沟通的关键。

信息加工就是通过判别、筛选、分类、排序、分析和再造等一系列过程，使收集到的信息成为能够满足我们需要的信息，即信息加工的目的在于发掘信息的价值，方便用户的使用。信息加工可以去伪存真，可以提高工作效率，可以提升使用价值。要达到以上目标，信息加工必须符合以下三个原则。

（1）信息要符合全面性。符合全面性就是要掌握全面情况。"盲人摸象""管中窥豹"这些耳熟能详的寓言故事告诉我们，片面的了解或局部的经验只会导致以点代面、以偏概全。只有掌握全部的内容，才可能作出准确的判断。

（2）信息要符合规范性。符合规范性就是要符合科学范式，如理论、范例、方法、手段和标准等，这是特定的科学共同体从事某一类活动所必须遵循的公认的模式。只有将信息规范化才能方便理解和传递。例如，秦始皇统一了文字和度量衡，为华夏民族的发展和中华文化的传播带来积极的影响。

（3）信息要符合逻辑性。符合逻辑性就是要求概念清晰、定义准确、体系鲜明、内容自洽、行文有条理、对事物的阐述恰当。有逻辑的信息才可能让人准确地理解和推理，否则只会让人不知所云，摸不着头脑。

4.2.3　信息表达的方法论

在管理沟通中，信息表达就是沟通主体对已获取的信息进行编码，通过一定的方式将信息向客体传递的过程。常见的信息表达方式是说话和写作。那么，如何进行信息表达才能有效地被他人所理解，进而影响他人？归纳起来，表达的方法论包括以下五个方面。

1. 结构化

表达的结构化，就是人们把思想、理念、情感和观点等，按照一定的逻辑框架条理分明地进行沟通表达的过程。结构化地思考问题，体现了人类思维的基本规律。当表达者通过文字、语言等渠道把思想传递给受众时，如果一股脑儿把想法都说出来，想到哪说到哪，不在乎思路是否连贯、语句间是否有关联，受众就会感觉表达者语无伦次、思路混乱。反过来，如果人们在开始表达之前，就搭建好框架、组织好语言，就能够简洁明了地讲清观点，让受众有兴趣、能理解、记得住。

（1）一三九结构。采用一三九结构进行表达，能够使表达逻辑清晰、层次分明，提高沟通效率。一三九结构是指思考和表达过程中将所要阐述的内容分为三个层次，第一层是中心思想，第二层按照逻辑递进和归类分组的原则分为三个子思想，第三层中每一个子思想又分为三个主要内容，由此，从第一层到第三层分别有一、三、九个元素，上一层级的元素是下一层级对应三个元素的逻辑概括和归纳。采用一三九结构，首先需要自下而上地思考，之后才能自上而下地表达。

①自下而上地思考。通常来说，要结构化地进行表达，首先要学会归类分组，把所有要表达的事物以某种秩序组织起来，即将思想组织成金字塔结构。这是一个自下而上、总结概括的过程，如图4-1所示。这种方法是先从最底层开始，分析具体的事物，然后再将这些事物按照某种逻辑顺序进行组织，层层往上，最后归纳出中心思想。在信息组织的过程中，应该注意的是，任一层次上的思想必须是对其下一层次思想的总结概括，每组中同一层次的思想必须属于同一个逻辑范畴并按照某种逻辑顺序组织起来，如演绎顺序（大前提、小前提、结论）、时间/步骤顺序（第一、第二、第三）、结构/空间顺序（北京、上海、广州）、程度/重要性顺序（最重要、次重要、不重要）。

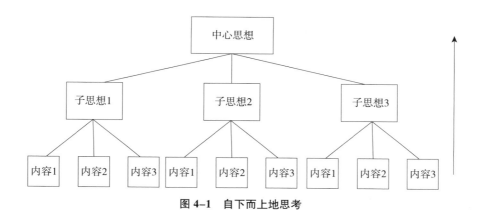

图 4–1　自下而上地思考

②自上而下地表达。当所要表达的思想内容按某种逻辑顺序归类分组后，运用金字塔思维自上而下地表达，如图 4–2 所示。这种方式就是先提出中心思想，再提出被总结的思想。接收者在接收信息时，大脑会自然而然地寻找将所接收信息联系起来的结构。

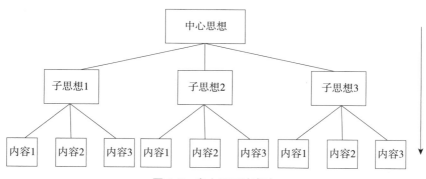

图 4–2　自上而下地表达

例如，小平向同学介绍自己的好朋友小王："小王和我关系很好，他是一名优秀党员，大二的时候获得了校运会长跑冠军，连续三年获得国家奖学金，还是校红十字会会长，同时他以专业第一的成绩保送了研究生，是学校的'百名优秀毕业生'，去年校运会获得了'游泳健将'称号。不仅如此，他还是学校的篮球队员，是一名优秀的志愿者。总体来说，他是一个三好学生。"这样的表述虽然阐述的都是事实，但是逻辑较为混乱，结论放在最后，重点不突出。我们可以采用一三九结构进行重新梳理：

首先进行自下而上的思考。可以发现，能够证明小王是三好学生的事实有国家奖学金、优秀党员、游泳健将、长跑冠军、校红十字会会长、优秀毕业生、专业第一保研、校篮球队队员、优秀志愿者。将这些事实归类分组，则校红十字会会长、优秀志愿者、优秀党员可以归纳为品德好，优秀毕业生、专业第一保研、国家奖学金可以归纳为成绩好，校篮球队队员、游泳健将、长跑冠军可以归纳为身体好。最后可以提炼出小王是三好学生的结论和中心思想，如图 4-3 所示。

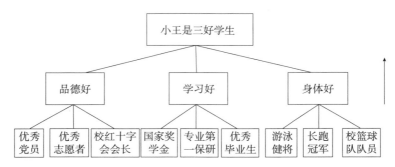

图 4-3　自下而上地思考示例图

其次进行自上而下的表达。先阐明结论和观点，再从品德好、学习好、身体好三个维度详细阐述具体事实和证据。基于一三九结构化表达法，小平介绍小王的表述可以修改为："小王和我关系很好，他是一名三好学生。首先，他品德很好，是一名优秀党员、优秀志愿者，同时，他还是校红十字会会长。其次，他学习很好，连续三年获得国家奖学金，以专业第一的成绩保送研究生，同时，他还是学校的'百名优秀毕业生'。最后，他身体素质很好，在去年校运会获得'游泳健将'称号，大二校运会获得'长跑冠军'，同时，他是校篮球队队员。"如图 4-4 所示。

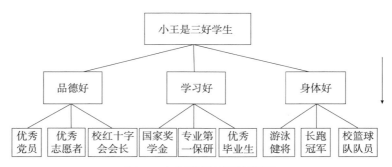

图 4-4　自上而下地表达示例图

采用一三九结构时，需要遵循以下四项基本原则。

原则一：以上统下

以上统下是指在运用一三九结构时，上一层级必须是下一层级的抽象和概括，下一层级是上一层级的具体内容。比如，上述小平向朋友介绍小王的案例中，三好学生是品德好、学习好、身体好的抽象和概括，优秀党员、优秀志愿者、校红十字会会长是品德好的具体内容。

原则二：纵向三层级

纵向三层级是指运用一三九结构时，一般分为三个层级进行，将核心观点、结论放在第一层级，将支撑核心观点的理由放在第二层级，将每个理由的事实放在第三层级。同时，归入同一组的内容必须同属一个范畴，且和上一层级的内容是包含与被包含的关系。比如，葡萄、橘子、苹果和土豆不能全部归入水果一组，需要概括成果蔬。

原则三：横向三维度

横向三维度，即利用归类分组的方法处理素材，一般可以将素材归纳为三组。每一组的思想观点必须在逻辑上属于同一范畴，且在逻辑上具有共同点，能够用单一名词概括该组的所有思想。比如，我们可以把葡萄、橘子、苹果归类分组为水果；把牛奶、酸奶和黄油归类分组为奶制品；把土豆、番茄和秋葵归类分组为蔬菜；把水果、奶制品、蔬菜归类概括为食物。当然，分类方式从来不是唯一的，使用不同的逻辑，同样的素材就可以拥有多种不同的分类方式。比如，上文的食物也可以按照价格进行分类，分为价格便宜、中等、稍贵三类。

原则四：逻辑递进

逻辑递进是指每组中的内容思想应按照一定的逻辑顺序来组织。逻辑递进关系一般分为归纳关系和演绎关系两类，对应一三九结构中的横向关系。你所选择的逻辑顺序，其实也体现了你的分析过程。不同的情境下采用不同的逻辑顺序，如导游在向游客介绍故宫时，可以采用地理位置顺序由外向内介绍，因为游客的游览顺序就是由外向内。历史老师在介绍故宫时，需要遵循时间线从古到今介绍。再如，上文提到的 9 种食物，我们设计了餐前、餐中和餐后的逻辑顺序来串联第二层级上的要点。第三层级的三组也有各组的逻辑顺序：水果组是从小到大的顺序，蔬菜组是按形状分为圆的和长的，奶制品组是按液体和固体的顺序如图 4-5 所示。

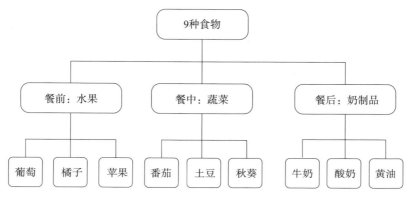

图 4-5 9 种食物的逻辑递进

资料来源：根据"张巍 . 逻辑表达：高效沟通的金字塔思维 [M]. 杭州：浙江大学出版社 .2020"改编。

（2）三点论。三点论是麦肯锡解决商业问题的思维模式。每当面对客户提出的问题时，它就会从初始的假设，不断地对每个议题进行分解，最后形成一个不断拓展的议题树。一份好的麦肯锡问题清单，一级标题的数量一般介于两个到五个，其中三个最佳。在麦肯锡看来，"三"是一个神奇的数字，无论是阐述一个方案，还是解决一件事情，都尽可能从"三"开始，如这个方案有三个优势，这件事情要通过三个步骤来解决，跟我们合作有三个方面的保障。

麦肯锡的三点论可以运用到日常工作和生活。比如，写一份报告时，可从导言、主体、结论三个部分论述。总结一项工作时，可从肯定、问题、要求三方面展开。当表达者将复杂事件分为三部分时，就能厘清思路、抓住重点，让听众更好地理解问题、掌握脉络，特别是在紧急、特殊的场合里，没有太多的时间提前组织语言，如即兴演讲、现场辩论、商务谈判和媒体沟通等，三点论的结构化工具能够让表达者临危不惧、条理清晰、运筹帷幄。

2. 完整化

完整化是指在信息沟通过程中，要注意把所有相关的、重要的、有意义的信息不遗漏地表达出来。在沟通的过程中，由于信息的接收者和发送者之间观点、经历、态度、需求、知识水平和文化背景等的差别，当信息发送者发出的信息不完全时，接收者就无法完全准确地掌握信息发送者的想法。

【案例】不要假设别人知道你是谁

一天，小陈接到一条短信，只有一句话："麻烦把廖晓文的电话号码发给我。"小陈的手机里没存发来短信的号码，无法看到是谁发过来的。别人的电话号码涉及隐私和安全，小陈不能随便给出去。于是，他回了一条信息："您好！不好意思，我没有存您的号码，请问您是哪位？要廖晓文的电话干什么呢？"

不一会，小陈又接到了回信："我是小李，我找廖晓文有急事。"

但是，小陈认识姓李的人很多，这个小李到底是哪个小李呢？小陈又想，说找廖晓文有急事，如果是熟人，不应该没有他的号码。如果是不熟的人，我必须为廖晓文把好关口。

于是小陈又回道："您好！请问您的全名是什么？如果方便的话，请告诉我找他什么事？"

这时，小李才把全名发了过来，然后告知小陈领导急着找廖晓文参加一个紧急会议。

上述案例，原本是一个非常简单的询问电话号码的事情，但是却来来回回好几次才弄清楚，浪费了时间。究其原因，是因为小李想当然地以为小陈会存有他的号码或者知道他是谁，所以没有在一开始就告知小陈完整的信息。其实，这类事件在工作和生活中经常发生。因而，在信息表达过程中，不要假设双方信息对称，而应完整地表达信息。

完整的信息表达应该包含六个要素（5W1H），即何时（when）、何地（where）、何人（who）、做何事（what）、为什么（why）、怎么做（how）（见图 4-6）。当然，这六个要素仅仅是最基本的要求，如果事情还存在其他特殊的背景，信息的发送者需要作出特别的交代。此外，要确保信息的完整，在沟通的过程中，双方还应开诚布公地把各自的困

图 4-6　信息的完整

惑说出来，然后有针对性地进行解释、更正和补充。只有这样的反馈机制，才可能从一而终地确保信息的完整，使沟通顺利进行，避免信息失真。

3. 简明化

表达的简明化，就是在沟通时要尽可能地使用简练的语言，清晰地阐述出准确、完整的观点。为了达到简明化的效果，麦肯锡提出了 MECE 原则（即英文单词 mutually、exclusive、collectively、exhaustive 的缩写），意思是"相互独立，完全穷尽"。在麦肯锡，MECE 的思想贯彻到每个员工，也体现在每份文档中。每个解决方案形成的时候，麦肯锡都会问：是不是每个问题都独立且不同？是不是囊括了一切与该问题相关的内容？ MECE 使麦肯锡的解决方案在保持完整性的同时避免混淆和重叠，真正做到简明化。

表达的简明化既节约了沟通双方的时间，也节省了人力、物力等资源，同时提高了沟通的效率。有人通过试验得出一组结论：听众能够聚精会神听讲的时间为 45 分钟，而在这 45 分钟内，他们能够吸收所听内容的 1/3，能够掌握不超过 7 个概念。这也就是为什么课程设置一般都是 45 分钟、电视广告通常只有 30 秒或更短的原因。

"你说得越多，人们能记住得越少！"冗长乏味的言谈消磨着人们的兴趣。当人们处于烦躁、焦虑的状态时，沟通效果往往事倍功半，甚至还可能带来负面的印象。因此，在有限的时间里，向受众传递最重要的观点、最核心的数据、最精华的内容，才是有效沟通的关键所在。表达的简明化，除了麦肯锡的 MECE 原则以外，还有两个技巧值得我们去借鉴。

（1）提纲挈领，善用主题句。主题句通常是段落首句，用来概括接下来所要表达的核心内容、目的意义、思想情怀等。主题句能够帮助受众提前把握表达者的意图，能够更好地理解后续的具体内容。受众通过梳理主题句，能够轻而易举地掌握整个沟通的脉络。

（2）主次分明，重点突出。强调一切，等于什么都没有强调。如果不区分主次，受众很可能会被其他无关的内容冲淡了对首要信息的关注。在说话和写作之前，表达者应该确定哪些是重点和亮点、哪些是点到即止的，预设分配在上面的笔墨

和时间，然后有针对性地组织语言、撰写文稿。在 45 分钟的演讲时间内，只有捡精华内容讲、捡中心思想讲，才能让受众真正接收、理解、记住你的观点。

【课堂讨论】UT 公司的简介有哪些优缺点？如何改善？

我们 UT 公司是生产印刷纸张的专业厂家，是值得大家信赖的合作伙伴。

我们采用德国进口的 CRT3000 制造设备，并依据科学化管理体系——ISO9000：2008 质量体系标准，产品出口美洲、欧洲等地的 30 多个国家。

我们和全球最大的物流公司 UPS 签有合作协议，也就意味着我们的产品的物流速度在全球来说同样处于领先地位。我们设立了专门的服务部门，随时为客户提供帮助。

虽然我们的产品质量和服务都是一流的，但是我们的价格却不是最贵的。就同等产品质量来说，在国内我们的价格仅处于中等水平。我们坚信只有质优价廉的产品才是客户最需要的产品，我们希望通过我们的质量和服务赢得更多客户的支持，占领更为广阔的市场空间，更好地服务于客户。

总之，请各位朋友记住我们，相信我们，选择我们 UT 公司，谢谢大家。

4. 形象化

表达的形象化，就是在表达中，通过拟人、比喻、图表、视频、音频、动画和实物等手段，将抽象的内容直观地表达出来，让表达更灵动鲜活、更富有感染力。为了更好地理解形象化在沟通表达中的作用，我们有必要先了解大脑的"左右脑分工理论"。

1981 年的诺贝尔生理学或医学奖的获得者，美国心理生物学家、加州大学医学博士斯佩里（Roger Wolcott Sperry）通过著名的割裂脑实验[①]，证实了大脑不对称性的"左右脑分工理论"，如图 4-7 所示。实验结果显示：正常人的大脑有两个半球，由胼胝体连接沟通，构成一个完整的统一体。左脑主要负责逻辑理解、记忆、分析、书写、五感（视、听、嗅、触、味觉）等，思维方式是逻辑思维，因此左脑可以称作"意识脑""学术脑""语言脑"。右脑主要负责空间形象记忆、直觉、情感、美术、音乐节奏、想象、灵感等，思维方式是形象思维，因此右脑又叫做"创造脑""音乐脑""艺术脑"。

然而，绝大多数人习惯于逻辑思维而不习惯于形象思维，也就是说，绝大多数人习惯于用左脑而不习惯于用右脑，所以从左右脑的开发利用上来看，左脑是"优势"半脑，右脑是"劣势"半脑。事实上，右脑的存储量是左脑的 100 万倍，右

---

① Sperry，R. W. Cerebral Organization and Behavior：The split brain behaves in many respects like two separate brains，providing new research possibilities[J]. Science，1961，133（3466）：1749–1757.

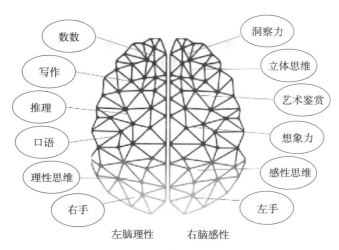

图 4-7　左右脑分工理论
资料来源：根据 Sperry（1961）的观点绘制。

脑有如此巨大的存储量，而且右脑是创造力的源泉，如果不去开发和应用，则是非常可惜的。如何更好地将左右脑结合起来，充分激发人脑的潜能，已经成为现代社会人们关注的重要课题。

经常收看《新闻联播》的朋友，可能会注意到，现在的《新闻联播》越来越注重采用 3D 效果动画、柱状图、增长趋势箭头、结构图等表达方式。这些表达方式的多样性和形象性，让受众在接收信息时，以右脑的功能辅助左脑的工作，共同去理解《新闻联播》所发送的信息。

【课堂讨论】哪种表达形式更形象？

试比较表 4-1 和图 4-8 的表达形式，哪种更容易找出其中的规律？

表 4-1　2000—2020 年学龄人口变动趋势

年份／年	A 省高等教育学龄人口数（万人）（18—22 岁）	年份／年	A 省高等教育学龄人口数（万人）（18—22 岁）	年份／年	A 省高等教育学龄人口数（万人）（18—22 岁）
2000	633.59	2007	749.95	2014	752.37
2001	671.87	2008	765.89	2015	724.30
2002	689.69	2009	775.83	2016	681.04
2003	709.65	2010	777.84	2017	619.33
2004	715.05	2011	787.64	2018	582.60
2005	729.92	2012	779.39	2019	562.03
2006	741.84	2013	763.47	2020	551.74

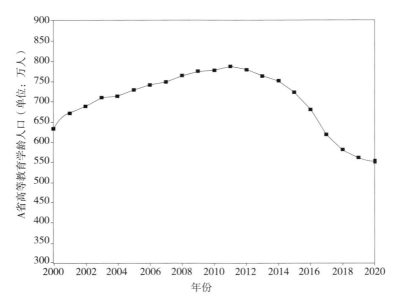

图 4-8   2000—2020 年 A 省高等教育学龄人口变动趋势

是不是图 4-8 更能让人直观地看到人口的变化趋势呢？这就是表达形象化的作用。

在沟通中，形象化的表达比枯燥的文字堆砌来得更为生动、直观，能唤起受众的交流兴趣，让受众更容易理解和记忆。形象化的表达与逻辑化的表达配合使用，能让受众同时运用左脑和右脑进行信息处理，沟通效果更有效。通常，形象化沟通可从三个方面加强：①语言方面，尽可能多地使用形象化的语言描述，如比喻句、拟人句、模拟事物独特的声音、举例子等。②非语言方面，尽可能使用恰当的肢体语言、神态、情感流露等辅助表达。③辅助性道具方面，在条件允许的前提下，可以采用 PPT 等演示文稿、照片、实物等对表述信息有帮助的工具辅助表达。

5. 准确化

表达的准确化，就是沟通信息中的事实、数据等来源可靠、确切无误。表达的准确化，要求沟通者根据沟通的环境、对象等不同的特点，采用不同的表达方式，让对方准确领会全部信息。要做到表达的准确化，在沟通时要特别注意以下三个方面。

（1）要确保沟通内容的真实可靠。为了更形象地表达，沟通中会采用图表、数据、事实等辅助内容，在运用这些内容时，要仔细核对每一个数据来源，确保信息的真实性与可靠性。

（2）要符合沟通形式的规范要求。沟通时，正式或者非正式沟通，对表达的准确性也有要求。以笔头沟通为例，当我们撰写正式公文、学术论文等正式文件时，采用的词语和句子与非正式的文稿，如信件、散文、小说等文体应有所区别。前者强调书面用语，要求规范、正式。后者则比较随意，讲究发散思维和文笔的随性。

（3）要符合沟通对象的表达习惯。沟通对象的身份、文化层次、语言、习惯、区域等不同，对于信息的理解程度也不同。对于同一信息的表达，可能因文化差异会不一样。例如，台湾人通常将"地道"一词倒过来说成"道地"，你若无法理解其中的表达差异，对台湾人说"地道"，对方可能无法正确理解你所表达的意思，甚至无法实现有效沟通。

通过前面的介绍，我们知道有结构化、完整化、简明化、形象化、准确化等五种表达的方法论。在实际应用的过程中，这五种信息表达方法论并不是单独的、割裂的，而是系统的、相互关联的。例如，在编写方案时，需要先搭建框架（结构化），并根据框架依据 5W1H 原则完善结构（完整化），之后依据 MECE 原则提纲挈领、浓缩思想（简明化），同时多用图表、案例表达（形象化），最后需要用数据支撑，并进行仔细校对（准确化），如图 4-9 所示。

图 4-9 运用信息表达方法论来编写文案

【课堂讨论】一份信函式研究报告

尊敬的黄董事长：

按照董事会的指示，我前往杭州经济技术开发区调查我公司是否可以在该地区择址建一个工厂。现在我非常高兴地提交我的初步报告。

该工业园区是专门用来设立高新技术公司的，地方位于距离杭州市东部 5 公里处，交通条件相当便利，区内水、照明、能源供应非常不错，收费标准比国内其他类似工业园区要低。

开发区管委会为我公司特别提供的厂址，排水设施良好，紧挨横穿园区的主马路，交通便利。

我约见了该地区的一些建筑承包商，由当地建筑公司进行建设看起来没什么困难。既然政府把这一地区作为"开发区"，取得所需的规划许可应该不成问题。

熟练工人和半熟练供应充足，杭州市政府对于开发区内的就业招工政策优惠。但是仍然需要我公司带去一些熟练的技术工人和技师。这些主要工人的住宿会成为一个很麻烦的问题，因为当地的住房紧缺问题仍然很突出。解决这一问题的临时方案是在邻近工厂的空地上建造临时性的宿舍，或者住开发区内的集体宿舍。

　　尽管存在这些问题，杭州经济技术开发区的厂址在其他方面都非常符合公司的要求，我觉得公司应该尽快讨论园区内的设厂问题，并尽早采取行动。

　　此致！

发展部经理（签字）

2020 年 10 月 15 日

　　请结合所学的表达方法论，对以上信函式研究报告进行评价，分析其有哪些优缺点？应该如何改进？

4.3　倾听

　　美国明尼苏达大学的尼科尔斯（Nichols）教授和斯蒂文斯（Stevens）教授通过试验发现，在正常状态下，我们每天用于沟通的所有时间中，45％用于倾听，30％用于交谈，16％用于阅读，只有 9％用于写作，如图 4–10 所示。哲学家季诺（Zeno）也说过："我们一生下来就有两只耳朵，但却只有一个嘴巴，就是为了要让我们可以多听而少说。"由此可见，倾听在沟通中具有重要的主导作用。

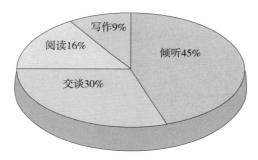

图 4–10　沟通时间比例

4.3.1　倾听的意义

　　倾听是指受众全身心地接收表达者的语言和非语言信息，并对信息进行判断、解读和评价，以及对此作出反应的过程。作为沟通过程中的重要环节，倾听的重要意义体现在以下三个方面。

　　（1）获取重要信息。通过倾听，我们可以了解倾诉者所要传达的信息，同时感受对方的情感，从而推断出对方的观点、倾向、性格甚至是否友好等。越是重要的信息，越是需要善于倾听才能把握得到。

　　（2）激发谈话兴趣。如果你对对方的谈话始终抱着一种真诚的、享受的倾听感觉，那么谈话者就会觉得自己的话有价值，进而会说出更多、更有价值的信息。在交谈的过程中，沉默的力量往往是很伟大的。某知名节目主持人在 2012 年与笔者的一次交流中，谈及他采访的心得，他说，他总是用真诚的眼光注视对方，学会适度沉默，用沉默的力量唤起对方打破沉默的念头，激发对方的谈话欲望。

（3）防止主观偏见。当我们和陌生人接触时，很多的时候，第一眼就会以对方的相貌、衣着、举手投足等作出评判，觉得这个人就是"怎样怎样的"。但通常有这种情况，当你仔细倾听对方对某一观点的论述后，你将会为他智慧的头脑、幽默的谈吐而改变之前的观点。因而，学会倾听能有效地防止我们对他人"妄下结论"或"以貌取人"。

4.3.2　倾听的环节

倾听在沟通中强调的是双方的互动，在这个互动的过程中，可以是思想和观点的交流，也可以是情感的交流。所以，倾听者不仅要仔细听取谈话者的内容，还要积极努力地理解对方，并给予对方支持和鼓励，同时在适当的时候给予反馈，这样才能激发谈话者的积极性，保障交流的顺利进行。总的来说，完整的倾听过程包括聆听、理解、记忆、诠释、评估和回应六个环节，当这六个环节完成时，谈话者根据倾听者的反应作进一步的阐述，反复进行就完成一次交流，如图 4-11所示。

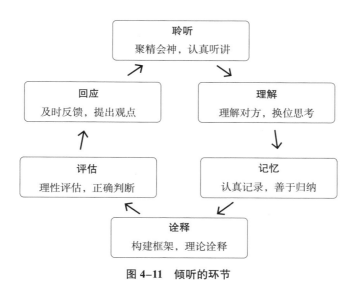

图 4-11　倾听的环节

（1）聆听。聆听是指聚精会神，认真听讲。当交谈开始时，倾听者应该积极投入到谈话中，聚精会神地听取对方所表达的内容。在聆听的过程中，还应该经常和对方进行眼神互动，让他感受到你在认真地听。记笔记是表现出认真聆听的一个有效的方法。俗话说"好记性不如烂笔头"，特别是在我们听报告、开会、听领导指示时，必须要准备好笔记本，把讲话者的精华内容及时记录下来，一方面作为资料供今后查阅；另一方面也体现出你认真的聆听态度。当听到精彩内容时，倾听者可以通过鼓掌、微笑、点头等肢体语言积极响应讲话者，给予其正面鼓励，增强讲话者倾诉的信心和欲望。

（2）理解。理解对方要表达的意思，是倾听的主要目的，同时也是交流得以继续进行的基本条件。倾听者要积极换位思考，站在谈话者的角度考虑问题，尝试从对方的背景、民族、宗教、身份、地位和社会角色等方面去感受对方，才能完全领会说话者的思想和情感。

（3）记忆。在理解对方所表达意思的基础上，我们还要努力地把听到的重点内容记住。刚开始尝试记忆，会容易遗忘，但当我们反复强化练习，习惯了记忆，就会掌握记忆的规律，形成自己独特的概念框架和记忆曲线，信息就会牢牢记录在我们的脑海中。但人的记忆是有限的，不可能把所有的话都记住，科学的记忆方法，就是选择性记忆：①记要点。大多数讲话中，都会有要点，倾听者要善于在大量的信息中把对方讲的要点记下来。②记事实。光了解讲话的要点还不够，还必须记住支持这些要点的论据，同时思考这些事实是怎样支撑观点的。③记观点。这次谈话或者演讲当中，对方讲了几个观点？这些观点中哪些是我认可的？哪些是我反对的？哪些是新颖的？哪些是过时的？得出这些观点，他用了什么逻辑推理？记住谈话者的观点，可以让我们更好地了解谈话者的倾向，甚至在某些时候可以拓展我们的思路，激发我们的灵感。

【沟通技巧】倾听记笔记的技巧

倾听记笔记是一连串的资料整理与思考延伸的过程，不但可以刺激倾听者触类旁通，还能强化倾听者的思考，并且有助于集中注意力，捕捉一些细微的、隐含的重要信息。在记笔记的过程中，要注意运用以下技巧。

1. 把握结构框架，分层次记录

演讲者在演讲时，思路基本都是很清晰的，结构框架也是较为容易把握的，大多的时候不外乎"总—分—总、总—分、分—总"三种框架模型，其中"总—分—总"是倾听者最为受用的结构框架，同时也是演讲者在演讲时最常采用的模型。

把握了结构框架后，在听力记笔记的过程中就应采用分层次记录法，注意区分不同（目录）级别的内容，在记录时，为每一级标题的内容展开预留一定的页面空间。对总体框架（一级目录）不妨用"一、二、三"标识，对展开的部分（二级目录）不妨用"1、2、3"标识，如果还有进一步展开的内容（三级目录），不妨用"（1）、（2）、（3）"来标识。

2. 捕捉隐含信息，抓住关键点

倾听是一门艺术，记笔记更是一门学问。心理学家研究发现，语速、声调的突然变化，能更好地引起听众的注意。因此，当讲话者语速放慢、声调和音量突

然增大时，他所阐述的内容往往是重点，并且希望这些内容能很好地被听众接收和理解，从而实现他自身的心理诉求。由喧闹突然变为寂静时，森林中动物们的警惕性就会很高，同理，当演讲者突然停顿下来时，可能意味着他接下来有比较重要的内容要讲，提示大家应集中注意力。转折词如但是、然而、尽管如此……也预示着关键点的出现。反复强调更是不言自明，演讲者不会无故重复某个词、某句话，除非它很重要。因而，作为倾听者，要善于捕捉演讲者在演讲过程中的语速、声调的突然变化，以及停顿、转折、反复强调等暗示，善用这些隐含信息来记录关键内容。

3. 善用符号记录，让笔记精练

笔记本页面空间有限，加上倾听记笔记往往时间有限，若能灵活运用数字、符号、缩写与图解，就能用简单几笔，记下千言万语。

（1）抓取数字和名词，将长句化为关键字组合。例如，明天上午 6 点从广州火车站搭和谐号出差到深圳，预计抵达时间为早上 7 点，多数人应该只会记下"明早 6 点广州，和谐号，深圳 7 点"，其余资讯都可省略，也不妨碍理解。

（2）将资讯符号化，便于速记。做笔记时，应灵活使用一些具有特殊含义的符号或数学符号，以加快书写速度，如"★＝重要事情""？＝未确定事项""※＝注意事项""&＝和"">＝大于""≥＝大于等于""<＝小于""≤＝小于等于""√＝采纳""×＝否定""∵＝因为""∴＝所以"等。

（3）善用缩写，简化汉字。英文缩写在听力记笔记时特别实用，如"M＝会议""F＝传真""T＝电话""e.g.＝例如""etc.＝等""i.e.＝换句话说"等。

（4）善用线条与箭头。表示事物关系或阅读脉络线条搭配箭头构成的指示记号，是做笔记时最常使用的符号，也是大众辨认度较高的一种符号，它在笔记中的常见用法如下：

①表示方向，如"→"表示由左到右、"↓"表示由上到下。

②表示事物彼此的因果或从属关系，如"→"表示左因右果或左边属于右边。

③表示时间轴，如"---"表示横向发展、"⋮"表示纵向发展、"十"表示既有横向又有纵向，每一段均有一定的事件发生。

④表示事物（数量或规模）的趋势，如"↗"表示逐渐上升、"↘"表示逐渐下降。

（5）使用图表记录，将复杂的信息简明化。图像给人更为直观的感受，简洁、清晰、明了，如讲述 DNA 的两大特征以及特征的一些外在表现，可用图 4-12 记录。

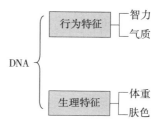

图 4-12 DNA 的两大特征

（4）诠释。在记住了谈话者的主要观点后，我们还应将其转化为自己的东西，即进行诠释。①倾听者要尝试从理论上分析对方的观点，验证谈话者的观点是否能获得理论支持，从而检验自己的理解是否正确。②倾听者要学会用自己的逻辑框架和语言去复述对方的观点，把谈话者所说的内容、事实简要地概括重述，强化自己的理解和记忆。

（5）评估。当对谈话者的信息进行消化和自我解释之后，就到了评估环节，即对谈话内容和谈话结论进行评价和估量。在接收到信息时不要立即作出评判，评估应在充分揣摩谈话者的语言信息和非语言信息后进行。评估必须是理性的，在正确把握和理解谈话者的逻辑、事实和要点等内容的基础上进行，应尽量摒弃个人的认知偏见和主观看法，这样才能对谈话者及其沟通内容形成科学、客观、正确的判断。

（6）回应。这是倾听沟通过程的最后一个环节。倾听者对谈话者进行回应：①应通过重复对方的话、观点，让对方知道你听懂了他。②要用简单、通俗的语言，把想法陈述出来，争取让对方听懂。③通过提出对方没有看到的事实，引导对方进一步思考。

【案例】听懂对方的真实想法

美国知名主持人林克莱特有一天访问一名小朋友，问他说："你长大后想要当什么呀？"小朋友天真地回答："嗯……我要当飞机的驾驶员！"林克莱特接着问："如果有一天，你的飞机飞到太平洋上空，所有的引擎都熄火了，你会怎么办？"小朋友想了想："我会先告诉坐在飞机上的人绑好安全带，然后我挂上我的降落伞跳出去。"当在现场的观众笑得东倒西歪时，林克莱特继续注视着这孩子，想看他是不是自作聪明的家伙。没想到，接着孩子的两行热泪夺眶而出，林克莱特发觉这孩子可能还有话要补充。于是林克莱特问他说："为什么要这样做？"小朋友的答案透露出一个孩子真挚的想法："我要去拿燃料，我还要回来！"

在这个故事中，主持人林克莱特表现出的是真正的"倾听的艺术"，当讲话者没有把话讲完时，千万不能打断他的话，更不能把自己的思想强加到讲话者的语言中。只有这样，才能真正"听懂"对方的话，掌握讲话者的真实想法。

4.3.3　倾听的方式

倾听可以帮助人们获取信息，与他人建立友好关系，然而人们却不可避免地因环境因素与个人因素导致倾听效果不好，为此，我们需要采取相应的方式来达成有效倾听。在这里，首先讨论5种不恰当的倾听方式，接着探讨一些简明且行之有效的倾听方式。

1. 不恰当的倾听方式

不听对方把话说完，一直讲自己的事情，或者只听自己想听的内容。如果采用这样的倾听方式，就会让对方感到厌恶。反过来说，只要避免这些不恰当事项，就可以提升他人对你的好感。

（1）不听对方把话说完。

A："上周出差的时候，我约好了甲方签合同，结果他迟到了，真是……"

B："啊，那他迟到了多久呀？"

A："……嗯，迟了 20 分钟左右，关键是……"

B："那也没办法嘛。我也有几次相同的经历呢，有一次还直接被取消了。"

这属于"不听对方把话说完就提出个人意见"的典型。

A 想说的并不是"甲方迟到了这件事情"，而是"令人震惊的迟到原因"，B 没有听到最后，却凭自己的推测结束了这个话题。

有些人还会在对方开始说话之后，单方面在谈话中途下结论，如"就是这么一回事吧"。这类人大多头脑灵活、反应灵敏，理解速度比较快，让他们把他人说的话听到最后对他们而言可能是痛苦的事。他们往往听到一半就觉得"我懂他的意思了"，然后就开始表达自己的想法。可是，这类人常常因为武断让别人对他们产生误解。没把对方的话听完整，很容易产生误解。在上司下达指示的时候，有的下属只听到一半就自认为已经理解，结果很可能会出错。

听他人说话的时候，有时"忍耐"是必要的。不论谈话内容是什么，最好还是养成"听到最后"的习惯。

（2）只听自己想听的内容。

A："今天小陈请假了，他要做的表格还没有完成。"

B："他请假了？为什么呀？"

A："哦，他今天出门太急了，不小心出了车祸。"

B："我上次也差点追尾了，开车来上班还是需要预留一些时间，稳当一些。"

A 想说的是"小陈请假了，他的表格没做，需要 B 帮忙完成"，B 却对请假表现出过多的关注，并不清楚 A 真正想说的。

这本身只是 B 的个人想法，是没什么问题的，但 B 过于强调自己的主张，没有表现出与 A "拉近距离"的姿态。也就是说，B 只按自己想听的内容听 A 讲话。

这样一来，A 会因为"对方没有理解我想说的内容"而感到郁闷，增加了沟通成本。

（3）做出"令人不快的附和"。在对话中，附和的方式直接影响沟通成败，在倾听的过程中，尽量减少随意的附和，减少单独使用"嗯""哦""好""行""收到"这样简短的附和话语，一味地附和往往会错失对方说话的重点，让别人感觉你没有认真听。

A："昨天去东方公司参观，那边的食堂菜式很丰富，不仅有粤式菜、粉面粥，还有很多很好吃的西式点心。"

B："哦。"

A："我点了一份意大利面，才 15 元钱，要是我们公司也提供意大利面就好了。"

B："确实。"

A："……"

上述沟通场景中，虽然 A 聊天的话题和工作不相关，但 B 的态度很冷漠，附和很随意，让 A 感觉自己的话题不被重视，自己的聊天很无趣，会导致同事关系变淡。

（4）不恰当的"态度和动作"。在对方说话的过程中，听者会通过非语言沟通方式进行反馈，若在沟通中没有笑容、仪态不佳、态度不好，就会让对方的好感度降低。这甚至比"采取什么回答方式""如何作出回应"还重要。

（5）不问清细节就答应工作。在管理沟通中多询问细节，能够一次性地将事情了解清楚，提高沟通效率，避免沟通结束后倾听者对事情的了解模糊。

领导："小王，明天和咱们公司合作的赵总下飞机，你接待一下。"

小王："嗯，好。"

小王对于领导交代的事情不假思考就直接回复，领导心里可能还是充满担心，因为小王的回复太草率了，并且赵总的飞机是哪个航班？什么时候到？这些详细信息都不清楚，如果小王回复："收到，请问赵总乘坐了哪班飞机？什么时候到呢？我稍后制定一个接待方案，一会儿向您汇报。"这就显得小王对事情上心许多，做事踏实很多。

看到这里，或许你会觉得"我不是这样的人"，但我们在生活中往往会不知不觉地作出这类行为，一不小心就变成敷衍对方。

不过，只要在日常生活中"稍加用心"，我们的沟通力就会发生惊人的变化。

2. 恰当的倾听方式

（1）恰当的言语倾听方式。从上面 5 种不恰当的倾听方式可以发现，在倾听的过程中能否做到较好地附和、引导对方继续说话是非常重要的。在这里，我们列出不恰当的附和言语和恰当的回应言语，见表 4-2。

（2）恰当的非言语倾听方式。在倾听的过程中，我们可以采用"软化"（soften）身体语言倾听模型。"软化"是一种技巧的首字母缩写。其中，S 代表微笑（smile），当你倾听对方讲话时，让随和且肯定的微笑一直保持在自己的脸上。O 代表将手放到桌面上（on the desktop），始终保持自己的手放到桌面上，可以交叉合掌，也可以将一只手放到另一只手上面。F 代表身体前倾（forward），将身体向对方倾斜，站着或坐着的时候，将身体稍微向对方挪动一点，表示自己对这个话题感兴趣。T 代表身体的方向（toward），将身体彻底转向对方，鼻子对鼻子、肚皮对肚皮，双臂保持一种放松而好客的姿势。E 代表目光（eye）接触，保持与对方的目光接触，如果难以注视对方的眼睛，那么将目光汇聚到对方眉毛与鼻子之间的三角区域，

表 4-2 不恰当的附和言语与恰当的回应言语对比

不恰当的附和言语	恰当的回应言语
"是，是，是，是。" "唉，唉，唉。" "原来如此，原来如此，原来如此。" "嗯，嗯，嗯。" "确实，确实。" "噗嗤。" 过分夸张的附和 "唉——！" "骗人的吧！" "糟糕！" "真的假的？" "不要！"	"是的。" "是啊。" "原来如此。" "正如您所说。" "原来如此，正如您说的一样。" "我明白。" "是这样的。" "是这样啊。" "是这么一回事吗？" "我之前不知道这件事。" "您说的很有意思。" "好震惊。" "我有同感。" "真厉害。"

这样对方也能感觉到你在认真听。N 代表点头（nod），当对方说完一段话时，及时点头表示肯定和支持。

不恰当／恰当的非言语倾听方式对比见表 4-3。

表 4-3 不恰当／恰当的非言语倾听方式对比

不恰当的非言语倾听方式	恰当的非言语倾听方式
没有目光接触	目光接触
东张西望看四周	微笑
晃动上半身	身体向前倾
跷二郎腿、双臂交叠	身体对着对方
面无表情	将手放到桌面上
露出不耐烦的神情	点头

【沟通技巧】微笑：倾听秘诀的练习

人们常说，听他人说话的时候，最重要的就是"笑容"。笑容是"我接受你的意见""我对你没有敌意"的暗示。

请对着镜子，把嘴角稍稍上扬，让表情变得舒缓，展露出非常自然的笑意。对方讲话的时候，请扬起嘴角倾听，请时常留意这一点。只要做到这一点，你的表情就会变得惊人得好。

建议各位按"微笑练习法"进行练习。这个练习可以让我们的面部肌肉放松，露出自然的笑容。

（1）鼓起脸颊（向外鼓）10 次→吸住口腔内侧的肉（向里吸）。

（2）向右侧嘟起嘴唇 10 次→然后练习左边。

（3）将嘴角尽量向两边拉伸（yi 的口型）10 次→作出 wu 的口型，肌肉稍稍放松（wu 的口型）。

4.3.4　倾听的方法

倾听在沟通的过程中具有重要的意义，然而人们却不可避免地因环境原因与个人原因造成倾听效果不好，为此，我们需要采取技巧达成有效倾听，具体方法如下。

1. 充分准备，营造环境

沟通前，要根据本次沟通的内容及性质，在沟通时间选择、场所安排和氛围确定上做好充分的准备，确保沟通能在不受外界环境干扰的情况下进行，为有效倾听营造一个良好的沟通环境。首先，选择恰当的时间。沟通时间的选择必须得到双方的认可，安排较为充分、完整的时间，尽量避免在倾听的过程中因其他事而被打断。其次，安排合适的场所。一个安静、舒适的场所能够避免外部噪声的影响，确保双方能够互相听清楚，因而在沟通过程中力求避免固定电话、手机和他人的干扰。最后，营造平等的氛围。在正式的沟通场合，沟通双方应该保持一定的距离，保持一样的高度和状态，保持轻松自然的态度，营造平等和谐的沟通氛围。

2. 真诚理智，消除偏见

沟通由心开始，交流贵在真诚，只有双方敞开心扉、用心对待、真诚交流，才能达成有效沟通。因而，在沟通的过程中，应时刻提醒自己交谈到底要解决什么问题，告诫自己应摒除偏见，做到坦诚相对、认真倾听、理智判断。在倾听的过程中，应该把注意力集中在对方所传递的信息本身，而不应将个人情绪与主观成见掺杂进来，以免影响对信息的正确判断。更不能因为自己和谈话者或者谈话者所谈内容涉及的人和事有过矛盾，就刻意在沟通中忽略其所传达的信息。除了消除对谈话者的偏见外，还需要消除对其所传递信息的偏见。即使你不完全同意对方的观点，也要倾听对方的话语，以免遗漏重要的信息。

3. 适度沉默，认真听讲

哲学家们说沉默是一种智慧，思想家们说沉默是一种成熟，教育家们说沉默是一种美德，艺术家们说沉默是一种魅力，科学家们说沉默是一种方法。说话是银，沉默是金，在沟通的过程中，适度的沉默往往能够达到无声胜有声的效果。我们要正确对待沉默，灵活运用沉默，借助沉默达到最好的沟通效果。一方面，我们要理解对方的沉默。当对方突然出现沉默时，我们应反思：是否自己的表现让对方产生不满情绪？自己认真听讲了吗？另一方面，要学会沉默。当对方在认真陈述观点时，应该保持沉默，认真聆听，不要急着打断对方。在听讲的过程中，倾听者要时刻保持精力充沛，全神贯注于对方的信息之上，特别是讲话的开始、中间和结尾部分，不要让自己在交谈停顿的时候胡思乱想，不要因讲话者的衣着外表、使用的措辞以及可视的辅助物等分散注意力，应降低注意力的波动性和选择性，不断地把新的信息注入自己接收的信息体系里面。

4. 及时反馈，适时总结

反馈可以强化沟通效果，并且为沟通者创造一个真正的互动交流过程。倾听者在进行反馈时，应该是真诚的、友好的、开放的、直接的、有建设性的、有意义的。首先，在沟通的过程中，应适当地以"是的""我明白了""好"等语言来积极地回应对方，或者有礼貌地提问题，鼓励对方做进一步的解释或澄清。其次，适时表达自我，即必要时可用自己的话准确、简洁地将对方所说的要点予以提要重述，以表示你在认真地听和记录，同时也可以检验自己是否正确理解了对方所传达的意思。当你对对方的观点不甚了解，给不出语言反馈时，此时行为反馈显得尤为重要，你可以给对方一个肯定的眼神、一个微笑、一个点头的动作，也会让对方感觉到你在重视他的讲话，对其话题感兴趣，并且赞同他的观点。

在沟通的过程中，要适时地对谈话内容进行归纳、提炼和总结，从而达到明确要点、概括中心、澄清真相、得出结论的目的。在倾听的过程中，建议采用"两张纸"方法进行记录和总结。第一张纸主要记重点（对方讲了哪些事实、事例）、记要点（对方讲了几个方面的内容、理论）、记观点（对方讲了几个观点、思想）。第二张纸构建概念框架，根据会议的主题、大家讲的内容、自己的理解，梳理对方的讲话逻辑，利用一三九结构化方法，构建概念框架。此外，还应适时总结本人的思想，即个人对沟通内容的看法和立场，以及在倾听过程中的感悟，都应及时记录和总结，为后面的反馈与互动做好铺垫。

5. 耐心听完，再下结论

好的倾听者应该主动激发自身的倾听意愿，即使谈话者所谈的内容让自己感到无趣、枯燥或者厌烦，好的倾听者也应该自我调动情绪，耐心地听说话者讲完观点，听清楚全部内容，然后再做评价。因为主观臆断的情绪一旦产生，就会迫不及待地想打断谈话者，这不利于全面了解信息、客观评价对方的讲话内容。因而，在倾听过程中要学会克制自己，避免直接的质疑或反驳，让对方畅所欲言。在谈话间，即使有问题，也应留到稍后再来查证，以避免中途打断对方。如果缺乏耐心，在讲话者刚开始讲话不久，我们就断言该讲话毫无价值，那么就会影响接下来的倾听，也会失去一些重要的信息甚至机会。

【课堂互动】倾听练习

1. 三个人参与，分别扮演讲话者、倾听者和观察者。

2. 讲话者可以向倾听者谈论任何一个主题：如我最开心的一次经历。我最难受的一次经历……同时，倾听者必须用提问和反馈来显示自己的兴趣，对谈话者进行鼓励，让谈话顺利进行，或者倾听者用一些肢体语言，表现出对讲话者不感兴趣。反馈可以有非语言表达、支持性语言、关键词重复、对问题进行提问等。观察者保持沉默并控制好时间：谈话者五分钟，倾听者三分钟。

3. 一轮谈话结束，三人互换角色。轮流三次，让所有人都有机会体验三种角色。

思考和讨论：

（1）扮演哪种角色最难？

（2）倾听者怎样表现，讲话者才有谈下去的欲望？

（3）当倾听者表现出一些细微的肢体语言，讲话者是否能感受到倾听者的反馈和有无兴趣？

（4）怎样的倾听才能更好地推进交流？

（5）怎样讲话，受众才会更愿意倾听？

4.4　阅读

4.4.1　阅读的涵义

阅读是人们充分运用眼睛和大脑，从纷繁复杂的信息源中获取所需信息的一种有效手段。阅读是人们获取知识的手段和认识世界的途径之一，有助于增见识、长学问，也有利于个体拓展思路，改变思维习惯。除了信息获取外，阅读还是人们写作的基础，"读书破万卷，下笔如有神"讲的就是这个道理。相反，如果阅读积累不够，则会产生"书到用时方恨少"的感慨。

在管理沟通中，阅读是一项必不可少的活动，如相关工具书、资料文件、工作报告和邮件信函等的阅读。然而，在信息爆炸的今天，阅读作为一种信息获取活动受到了严峻的挑战。如何从众多信息中挑选出有用的信息？哪些需要浅阅读，哪些需要精阅读？在管理过程中，如何才能在有限的时间里有效地通过书籍、文章、文件、报告和邮件等获取有用的信息，这都值得仔细研究、训练学习，掌握其中的技巧。

4.4.2　阅读的层次

1940 年，莫提默·J. 艾德勒（Mortimer J.Adler）在《如何阅读一本书》中，按照阅读的渐进性，提出了阅读的四个层次，如图 4–13 所示。

层次 1：基础阅读。基础阅读，也可以叫初级阅读、基本阅读或初步阅读等，就是一字一句地阅读，从而理解其所表达的基本意思。基础阅读主要回答"这个句子在说什么？"的问题。学龄儿童就是从基础阅读开始逐步进阶的，通过认读生字、学习语法，从而理解句子字面上表达的基本内容。掌握了基础阅读的方法，

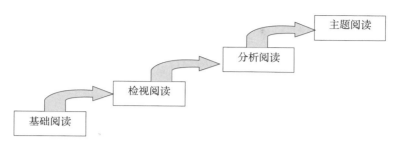

图 4–13 阅读的层次

人们就可以进行自我学习、自我提升，甚至还可以自学成才。可以说，基础阅读是打开知识殿堂大门的钥匙，是最基础的学习技能之一。

层次 2：检视阅读。检视阅读，也可以叫做略读或预读，就是在很短的时间内，快速了解一本书的重点或者找到最想要的信息。检视阅读主要回答"这本书是一本关于什么的书？""这本书的架构如何？"等问题。两种情况下采用检视阅读的方法能够达到事半功倍的效果：①当人们拿到一本新书时，通过快速地浏览这本书的序、目录以及每章的标题，就能基本掌握这本书的梗概，从而判断是否适合自己，以决定是精阅读还是浅阅读，避免盲目选择。②做学问、做研究需要阅读大量的书籍和资料，无法做到一一精读的时候，只能通过检视阅读，迅速地搜索和过滤，把注意力放在那些对研究最有用的信息上。可以说，检视阅读是探寻目标信息的定位器，是一种快速的信息收集方法。

层次 3：分析阅读。分析阅读就是全盘的阅读、完整的阅读、深入的阅读。分析阅读主要回答"这段话 / 这本书希望达到什么目的？""这段话 / 这本书说明的是什么道理？"等问题。比起前面两种阅读层次，分析阅读更复杂、更系统、更专业，它不仅需要熟练认字的技能，还需要深刻的理解能力。不仅要明白句子字面上的意思，还要理解句子隐含的内涵。弗兰西斯·培根曾经说过："有些书可以浅尝即止，有些书是要生吞活剥，只有少数的书是要咀嚼与消化的。"分析阅读就是要咀嚼与消化一本书。可以说，分析阅读是挖掘知识真谛的利器，是信息加工的过程和信息解码的过程。

层次 4：主题阅读。主题阅读，又称比较阅读，简单来说，就是同时阅读多本同类、相近的书籍，并作出比较。主题阅读主要回答"这些书有什么联系和区别？"等问题。主题阅读不仅需要深刻的理解能力，而且需要系统的概括能力。不仅要理解单本书的内涵，还要在所有书的基础上，提炼概括出它们之间的异同。主题阅读是最花力气的阅读活动。但同时，也是最主动、最有收获的阅读活动，阅读者可以根据自己的需求来选择不同主题的书籍，并从中提炼和概括他们最需要的信息，这些收获是独有的财富，是其他阅读者无法得到的。可以说，主题阅读是提升知识财富等级的法门，是信息加工处理和信息编码的过程，是知识创造的路径。

四个阅读层次逐层递进。层次 1 包含在所有层次的阅读活动当中。层次 2 又是层次 3、层次 4 的基础。层次 4 离不开层次 3。层次 4 是最高的阅读层次，包括了所有的阅读层次，也超过了所有的层次。

4.4.3　阅读的方法

要使阅读达到一个比较好的效果，能够让读者在阅读中快速理解主题思想，记住更多的信息，比较有效的技巧，被广大读者所认可的方法就是 SQ4R 阅读法。

科恩在《心理学导论》中提到了 SQ4R 阅读法，S 代表浏览（survey）、Q 代表提问（question）、4 个 R 分别代表阅读（read）、复述（recite）、联系（relate）、复习（review）。

步骤 1：浏览。以阅读书本为例，拿到一本书，要先快速翻阅书的前言、目录、索引、小标题和插图等，建立对整本书的整体概念及方向感，从而提高阅读的兴趣。

步骤 2：提问。提问的作用就是让阅读有明确的目的。当明确了这本书是要开展下一步的阅读时，首先问问自己：哪些部分我已经了解？我想从这本书里收获的主题和观点是什么？这本书里的哪些陈述与我所掌握的知识和认可的观点不一致？这样的好奇心有利于我们养成吸收新知识的良好学习心态，以达到新旧知识的融合。

步骤 3：阅读。开始进入阅读的主体，一点一点地啃，一小节一小节地读，在读的过程中留意重点，在主要的概念和精华的地方下划线做记号，或者重点摘录有收藏必要的语句，同时试着找出在上一步所提问题的答案。

步骤 4：复述。在读完一部分之后，试着停下来回想一下自己读过的内容，并选择重点进行复述，以加强内容在我们脑海中的印象，最好作简要的笔记，总结所学的内容。

步骤 5：联系。阅读时，应该把那些新的事实、术语和概念与个人的经历或了解的信息联系在一起。对你个人有意义的内容，你更容易记住。所以，尝试把阅读的内容同生活联系在一起。这大概是 SQ4R 阅读法中最重要的步骤。在阅读中，越是能激发自己的兴趣，学到的东西就越多。

步骤 6：复习。按照美国心理学家斯波林瞬时记忆、短时记忆和长时记忆系统的转化关系原理，只有经过及时的复习和巩固，才能把所学知识转化为长时记忆，从而真正让所阅读的知识在我们的脑海中"根深蒂固"。在这一步中，我们可以回想书中的主要概念，并借关键词及重点字句，对所学知识进行复习，当知识真正成为我们"自己的"时候，才能融会贯通，举一反三。

"囫囵吞枣""消化不良"常常是阅读遭遇的困境。SQ4R 阅读法策略对于提高阅读效果、改善学习效果有很大的帮助。因此，在学习的过程中，要经常停下来，去思考、提问、复述、联想和复习，这样才能"消化"所获得的信息。

　　在管理沟通中，常见管理文体的阅读，如问谢类信函、调研报告和总结报告等的阅读，同样可以使用 SQ4R 阅读法。在阅读时，应结合各类管理文体的形式和实际工作需要，有选择地采用 SQ4R 阅读法中的某些步骤，有重点地进行阅读。

　　（1）问谢类信函。问谢类信函是公司和个人在处理公共事务或私人事务时，表达询问、答复、慰问、感谢、表扬、祝贺和批评等内容的一种专用应用文。阅读该类信函应注意：①弄清作者的主要目的和意图，把握主旨。②弄清作者所针对的事情，包括基本事实以及事情的起因、经过和结果等。③弄清作者要求，是要求给予答复、解释、了解、证实等，还是要求照此办理、给予表扬或批评处理等，并分析这些要求的合理性。④注意有关内容的抄录或批点，以便在汇报、请示或处理时能够抓住重点。

　　（2）调研报告。对于管理者来说，阅读调研报告应采用速读的方式，做到"看标题、明情况、重分析、知结果"。"明情况"主要是明了调查者情况、调查对象情况、调查过程情况。"重分析"指的是从探求途径、总结经验、吸取教训、介绍做法和找出原因等五个方面进行分析，并将它作为重点来了解。"知结果"就是要清楚地知道结论。

　　（3）总结报告。阅读总结报告时，应抓住作者写作的目的，分析作者所要表达的重点思想。阅读总结报告时，首先要分析标题，把握核心内容；其次要明确总结报告的结构，一般包括基本情况概述、主要工作成绩、缺点与问题分析、经验体会或改进建议；最后，判断总结报告是"总—分"结构还是"分—总"结构，把握总述内容，分析要旨，这样更容易抓住要领。

【课堂互动】阅读情景模拟训练

　　领导星期三下午要去开一个会，会议的议题是"大数据推动公司创新发展"。有几本杂志中有相关议题的专栏，也有一些相关的书籍和论文，但是领导自己没有时间去读这些文章，因为领导要外出参加规划研讨会，星期三上午才会回来。

　　领导要求你再把现有资料中有关该议题的内容看一遍，总结一下重点，并写上你自己的意见，这样领导就可以在开会前快速地看一遍。此时，你会怎样阅读呢？

4.5　说话

　　说话是指用口头语言进行表达，发表见解。说话是日常工作中最常用的一种沟通方式，大量的信息是通过说话来完成传递的。大量的科学研究和试验发现：大多数管理者每天花费最多的时间用于说话和倾听。根据说话者面对的对象多少来分类，一对一的说话有面谈、电话交流、汇报等，一对多或多对多的说话有演讲、会议等。说话除了是日常使用的沟通工具外，很多人还把说话当成一项职业，像主持人、教师、演说家等。

【沟通技巧】舌操：说话前的热身准备

作为口语表达训练里的一个重要环节，舌操是能锻炼舌肌的口腔操，坚持定会巧舌如簧，口齿清晰流畅。

舌操主要有三节，其要领是：

顶：双唇紧闭，舌尖顶左腮右腮，左右开弓，由慢到快，80~100下。

转：舌头沿上下齿外围转圈，顺时针转几圈，再逆时针转几圈，60~100次。

摆：嘴半张，伸出舌头做水平横向运动，两边舌缘分别触到两边嘴角，60~100下。

可以在演讲前五分钟在后台或者上洗手间期间练习。作为讲话前的准备工作，舌操的练习能够刺激大脑，让人保持兴奋，从而克服上台前的紧张情绪。同时，舌操会使身体得到放松，打开了口腔，在演讲时能够有足够的气息，让人的讲话充满力量。

按照沟通主体信息传播的互动性，我们可以把说话分为单向式说话和双向式说话。

（1）单向式说话。单向式说话，就是有声语言信息的发送是单方的，说话只由沟通主体单方面完成，信息接收者只是通过非语言完成反馈。一般来说，有叙述、陈述、讲述、演讲几种形式。其中，叙述就是将事情的前后经过说出来，不要求叙述者有清晰的条理，只要求把事情的前后经过如实说出来即可。陈述就是用言辞进行有条有理地表达。比如，在司法中，陈述是指行政案件当事人在接到行政机关拟给予行政处罚的事实、理由和依据的告知书后，案件当事人对本案的事实、情节、发生原因及责任，向行政机关有条有理地述说。讲述包含讲解和叙述的意思。除了把事件的前后经过说出来，还在其中加入自己的理解。它没有陈述那么有条理，是说话主体根据自己的思维过程，阐述事情的详细始末。演讲是在特定的时间和环境，通过有声语言和态势语言，面对听众发表自己的见解，抒发感情。

（2）双向式说话。双向式说话，就是有声语言信息的发送是双方的，沟通由沟通主体和沟通客体双方完成。一般来说，有汇报、讨论、访谈等形式。其中，汇报就是指汇集材料，向领导或群众所做的口头或书面陈述，汇报一般要求系统地表达一个主题。讨论就是指说话双方就某一问题交换意见或进行辩论，目的是形成统一的意见或结果。比如，在进行一个项目时，为了让项目的价值最大化，取得最好的效果，当项目组的成员对项目的开展持有不同意见时，各成员就可以在讨论中陈述自己的观点，一个人讲完时，其他人可以发表意见。访谈是一种咨询者有目的地提问、被访者有针对地回答的互动谈话，是管理咨询获取信息的一种常用方法。咨询者通过与被访者的接触谈话，能够获取对方重要的主观思想，同时也让被访者感到他们在为项目做贡献。访谈过程是一个耗费时间的过程，需要巧妙周全的设计，访谈之前要做好充分的准备，包括材料准备、思想准备等。很多电视节目就采取了访谈的方式，比如说《艺术人生》《鲁豫有约》等。

　　双向式说话的一个重要特征就是有"回应"。当说话者说完自己的意见后，倾听者立即就说话者的观点、情感等作出回应，这时，倾听者的角色就转换成说话者。一般来说，回应的目的主要有：①迎合。为了取悦对方、营造氛围而进行的回应。比如，对方给出结论时，你给出事实；对方给出事实时，你给出结论；对方给出事实和结论时，你给出体会。②缓冲。为了缓和气氛，减少冲击而进行的回应。比如，回应赞扬对方的问题具有代表性、正确性、合理性，或促进或引导对方对问题进行解释，界定问题的概念。

4.5.1　演讲

1. 演讲概述

（1）演讲的涵义。演讲，在古希腊被称为"诱动术"，其含义是劝说、鼓动听众。演讲必须具备三个条件：演讲者、听众、环境。但光有这三个条件还不行，演讲还要同时具备"演"和"讲"两个要素，既要以讲为主，又要以演为辅，将这两个要素和谐统一地结合在一起，才能构成完整的演讲，如图 4–14 所示。明白了这些要点，就可以给演讲下定义：**演讲是指演讲者在特定的时间、环境中，以有声语言为主，以非声音语言为辅，面对听众宣扬思想、传递信息、抒发情感，从而达到感召听众目标的一种带有艺术性、技巧性的社会实践活动。**

（2）演讲的特征。演讲是由演讲者、听众、信息传播渠道形成的一个信息传播的闭式循环。通常来说，演讲具有以下四个特征。

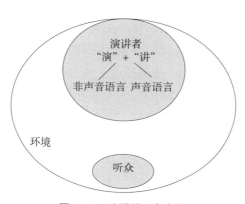

图 4–14　演讲的必备条件

①综合性。演讲是一个综合的说话形式。从演讲的定义可以看出，演讲不仅要有演说者的语言和神态，还要有听众的配合，以及演说者的心理状态、环境氛围的营造等，这些要素缺一不可。

②直接性。演讲是一种面对面的宣传鼓动形式。演讲者的发言富于鼓动性、感染力，同时可以根据听众的现场反应灵活调整。

③现实性。演讲的主题一般是针对当前社会中出现的一些现象，针对现实中出现的问题进行宣传和鼓动。

④艺术性。演讲是运用语言和体态等来影响听众的，因此演讲内容的哲理化、语言的文学化、姿态的戏剧化都不同程度地存在于演讲中，赋予了其艺术感。

（3）演讲的目的。演讲就是为了"感召听众"，让听众在听了你的演讲之后，能够引起共鸣，达到你所期望的效果。具体来说，演讲有以下三种目的。

①施加影响。如果你的演讲是要对受众施加影响的，那么应该集中于思考如何改变听众的观念、态度和行为，尤其在内容上要引起听众的兴趣和注意力，一点一点地把观点渗透到听众的理念中，让受众接受并认可你的观点。

②告知情况。如果演讲是要向听众告知情况的，你应该首先了解听众的知识水平和认识水平，猜想听众在听到你告知的情况时的反应。选择一种适合的、不会出现过激情绪的表达方法来告知听众情况。

③传授知识。如果演讲是要向听众传授知识的，就应该集中于你演讲内容的广度和深度，以及演讲的逻辑性，并借助于图表或演示更好地表达。

2. 演讲的类型

根据目的与方式不同，可以将演讲划分为不同的类型。其中，按照演讲目的不同，可以把演讲分为以下四种类型。

（1）激情演讲，煽情动志。演讲者在演讲的过程中，充满激情、精神饱满、节奏较快、信心十足，让人听起来激动、想起来感动、做起来有用。一般在宣传、发动、鼓励、鼓动性的活动中采用，如动员报告、政治宣讲报告。

（2）知性演讲，启智播知。知性演讲着重向听众传达相对客观的信息。因此，这样的演讲一般在内容上非常注重，要有明确的观点，同时运用具体的词语、事例和数据等材料进行说明，段落之间要紧密衔接，逻辑要清晰合理。一般应用于工作报告、竞聘报告、经验交流、传道授业、大会总结等活动中。

（3）礼性演讲，交情渲感。就是根据礼俗礼仪表达某种感情和良好愿望，或带有交际目的在社交场合中进行的演讲。其特点是措辞谨慎、工于修饰，但又言辞不繁、内容简短、声情并茂、让人感动，如晚会的开场白、节日问候等。

（4）辩性演讲，纠偏除谬。这类演讲针对某一观点发表看法，是非观念非常鲜明，要求演讲者学识深厚、思维敏捷、意志坚定、逻辑严谨。在整个演讲过程中，演讲者往往气势如虹、据理力争，将论证和反驳结合在一起，与对方的观点针锋相对。该类演讲常见于一切有意见分歧又需要澄清的场合，如法庭论辩、谈判和辩论会等。

根据演讲方式不同，演讲又可以分为以下四种类型。

（1）即兴型。没有讲稿，没有现成材料，全凭演讲者的阅历、知识和才能等，即兴表达自己的思想和观点。

（2）背诵型。通过事先的充分准备，把演讲稿的内容记下来。这种方式适合于演讲者的记忆力好、演讲稿较短，但会让听众感觉像在背书。这种方式是不怎么进行演讲的人员经常采用的。

（3）提纲型。在演讲前列出详细的或简单的提纲，将中心内容、结构层次、主要事实或者数据等列出来。演讲者根据提纲的内容演讲，或者不看提纲，仅在必要时看一下提醒自己，保证演讲的连贯性和完整性，同时又给了演讲者发挥的空间。这种方式一般在管理工作中用得比较多。

（4）宣读型。演讲者逐字逐句朗读准备好的演讲稿，不做任何修改和补充。在党政军或其他重要会议上，一般运用这种方式，以示庄重。缺点是比较枯燥，缺乏互动。

【案例】在集团公司开年会上的一分钟发言

各位领导新年好！

首先，恭祝大家牛年如意，牛年大吉，牛年安康！

德力公司在春节期间，严格贯彻集团要求开展工作：一是节前召开公司工作会议，专项部署集团工作指示；二是加强安全工作检查，责任落实到人；三是公司班子成员守土履责，不离开城市一步。

目前，公司生产状况良好：一是全体员工安全返岗；二是大家以良好的状态投入工作；三是公司各项业务正常开展。

在新的一年里，公司将勇于创新，砥砺前行，继续做好经营管理：一是继续深入贯彻落实集团发展战略；二是努力完成公司经营目标；三是以饱满的热情，迎接新挑战，开创新局面，取得新成绩。

最后，祝福集团在集团班子的正确领导下，牛劲十足，牛气冲天，气壮如牛！

在这个发言中，蓝芸先用三个"牛"表达新年祝福，带动年会气氛，之后依据时间顺序，分过去、现在、将来阐述公司的工作和展望，最后，回应开头，再用三个"牛"收尾。演讲有节奏、有逻辑、有气势，属于即兴型的激情演讲。

3. 演讲的结构

演讲的结构，用形象的比喻就是"凤头""猪肚"和"豹尾"。"凤头"者，就是开场要像凤凰头上的羽毛那样绚丽多彩，精妙绝伦，一开口就能引起全场观众的注意，从而达到引人入胜的最佳效果。"猪肚"者，就是演讲主体要像猪的肚子那样充实丰富，素材齐全、思路清晰、数据完善、例证饱满,时刻突出主题。"豹尾"者，就是结尾要像豹子的尾巴一样响亮有力，承担着收拢全篇的任务，简短却耐人寻味。

下面来看一个例子，感受一下演讲结构的力量。

【案例】ABC 公司的简介

我们 ABC 公司是生产印刷纸张的专业厂家，是值得大家信赖的合作伙伴。我们的产品质量有保障、服务很到位、价格最优惠。（提出主题，三个要点）（凤头）

接着（分述三个要点）（猪肚）

第一，质量有保障。我们采用德国进口的 CRT3000 制造设备，并依据科学化管理体系 ISO9000：2008 质量体系标准，产品出口美国、英国等 30 多个国家。

第二，服务很到位。我们和全球最大的物流公司 UPS 签有合作协议，也就意味着我们的产品物流速度在全球来说也同样处于领先地位。我们设立了专门的服务部门，随时为客户提供帮助。

第三，价格最优惠。虽然我们的产品质量和服务都是一流的，但是我们的价格却不是最贵的。就同等产品质量来说，在国内我们的价格仅处于中等水平。我们坚信只有质优价廉的产品才是客户最需要的产品，我们希望通过我们的质量和服务赢得更多客户的支持，占领更为广阔的市场空间，更好地服务于客户。

总之，请各位朋友记住我们，相信我们，选择我们 ABC 公司，谢谢大家！（总结 + 排比升华）（回应主题）（豹尾）

在时间分配上，应该是开场占 10%、演讲主体占 80%、结尾占 10%。

（1）开场。开场白的目的有三个：①引起听众的兴趣。②营造气氛，与观众建立起友好的关系。③简述要点，引入下文。具体可以采取以下四种方法。

①提问法：提问的问题应该从观众的预期出发，并且紧扣你的主题。例如，蔡元培 1918 年 11 月 16 日，在天安门前参加北大举行的庆祝第一次世界大战结束集会上演讲《黑暗与光明的消长》时就采用了提问法开场："我们为什么开这个演说大会？因为大学职员的责任，并不是专教几个学生，更要设法给人人都受一点大学的教育，在国外叫做平民大学。这一回的演说会，就是我国平民大学的起点！但我们的演说会，何以开在这个时候呢？现在正是协约国战胜德国的消息传来，北京的人都高兴得不得了。请教为什么要这样高兴？怕有许多人答不上来。所以我们趁此机会，同大家说说高兴的缘故。"通过提问引导受众思考，引导受众将注意力集中在所要演讲的主题上。

②故事法：引用与主题相关的故事或者轶事，最好结合亲身经历，这样更能

吸引受众，获得受众的信任。例如，罗威尔·托马斯在其著名的演讲《巴基斯坦的艾伦贝和阿拉伯的劳伦斯》中，他是这样开头的："一天，我正在耶路撒冷的基督街上走着。突然，我看到迎面走来一个人，他穿着东方皇族才能穿的华丽袍子。他的腰间别着一把金质的弯刀。我知道，只有先知穆罕默德的后裔才会有的。"说到这里他停了下来，但是这段话一经说出，听众们就睁大了眼睛，急切地想知道接下来发生了什么事情。然后，他才开始他的演讲主题。

③活动法：采用游戏开场，让听众动起来，借助热身游戏，引入你的主题。比如，演讲者可以先与听众来一段与演讲主题密切相关的互动游戏，借助游戏调动听众的参与热情，活跃现场气氛。

④开门见山法：直奔主题，用精练的语言交代演讲的意图或主题。例如，乔布斯的斯坦福大学演讲开始时说："很荣幸和大家一起参加这所世界上最好的大学的毕业典礼。我大学没毕业，说实话，这是我第一次离大学毕业典礼这么近。今天我想给大家讲三个我自己的故事，不讲别的，也不讲大道理，就讲三个故事。"

（2）主体。开场白之后，就要进入演讲的主体部分。介绍主体部分时，可以采用预览法，帮助听众了解整篇演讲的思路和结构，如你可以在开场白之后，这样讲："下面，我将向大家汇报三个问题：一是……二是……三是……"

当然，你也可以不用预览的方式，直接开始主体阐述。但应注意以下三个问题。

①突出主题。一般来说，一篇演讲稿只有一个主题。主体占整篇演讲的80%，在演讲的过程中，很容易出现跑题、偏题的现象。所以，每一段、每一部分内容都要紧扣主题，不能思绪不清、偏题跑题。

②搭建架构。讲稿要有清晰的结构，先有总论点，然后是支持总论点的分论点，分论点下可能还有小论点，总之，每一个论点都要有清晰的小标题，层层展开、环环相扣、条理清晰，论点的数量一般控制在 3~5 个。好的架构有利于展开话题，更利于听众的理解，让信息能够深印在听众的脑海中。

③丰富素材。架构搭好了，就必须往里面填充素材。在选择素材时，尽量运用丰富的个案、数据、事实和名言警句等来充实内容，这些也是对观点最好的支撑。

（3）结尾。在演讲进入尾声时，不能匆匆结尾，而要花心思设计一个点出主题、简短有力、耐人寻味的结尾。通常有以下四种方式。

①总结结尾：最后用简明扼要的语言对演讲的主要内容进行总结，如我今天的讲话主要包括三个内容：一是……二是……三是……总结式结尾在解释说明或指导教育性的演讲中较为有效。

②口号结尾：结尾用一句富有激情的口号，让演讲者和观众的情感同时达到最高潮，句子的力量和声音达到最大化。例如，美国著名黑人领袖马丁·路德·金在参加集会发表著名演说《我有一个梦想》这样结尾："当我们让自由之声轰响，当我们让自由之声响彻每一个大小村庄，每一个州府城镇，我们就能加速这一天

的到来。那时，上帝的所有孩子，黑人和白人，犹太教徒和非犹太教徒，耶稣教徒和天主教徒，将能携手同唱那首古老的黑人灵歌：'终于自由了！终于自由了！感谢全能的上帝，我们终于自由了！'"

③箴言结尾：通过引用名言、警句、谚语、格言、诗句等作为结尾，不仅使语言表达精炼、生动，富有节奏、韵律，而且还可以使演讲的内容丰富充实，具有启发性。例如，温家宝在中国地质大学的讲话结尾："母校培养了我，我铭刻在心，时常牢记。'谁言寸草心，报得三春晖。'我要用我自己工作的成绩来报答母校，决不辜负母校对我的期望，让母校永远记得我是一名优秀的学生。"

④号召结尾：这种结尾通常是通过表真诚、表决心直接向受众提出希望，号召受众作出某种行动。例如，在某公路建设工程项目的动员讲话中，演讲者在结尾时通常会向受众发出号召："同志们，公路建设是一项功在当代、利在千秋的惠民工程，让我们一起努力，共同完成组织交办的任务！谢谢！"（掌声热烈）

4. 演讲的技巧

成功演讲的背后都有一些技巧值得我们去学习，包括充分准备、心理暗示、目光接触、控制节奏等。

（1）充分准备。机会是留给有准备的人的，因而在演讲前我们要从以下三方面做好准备：一要思想上高度重视，充分认识到这是一次展示和提升自我的机会。二要内容上认真准备，充分作好演讲的构思，拟好提纲，写好稿件。三要行动上积极演练，演讲前要多次排练，有必要邀请自己的亲朋扮演听众，模拟练习，熟悉内容的同时可以消除紧张感。

拓展阅读 4.1

（2）心理暗示。积极的心理暗示是消除紧张感的有效方法之一。①自我肯定，克服恐惧和焦虑，不断暗示自己："你是最优秀的！"展现自信，体现出沉着和勇敢。②着装整齐，选择大方得体的服装，表现出专业和自信。③事先互动，发言前可以先和听众聊聊天，表示友好和谦逊的同时，展现出大方和从容。

（3）目光接触。目光接触是重要的非口头沟通技巧。在演讲的过程中，好的视线交流会让听众觉得与你有联系。有效的目光接触形式，可以考虑：①环视，镇静地环视全场观众。②注视，微笑地看着某位观众。这样的交流可以缩短你与听众的距离，让你感觉你是他们中的一员。

（4）控制节奏。"声音是语言的载体"，声音组织是重要的非语言技巧。在演讲时，把握节奏对演讲者而言很重要。其中两种技巧尤为值得注意：①控制速度。演讲时，语速不能太快，要让听众听清楚、听明白。但也不能太慢，才能保持活跃的气氛。②善用停顿。在重要的词汇前后、在一部分内容说完后，都可以稍作停顿，突出重点的同时，让听众感知到你的演讲节奏。

【案例】某教授为学生婚礼证婚

某婚礼现场的即兴讲话（从祝贺、希望、祝福三个方面展开）：

（祝贺）非常荣幸参加 A 君与 B 女的婚礼仪式，在此再次表示衷心的祝贺！新郎新娘具有三个特点：

第一，新郎英俊潇洒、才华横溢，新娘天生丽质、落落大方，可谓天生的一对，地设的一双。

第二，新郎新娘毕业于名校，可谓根正苗红，出身名门，门当户对。

第三，新郎和新娘都供职于央企，可谓事业顺利，前途无量。

（希望）值此良辰佳日，你们举行结婚典礼，组成家庭，即将开启美好的家庭生活。在以后的日子里，你们既会经历彩虹，也会走过风雨，既有洒满阳光盛开鲜花的草地，也会遇到困难和挑战，既有激情燃烧的岁月，更多的是锅碗瓢盆那些平实的日子。希望你们在思想上互相交流，在生活上互相关心，在学习上互相帮助，在工作上互相提携，去开创更加美好的未来。

（祝福）最后，祝福你们爱情甜蜜，早生贵子，携手到老，生活幸福！

【情境模拟】练习演讲

将同学们分成几个小组（6~8 人 / 组），每个小组按照选定的演讲题目进行讨论与组内演练（每位同学都要讲），45 分钟后，各组推选一名代表上台演讲。

题目：

1. 竞选班长或竞选学生会主席的演讲（5 分钟）。

2. 竞聘上岗演讲（5 分钟）。

3. 作为领导，下基层视察工作时，听取下属汇报后发表总结讲话（5 分钟）。

4. 在外地兄弟单位来访交流的座谈上，作为主方（或客方）领导，互致欢迎词（各 4 分钟）。

5. 在某项重要工作或工程项目启动的动员大会上，作为领导，发表动员讲话（5 分钟）。

6. 参加市相关行业发展工作会议，上午市领导做主题报告、下午组织分组讨论后，进行大会交流，你作为小组代表进行大会发言（5 分钟）。

要求：

1. 各组演讲时，要有专门的计时人员，剩下 1 分钟时提示。

2. 每次演讲结束后，邀请有经验的同学作点评或组间互评（点评时间 3 分钟），老师补充点评。

思考：

1. 每种情境下的讲话，应该讲几部分内容？时间应如何安排？

2. 点评应该从哪几个方面展开？时间应如何安排？

4.5.2　会谈

广义上讲，会谈是为达到预定组织目标而在多个人员间进行的、全通道的沟通方式。一般说来，会谈的内容较为正式，目的性、专业性较强。根据涉及对象的不同，会谈可以分为组织内部举行的会议及组织外部对象参与的会谈。

（1）组织内部举行的会议。会议是群体或组织内相互交流意见的一种形式，是一种常见的群体活动。通过会议，下属有机会向领导表达自己的观点，领导也可以通过会议听取员工的意见，同时，组织内的成员还可以聚集在一起，交换思想、交流信息。在会议中，根据角色的不同，需要掌握不同的说话技巧。

①主持人开会时的说话技巧。主持人是会议的组织者、筹办者，除了在开会前做好会议筹备之外，还需要掌握会议中的说话技巧，营造会议氛围、推进会议进度，促进会议高效进行。首先，准备简明有力的开场白。会议气氛是否轻松愉快，取决于主持人的开场白，在会议开始时，需要介绍重要与会人员，阐明主题和会议内容，并表明会议的作用和重要性，调动与会人员的积极性。其次，需要掌握开会时间。如果其中一个发言人超过了规定时间却还没有讲完，应适时提醒，必要时暂停，让下一个人先讲，没有讲完话的人留到最后再把话讲完，避免会议无限制地拖延下去。

②领导开会时的说话技巧。领导作为开会时的管理人员，往往是其他与会人员的上级，开会时需要注重营造平等交流的氛围、集中话题和注重表达的结构化、简明化、完整化、形象化和准确化。首先，要避免开会时大家都不吭声。如果什么事情都是领导在讲，就失去了沟通和交流的意义，可事先指定几个发言的人，通过他们的带动来活跃议题，烘托会议氛围。其次，需要集中话题，避免主题模糊、涣散。应该把话题拆分成几个板块，碰到什么板块讲什么话题，否则，很容易模糊焦点、离题万里。最后，多运用"三点论"和"一三九结构化表达方法"使表达结构化。善用主题句，突出重点，让自己的表达简明化。运用"5W1H"原则使表达完整化。善用比喻、拟人、拟声词等语言技巧，肢体、神态等非语言技巧使表达形象化。多方面论证、多用数据，使自己的表达准确化。

③普通与会者开会时的说话技巧。普通与会者一般是领导的下属或者重要的相关人员，可以分三步完善在会上发言。首先，表认同。会议上，通常首先由领导或其他与会者讲话，介绍会议的目标内容，表明自己的观点，轮到普通与会者发言时，可以简单概括领导、其他成员说的内容，接着表示认同。这样既能说明

我们在认真参会，也能拉近自己与领导、其他成员的关系，减少矛盾和冲突。其次，说想法，并进行相关分析。先总结其他与会者与自身想法接近的观点，再在此基础上补充内容，避免重复啰唆。表达的时候，要有理有据，逻辑清晰，避免空谈。最后，说问题，给出解决建议。提出问题部分需要小心谨慎，不能想到什么说什么，不属于自己工作职责范围内的问题慎提，大问题忌提，无法解决的问题不要提，提出问题后最好给出行之有效的对策建议。

（2）组织外部对象参与的会谈。狭义上的会谈是指包括双方或多方共同参与的就某些重大的管理、供应链、市场以及其他共同关心的问题交换意见的沟通活动，也可指洽谈公务或就具体业务进行谈判。① 与组织外部对象的会谈需要做好以下几项具体工作。

①提出会谈要求，并将要参加会谈人的姓名、职务以及会谈内容、会谈目的告知对方。双方应尽早双向沟通，约妥时间。如因故不能按时参加，应婉言解释。

②如果是作为主办方的安排者，应主动将会谈时间、地点、主办方出席人、具体安排及有关注意事项通知对方。若是被邀请会谈的一方，则应主动了解上述情况，并通知有关出席人员。

③准确掌握会谈的时间、地点和双方参加人员名单，及早通知有关人员和有关单位作好必要安排，主办方应提前到达。

④会谈场所应安排足够的座位。如双方人数较多，厅室面积大，主谈人说话声音低，宜安装扩音器。会谈如用长桌，事先应排好座位图，现场放置中外文座位卡。双边会谈通常用长方形、椭圆形桌子，宾主相对而坐，以正门为准，主人坐背门一侧，客人面向正门，主谈人居中。

⑤客方到达时，主办方应在门口迎候。可以在大楼正门迎候，也可以在会客厅门口。如果主人不到大楼门口迎候，则应由工作人员在大楼门口迎接，引入会客厅。会谈结束时，主办方应送至车前或门口握别，目送客方离去。

⑥会谈开始后，除陪见人和必要的译员、记录员外，其他工作人员安排就绪后均应退出。谈话过程中，旁人不要随意进出。

4.5.3　面谈

1. 面谈的含义

说到面谈，很多人可能会误解为简单的谈话、聊天。其实不然，管理沟通中的面谈是指组织中与工作有明确关系的、有目的的和受控制的两个人或多个人参与的面对面的沟通方式，是一种有组织、有计划开展的交换信息的活动。其可能

---

① 中国外交部. 会见、会谈 [EB/OL]. （2017—12—27）[2021—06—20]. https：//www.fmprc.gov.cn/web/ziliao_674904/lbzs_674975/t9029.shtml.

是一个人对一个人，也可能是一个人对多个人，存在链式、轮式两种不同的沟通形态网络。由于面谈是面对面的及时沟通，所以它需要比书面沟通更快的反应，在信息的组织和表达上也更灵活，对面谈者谈话内容、表情、动作等及时分析的技能也要求较高。

2. 面谈的类型

面谈主要有招聘面谈、绩效评估面谈、信息收集面谈、激励面谈和面试五种类型。[①]

（1）招聘面谈。采取招聘面谈的方式选取适合岗位的人才，这是如今很多公司采取的方法。在进行面谈时，一方面，公司希望能进一步地了解求职者的专业知识、谈吐、为人处世能力，考察他们是否适合该岗位；另一方面，公司也希望借由面谈能向前来应聘的求职者进行公司宣传，提高公司在业内的知名度。

（2）绩效评估面谈。在公司的绩效考评中，一般会有绩效评估面谈环节，这也是绩效评估反馈阶段的主要任务。绩效考评的目的就是考察组织成员对组织目标是否完成、完成情况的反馈，以及对以后工作的指示情况。在这个考评阶段中，不是简单的上下级将考评结果进行公布，而是上下级之间就考评的工作情况进行沟通交流。在沟通交流中，考评结果主要是将大家在工作中表现不好的方面提出以便协商、调整、修改，同时也将好的方面提出以便大家模仿学习，提高组织效率，之后提出组织的下一个目标。在员工的绩效上给出正确的反馈是十分重要的，但同时，管理者也得注意反馈时采取的方式，注意照顾员工的情绪，以免打击员工的积极性。

（3）信息收集面谈。信息收集面谈是指想要获取某一方面的信息资料或者想要获得某种帮助时进行的面谈。想了解某一方面的信息，可以去该领域找相关人员进行面谈，为了准确、有效地获取想要的信息，可以提前做好准备计划，包括目的、人员分析、安排时间、地点、准备预期问题等。在信息收集的面谈过程中应注意：①面谈应结构化。面谈前应确定收集信息的内容并制定详细的提问单，把握所提问题与目的间的关系，并注意挑选参加面谈的人员。②面谈过程中应保持友好、亲善的态度。③进行信息收集。面谈的发起者应同有着较多经验或者对该领域较为熟悉的人员进行面谈，从而使所获面谈资料更为准确、可信。

（4）激励面谈。当员工违反纪律或者工作出现差错时，对员工实施教育面谈，此时的面谈属于负激励面谈。当员工工作进展十分优秀取得相当大的进步时，对员工进行表扬的面谈就属于正激励面谈。不管正激励面谈还是负激励面谈，在公司中，这些面谈都是经常用到的。

（5）面试。面试是应试者为争取入学、入职、入会等机会的一种考试活动，

---

① 丁宁. 管理沟通：理论、技巧与案例分析 [M]. 北京：人民邮电出版社，2016.

其以面对面交流为主要手段，通过双向沟通的方法，综合展现自身的专业知识、工作实践经验、口头表达能力、综合分析能力、反应能力与应变能力等。根据面试的目的不同，可以将面试分为入学面试和就业面试。

①入学面试。入学面试是应试者为了获得入学资格而参加的应试活动，主要分为授课制入学面试和研究型入学面试。

授课制入学面试是指求学者为进入一所学校接受课程指导而参加的面试。此时,学院和导师招学生主要是为了授课,对科研要求比较低,如 MBA、MPA 入学面试。MBA 院校希望选拔的人才具有一定的商业视野,拥有较好的商业分析能力。MPA 院校希望选拔领导能力、沟通能力、逻辑思维等综合能力都较强的人才。面试之前,需要了解面试官的背景、工作领域及头衔,阅读该校的课程目录和宣传册,并利用互联网资源收集该校资料,了解该校对考生的要求。同时,了解该学院的面试类型,授课制入学面试类型主要有当面面试、小组面试、电话面试、视频会议现场面试等,不同的面试类型采用不同的策略。另外,需要进行模拟面试,准备将要回答的问题,如"你为什么想要申请这个学校"。面试过程中,保持自信、诚实、冷静,看着对方的眼睛说话,在适当的时候,问一些问题。面试结束后,离开前适当表达谢意。

研究型入学面试是指求学者为进入一所学校接受学术指导而参加的面试,此时,学院和导师招收学生主要是为了科学研究,如国内考研复试、申请博士研究生面试等。对于研究型入学面试,学院和导师主要想招专业能力与研究能力强同时认真负责的学生。应试者需要充分展现自己在相关学科的科研成果,面试管理学类研究生,需要将自己在管理学领域的科研成果展示出来,如数学建模奖项、发表的学术论文等。同时阐明自身的科研基本素养(如英语能力、数据分析能力等),确保面试官能够看出自己在科研方面的基础和潜力。

【情境模拟】保研面谈训练

小王是大三学生,打算保研,他联系了一位985高校的硕士生导师,老师的研究方向为技术创新管理、公司战略管理。一开始是邮件联系,小王把自己的简历、荣誉证书等资料的电子版发了过去。最近老师想让小王去他办公室跟他见面聊一下,并约好了时间。

请问:小王应该如何准备此次重要的面谈?请用 5 分钟时间准备,进行一次模拟面谈。

②就业面试。对于普通求职者而言,面试是打败竞争对手、进入单位组织的必要过程。从沟通视角来看,面试是双向沟通的过程。其中,自我介绍是面试的必要环节。在做自我介绍时,介绍内容需要与个人简历相一致,表达方式上尽量口语化,切中要害,避免重复啰唆。提问和回答环节是面试的主要内容,应聘者

需充分了解应聘岗位的要求，作出符合单位工作要求的回答。同时，提前准备想要提出的问题，面试官喜欢求职者提问题，这样他们才能知道求职者的水准及关注的内容。无领导小组面试是一种采用情景模拟的方式对考生进行集体面试的考察方式，一般要求面试小组在规定时间内对模拟问题给出解决方案。公司在招聘营销、运营、人力、行政等岗位时通常会采用这种面试方式，主要考察应试者的表达能力、合作能力以及逻辑思维能力。应聘者在进行无领导小组讨论时，需要迅速找到自己在团队中的位置，尽量充当领导者和统筹者，注重问题导向和结果导向，减少团队矛盾和争论，达到在规定时间内作出方案的目的。

【沟通故事】如何得体地回答面试官的问题

在面试的过程中，面试的时间往往很短，面试官一天需要面试很多人，应聘者在回答面试官的问题时，应该采用结构化表达的方法，让面试官能够轻易掌握自己说话的重点，理解自己说话的要点。

例如，XZ公司营销部经理林晨澜跳槽到GH公司，GH公司营销部副总裁王晓在面试时向林晨澜提问。

王晓："你在XZ公司工作了13年，那边工资不高，为何在那工作这么多年？"

林晨澜想了想，如果说XZ公司不好，解释不了自己为什么在XZ公司工作这么久，并且显得自己没有胸怀和情怀，于是他选择客观地阐述原公司的三个优点。

林晨澜回答道："我在XZ公司工作13年主要出于三个原因：① XZ公司有好的发展前景。作为中国家电制造龙头公司，其在家用电器、工业装备领域一直保持较高的市场份额，产品研发、质量管理等核心竞争力实力雄厚，在智慧家电、数字化转型等新模式、新业态的探索上走在同行前列。② XZ公司有好的公司文化。其20世纪90年代就形成了高标准的产品质量管理文化，一直以来贯彻落实"以人为本"的理念，营造了"公平公正、公开透明、公私分明，讲奉献、讲真话、讲原则"的组织氛围。③ XZ公司有切实的员工关怀。其投入巨资建设人才公寓，解决员工住房问题。连续两次为全体员工人均加薪1000元，让全员共享公司发展成果。还为200多名随公司一起奋斗成长的老员工向市政府争取解决户口问题，让员工感受到家的温暖与关怀。总的来说，XZ公司是一家非常优秀的公司，但由于其发展方向和我未来的职业发展规划不太一致，所以我选择换一份新的工作。"

以上案例中，面对面试官的问题，林晨澜采用前文提到的一三九结构化表达方法组织回答，逻辑清晰、层次分明。请根据所学知识将该回答的一三九结构示意图画出来，体会采用一三九结构表达的逻辑性。

3. 面谈的过程

（1）准备资料。面谈前要准备的资料主要包括面谈的基本内容、为应对对方提问而事前准备的资料。在面谈前，面谈者会根据面谈的目的进行相关文件资料的阅读，并把面谈中要获取的信息按照一定的逻辑关系进行排序、归类，剔除重复的问题，然后将需要收集的信息列成一览表。这样做既有助于对具体问题作出决定，也可以避免忘记。

（2）了解面谈对象。了解面谈对象即了解面谈对象的性格。在现实中，这个方面的准备通常会被许多人忽略。实际上，我们需要根据不同面谈对象的个性来采取不同的面谈方法，至少事先要思考周全，如何应对在面谈中可能出现的情绪和行为。

（3）确定面谈的时间和地点。选择地点时，尽量选择一个轻松熟悉的环境，这对面谈时情绪的放松有很大的作用。时间上的选择也十分重要，时间仓促的面谈只能是草草收兵而难以达到预期的效果，如果是重要的面谈，应该安排在双方时间都比较宽裕的时候。

（4）进行提问。进行提问是面谈的主体阶段，在这一阶段中需要提出和回答问题、寻求问题的答案、努力说服被面谈者接受你的观点。根据不同的面谈情景，可以选择以下六种类型的问题进行提问。

①开放式问题。开放式问题能够使对方自由地回答你的问题，如"你对目前的市场形势的看法是什么样的？""你对绑定销售这一做法的看法是什么？"这种提问方式是在面谈中运用最多，也是最合适的提问方式之一。

②封闭式问题。这种问题的回答是最简单的，对方只用回答"是"或者"不是"，如"你是不是对目前的工作范围有所了解？""你喜不喜欢自己目前的工作？"这种问题对于提问者而言是方便的，但不要经常用，因为这样的提问方式没有给对方鼓励，会让他认为自己只用肯定或否定完你的问话后，就不用再说些什么了。

③引导性问题。引导性问题的目的在于引导对方回答你心中所希望的答案，如"你觉得我们还是应该招那个在面试中表现得很没有礼貌的家伙吗？""你觉得今年的工作结果还是很令人满意的，对吗？"引导性提问一般情况下最好在面谈中少用或者不用，因为它很容易将你自己的想法引入对方的回答中，造成无法获知对方真实想法的后果。

④假想式问题。这种问题通常是以"如果""假设"开头进行提问的，如"假设你在这个职位上，处在和我一样的环境中，你将如何做抉择？""如果你来处理这件事，你会怎么办？"这种提问方式在招聘面谈中经常会用到，因为如果运用合理，能够看出面谈者的想法和能力。

⑤追踪性 / 深入调查问题。这种问题通常是基于对方前面的回答进行延伸和深入的提问，如"为什么你还是觉得前面提到的营销政策有利于扩展市场呢？"这种提问能够使对方就刚才的观点作出深层次的解释，让自己更容易理解。

⑥重复性问题。重复性问题的提出在很多情况下是在理解完对方的讲话内容

后对自己获知内容的再一次确定，有利于确保双方信息的对称，如"你刚刚所说的意思是你比较善于与人沟通，是吗？"

（5）面谈的结束。面谈结束时需要做好：①对参与面谈的人员表示感谢，无论结果如何，都要感谢对方花时间参加面谈。②商议下一次的面谈或者落实下一步的行动，并在具体进展过程中及时反馈,有利于双方信息的对称,进一步保证了双方面谈的成果。③对面谈的成果进行总结或评价，核对面谈后的结果是否符合计划目标并作出下一步计划。

案例讨论 4.1

4.6　写作

4.6.1　写作的涵义

写作是运用语言文字符号反映客观事物、表达思想情感、传递知识信息的创造性脑力劳动过程。写作，从形式上来看，表现为文字，或者称为"书面语言"，必须具有一定的行文和格式。从内涵上来看，它具有创造性，简单的记录不属于写作这一范畴。在本书中，我们不讨论文学等文体的写作，而仅仅是把写作作为管理沟通中一种重要而特殊的沟通方式，诸如信函、计划、总结、报告等的写作。

无论你身处哪个组织，写作都起着至关重要的作用。①写作是管理工作中必不可少的组成部分。在今天的大多数组织中，每个员工都要起草、修改、编辑和发送信件、报告、计划、总结和建议，如果你无法完成这些写作任务，那就意味着你难以完成工作任务。②写作是职业生涯的晋升法宝。如果你无法清晰地以书面形式表达出你的思想，那么你的职业生涯就很有可能受到威胁。你所撰写的文件、文章都是对工作实践的思考和总结，体现着你的能力和贡献，是你职业发展的台阶。

虽然写作对人们来说如此重要，但在现实工作中，有些人面对写作却苦不堪言。我们常常可以看到这样的情形，每当上级要求下级提供书面汇报材料时，下级就叫苦不迭。每到年初或年底，很多单位的员工或管理者都会为了各种工作计划、工作总结、工作报告等的撰写而熬更守夜。甚至有人一片迷茫，无从下笔，或者下笔千言却离题万里。那么,如何提高写作技能,掌握基本的管理沟通文体写作呢？有一些基本原则和技巧值得我们去学习和借鉴。

4.6.2　写作的环节

一般来说，完整的写作过程可以分为三个环节：计划、起草和修改。

环节一：计划

计划是写作过程中的重要环节，主要包括写作的目标确定、主题确定、结构安排和材料收集等。一般来说，可以使用 5W1H 分析法来确定写作计划。

（1）确定目标：为什么写（why）。在管理沟通中，任何的写作都有其意图和目的，都是为达成特定的目标而服务。不同的写作目标决定了不同的语言风格、材料选取与结构安排等，因而在写作开始时就应明确写作的目的，明确为何要以写作的方式来传递信息，明确所发送信息的目的，如告知、说服等。

（2）确定主题：写什么（what）。明确写作的目标后，就可以根据此目标来确定写作的主题和内容。主题的确定就是明确你所要传达的中心思想和主要内容。例如，目的是通知公司市场部员工的绩效考核政策变动，该通知写作的主题就应是关于市场部员工绩效考核的办法，而不是财务部的绩效考核办法。

（3）确定受众：为谁写（who）。读者的年龄、性别、受教育程度、职业头衔和政治派别等特征有助于作者了解其阅读信息的观点倾向。为了更有效地传递信息，应明确受众的特点，以选择更适合读者的表达方式、措辞、媒介以及时机等。例如，写给上级的信息与下属的信息，其措辞可能就不一样。

（4）资料来源：资料来自哪里（where）。资料是支撑写作主题的基础，因而所收集资料的质量决定了写作的质量。通常来说，资料的来源有两类：①文献资料，如文档、书籍、文章、数据、财务报告、网上资料和信件等。②调查材料，包括与各类人员的面谈、电话访谈、个人笔记或头脑风暴得到的信息等。在收集资料时，要训练自己的两个基本功：①勤做笔记，把新想法、他人的观点等记录下来。②学会以带问题的方式与人沟通。

（5）信息发布：什么时候发送（when）。明确什么时候应该把"作品"发送给领导或者发布出去，有利于我们更好地安排时间，控制写作的进度。信息发布的太早或太迟都不合适，应该注意信息发布时机的选择。例如，会议日程以及相关材料发出太早，等到真正开会时，信息接收者可能早就忘记了；若材料发得太晚，与会者又可能没有充足的时间准备。

（6）确定思路：怎样写（how）。怎样写的首要问题是确定选择哪种管理文体进行表达，如信函、报告、电子邮件和总结等。问题确定后，则要根据该类问题的格式要求，并通过列提纲的方式初步确定文章的结构框架，确定写作的思路。

环节二：起草

完成计划后，就可以起草初稿。在文章起草的过程中，建议运用以下四个方面的技巧。

（1）选择合适的写作环境。能否集中注意力是影响写作的一个重要因素。写作时应选择一个安静、资料充分的地方，避免受到外界干扰，一次只做一件事。在重要的文章写作时，可以考虑将电话切断或把手机调至静音状态，以防写作过程中受到外界的干扰。

（2）培养使用电脑的习惯。使用电脑可以大大提高写作效率，其最大的好处在于方便修改，特别是团队写作，使用电脑更容易互相修改，并且方便最后的统稿。

（3）保持写作的连贯性。文章的写作过程是一个创造性过程，连续的思路比语句的润色更为关键，若在写作的过程中去修改，就会局限在细节性问题上，可能会中断思路。因而，应避免一边写一边改，而应写完再改。

（4）从最容易的地方着手。万事开头难，写作的开头往往最难，因而不要拘泥于写作顺序，把时间浪费在担心和急躁中。你可以从结尾开始写，也可以从中间开始写，一般来说，应选择从自己最有把握或最容易下手的地方开始写。

环节三：修改

通常情况下，很少有人能够一下子就写出结构清晰、语句通畅的文章，因而在初稿完成后必须进行检查修改。一般来说，检查与修改的内容应包括以下七个方面。

（1）主题校正。结合写作的目的，检查主题是否正确、鲜明、集中、深刻，并结合实际情况进一步锤炼、校正文章的主题。

（2）结构调整。检查材料的组合是否已达到最佳程度，可以根据材料内容局部调整结构以保证文章的连贯性和逻辑性。

（3）材料增减。检查所有的材料能否为表现主题、突出主题服务，与主题无关的材料应删去，支撑不够的材料应补充，确保内容的完整性。

（4）风格统一。检查全文的写作风格是否统一，特别是团队写作时，应由一人统一全文的写作风格。

（5）措辞润色。通读全文，检查表达是否清晰、简明、准确、形象，语气是否恰当，语法是否正确，语言能否生动、传神地表情达意。替换使用不当的词语或句型，增强段落间以及章节间的过渡，以增强文章的可读性。

（6）拼写标点。检查是否存在拼写错误、标点错误，特别是使用电脑写作时，很容易出现拼写错误，甚至是全角符号与半角符号的使用错误等，这都需要我们认真校对。

（7）格式编排。根据管理文体的格式要求进行排版，以使整篇文章看起来更为整齐、规范，让读者愿意看，看起来舒服。

一般来说，很少有人修改一两次就能把文章改好，特别是一些重要的文章，应该反复修改。修改间隔最好是隔一两天，以使你有时间思考新的观点，或更好地厘清思路。此外，值得注意的是，修改要注意层次性修改，先从整体上修改文章的思想观点、逻辑结构，接着再修改文章的语句、语法、措辞和标点符号等。

4.6.3　写作的方法

在管理沟通中，书面写作常用于内部沟通和外部沟通，其中内部沟通的常用文体包括研究报告、工作计划和工作总结等,外部沟通的常用文体有商务信函等。虽然管理文体多种多样,但其写作都应遵循表达的方法论,即满足"结构化、完整化、简明化、形象化、准确化"表达的原则。通常来说,除了标题外,各类管理文体的正文结构大都包括开头、主体、结尾三个部分,然而不同文体的写作重点有所不同。因而,有必要对常用的研究报告、工作计划、工作总结、商务信函、求职信与简历的写作重点进行详细讲解。

1. 研究报告

研究报告是进行一项重要活动或决策之前,对相关因素进行全面调查、系统研究、具体分析、客观评估、拟定对策的前提下所形成的书面报告。通常来说,调查研究一般遵循提出问题、分析问题、解决问题的研究思路,在此基础上形成的研究报告的正文主要包括导言、主体、结尾三部分,见表 4-4。

表 4-4　报告的结构要素

结构	要素
导言	• 背景（理论背景、现实背景） • 意义（理论意义、实践价值） • 论题（描述性论题、说明性论题） • 方法（途径、手段）
主体	• 问题分析诊断（可以运用的方法有 PEST、SWOT、内部能力审计和价值链等） • 策略选择（愿景、目标、思路、战略和任务）
结尾	• 结论：基本的观点和判断 • 建议：实施对策（如提高认识、加强领导、健全组织、完善制度、建设队伍、构建平台、培育文化和鼓励创新）

（1）导言。导言,又称为引言、绪论,是指研究报告的概述部分,用于说明本研究撰写的背景、意义、论题和方法等。其中,背景指的是对本研究的发生、发展、变化起重要作用的历史情况或现实环境等,如政治、经济、社会和技术等现实背景,以及研究现状等理论背景。意义是指本研究的作用、贡献和价值等,包括理论意义和实践价值。理论意义是对学科知识的丰富完善、理论建构等的贡献,实践价值是指对管理实践的重要启示。论题是指现实中存在争议而本研究将要去解答的问题（即研究问题）,包括描述性论题和说明性论题,前者是针对过去、现在、未来的事实提出问题,如"2021 年广州市天河区的房价是多少",后者是针对我们应当怎样做以及对与错、好与坏提出问题,如"北京应当征收交通堵塞费吗"。方法是指达成本研究目的以及实施研究工作的手段与途径。

总体而言,导言的写作应简明扼要、开宗明义,吸引读者的兴趣,把研究的背景、意义、目的、内容和方法等阐述清楚即可,没必要从零开始、从历史开始,也不要提及后面无法解决或没有涉及的问题,避免前后不一致。

（2）主体。主体是研究报告的核心，一般包括问题诊断和策略选择两大部分。其中，问题诊断是指针对导言中提出的问题进行事实列举以及现状分析的过程，其分析方法主要有 PEST 模型、SWOT 分析、内部能力审计和数学统计分析等。通过问题诊断明晰公司拥有的优势、存在的问题、获得的机遇、面临的挑战等，在此基础上，针对现存问题提出可选择的总体解决方案，即策略选择。例如，公司发展战略规划报告的策略选择部分应包括愿景、目标、思路、战略和任务等。当然，不是所有的报告都必须包括策略选择部分，如简单的调查报告则可以由问题诊断直接得出结论，提出建议。

（3）结尾。结尾的作用在于简明、清晰、概括地得出本研究的结论，并有针对性地提供建设性的建议。通常来说，结尾部分主要包括结论和建议两部分内容。其中，结论就是在主要事实的基础上，经过一系列的问题分析后形成的基本观点和判断。建议是在结论的基础上提出的具有针对性的实施对策，是策略的具体实施与操作，如公司发展战略的实施可以从领导、组织、制度、队伍、平台和文化等方面展开叙述。一个好的结论能与导言和主体相呼应，并且能给读者留下深刻的印象。

2. 工作计划

工作计划是个人或单位预先对未来一定时间内要做的工作作出设计安排的事务性文书。一般来说，工作计划包括标题、开头、主体和结尾四个部分。

（1）标题。工作计划的标题一般包括单位名称、适用时间、内容性质和计划类型四要素，如《华南理工大学 2021—2022 年度教学工作计划》，其中"华南理工大学"为单位名称，"2021—2022 年度"为计划时限，"教学"为计划内容，"工作计划"为计划种类。

（2）开头。开头部分主要说明制订计划的起因、理论依据，以及概述基本情况或直述目的。计划的开头应简明扼要，以讲清楚制订计划的必要性、执行计划的可行性为要点，即回答清楚"为什么做"的问题。

（3）主体。在回答了"为什么做"的基础上，主体部分主要回答"做什么""做到什么程度""谁来做""何时做""怎么做"的问题。主体是计划的核心内容，主要包括目标任务、工作要求和措施办法三个部分。①明确目标任务。明确指出所要达成的目标、将要完成的任务，并根据实际内容将总目标分解成阶段性的工作目标，将总任务分解成具体化、定量化的子任务。②明确工作要求。一是明确成果要求，包括任务的数量要求、质量要求、效益要求等；二是明确时间要求，即明确各项任务的完成时限。③明确措施办法。措施办法是关于计划可操作性的关键环节，必须具体且切实可行。措施办法通常是关于完成计划应该动用哪些资源、创造哪些条件、排除哪些困难、采取哪些手段等问题的回答。

（4）结尾。计划的结尾部分一般是用来突出重点，强调有关注意事项，或者提出简短的号召，表明完成计划的决心。当然，简要的计划也可以没有结尾，直接到署名、署时落款。

3. 工作总结

工作总结是个人或单位对过去一段时期内的工作进行全面系统回顾、归纳、分析、评价，并从中总结出经验教训用以指导未来工作的事务性文书。通常来说，工作总结包括标题、开头、主体和结尾四个部分。

（1）标题。工作总结的标题有三种：①文件式标题。一般由单位名称、时限、内容、文体名称构成。②文章式标题。一般以单行标题概括主要内容或基本观点，不出现总结字样，但对总结内容有提示作用。③双行式标题。即分别以文章式标题和文件式标题为正、副标题，正标题揭示观点或概括内容，副标题点明单位、时限、性质和总结的种类。

（2）开头。总结的开头部分一般介绍工作背景、基本概况和总结目的等。开头部分应简明扼要、开宗明义，概括地说明所完成工作的工作依据、主要任务以及对工作成绩的简要评价等，以便引出下文的内容。

（3）主体。主体是总结的核心内容，应包括详细的工作内容、成绩及做法、经验与体会、问题与教训等。主体部分内容多、篇幅长，应注意结构化表达，做到层次分明、条理清晰。一般来说，主体部分常见的结构有三种：①纵式结构，即按照事物或实践活动的发展过程安排内容。写作时，把总结所包括的时间划分为几个阶段，然后按时间顺序分别叙述每个阶段的主要工作内容、成绩及做法、经验与体会、问题与教训。②横式结构，即按事实性质和材料的逻辑分组归类，标明序号，添加标题，依次展开内容。③纵横式结构，该结构既要考虑时间的先后顺序，体现事物的发展过程，又注意内容的逻辑联系，从几个方面总结经验教训。

（4）结尾。结尾作为总结的结束语，应在总结经验教训的基础上，提出未来努力的方向，提出改进建议，表明决心信心，展望前景。结尾应与主题相呼应，要求简短利索。

值得注意的是，写工作总结，必须提炼和预见。简单地陈述事实、罗列成绩与不足，这并不是总结。总结不是文字的堆砌，而是思想的火花，强调从已发生的事实中提炼出具有指导意义的经验与教训，用以指导下一阶段或类似的工作。因而，在工作总结中，还需要结合提炼出来的思想、思路、经验和教训等，对未来工作进行预见性分析，提出必要的建议，作出相应的计划。

4. 商务信函

商务信函是指组织间在日常的商务往来中用以传递信息、处理商务事宜以及联络和维持关系的信函、电讯文书。就沟通目的与形式而言，商务信函可分为肯定性信函、说明性信函、劝说性信函和负面性信函。

（1）肯定性信函。肯定性信函包括确认信、致谢信、祝贺信等，其主要目的在于向读者提供好消息，消除负面影响，即你同意做某事、答应某个请求，如出席会议、发送货物、提供服务等。肯定性信函的写作，首先应直截了当地告知好消息，综述要点。接着解释这个好消息，通过细节和事实的说明，消除接收者可能会产生的疑问，并阐明读者的受益处或主动、及时地说出可能的消极因素，以扩大正向影响或消除负面影响。最后，用良好的祝愿结束写作，使结尾充满友善、关怀和期待。

（2）说明性信函。说明性信函包括评估信、个人证明、资质证明等，其主要目的是向读者说明情况，便于读者了解有关情况。说明性信函的写作，首先应明确陈述主要观点。其次应提供相关背景资料、列举相关数据事实来支撑主要观点。最后应表明友善及乐意提供帮助。

（3）劝说性信函。劝说性信函包括催款信、建议书、推荐信、推销信等，其主要目的在于推销某个观点、某种产品、某项服务或你自己，努力改变读者的态度，使其采取一定的行动，同意你的要求、采纳你的建议、购买你的产品、接受你的服务或录用你等。劝说性信息的写作，开头首先要吸引读者的注意力，激发读者的兴趣。其次要阐明该观点、产品、服务等对读者的益处，并提出行动建议。最后的结尾要礼貌友善。

（4）负面性信函。负面性信函包括否定信、拒绝信、解雇信、纪律警告或处分信等，其主要目的在于告知读者坏消息，让读者理解并接受，同时保持组织或撰写者良好的形象和信誉。负面性信函的写作有三个技巧：①巧用缓冲语适当作铺垫。负面信函的开头段应适当运用缓冲语，如表示谢意、赞扬、同意和理解等，为"坏消息"的提出设置铺垫。②提及坏消息，合理作解释。在使用过渡句的基础上，明确而委婉地提及坏消息，并选取令人信服的理由，作出合理的解释。③给出积极面，减少负面性。结尾应减少负面影响的陈述，并针对前面提到的"坏消息"，给出积极的信息，以缓解该负面信息的消极影响。

5. 求职信与简历

求职信是求职材料中包含的文件之一。求职信的目的是总结简历的信息，告诉雇主为什么你最适合这份工作。求职信不是应聘中必要的材料，但其拥有简历无法替代的作用。①相比于简历需要按照一定的框架进行撰写，求职信的撰写形式更加灵活，更能体现自己的文笔和写作水平。②求职信更生动、更富情感，能够让面试官更全面地了解自己。撰写求职信的技巧主要有：一是要开场有力。求职者要用心构思开场白语句，吸引读者的注意，从一开始就提供相关信息说明您与该职位的相关性。善用押韵、排比句，使信函表达铿锵有力，朗朗上口。二是要注意细节。在做准备工作时，应访问公司网站，了解其工作性质，注意该组织的项目、客户、所获荣誉或其他与公司相关的新闻。在适当的情况下应在求职信中提及其中一两项内容，将其与你的技能和经验联系起来，说明你为什么是合适人选。三是成为能够解决问题的人。对求职的公司做一些研究，尤其要注意近期新闻或他们可能面临的组织问题，并在求职信中体现自己曾在之前的职位上解决过类似难题。

在求职过程中，除了撰写求职信之外，还要编写个人简历。个人简历是个人生活、学习、工作、经历、成绩的概括。呈送个人简历的目的是为了让用人单位全面了解自己，从而为自己创造面试的机会并最终达到就业的目的。简历撰写主要包含以下内容。

（1）选用合适的模板。很多人选择简历模板时，过分追求模板的设计样式，其实不然，HR 往往只有几秒钟的时间筛选一份简历，简历模板应当简洁大方、突出重点，模板颜色最好不超过 3 种。模板一般应包括个人信息、教育信息、工作经验、掌握技能等内容模块。

（2）简明的个人信息。包含个人的姓名、性别、学历、出生年月、联系方式、婚姻状况等，针对不同的岗位，选择展示不同的个人信息，如行政岗位最好选择展示身高。同时，需要准备一张正式的证件照，底色可选用米白色、浅灰色、浅蓝色，与模板颜色相搭配。

（3）教育背景。教育背景部分主要描述所读院校、专业及修学课程等内容，如果成绩很好，可采用"GPA：3.8，排位：2/58"等方式展现，可以添加自己的荣誉信息，如重要奖项等。

（4）工作经历。对于应届生而言，这部分主要介绍实习工作经历，一般采用"时间段—公司—岗位—工作内容"的格式展开，尽量添加数据说明工作成果和收获。

（5）掌握技能。将自己已经获得的相关证书、掌握的相关技能展示出来，证书和技能不是越多越好，如果没有突出你的能力，或者突出的能力跟应聘的工作没有太大关系甚至冲突，那就不需要放进来。

（6）自我评价。采用第一人称对自己的工作情况、生活情况和心理状态进行评价，直观地展示自我优势。注意，自我评价并非必须。

【课堂讨论】一封来自海外的求职信

2021 年 7 月，华东大学经济与贸易学院在网上发布了人才招聘信息。一天，该学院赵院长收到一封来自海外的求职邮件。

尊敬的赵院长：

我于 2001 年及 2004 年毕业于华东大学管理系，并获得管理学学士和硕士学位。自 2004 年硕士毕业后，我留校任讲师。于 2012 年 2 月赴美国纽约大学攻读博士学位，师从 Jason 教授，并于 2016 年 3 月获经济学博士学位。我现在美国加州大学洛杉矶分校经济系作访问研究，与 Dennis 教授合作研究现代产业经济并预备出版专著一本。教学之余，我已在英国经济学期刊、美国经济学期刊，以及美国产业经济研究季刊发表若干篇论文。在国外学习和工作期间，我一直关注母校的发展，并期待有机会为我的母校做贡献。2021 年 9 月底，我有机会到华东地区进行学术交流。我希望能有机会与您面谈。

我的简历和论文一并 Email 给您。期待您的回信。谢谢。

祝：工作生活顺利！

李强

2021 年 6 月 10 日

思考与讨论：该求职信存在哪些问题？应如何改进？试运用一三九结构给出看法和建议。

6. 写作的原则

虽然报告、计划、总结和信函这四类沟通文体的适用场合与写作重点不同，但是其正文的基本结构却是大同小异。从形式结构来看，都体现出开头—主体—结尾的三段式结构，其中开头意在吸引受众，主体精在说服受众，结尾贵在留住受众。从内容结构来看，都应包括事实、分析、建议三个要素，有事实，受众才感"无法拒绝"，有分析，受众才感"很有道理"，有建议，受众才会"应该考虑"。因而，在写作的过程中，要学会寻找规律，举一反三，活学活用。

根据各类管理文体的写作方法，以及麦肯锡建立解决方案的三大理念：一是以事实为基础，二是系统化，三是大胆假设，小心求证[1]，可以归纳出写作的三个基本原则。

（1）以问题为导向。以问题为导向，要求在写作前应明确所要解决的问题，列出所有要解决问题的相关内容，并逐级拆分问题，建立问题树（又称"逻辑树"），寻找关键驱动因素，分析问题产生的原因以及找出可能的解决办法。以广药集团如何形成完备的产品结构为例，其需要解决的问题主要有三个方面："如何确定重点产品品种？""如何打造产业链？"和"如何做好品牌定位？"可能的方法有三："闪亮三点""做强三线"和"优化三面"。按照这个思路分解，将一个问题的所有子问题分层罗列，从最高层开始，逐步向下扩展，就可以形成一个问题树。如图 4-15 所示。

问题树法有助于我们更好地了解所要解决的问题，明晰所有问题之间的逻辑关系，进而找出相应的解决方案。对于写作而言，问题树的建立有助于我们更好地明确写作的目的和主要内容，进而更有针对性地收集相关资料。

---

[1] 埃森·M. 拉塞尔. 麦肯锡方法 [M]. 张薇薇，译. 北京：机械工业出版社，2010.

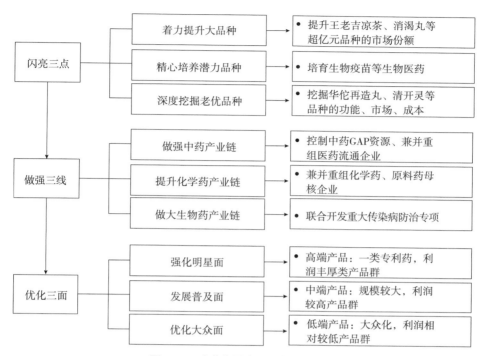

图 4–15　广药集团产品结构的问题树

资料来源：李楚源，张振刚，等 . 广药集团十二五发展战略研究报告，2011.

（2）以事实为基础。一位前麦肯锡高级项目经理说，在麦肯锡阐述其问题解决流程的华丽术语背后，你会看到麦肯锡对事实的热情，以及基于事实的细致和深入的分析。在麦肯锡看来，事实对推进工作具有两个重要作用：①弥补了直觉的缺陷。麦肯锡的顾问大多是通才，博学却涉猎不深，经验积累不足，如果让他们去解决问题，往往不是靠经验取胜，而是靠大量的事实去说明问题。②提高了分析的可信度。事实证据是证据中最有说服力的一种，比起泛泛空谈的理论更让人信服。所以，当我们在求解时，要尽量去探求事实，以事实为基础。

以事实为基础，要求我们在写作的过程中要用事实说话、用数据证明，进而支撑论点。但值得注意的是，在收集资料的过程中，不要过分追求面面俱到，即"不要妄想烧干大海"。只需要寻找对论题有帮助的材料，过度地寻找事实例子，就会浪费我们的精力和时间。

（3）以结构为核心。有了事实还不够，还要把事实按照一定的逻辑架构呈现出来。每一类管理文体都有其基本结构，在搭建结构和思考时，可以借鉴优秀作品中的经验和方法，而"不要重新造一个轮子"。掌握了一般性的理论方法，就可以广泛解决类似的问题。

通常来说，可以用时空顺序（时间顺序、空间顺序），或者逻辑次序（因果次序、层次次序）进行呈现。搭建结构的过程中，还要注意内容的"相互独立、完全穷尽"，确保囊括所有关键的内容，以及最低程度的混淆。因而，在结构搭建出来后，我们要不断地进行检验：是不是最佳结构？是否考虑了所有的问题，以及与此相关的所有条目（完全穷尽）？是否每个问题都是独立的、不同的（相互独立）？不断完善文章的结构，满意后再开始写作。详细的写作表达见 4.2.3。

🔍【本章小结】

1. 信息管理流程的三个步骤：信息收集、信息加工和信息表达。

2. 表达的方法论主要有五个原则：结构化、完整化、简明化、形象化和准确化。

3. 倾听的意义：获取重要信息、激发对方兴趣和防止主观偏见。

4. 倾听的六个环节：聆听、理解、记忆、诠释、评估和回应。

5. 不恰当的倾听方式：不听对方把话说完，只听自己想听的内容，做出"令人不快的附和"，不恰当的"态度和动作"和不问清细节就答应工作。

6. 身体语言倾听模型：微笑、保持自己的手放在桌面上、身体前倾、将身体彻底转向对方、目光接触和点头。

7. 倾听的方法：认真准备，营造环境；真诚理智，消除偏见；专注认真，适当总结；耐心听完，再下结论；及时响应，积极反馈。

8. 阅读的四个层次：基础阅读、检视阅读、分析阅读和主题阅读。

9. SQ4R 阅读法：S 代表浏览，Q 代表提问，四个 R 分别代表阅读、复述、联系和复习。

10. 演讲的特征：综合性、直接性、现实性、艺术性；演讲的目的：施加影响、告知情况、传授知识。

11. 演讲的类型。

（1）根据演讲者的目的不同，可分为激情演讲，煽情动志；知性演讲，启智播知；礼性演讲，交情宣感；辩性演讲，纠偏除谬。

（2）根据演讲的方式不同，可分为即兴型、背诵型、提纲型和宣读型。

12. 演讲的结构：开场部分（凤头）、主体部分（猪肚）、结尾部分（豹尾）。

13. 演讲的技巧：充分准备、心理暗示、目光接触和控制节奏。

14. 会谈的类型：组织内部举行的会议、组织外部对象参与的会谈。

15. 面谈的类型：招聘面谈、绩效评估面谈、信息收集面谈、激励面谈和面试。

16. 面谈的过程：材料的准备、了解面谈对象、确定面谈的时间地点、进行提问和面谈的结束。

17. 写作的三个环节：计划、起草和修改。

18. 写作的基本原则：以问题为导向、以事实为基础和以结构为核心。

【问题讨论】

1. 信息表达有哪些方法论？分别有什么作用？
2. 如何才能做到有效倾听？
3. 两张纸的记录方法应如何操作？
4. 如何提升演讲技能？
5. 如何提升写作能力？

【案例分析】2019 年任正非在人民大会堂的汇报发言

以创新为核心竞争力为祖国百年科技振兴而奋斗

从科技的角度来看，未来二三十年人类社会将演变成一个智能社会，其深度和广度我们还想象不到。越是前途不确定，越需要创造，这也给千百万家公司提供了千载难逢的机会。我们公司如何努力前进，困难重重，机会危险也重重，不进则退。如果不能扛起重大的社会责任，坚持创新，迟早会被颠覆。

一、大机会时代，一定要有战略耐性

人类社会的发展，都是走在基础科学进步的大道上的。基础科学的发展，是要耐得住寂寞的，板凳不仅要坐十年冷，有些人，一生寂寞。华为技术有限公司（以下简称华为）有八万多研发人员，每年研发经费中，20%~30% 用于研究和创新，70% 用于产品开发。很早以前我们就将销售收入的 10% 以上用于研发经费。未来几年，每年的研发经费会逐步提升到 100 亿 ~200 亿美元。

华为这些年逐步将能力中心建立到战略资源的聚集地区去。现在华为在世界上建立了 26 个能力中心，并且逐年增多，聚集了一批世界级的优秀科学家，他们全流程地引导着公司。这些能力中心自身也在不断发展中。

华为现在的水平尚停留在工程数学、物理算法等工程科学的创新层面，尚未真正进入基础理论研究。随着逐步逼近香农定理、摩尔定律的极限，面对大流量、低延时的理论还未创造出来，华为已感到前途茫茫，找不到方向。

华为已前进在迷航中。重大创新是无人区的生存法则，没有理论突破，没有技术突破，没有大量的技术累积，是不可能产生爆发性创新的。

华为正在本行业逐步攻入无人区，处在无人领航、无既定规则、无人跟随的困境。华为跟着人跑的"机会主义"高速度，会逐步慢下来，创立引导理论的责任已经到来。

华为过去是一个封闭的人才金字塔结构，我们已炸开金字塔尖，开放地吸取"宇宙"能量，加强与全世界科学家的对话与合作，支持同方向科学家的研究，积极参加各种国际产业与标准组织、各种学术讨论，多与能人喝喝咖啡，从思想的火花中，感知发展方向，有了巨大势能的积累、释放，才有厚积薄发。

内部对不确定性的研究、验证，正实行多路径、多梯级的进攻，密集弹药，饱和攻击，蓝军也要实体化。

并且，不以成败论英雄，从失败中提取成功的因子，总结，肯定，表扬，使探索持续不断。对未来的探索本来就没有"失败"这个名词，不完美的英雄，也是英雄。

鼓舞人们不断地献身科学、不断地探索，使"失败"的人才、经验继续留在我们的队伍里，我们会更成熟，我们要理解歪瓜裂枣，允许黑天鹅在我们的咖啡杯中飞起来。

创新本来就有可能成功，也有可能失败。我们也要敢于拥抱颠覆。鸡蛋从外向内打破是煎蛋，从里面打破飞出来的是孔雀。现在的时代，科技进步太快，不确定性越来越多，我们也会从沉浸在产品开发的确定性工作中，加大对不确定性研究的投入，追赶时代的脚步。

我们鼓励我们几十个能力中心的科学家、数万专家与工程师加强交流，思想碰撞，一杯咖啡吸收别人的火花与能量，把战略技术研讨会变成一个"罗马广场"，一个开放的科技讨论平台，让思想的火花燃成熊熊大火。

公司要具有理想，就要具有在局部范围内抛弃利益计算的精神。重大创新是很难规划出来的。固守成规是最容易的选择，但也会失去大的机会。

我们不仅仅是以内生为主，外引也要更强。我们的俄罗斯数学家，他们更乐意做更长期、挑战很大的项目，与我们勤奋的中国人结合起来。日本科学家的精细，法国数学家的浪漫，意大利科学家的忘我工作，英国、比利时科学家领导世界的能力……会使我们胸有成熟地在 2020 年销售收入超过 1500 亿美元。

二、用最优秀的人去培养更优秀的人

用什么样的价值观就能塑造什么样的一代青年。蓬生麻中，不扶自直。奋斗，创造价值是一代青年的责任与义务。

我们处在互联网时代，青年的思想比较开放，活跃，自由。我们要引导和教育，也要允许一部分人快乐地度过平凡的一生。

现在华为奋斗在一线的骨干，都是"80后""90后"，特别是在非洲，中东疫情、战乱地区，阿富汗，也门，叙利亚……"80后""90后"是有希望的一代。

近期，我们在美国招聘优秀的中国留学生（财务），全部都要求去非洲，去艰苦地区。华为的口号是"先学会管理世界，再学会管理公司"。

我们国家百年振兴中国梦的基础在教育，教育的基础在老师，教育要瞄准未来。未来社会是一个智能社会，不是以一般劳动力为中心的社会，没有文化不能驾驭。

若这个时期发生资本大规模雇用"智能机器人"，两极分化会更严重。这时，有可能西方制造业重回低成本，产业将转移回西方，我们将空心化。即使我们实现生产、服务过程智能化，需要的也是高级技师、专家、现代农民……因此，我们要争夺这个机会，就要大规模地培养人。

今天的孩子，就是二三十年后冲锋的博士、硕士、专家、技师、技工、现代农民……代表社会为人类去作出贡献。因此，发展技术的唯一出路在教育，也只有教育。我们要更多地关心农村的老师与孩子，让老师成为最光荣的职业，成为优秀青年的向往，用最优秀的人去培养更优秀的人。

这次能够在大会上发言，对华为也是一次鼓励和鞭策。我们将认真领会习近平总书记、李克强总理重要讲话和这次大会的精神，进一步加强创新，提升核心竞争力，为祖国百年科技振兴而不懈奋斗。

选编自：2019 年任正非在人民大会堂的汇报发言。

思考讨论题：

1. 作为一篇发言稿的核心内容，请结合说话的方法进行讨论，分析本发言稿有哪些地方是值得学习与借鉴的？

2. 作为汇报发言的事后整理，请结合写作的方法进行分析，本发言稿有哪些方面值得学习与借鉴？还有哪些地方可以改进？

3. 作为一名与会人员，应如何倾听？怎样才能做好笔记？

4. 作为一篇篇幅较长的发言稿，如何阅读才能在最短的时间内准确把握其核心思想与主要内容？

第5章 管理沟通的渠道策略

不解决桥和船的问题，过河就是一句空话。

——毛泽东

【学习目标】

➤ 了解书面沟通的两种方式及其特点、三种适用情形。

➤ 了解口头沟通的两种方式及其特点、两种适用情形。

➤ 了解非语言沟通的三种类型及其特点中西方非语言沟通的差异。

➤ 掌握身体语言、副语言和环境语言的运用技巧。

➤ 掌握书面渠道、口头渠道和非语言渠道的配合使用技巧。

【导引故事】一次年度总结报告会

H公司企划部的林梅接到上司王大伟的电话，任命她代表企划部参加公司年度报告总结会。林梅深知此事的重要性，立即拿起笔在日程本中记下日期和地点。放下电话后，林梅觉得应该先写出本部门的年度总结报告，并且发给上司看一下有什么不足之处，于是林梅把本部门的所有员工召集在一起，开了一个群体会议，让大家各自汇报一下今年的工作情况，并作了详细记录。事后，林梅起草了一份本部门年度总结的草稿发到王大伟的邮箱，又以短信的形式提醒领导过目。一天以后，王大伟回邮件给林梅，对她的草稿提出了一些建议。

一个星期后，林梅带着报告来参加会议。负责主持会议的总裁助理李晓江依照总裁指示将参加会议的人以三人为单位分成小组，每个小组的内部成员负责看其他人的草稿。这样大家就可以看到自己写的报告是否与其他人的一致。

林梅被分到与市场部张莉、生产部孙维一组。林梅发现，虽然大家身处一个公司，但林梅却几乎没有见过他们。当林梅阅读张莉和孙维写的年度报告时，她才发现她对公司的其他部门几乎没什么了解。虽然从企划到生产再到市场营销是一脉相承的，但是三个部门对于公司高层指示的理解都有不同。不过，三人经过一番讨论，彼此对各部门有了了解，很快也就达成了一致。

下午的会议很简单。李晓江向大家说明了完成报告的程序：每个小组成员都要对其他人的报告进行评论，然后小组要派出一个人在会议上展示小组讨论的最终结果。高层领导和其他小组成员对展示成果进行提问。年度总结报告大会显然促进了各个部门的交流，让每个部门都对公司整体有一个全面的了解，大家也都更明确自己所在部门的职责以及如何更好地与其他部门配合。尽管林梅的小组成员张莉和孙维都一致推选林梅作为小组代表来准备小组报告，但林梅自己却感到心有余而力不足，如果之前就对各个部门有所了解的话，现在就会更加有底气。

林梅的职业发展历程使她有机会走出自己供职的小部门，参与到公司里大的沟通活动中去，在此之前，她已经习惯了部门的日常会议以及偶尔举办的部门素质拓展活动。尽管公司使用了很多方式与员工进行沟通，如公司内部的实时通信，以及半年一次的内部刊物，但是林梅还是觉得对公司其他部门的事务知之甚少，各部门无法切实融为一体。林梅把这次参加会议所遇到的问题反映给上司王大伟，王大伟也意识到问题的重要性，准备从自己所领导的部门做起，增进沟通，并且和林梅一起写了一份提议向高层领导反映。

其实林梅遇到的问题是大多数公司员工面临的问题，导致这一问题的根源就是沟通渠道不顺畅。我们看到 H 公司的沟通渠道只有内部的实时通信、半年一次的内部刊物、部门日常会议以及年度总结大会，沟通渠道较少，员工交流不深入。其实，公司有很多沟通渠道可以选择，如召开例会、建立公司官网、构建公司的即时通信网络、组建交流社区等。如果管理者能够合理地运用各种沟通渠道，就能使信息传递得更加迅速流畅、公司内部的交流沟通也就更加深入充分。因此，如何合理地利用各种沟通渠道，采用多种沟通技巧，尽可能与员工进行全方位的交流，已经成为公司内部管理研究的一个重要课题。

H 公司的案例旨在说明沟通渠道不顺畅会给员工之间的交流、部门之间的协调、公司经营绩效带来诸多不良影响。自古以来，人们就已认识到，谏言、沟通的路径应当畅通无阻，"通则不痛，不通则痛"，《宋史·乔行简传》就提到"贤路当广不当狭，言路当开不当塞"。沟通渠道的正确选择可以使管理沟通有更快的速度、更高的准确性和成功率。管理沟通的渠道策略就是对信息和思想传播的媒介进行有意识的选择与组合。沟通必须借助一定的媒介渠道才能进行。沟通媒介的类型十分丰富，有面谈、电话、电子邮件和书信等。不同的沟通渠道，其特点和作用不同，管理者需要根据信息的内容以及想要达到的传递效果来选择不同的沟通渠道。

管理沟通的渠道可分为语言沟通渠道和非语言沟通渠道，其中语言沟通渠道细分为书面沟通渠道和口头沟通渠道。这三种沟通渠道特点鲜明，内容迥异。表 5-1 对三种沟通渠道进行了详细的阐释和比较。

表 5-1　沟　通　渠　道

沟通渠道			主要内容
语言沟通渠道	书面沟通渠道	纸质媒介	信函、工作报告、文件资料、会议纪要、公司内部刊物和公告等
		电子媒介	短信、电子邮件、博客、微博和网站等
	口头沟通渠道	单向式沟通	演讲、语音邮件和广播等
		双向式沟通	面对面交谈，电话、电话会议、视频会议，征询与参与性会议（包括例会、座谈会、年度大会、工作会议等）等
非语言沟通渠道	身体语言	肢体语言	手势、头部动作及身体其他部位的动作等
		表情语言	眼神、笑容等其他面部表情
		形象语言	姿态、体味、妆容、服饰、身高及体重等
	副语言	发音修饰	音调、音质、语速、音量、清晰度和重音等
		语音间隔	停顿和沉默
	环境语言	自然环境	湿度、温度、天气、光线和噪声等
		空间环境	房间构造、家具摆设、内部装潢、整洁度、座位的布置、谈话的距离和颜色等
		时间环境	时点和时间长短

书面沟通渠道根据其传播媒介的不同，可分为两大类：纸质媒介和电子媒介。早期的书面沟通只能通过传统的纸质媒介进行，随着科学技术的发展，如今人们可以借助电子媒介在虚拟平台上进行交流，如即时通信、电子邮件等，其沟通效率大大提升。

口头沟通渠道根据说话的互动性不同可分为单向式沟通和双向式沟通两大类。单向式沟通重在信息或感情的单向传递，如语音邮件和演讲等。双向式沟通重在思想和情感的互动，如面谈、电话和会议等。

非语言沟通渠道可分为身体语言、副语言和环境语言三大类。身体语言体现在肢体动作、面部表情以及个人形象三方面。副语言主要是指语气、音调的变化，即由语言的抑扬顿挫传达出的信息。环境语言涉及环境的布局设置以及空间距离等。

三大沟通渠道包含的内容各不相同，彼此之间相互补充、相辅相成，只有配合使用得当才能达到理想的沟通效果。

5.1　书面沟通渠道

5.1.1　书面沟通的特征

　　书面沟通是以文字或图形符号作为载体进行的信息传递。其形式主要包括传统的纸质媒介和新兴的电子媒介。书面沟通一般不受时间和场地的限制，沟通内容易于保存，因而应用很广。书面沟通在管理工作中的作用是毋庸置疑的，它的特征主要体现在以下三个方面。

　　（1）可视性。可视性指的是书面沟通是以文字或者图形符号为载体，可供人们进行实际观察、阅读、理解和交流的一种沟通方式。文字和图形是人类用来记录语言信息的符号，运用文字传递最大的优势在于信息传达的准确性较高，而用语音传递信息可能会出现误听、漏听的现象。

　　（2）间接性。书面沟通是一种非面对面的交流，本质上是一种间接性的沟通方式。非面对面的交流可以使沟通双方从容地表达自己的意思，可以避免因紧张、仓促而造成的信息表达不清等问题。但是书面沟通不能观察到对方的神情，有时较难揣测对方的真实意图。

　　（3）规范性。书面沟通有形而且可以核实，就目前来说，一些正式的文件或者珍贵的资料还是需要以书面的形式记录和保存。正式的书面文件往往有特定的书写格式与严格的写作要求，在书写过程中可以进行思考和修改，所以具备严谨规范、条理清晰和逻辑清楚等特点。

5.1.2　书面渠道的优缺点

　　无论是早期的纸质媒介，还是新兴的电子媒介（如微信和电子邮件等），这些书面沟通渠道都具有表 5-2 所列的优缺点。

表 5-2　书面沟通渠道的优缺点

书面渠道的优点	书面渠道的缺点
（1）可以长期保存，不受时间、地点限制，便于查阅和引用 （2）节省沟通对象的时间，因为阅读速度比倾听快 3~4 倍 （3）允许读者按照自己的速度进行（与倾听者不同） （4）文字经过仔细推敲，讲究逻辑性和严密性，说理性更强 （5）接收者可以在自己方便的时候阅读	（1）反馈有限且比较缓慢 （2）因为缺乏非语言的相关信息，所以难以完整地反映信息发出者的想法 （3）无法获悉所写内容是否已被接收并阅读 （4）耗费时间较长，写作所需时间比口头表达更长 （5）无法应用情境和非语言要素

　　通过对书面沟通渠道优缺点的分析，利用其优点可以将书面沟通渠道用于三种情形：①由于其具有读取便捷、正式可靠的特点。所以比较正式或者珍贵的资

料（如档案、历史资料等）还是需要书面材料留作存档，所谓"口说无凭、落笔为证"，以书面形式记录下来能方便日后查证。②书面沟通可以有效地帮助沟通双方厘清思路，构建严密的逻辑，增强沟通效果，因此那些需要大家先思考、斟酌，短时间很难有结果的事件信息（如项目策划案、工作报告等）可以用书面沟通渠道进行交流。③对大众进行通知、宣传或对重大事件进行公开宣布，如电视、网站和传单等，也适宜用书面形式的沟通方式。

书面沟通的缺陷之一在于它不能进行及时的反馈，也不能观察到对方的表情，有时易造成信息的误读。因此，对于类似信函这种蕴含有感情的书面信息要注意揣摩发送者的言外之意。

除了共有的优缺点外，每种书面沟通渠道还有其自身独特的优缺点。下面选择几种较常用的书面沟通方式进行详细的优缺点分析。

（1）工作总结。工作总结是当工作进行到一定阶段或告一段落时，对之前所做工作进行认真的分析研究，肯定成绩、找出问题、归纳出经验教训、提高认识、明确方向，以便进一步做好工作的文字报告。通过这种方式，人们可以把零散的、肤浅的感性认识上升为系统、深刻的理性认识，从而得出科学的结论，使今后的工作少走弯路，多出成果。但现在年度工作总结有泛滥之势，年终岁首、业绩考核，各单位都要工作总结，有些工作总结摘摘抄抄、拼拼凑凑，导致套话连篇、内容空虚、华而不实、拖沓冗长，对工作质量的提升并无促进作用。要改善这个现象，首先要从领导做起，打破工作总结的八股范式，提倡工作总结不拘泥于形式，以亮点、要点取胜，让工作总结真正发挥作用。

（2）商务信函。商务信函是指日常的商务往来中用以传递信息、处理商务事宜以及联络和沟通关系的信函、电讯文书，是组织外部信息传递的方式之一。常用的商务信函主要有商洽函、询问函、答复函、请求函、告知函和联系函等。信函约见比打电话更为正式，一般用于比较正式、重要的场合。使用商务信函能够节省双方的商务往来时间并达到预期的效果。但使用商务信函不能得到及时反馈，对于想要快速约见的合作伙伴，使用电话联系更佳。

（3）电子邮件。电子邮件是一种利用电子手段提供信息交换的通信方式，是互联网最广泛和最重要的应用之一。通过电子邮件，可实现快速地编辑和传递信息。同时，电子邮件也是一个非常高效的资料管理工具，通过电子邮件过滤、存储、分类、寻找信息和附件，比通过纸质档案迅速得多。尽管电子邮件减少了面对面和电话沟通交流的机会，但增加了员工跨层级沟通的机会。虽然一些社会或组织内的身份等级差别在电子邮件中仍有存在，但通过隐藏年龄、种族、性别和国别等其他特征，电子邮件沟通方式可以减少很多传统偏见。当然，对于新兴的沟通渠道，我们要学会使用，但不能过分依赖。

拓展阅读 5.1

【课堂练习】

　　小周是 A 公司新来的总经理秘书，最近公司要开展周年庆活动，总经理让小周给公司的客户写一封邮件，邀请他们参加公司的周年庆活动。请问小周该怎么写这封邀请邮件呢？请你代小周拟写一封邀请邮件。

5.2　口头沟通渠道

5.2.1　口头沟通的特征

　　口头沟通，这里是指广义的口头沟通，指的是所有涉及口头表达并且以口头表达为主的沟通方式。口头沟通是管理工作中不可或缺的部分，出色的口头沟通能力是组织正常运转的重要保证。口头沟通包括面谈、召开会议、电话沟通和演讲等。它的特征主要体现在以下三个方面。

　　（1）语音性。语音性是指口头沟通渠道主要通过声音来传播信息。不同人的声音有音色、音调与音量的不同，并且人们的心情也能通过声音的变化鲜活地展现出来，心情低落时声音可能会不自觉地变得低沉，心情舒畅时声音又会变得轻快，口头沟通也因此变得形象生动。

　　（2）直接性。相对于书面沟通，口头沟通是一种直接的沟通方式，它的优点在于快速传递和快速反馈。在这种方式下，信息可以在最短的时间内进行传送，并在最短的时间内得到对方的回复。如果接收者对信息不确定，迅速的反馈可以使发送者及早地发现错误，及时调整以使信息准确地传递。

　　（3）灵活性。口头沟通跟一个人的道德修养、学识水平、思辨能力密切相关，同样意思的一句话从不同的人口中说出可能会有不同的效果。古人云："良言一句三冬暖，恶语伤人六月寒。"说话也是讲求技巧和艺术的。在口头沟通的过程中，双方可以通过察言观色灵活地组织语言信息，做到快速分析、随机应变。

5.2.2　口头沟通的优缺点

　　口头沟通是人们日常生活中最方便的沟通渠道，大量的科学研究证实，大多数管理者每天花费大量的时间用于说话和倾听。口头沟通分为双向式沟通和单向式沟通。双向式沟通包含反馈，是信息发送者和接收者的双向交流，如面谈、访谈和讨论等。单向式沟通重在信息的传达，过程中无及时反馈，是信息发送者到接收者的单向过程，如打电话、演讲和语音邮件等。相对于书面沟通来说，口头沟通方式有一些共同的优点和缺点，见表 5-3。

　　通过对口头沟通渠道优缺点的分析，利用其优点可以将口头沟通用于：①由于口头沟通过程中反馈及时、交流充分，所以这种方式特别适合解决具有时效性、

表 5-3　口头沟通渠道的优缺点

口头沟通渠道的优点	口头沟通渠道的缺点
（1）可以通过语音语调、面部表情和肢体语言等传达情感，比书面渠道更具影响力 （2）能够对沟通对象的语言和非语言信息作出立即回应，充分、迅速地交换意见 （3）更容易进行情感的交流、建立良好的关系	（1）话一说出口就很难收回，错误的表达会带来负面影响 （2）说话时较难进行细致的思考，很难通盘考虑问题点 （3）比书面沟通的速度慢，因为读的速度远快于说的速度

不能拖延的问题。②由于口头沟通的感染力较强，因此当试图与对方建立良好的人际关系时，使用口头沟通比书面沟通要好。

说出去的话再难收回，所以对一些较为复杂的问题最好不要贸然回答，搞不清状况时不应妄下结论。另外，口头沟通失真的潜在可能性较大，一句话经多人传递后可能与最初的意思相差甚远，所以在运用口头沟通渠道时，要注意控制好传递链的长度，避免因传递链过长而带来信息误传、失真等问题。

为了更好地运用各种口头沟通方式，应该了解每种方式自身独特的优缺点。下面以单向式沟通中的演讲、语音邮件以及双向式沟通中的电话、面谈为例进行分析。

（1）演讲。演讲是在公众场合进行的一种语言交际活动，演讲具有鼓动性，成功的演讲能激发听众的热情、引发听众的共鸣。演讲除了能够进行知识和信息的传播，其优点在于能给受众以真理的启迪和行动的导引，即在思想观念上进行理性教育，在实践活动上进行正确指导。但演讲的前期准备时间一般比较长，整个演讲的过程较费时费力，对演讲者的要求也较高，所以演讲一般用于沟通比较重要的事件。

（2）语音邮件。语音邮件是一种利用计算机或手机处理的应答功能，能自动保存你和对方的呼叫信息，并在双方需要的时候随时播放。它适用于快速处理简短消息，如果谈话内容较多或者较为重要时，就要另谋他法。语音邮件的管理较为方便，能对消息进行删除、保存或者转发给他人。相比电子邮件来说，语音邮件包含更多的非语言暗示，如语气、语调等，因而更加鲜活、生动。

（3）电话。电话的发明具有划时代的意义，它使人们突破地域的束缚，相隔千里也能沟通自如，节省了交通上的时间和费用。相比面谈，电话沟通具有很好的私密性，不必为了着装礼仪等细节问题而烦恼，并且适用于敏感话题，避免了面谈时的尴尬。但是要注意，电话并不是随时随地都能够保持畅通，信息的接收者也不一定任何时间都能联系上。电话(除了视频电话)中缺少文字信息和视觉辅助，

拓展阅读 5.2

所以有时可能会产生误解或者被对方欺瞒，这些问题都会为沟通带来干扰。下面的沟通技巧将从打电话和接电话两个方面来介绍。

【课堂互动】如何用电话沟通？

　　环宇公司是奋发咨询公司的客户。小张是奋发咨询公司咨询师助理，老王是环宇公司市场部经理，小李是环宇公司市场部职员。由于天气原因导致飞机延误，无法按时到环宇公司开会。这时小张要与环宇公司市场部经理联系，以说明情况，接电话的是小李。如果你是小张，你该如何打这个电话？如果你是小李，你该如何接这个电话？

　　（4）面谈。面谈是指组织中有目的、有计划的，在两个人或者更多人之间进行的面对面交流的过程。在面谈的过程中，双方可以从非语言信息判断对方的真实意图和态度，有利于更好、更快地与对方建立人际关系。面谈的缺点体现在它的不确定性，虽然面谈是有目的、有计划的，但在进行过程中可能会受到心理和环境等因素的影响，因而不易被完全控制。

　　书面沟通和口头沟通是管理沟通的两大主要渠道，而管理沟通又贯穿于整个管理过程之中。从管理的四大职能来看，书面沟通与口头沟通渠道在计划、组织、领导和控制活动中发挥着重要作用，保障了管理工作的顺利进行，见表 5-4。

表 5-4　管理职能与沟通渠道

管理职能	管理沟通渠道	
	书面沟通渠道	口头沟通渠道
计划	制订书面计划（包括长期计划和短期计划）	群体讨论（收集想法、讨论实施方案），项目会议
组织	制定分配资源、布置任务的政策、程序等，绘制结构和流程图	面对面讲解、电话指导和动员大会
领导	书面批示和邮件反馈	口头指示、电话会议、广播和演讲
控制	书面评价、期望与绩效情况的书面分析和邮件反馈	对结果进行口头评价和电话指导

　　组织内部沟通可分为正式沟通和非正式沟通。正式沟通中根据信息流向的不同，可以分为上行沟通、下行沟通以及平行沟通。非正式沟通是指通过正式沟通渠道以外的方式进行的信息传递和交流。现在我们把组织内部、组织外部的沟通类型与沟通渠道结合起来，归纳出不同的沟通类型对应的沟通渠道，见表 5-5。

表 5-5　沟通类型与沟通渠道

沟通类型	方向	管理沟通渠道			
		书面沟通渠道		口头沟通渠道	
		个体之间	群体之间	个体之间	群体之间
正式沟通	上行沟通	书面汇报、工作总结、邮件	书面提议、群众意见箱	口头汇报、口头提议、电话	电话会议、报告会、座谈会
	下行沟通	书面批示、反馈电子邮件	公告、文件传阅、博客、即时通信	口头指示、电话、语音邮件	发表讲话、工作会议、电话会议、广播
	平行沟通	备忘录、邮件、手机短信、即时通信	工作日志、网站、会议纪要	口头交谈、正式会谈	部门会谈、即时通信、广播、群体聊天软件
	外部沟通	商务信函、博客、即时通信	期刊、新闻稿、网站、博客	面谈、电话	公开会议、发布会、广播
非正式沟通	—	私人书信、短信、即时通信	自由论坛、网页、博客	私人会面交谈、电话、语音信息	私下讨论、小道消息、群体聊天软件

5.3　非语言沟通渠道

5.3.1　非语言沟通的特征

非语言沟通是指利用语言以外的其他沟通元素，如外在形象、身体动作和交际距离等来传递信息的沟通方式。沟通双方近距离交谈，通过察言观色来揣摩言外之意或未言之意，即进行"非语言沟通"。白宫和克里姆林宫早就设有"热线"，照说一通电话可以解决的事情，何劳外交官风尘仆仆飞来飞去？原因之一，就是可以从近距离的接触中，透过彼此的神情、语气、肢体动作等各种非语言信息来确立对方传达的准确含义，察言观色，聆听弦外之音，或步步为营，或互相让步。非语言中隐藏的含义，往往对沟通双方的交流起着十分关键的作用。总体来看，非语言沟通的特征主要体现在以下四个方面。

（1）辅助性。大多数情况下，非语言沟通往往伴随着语言沟通，与之相辅相成。很多时候仅仅通过语言沟通不能表达出完整的信息，或者无法让沟通对象全面接收并直观理解该信息，如焦急的失主寻找丢失的箱子时，只用口头表达是不够的，他会用双手向路人比划箱子的形状，别人虽不清楚箱子的样子，也能从失主的手势中了解一二。结合非语言信息能更为准确地反映语言沟通所要表达的真正思想和情感，并易于为沟通对象准确接收和理解，从而达到更为显著的沟通效果。

（2）广泛性。非语言沟通常常比语言沟通包含的信息更广泛。例如，两个人面谈时，彼此不仅能听到对方的话，还能听到彼此声音的语调，观察到面部表情，理解彼此的手势，闻到身上的气味，触摸到对方的手臂，从双方的距离和位置感受彼此的情感关系。所以，在关注他人讲话的同时，要关注和加工非语言信息，这样才能更多地了解他们的想法和感受。很多的时候，语言并不能准确、形象地表达出内心所想。比如，形容自己的心情，我们用"高兴""悲伤"，或者其他形容词，但实际上内心的情感要比这些词语有着更丰富的内容。所以人们经常会说"只可意会，不可言传"，这些不可言传的信息就隐含在非语言沟通里。

（3）情境性。情境性是指我们在理解非语言信息的时候要结合周围的环境、文化背景综合考虑。生活中我们经常遇到这种情况，单抛出一句话我们可能不清楚这句话的含义，但若结合上下文的语境再来理解，我们就能准确地解读其中的意思。非语言沟通也是如此，在不同的环境下，同样的姿势也许表达不同的含义。例如，竖起大拇指在中国表达的是"你很厉害，你很棒"的意思，但在拉美国家却表示对人的侮辱。忽视非语言沟通所处的情境就可能会出现曲解和误会。

（4）个性化。一个人的肢体语言与其性格、气质是紧密相关的。爽朗敏捷的人同内向稳重的人的手势和表情肯定是有明显差异的。每个人都有自己独特的肢体语言，它体现了个性特征，人们时常从一个人的形体表现来解读他的个性。

5.3.2　身体语言

1. 定义

人是有思维的高级动物，心有所思，体有所动，个人的所思所想，尽在一举一动之中，所以，理解身体语言有助于洞察一个人的心态。身体语言是指非词语性的身体符号，包括肢体语言、表情语言和形象语言。在默片时代，由于肢体语言是大银幕上唯一的沟通方式，因此，像卓别林这样的电影演员就成了揣摩并施展肢体语言技巧的先驱。在当时，能否恰到好处地使用各种手势以及能够巧妙地用身体各部位发出信号与观众交流，就成了评判演员技巧好坏的标尺。在日常生活中，身体语言是最常采用的非语言沟通方式，身体语言无时无刻不存在于人们的举手投足之间，它是人际交往的一部分，影响着人与人之间的沟通与合作。

2. 类型

身体语言能够通过声音、视觉、嗅觉、触觉等多种渠道传递信息，一个不经意的动作、一次眼神的交互以及你的穿着打扮，都可能隐藏着非常重要的含义。身体语言根据其传播方式不同分为以下三种类型。

（1）肢体语言。肢体语言是指通过身体的姿势与动作来传达思想，形象地借以表情达意的一种沟通方式，是非语言沟通的重要组成部分。肢体语言是一种体现个人情感的外在表现形式，每一个手势或动作都有可能成为透视他人情感、情绪的关键线索。例如，身体各部分肌肉如果绷得紧紧的，可能是由于内心紧张、拘谨，在与地位高于自己的人交往的过程中常会如此。一个感到害怕或者处于防御状态下的人会双臂环抱，或摆出一个双腿交叉的姿势。解读他人肢体语言的关键就在于你是否能够一边倾听对方的谈话，一边观察对方说话时的行为动作，从而了解他的内心。肢体语言形象丰富，常见的有手势、头部动作、腿部动作和脚部动作等。

手势   手是人身体上最灵活的一个部位，手势往往能够准确、细致地反映出人们内心的情绪状况。人类长久以来的经验表明，手是最有效的传递情感的工具之一。在沟通的过程中，自然得体的手势可以帮助讲话者准确表达思想情感，还能够调动、激发听众的情绪。反之，粗鲁无礼就会导致沟通不畅，甚至影响对方的心情。比如，会议或者聚餐要清点人数时，不能用手指着对方点数，和别人说话时用手指指着对方是一件非常不礼貌的事。正确的做法应该是掌心向上，手指并拢，手掌水平移动，指尖不要指向他人身体，这样就比较妥当。从手势的作用来看，手势可以分为以下四大类。

①象征性手势，主要是指用生动的手势表示约定俗成的抽象概念。例如，在英国、澳大利亚和新西兰，手心向外的"V"型手势表示胜利，而手背向外的"V"型手势则是侮辱人的意思。发言人在会议开始前伸出两个手臂，手掌向下轻点几下示意会议即将开始，请大家安静。但是象征性手势在不同的民族或地域可能代表不同的含义，如在美国和英国，用大拇指与食指形成一个圈来表示"OK"，但在法国却表示零、一文不值，在突尼斯则表示无用、傻瓜。

②功能性手势，主要是指某些特定的手势表达其特定的含义。例如，交警在十字路口用不同的手势示意车辆通行、停止或者转弯等。功能性手势也用于辅助语言表达，使信息传达更加准确形象。比如，日常生活中，当我们向对方形容一个人的身高时会用手比划，希望能给对方更清晰、形象的表达。

③情感性手势，它能显示和传达我们的感受：愉悦或愤怒，振奋或沮丧等。例如，某人用拳头砸门或者用力地把文件摔到桌子上显示其非常愤怒；用手指连续不停地敲打桌子则表示一个人内心非常紧张和焦虑；演讲者或者诗歌朗诵者在表演时通常挥出手臂，传达出他们激动、高亢的情绪。

④调适手势。调适手势是指用来满足某些个人需求的手势（如抓痒或弹掉身上的尘土）。当我们对自己做出这些行为时，称为自我调适。当调适指向他人时（如从某人身上摘掉棉絮），则为他人调适。调适手势能够向他人传达有关的信息。例如，当人们过度自我调适时，常常被感知为紧张、兴奋甚至是虚伪的。此外，对某人使用他人调适手势能够显示两人非常熟悉或亲密，因为他人调适一般需要触摸或非常亲近。

不同的情景下会有不同的手势要求，在如下两种情境中，该如何应用手势呢？

🔍 **【课堂讨论】如何运用手势？**

1. 演讲或发言时该如何运用手势？

李峰明天要代表公司在年度总结大会上发言，为了有好的表现，今天他一直在练习发言。令他头疼的是，他一直不知道在发言时双手应该怎么放，是拿着文件夹好还是什么都不拿好？是放在桌子上好还是自然下垂好？之前说话时没注意过这个问题，现在要在正式场合发言了，一时竟不知该如何是好。如果你是李峰，你觉得演讲或者在正式场合发言时，双手应该怎样放为好？

2. 面试时应如何运用手势？

小张是某高校机械工程学院的一名大四准毕业生，最近正求职应聘。小张对面试环节感到很紧张，尤其不知道怎样自然地运用手势，经常是双拳紧握，有时候一场面试下来就会出一身冷汗，小张为此很苦恼。假如你去面试，你知道如何运用手势能表现得自然、自信吗？

头部动作　头部动作十分引人注目，也是人们常用来表达信息的身体语言。头部动作含义多样，往往要结合不同的情景来识别和判断。

①点头：点头的动作源于鞠躬的姿势，用来表示顺从的态度，所以点头显示出我们对其他人的观点表示赞同。点头有时候也表示对人的鼓励和赞许。所谓"点头称赞"，其中的点头表达的是一种肯定，更是一种赞扬。与人相遇时的轻轻点头表示问候和礼貌。

②摇头：摇头一般表示反对和拒绝（但在印度表示赞成和肯定）的意思，有时摇头也表示一种失望、无奈或失落等。比如，领导对某位员工表示不满时经常摇头叹气。

③低头：低头暗含着思索和情绪低落。在交往中，如遇到低头多抬头少的男士或者女士，你可以揣测他（她）有某种自卑感或在某方面不自信。也可以判断他（她）对你的话持否定态度或对你不接纳。低头有时也是害羞、温柔的表现，徐志摩有诗云"最是那一低头的温柔，恰似水莲花不胜凉风的娇羞"，就用低头传神地描绘出人物的温柔。

④抬头：当人们对谈话的内容保持中立态度时，往往会作出抬头的动作。用手触摸脸颊的手势也常常伴随着抬头的姿势，表现出认真思考的态度。如果把头部高高昂起，同时下巴向外突出，那就显示出一种强势、无畏或者傲慢的态度。

腿部和脚部动作　腿部和脚部动作往往反映出一个人内心的真实情感。一般情况下，离头部越远的身体部位，我们关注得越少。比如，大部分人都对自己的脸部非常在意，而且会有意识地控制面部表情和头部姿势，但腿部和脚部动作就较少被人留意，这就意味着腿部与脚部动作能够泄露人们内心的秘密。一个人或许可以假装出镇定自若的表情，可是如果他的双脚在不断地轻敲地板或者双腿一直微微晃动，那就说明在镇定自若的神情下，他的内心实际上充满了难以掩饰的紧张与不安。

身体语言无时无刻不存在于人们的举手投足之间，那我们在日常生活、工作、学习中如何从身体语言中读出隐含的信息呢？下面的沟通技巧将告诉我们如何从体语中读心语。

🔍【沟通技巧】从体语中读心语

　　准备就绪的坐姿是谈判代表最该学会辨认的姿势之一。举例来说，假设你为对方提出了一个建议，如果对方在听完你的陈述后作出准备就绪的坐姿，而且交谈的气氛又相当融洽，那么这个时候你可以大胆地询问对方的想法。你多半能够得到肯定的回答。

表示准备就绪的姿势动作

　　起跑者的姿势传达出结束会谈的愿望。表达这种愿望的肢体语言包括身体前倾，双手分别放在两个膝盖上，或者身体前倾的同时两只手抓住椅子的侧面，就像在赛跑中等待起跑的运动员一样。在你和别人交谈的过程中，只要看到他们作出了这样的动作，那么你最好重新引导他们对你的话题产生兴趣，或者尝试转换话题的方向，又或者干脆结束你们的会谈。

准备结束会面或谈话的姿势动作

　　资料来源：亚伦·皮斯，芭芭拉·皮斯.身体语言密码 [M].王甜甜，黄佼，译.北京：中国城市出版社，2015.

　　以上肢体语言是人们在沟通过程中经常表露出来的，但要想把肢体语言表现得更加得体，就要注意美观、规范、从众三点基本原则[①]。美观是指与人沟通时尽量姿势优雅，动作大方，给人一种愉悦感。规范则要求不同场合的姿势动作符合一定的规范，如在正式场合要注意坐姿、站姿、行姿，要坐得端、行得正。从众的意思是要使自己的举止动作与绝大多数人，尤其是与自己的交往对象保持一致，从而被交往对象所理解和接受，俗话说"入乡随俗"，说的就是这个道理。一般而言，肢体语言中舒展的、开放的、上扬的姿势或动作，表示积极或正面的信号；收缩的、封闭的（交叉的）、下垂的姿势或动作，则传递消极或负面的信息。

　　（2）表情语言。沟通者的面部表情能够传达信息，表达情感。据研究人员估计，

---

① 金正昆.交际礼仪 [M].2 版.北京：中国人民大学出版社，2015.

人类的脸部可以做出 25000 多种不同的表情。虽然有一些人在企图隐藏自己的感情的时候，能够控制住自己，做到面无表情，但大多数人还是将感情"写在"脸上。所谓"察言观色"，就是指通过观察、分析他人的面部表情及其变化，揣度说话者的心思。皱眉、眯眼、紧张地吞咽唾沫、咬紧牙关、开怀大笑——这些自觉和不自觉的面部表情，对言语信息来说起到了补充作用甚至可能完全替代语言信息。在管理沟通中最重要的表情语言是眼神和笑容，下面详细介绍这两种表情语言的作用以及在沟通中的技巧。

眼神　在面部表情中，眼神传达的信息最为丰富，眼神交流是一种特别重要的非语言沟通类型。在生活中，与眼神有关的形容词非常丰富，如"他恨不得用眼神杀死对方""她的眼神冷冰冰的""他看我的眼神非常恶毒"等。之所以会有这么多的形容词，是因为眼神可以传达细腻的情感，可以表达亲密、专注、信任、憧憬、冷漠、傲慢和羞涩等。当一个人看到对方时用眼光从上到下不停地打量，显示出对对方的轻蔑和审视。在交谈的过程中，如果对方移开目光直视远处，这说明他对谈话的内容并不是十分感兴趣。

在沟通的过程中，难免会有眼神交流，如何在沟通的过程中应用好眼神，为视线找到"落脚点"呢？下面的沟通技巧将告诉我们答案。

【沟通技巧】为视线找到"落脚点"

张伟走进面试间，三名面试官的目光齐刷刷地投向他，令他紧张不已。虽然他与面试官隔着一个较宽的办公桌，但仍可感觉到他们灼人的目光。他不知道自己该望向哪里，是直视面试官的眼睛，还是聚焦在他们的额头上？张伟左瞄右瞄，就是不知道该怎么为自己的视线找一个令人安心的"落脚点"。

一个视线左右游移的面试者恐怕是很难被录取的，因为这样的神态很难让人产生信任感。事实上，根据与对方的关系不同，目光投向的区域也不同，大致有以下三个注视区域。

（1）公务注视区。公务注视区是指把目光投向对方眼睛以上的额头区域。这样的目光显得很有威严感，塑造的是一种严肃认真、居高临下、压住对方的效果。因为你的视线可以凌驾于对方的视线之上，也就是我们常说的"高人一等"的感觉。所以这种目光投向常适用于企图处于优势的商人、外交人员和指挥员等，以便帮助他们掌握谈话的主动权和控制权。

（2）社交注视区。社交注视区是指把目光投向对方的眼睛和嘴巴组成的三角区域。这是普通社交活动中人们目光投向的基本区域，容易形成平等、轻松的氛围。一般的交往中，将你的目光投向对方面部的这个区域，你们的谈话就能够顺利进行。上述案例中说到的张伟在面试时就可以把目光落在面试官的这个区域。

社交注视区

（3）亲密注视区。亲密注视区是指把目光投向对方下巴以下甚至更低的区域。这种注视区域汇聚的目光一般都比较暧昧，常见于恋人之间。恋人之间注视这些区域能够激发感情、表达爱意。

选编自：端木自在 . 社交与礼仪 [M]. 南昌：江西美术出版社，2017.

亲密注视区

笑容　鲁迅有诗云："渡尽劫波兄弟在，相逢一笑泯恩仇。"从人的本性上说，笑会在对方心里产生积极、正面的效应，化解彼此的隔阂与矛盾。在与人交流时，"微笑"是促进沟通顺利进行的一大法宝，可以缩短人与人之间的心理距离，为深入沟通与交往创造温馨和谐的氛围。因此，有人把微笑比做社交场合的润滑剂。发自内心的微笑让人心情舒畅，倍感轻松，没有亲和力的假笑却会适得其反。真诚的微笑会自然地调动人的五官，眼睛略眯起、眉毛上扬并稍弯、鼻翼张开、脸肌收拢、嘴角上翘、唇不露齿，做到眼到、眉到、鼻到、肌到、嘴到，才会亲切可人，打动人心。笑容最显著的特征就是它的感染力。当你向某人微笑时，无论真假与否，对方都会自然地回馈给你一个甜美的微笑。这就解释了为何你需要常常以笑脸示人，即使是在不情愿的情况下也不例外。因为你的笑容将会直接影响他人对你的看法，并且决定回应你的方式。

在所有的生物中，人类的表情是最丰富，也是最复杂的。每个人都有一副独特而不容混淆的脸相，同样，在不同的状态下，人的表情也往往表现得不同。可以说，一个人的表情就是他的内心活动的体现。所以，在管理沟通中，善于从面部表情中读取信息是非常重要的。

拓展阅读5.3

（3）形象语言。

发型　发型是人体美的重要组成部分，是自然美与修饰美的结合。发型很大程度上体现了一个人的精神风貌，发型的选择应该与脸型、年龄、职业、性格、气质和爱好相符合。

人们对于头发的第一印象，首先在于头发的品质，即是否干净、健康和美观，为了保持发质的健康，我们应该每天进行数次头发梳理，并且根据自己的发质状况决定洗发的频率，一般不应超过三天。除了日常保养，我们还要根据场合不同准备不同的发型，在正式场合，男士的头发最好不要超过 7 厘米，短碎发显得干净利落、自然有型，黑色系更能体现出成熟稳重、干练大方。对于女士来说，正式场合下不宜披发过肩，应该选择整洁、干练、美观、大方的发型，如盘发。不宜染发，黑色系最能体现出东方女性的温婉柔美、内敛含蓄。在选择发卡、发带的时候也要注意样式应庄重美观，切忌卡通、动物形象的发卡发饰。

妆容　容貌是个人形象的重要表现部分，直接体现了一个人的精神气质、朝气与活力，是传达给对方感官最直接、最生动的第一信息。化妆不仅是对自我容貌的修饰，也是对他人的尊重，正式场合更应该辅以精细的妆容。俗话说"三分长相，七分打扮"，选择符合自己气质、脸型、年龄的妆容能够让人看起来端庄靓丽，增添个人的魅力和自信。

掌握一定的化妆技巧对于女性来说很有必要，另外还需要注意化妆规则。

①化妆要自然。"清水出芙蓉，天然去雕饰"，化妆的基本要求就是自然，力求妆成却有无。化妆是对他人的尊重，是一种必要的礼节，在正式场合要化妆且只能化淡妆，妆容过浓会显得轻浮、不够端庄。

②化妆要协调。化妆要协调是指以下三个方面的具体协调。其一，使用的化妆品最好属于同一个系列。因为每种化妆品都是有不同的香味的，混杂使用就会使香味重叠，弄巧成拙。其二，化妆的各个部位要协调，如唇彩和甲油的颜色最好保持一致，给人以和谐之美。其三，要与自己的服饰相协调，如戴粉色的围巾时涂上粉色的唇彩就会比较自然协调，如果唇彩是粉色的，衬衫的领子是蓝色的，就会显得反差太大，过渡不自然。

③化妆要避人。化妆是一种个人隐私行为，不宜在公共场合进行。许多女士不注意这一点，有时在办公室甚至会议室拿出镜子补妆，这是不太合适的行为。

香水也是妆容的重要组成部分，它展现了个人的品位和修养，是现代人皆不可或缺的一种化妆品。不同的人、不同的场合对香水有不同的选择。一般来说，内敛含蓄的人会选择自己闻得到、别人闻不到的淡香水；热烈奔放的人会选择热烈充满诱惑的浓香水。正式场合会选择清新优雅的淡香水；愉快热闹的聚会可以用激情洋溢的浓香水。总之，选择合适的香水，会为你的魅力加分不少。

服饰　郭沫若先生曾说"衣裳是文化的表征，衣裳是思想的形象"，服饰是一种无声的语言，是"第二皮肤"，反映了一个人的审美水平、文化素养和社会地位。虽说不能"以貌取人"，但是不可否认，服饰的确直接影响了别人对你的看法。

人们在选择服饰的时候通常要考虑出席的场合，个人的肤色、妆容与服饰的搭配等。目前，国际上通行的着装的基本原则可以概括为 TPO 原则。TPO 是英文time、place、object 三个词首字母的缩写。

T 即 time，代表时代、季节、时间。穿衣应注意与时代同步，如果现在有人穿着民国时期的长袍逛街，显然会引起围观。着装也要考虑季节的变换，冬天讲究保暖，不提倡"美丽冻人"，夏天讲究清爽，但也不要过于暴露。

P 即 place，代表地点、场合。在日常生活中大概有以下三大场合。

①办公场合。办公场合指的是上班工作的场所，这种场合下的基本要求是庄重保守。在办公场合不宜穿时装、休闲装，最好穿正式得体的工作装，这样才会显得态度端正、郑重其事。

②社交场合。社交场合指的是工作之余的交往应酬时间，如宴会、舞会、音

乐会等都是典型的交际应酬。交际应酬不同于平常的休闲娱乐，特点在于在一个较为正式或者高端的场合与他人进行交流。因此，社交场合下需遵循的原则是端庄典雅。社交场合应该穿着礼服、时装，在有些场合也可以穿具有民族特色的服装，总之社交场合的着装讲究质优高雅，也可以结合自身特点，突出个人魅力。

③休闲场合。休闲场合是指工作之余个人的活动时间，大致可以分为居家和外出两种情况。在家里是最放松、最无拘无束的，因此只要符合四个字：舒适自然。家是休息的港湾，卸掉正式的工作装或者繁琐的礼服，换上舒适的居家服，可以让身心得到完全放松。外出旅游或者会见好友时都希望给他人留下一个好印象，因此可以在舒适自然的基础上遵循"个性时尚"的原则，尽情展现个人魅力。

O 即 object，代表目的。从目的上讲，人们的着装往往体现其一定的意愿，即自己对着装留给他人的印象如何，是有一定的预期的。一般而言，强调五个区别：一、男女之别。男士的穿着重点展现阳刚之气，女士则突出优雅柔美。二、长幼之别。年轻人应该穿出朝气蓬勃，老年人宜穿出大方得体。三、职业之别。有些职业有特殊的着装规范，塑造了一个专业的形象，如警察的制

拓展阅读 5.4

服和医生的白袍。四、身份之别。中国人尤其看重身份，所谓符合身份，就是要正确地进行自我定位，以及正确地进行与他人关系的定位，穿衣一定要符合自己的身份地位。五、民族之别。尊重每个民族的习惯，做到入乡随俗。比如，在伊斯兰教国家，女士全身均需被长袍和面纱遮盖起来，即使是外国女士，穿着过分随便或暴露身体的服装也是不被允许的。

着装的 TPO 原则是世界通行的着装打扮的最基本的原则。它要求人们的服饰搭配要以和谐为美，与时间协调、与场合协调、与目的协调。

首饰　自古以来，无论是锦衣绣服的贵妇小姐，还是衣饰简朴的村姑少妇，都喜欢佩戴饰物，这类饰物主要是由宝石、钻石、珍珠、翡翠等加工而成。珠宝首饰的自然色彩丰富多变，具有鲜明的特色和表现力。例如，红色表示活力、健康、热情和希望，紫色表示高贵、典雅和华丽，绿色表示青春、朝气和和平。女性佩戴这些绚丽夺目的珠宝首饰，其颜色的明暗、冷暖、轻重会带来不同的艺术效果，也反映了女性选用某色彩首饰时的情绪体验。

5.3.3　副语言

1. 定义

副语言也称伴随语言，是指超出语言特征的附加现象，如声调、音量、停顿等。副语言在交际中起辅助作用，主要以其多变的轻重缓急、抑扬顿挫、高低、强弱等来表达说话者的思想情感和态度。此处主要探讨发音修饰与语音间隔。

（1）发音修饰。发音修饰包括音高、变调、音量、语速、清晰度和填充词等。音高是声音高低的指标，经常被称为"基频"，每个人的声音都有个平均的"基频"，也就是声音经常达到的音高。一般而言，女性的高音比男性要高，成人的声音比儿童要低沉。变调是音高的变化，具有丰富变调的声音时常被描述为富有感染力的，没有变调的声音则被认为是单调的。音量是声音响亮或者微弱的指标，大多数人会随着社会情境的需要改变音量。一般情况下，最吸引人的声音是那些具有中等水平音量的声音。语速是说话的快慢程度，在处于兴奋状态或者时间紧迫时，说话比平时更快。当自己不自信或对着老人和小孩说话时，语速可能比平时更慢。清晰度是说话的清晰程度，即口齿清楚、内容通俗易懂。清晰度不高，会让人难以辨别说话者的语言。会因为疲劳或醉酒，甚至可能是神经问题而导致说话不清楚。填充词是非语言的声音，如"啊""嗯"一类的声音，人们常用这些声音填充说话中有停顿时所导致的沉默，如果在说话中不得不停顿，则可以使用填充词表明还想继续交谈。

人们在交谈时，音调、音量和语速等不可能一成不变。一句话的含义不仅取决于其字面意思，还取决于它的弦外之音。语音表达方式的变化，尤其是语调的变化，可以使字面相同的一句话具有完全不同的含义。比如，"你真厉害"，当音调较低、语气肯定时，"厉害"表示由衷的夸奖；而当音调升高、语气抑扬，说成"厉害"时，则完全变成了刻薄的讥讽和幸灾乐祸。心理学对此研究后发现，产生上述结果的原因在于：低音频是与愉快、烦恼、悲伤的情绪相联系的，高音频则表示气愤、惊奇或恐惧。研究人员还发现，鉴别他人说谎的最可靠线索就是声调。老练的说谎者在说谎时不仅不脸红、不低头，还能有意识地以安详的表情迎接别人的目光，但是说谎时的声调提高却是不自觉的，可以真实地透露说谎者言不由衷的心态。

发音修饰中的大部分要素都是语言交际过程中的变量，可根据交际情境进行调制。但音质是由生理条件决定，是具有相对稳定性质的个人声音特征的不可变量。

（2）语音间隔。语音间隔包括语中的停顿和沉默。停顿是副语言中的语音分隔符号。在交谈中，停顿时点的选择以及停顿时间的长短，都会传达给对方一些信息，具有一定的暗示效果，体现在以下三个方面。

①明确含义。现实生活中，当一段较长的话没有停顿或者停顿不当时，可能会引起歧义。比如，"王经理通知说，让新来的员工孙晓波本月 15 日前去汇报。"此句话中，员工孙晓波汇报的时间上有歧义，可以理解为"本月 15 日"这一天"前去汇报"，也可以理解为"本月 15 日前"的任何一天"去汇报"。造成歧义的原因就是停顿时点不同。准确停顿能够确保交谈双方明白沟通的内容，避免产生歧义。

②造成悬念。有经验的演说家会选择某些时间停顿，造成悬念，引发听众的

好奇心。这种戛然而止的寂静和突如其来的嘈杂有着相同的效果。当会场安静下来时，反而会吊起听众的胃口，使他们投入更多的关注。马云在他的演讲中充分利用和挖掘了"停顿"的内涵，他还以转换身姿、走动等方式将要表达的内容进行大意划分，吊起听众胃口，制造"神秘"氛围，为他自身能量的传递奠定良好基础。

③集中注意。巧妙运用停顿，可以有效地集中听众的注意力。比如，有一次，著名教育艺术演说家李燕杰到一所警察学校演讲，会场上乱糟糟的，他停顿几秒钟后说："同志们，我来到警察学校，一上台就发现一个秘密。"这时会场安静下来，李燕杰停了一会又说："你们想过没有，全国十几亿人口，只有谁有权利在头顶的帽子上缀上我们庄严的国徽呢？"又一次停顿后他说："你们！只有你们！人民的卫士！"全场掌声雷动，听众被吸引住了。这就是停顿配合话语所产生的效果，即使嘈乱的会场安静了下来，又激发了人们听讲的好奇心。

沉默是副语言中的另一个重要内容。在不同的文化中，人们对沉默的理解也不尽相同。在中国，"沉默是金"是已经家喻户晓的名言警句。中国人的沉默在不同的场合有不同的意思。赞同、默认、抵制或者是保留己见，甚至生气都有可能。现实生活中，沉默经常被看做是明哲保身的做人智慧。值得注意的是，随着经济的发展和社会的进一步开放，人们对"沉默是金"的看法也在悄然发生着变化。无论是"无声胜有声"的缄默还是"发出心底呐喊"的激情，都是意在达到更好的沟通效果

2. 副语言的性别、文化差异

副语言虽然只是一种伴随语言，本身并没有实际意义，但它本身却仍然有性别、民族和地区的差异。

副语言在应用时存在着性别差异，如表示不好意思时，男性喜欢用手挠后脑勺，女性则喜欢用手捂脸；同样是紧张，男性常常表现为搓手、摸小玩意儿。女性则喜欢用嘴吹额前的刘海。在日常的交际中，男性的手势应用得较多，女性的面部表情特别是眼神应用得较多。在英美国家，男子使用眉毛的动作比女子多，对无声信息理解的关键在于对体态的"察言观色"。这种洞察力，一般来说，女性比男性略胜一筹。

在东西方文化中都认为语速快、高音量、大声调表达的是较强烈的感受，如积极豁达、情绪激动。相对柔和的声音、语调低、语速缓则反映出悲观失意的感受，如抑郁和苦楚。然而，不同文化中对声音高低、快慢、强弱的认定标准有所不同。通常状况下，中国人说话的声音要比欧美人的低一些、频率节奏相对缓慢、语调声音少有起伏。中国文化特别强调对情绪，尤其是对消极情绪的控制。比如，在一些娱乐场合，中国人不过于外露的性格容易让美国人觉得中国人没尽兴或者热情不高。所谓"中国人较为含蓄，欧美人较为开放"这一印象部分源于此。

5.3.4　环境语言

1. 定义

环境语言就是环境在沟通过程中传达出的信息。环境是沟通的必备要素，沟通必然都发生在特定的环境中，同时，环境又是沟通的工具，通过环境的设置和对空间位置的把握，能够传达出某些隐性的沟通信息，有利于信息和情感的交流。

2. 类型

环境语言包括很多方面，但与管理沟通密切相关的主要包括自然环境、空间环境和时间环境。

（1）自然环境。自然环境是环绕人们周围的各种自然因素的总和，是人类赖以生存的物质基础。这些自然因素都会潜在地影响人们的生理和心情，进而影响沟通的效果。

管理沟通中涉及的自然环境主要包括：①光线。光线不足会使人情绪低落、昏昏欲睡，光线过强又会刺激眼睛、引起眼部疲劳。与人沟通时，应该调节好光线强弱，最好采用偏冷的光色，以保持沟通双方冷静、清醒的头脑。②噪声。人在有噪声的环境中工作时多数会感到烦躁，沟通过程中若有噪声的干扰也会影响信息的传递。③温度和湿度等。合适的温度和湿度会使人感到身体舒适、心情愉悦。研究表明，沟通的室内温度最好设置为冬天 18℃~25℃、夏天 23℃~28℃，此时，人会感到舒适，精神状态好，思维最敏捷。

（2）空间环境。舒适的环境能够放松心情，让人们在轻松的氛围中进行交流，沟通的效率与效果都会大大提高。通常来说，布置舒适的环境应从场所设计、室内装饰、座位安排和空间距离等方面去考虑。

场所设计　场所设计的最大目标是为沟通参与者创造一个舒适、方便的交流环境，以保障沟通的顺利进行。良好的场所设计要求房间的布局合理，室内通风、采光良好，行走路线安排合理，色调设计恰当。合理的布局与行走路线能够创造和谐、整齐、简洁的环境，营造秩序感。通风良好、采光理想、色调明快的房间，让人感觉舒爽，从而能够让双方在比较轻松愉快的环境中沟通。

室内装饰　室内装饰要关注颜色给人们心理的感受，色彩对人的心理和情绪有很大的影响。它能给人冷暖、轻重、软硬、大小、远近及兴奋与安静、明快与忧郁、动与静等各种感觉。红、橙、黄色让人联想到火焰，属于暖色，暖色会给人温暖、兴奋、刺激的感觉。而白、蓝、绿色则让人联想到冰雪、海洋和森林，属冷色，冷色给人以清凉、沉静、安定的感觉。若沟通需要思维活跃、经常讨论，不妨选在明亮、鲜艳的暖色房间里。若沟通要求细心、严谨，建议使用清淡、朴素的冷色房间。

　　座位安排　不管是中国还是外国，但凡正规的场合，人们对座次排列的顺序问题都比较敏感，所以了解座位安排规则是很有必要的。在座位安排上需要注意：①要遵守惯例。我国的传统习俗以左为上，目前主要在政务礼仪中比较通行。而在一般的社交活动、商务交往乃至国际交往中，我们多遵从国际惯例，以右为上。②要内外有别。商务、社交礼仪一般要遵守惯例，居家、朋友聚会可以不必这么繁文缛节，否则倒显得不自在。③要中外有别。俗话说"十里不同风，百里不同俗"，更何况中外的文化、环境都大不相同。所以不能将中国与外国的座次排序问题完全等同起来，要区别对待、入乡随俗。

　　下面的沟通技巧将介绍会议、宴会、轿车等场合的座次安排，避免在不同场合的座次安排中出现低级错误，造成不良的影响。

【沟通技巧】不同场合的座次安排

　　中国是礼仪之邦，座次礼仪是社交礼仪的重要组成部分，正确的座次安排不仅是对他人的尊重，也是有涵养的体现。

　　会议座次　会议座次的安排首先遵循的是前高后低，其次是中央高于两侧，最后是左高右低（中国政府惯例）和右高左低（国际惯例）。

　　按照中国的惯例，主席台座次排列以左为尊，即左为上、右为下。比如 7 人，按正常领导职级排序分为 1、2、3、4、5、6、7。排座次的原则是：主要领导居中，其余领导在面向听众的情况下，按照左—右—左—右的顺序依次排列。座次如下。

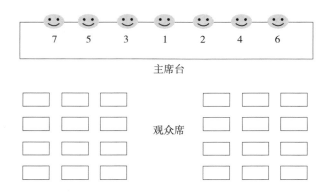

　　当领导人数为偶数时，如 6 人，按正常领导职级排序分为 1、2、3、4、5、6。排座次的原则是：可先把 1 号和 2 号合二为一，此时为 1（1 和 2）、3、4、5、6 号，共 5 人，可按照第一种情况排列。然后左为上，右为下，把 1 号放在 2 号左手位置。座次如下。

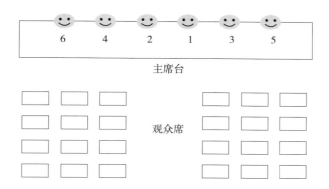

在会议室召开长条桌会议时，遵循以远为上、以左为上的原则，座次的安排与主席台座次安排相同。座次如下。

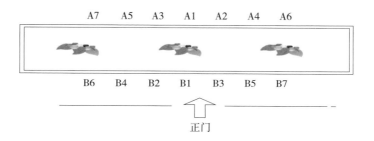

注：A 为上级领导或外宾席，属客方，B 为主方席。当 A 为外宾时，A3 与 B3 分别为客方译员与主方译员。

宴会座次 宴会座次的排序以远为上、面门为上、以右为上、以中为上、观景为上、靠墙为上。座次分布时面门居中位置为主位，主左、宾右分两侧而坐，或者主宾双方交错而坐。离首席位越近者位次越高，同等距离时右高左低。

（1）中餐桌座次。

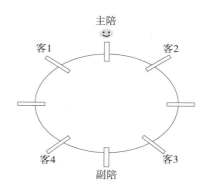

（2）西餐桌座次。

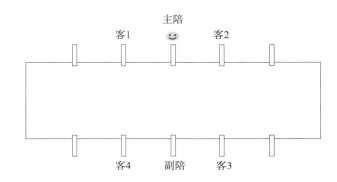

轿车座次　按照国际惯例，乘坐轿车的座次安排的常规是：右高左低，后高前低。具体而言，轿车座次的尊卑自高而低是：后排右位，后排左位，前排右位，前排左位。座次如下。

空间距离　管理沟通中的空间距离指的是沟通双方之间的距离所传递的信息，即体距语。体距语是交际者用空间距离传递的信息，即所谓人际空间或人际距离行为。总的来说，空间距离具有四种涵义：表达领地意识、反映亲疏程度、代表身份地位和体现个性文化。通常来说，根据社会关系的亲疏，人际距离可分为亲近距离、个人距离、社会距离和公众距离，如图5-1所示。

①亲近距离。一般在0.4米之内，多出现在亲近朋友、父母及子女相互依偎时。这个距离内，交际者会发生身体接触，彼此能够嗅到对方的气味，甚至可以感受到对方的身体温度。由于距离很近，交际者还可以详细审视彼此的面部细微表情，并进行轻声耳语。在亲近距离内进行交际，对言语的依赖相对降低。由于交际者之间亲近的关系，有些言语无须完全讲明，双方也能领会。

②个人距离。距离在0.4~1.2米，多发生在同事、朋友、师生进行交谈时。个人距离是亲昵关系向一般社会关系过渡的距离，在这一距离内，人们的举止交谈比较随便，可以相互握手言欢，也可以促膝谈心，彼此可以详细审视对方面部的细微表情。

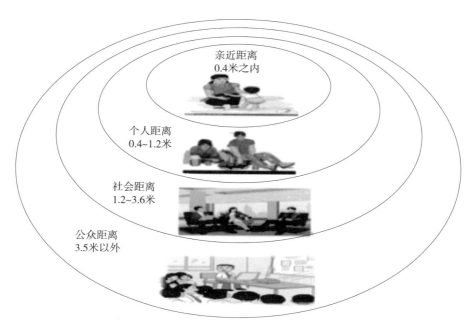

图 5-1　空间距离

资料来源：戴维·迈尔斯 . 社会心理学（第十一版）[M]. 侯玉波，等译 . 北京：人民邮电出版社，2016.

③社会距离。距离在 1.2~3.6 米，多适用于公务接待、洽谈业务等人际交往时。社会距离内进行交际时，很难接触到对方，也看不到彼此面部的细微表情，因此对言语表达的依赖较大。

④公众距离。交际距离在 3.6 米以外。在这一距离内，交际者很难看清彼此的表情态度或嗅到气味。轻声低语已无法被对方听到，因此说话的音量要大，多用于演讲、报告或集会时。公众距离内的交际对普通人来说出现的概率并不大，但对于某些群体，如在大教室上课的师生之间就常常发生。距离远了，言语表达的效应就会随之加强，因此交际双方一定要多用正式语言，清楚无误地表达各自的观点。当然，当公众距离影响交际活动时，交际者还可视情况临时调整交际距离，变公众距离为个人距离或社会距离。交际距离并非是固定不变的，根据交际双方的需求，只要能促进交际的进行，在不损害交际双方利益的前提下，交际距离也是可变的。

（3）时间环境。在管理沟通中，沟通时点与时间长短的确定，反映出沟通主体对于沟通事项的微妙态度。时间使用是指使用时间的方式，一般不会立刻想到时间的使用也是非语言行为，但是沟通时点的选择对于成功沟通十分重要。倘若我们能在别人心情好的时候与他们沟通，许多问题可能就变得更为简单。例如，在领导心情好的时候去请示，获得批准的概率会更大。因而，选择正确的沟通时机是非常重要的，有时候甚至是决定沟通是否能够顺利进行的关键。

在沟通的过程中，除了要考虑沟通时点的选择之外，沟通时间长短的选择也尤为重要。时间的使用能传达以下两种重要的关系信息。

①重视的信息。人们倾向于在认为很重要的事情上花很多的时间，如果一个朋友能在忙碌的工作中抽时间听你述说心事，说明他很在乎你。

②权力的信息。有权力的人的时间更有价值。你有可能会让下级等你，但是不会让上级等你。因此，当你在等待他人的时候，这种时间使用方式就能显示或者加强你们之间的权力差别。

5.4   沟通渠道的选择与完善

5.4.1   沟通渠道的选择

沟通渠道的选择是管理沟通领域的重要问题，选择合适的沟通渠道将有助于提高组织沟通的效率。在选择沟通渠道时，应该考虑以下两个重要因素：社会接受度和媒介丰富度[①]。

1. 社会接受度

社会接受度是指沟通媒介被组织、团队和个人接纳与支持的程度。影响群体接受程度的因素主要有：①组织针对沟通渠道使用的规范。不同的社会环境、组织文化会对信息沟通媒介的选择产生一定的影响，如在一些公司里电话会议比较常见，另一些公司则主要使用电子邮件或者即时通信沟通。一些公司希望员工们能面对面地沟通，而在另一些公司会议却是很罕见的事情。②个人偏好的影响。有些人偏好使用电子邮件，不喜欢语音信箱。这些偏好的产生原因与个人的性格特点、以往的经历和某种特定渠道的强化训练有关。③渠道的象征意义。比如，一些渠道比较专业，一些渠道却比较随意；一些渠道让人感觉比较冷漠，而另一些则可能更人性化。倘若某公司是用电子邮件或者手机短信告知员工"你已经被解雇了"，这样的方式显然过于冷淡、没有人情味。

2. 媒介丰富度

媒介丰富度是指媒介的数据传播能力在特定时间里能够传播的信息容量和种类，如图 5-2 所示。不同的渠道，其丰富性程度不同，丰富性程度较高的渠道是指可以同时传递多种线索、有直接的身体接触、可以得到及时反馈的渠道，反之，就是丰富性程度较低的渠道。从图 5-2 中可以看出，面对面的沟通丰富度最高，因为它允许同时使用语言和非语言进行沟通，同时能够接收到及时反馈，让对话者迅速调整信息和沟通风格。依照媒介丰富度理论，管理者需要根据信息的常规

---

① 史蒂文·L.麦克沙恩，玛丽·安·格里诺.组织行为学（第七版）[M].吴培冠，等译.北京：机械工业出版社，2012.

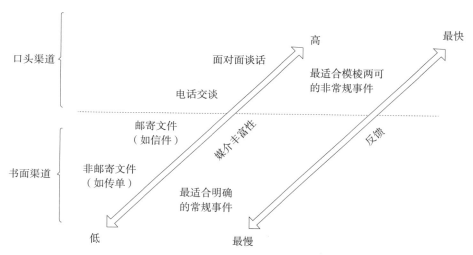

图 5-2　媒体丰富度

资料来源：杰拉尔德·格林伯格，罗伯特·A.巴伦.组织行为学（第九版）[M].范庭卫，等译.
北京：中国人民大学出版社，2011.

化程度选择丰富度不同的沟通渠道。常规化信息是指所传递的信息比较简单，不容易引起误解和歧义，用丰富度较低的渠道就可以传递，对于非常规化信息，由于信息的发送者和接收者几乎对此都没有什么相同的经验，因此他们需要传递大容量的信息，同时还需要彼此即时的反馈，需要选择丰富性程度较高的渠道。

拓展阅读 5.5

　　"沟通渠道的选择"方面的研究都表明：单一地使用某种渠道，难以达到良好的沟通效果。只有根据沟通活动的特征，对应于不同的沟通要求，综合运用各种渠道，才能扬长避短，更好地实现沟通目标。

5.4.2　沟通渠道的完善

　　科技发展日新月异，使得今天的管理沟通比以往任何时候都更加依赖于先进的技术。市场竞争越来越激烈，闭门造车等于自取灭亡，开放办公环境、促进员工交流、激发合作创新意识，才能在现代社会的激流中勇进。为了迎合当今管理沟通的趋势，构建更加畅通的沟通体系，可从以下三种途径完善组织沟通渠道。

　　（1）建立沟通的基本惯例。其一，建立多重、顺畅的沟通渠道。单位内的沟通不能仅局限于各种文件传达、会议和汇报等正式沟通渠道，还应拓展并引导各种非正式沟通渠道发挥积极作用，如设立公司 BBS 论坛、内部刊物、高层接待日、意见箱、恳谈会和网站提问等。其二，建立持续有效的反馈机制。良好的沟通必须具备完善的反馈机制，可以以规章制度的形式公开鼓励每位员工主动获取反馈，而不是坐等反馈。其三，确保所有的管理层都接受过反馈培训，掌握有效反馈的关键要素，以及何时何地给予反馈，同时将指导和反馈能力列为管理者必须具备的关键能力。

（2）搭建以网络为基础的沟通渠道。20世纪90年代以来，全球网络技术的迅猛发展引发了一场社会技术革命。越来越多的公司建立起了自己的内部网，在公司内部网上运用网络沟通工具进行内部员工交流已经成为必然的趋势。很多年来，员工都是通过纸质的简报或内刊了解公司的官方新闻，但现在有更多的公司已经完全使用网络进行交流，如传统的公司内刊如今会发布在网站上或者通过PDF格式派发。网络已经成为现代组织信息传递与交流的主要渠道，在互联网中，用户能够得到各种各样的信息和数据，从最新的科技、金融动态，到求购、供给信息等。另外，互联网为用户提供了众多不同的沟通新手段，如OA（办公管理系统）、MIS（管理信息系统）、SM（销售管理）、ERP（公司资源计划）等，为组织中的管理沟通提供了极大的便利。

（3）营造面对面沟通的环境。中国有句古语："最好的肥料就是农民的脚印。"寓意是说，如果农民把越多的时间投入到农田，就越可能获得大丰收。这句话翻译成组织管理学语言就是，如果高层管理者能直接会见员工和其他利益相关者，就会对业务了解得更清楚。越是高层的领导者越要注意与员工进行面对面的交流。事实上，面对面交流可作为组织文化的一部分，成为激励员工的一种方式。领导者每周可安排一次例会，专门与员工进行互动。同时，还要在空间上打造有助于面对面沟通的平台。当前很多单位都引入了开放式办公室格局，目的之一就是使员工之间的交流更加便利。借鉴建筑学家和设计师长期的研究成果，为了尽可能营造出一种没有拘束和限制的面对面沟通氛围，开放式办公室内的桌椅摆放应尽可能地朝向不同的方向。每个座位间最好有隔断以维护一定的隐私。

走动管理适用于组织比较庞大、离第一线比较远的高阶主管，以协助其做政策性的决定。华为的管理理念——砍掉中层的"屁股"，强调要打破部门本位主义，不能让屁股决定脑袋，每个中层干部不能"各人自扫门前雪"，要求管理者走出办公室、下现场和进市场，实行走动管理。答案在现场，现场有神灵，中层干部不能坐在办公室里面打打电话、听听汇报、看看"奏折"，而要将指挥所建在听得见炮声的地方，要亲赴一线指挥作战。华为要求各级主管主动管理、深入一线，具体的做法包括每天花一个小时与下一层主管沟通，每周花一天系统地思考梳理，每季度花一天与基层员工面对面沟通。向下属分享信息，统一方向和决策标准。在主动管理和分享清晰的前提下，做到充分授权。在将问题提交到更上一级决策之前，要确保已和相关人员做了充分的沟通等。走动管理不仅增强了与员工之间的情感交流，帮助员工及时纠正错误，也能够实时追踪任务进度，将公司绩效抓上去。

人际的频繁接触是发展良好人际关系、促进彼此信任和支持的先决条件，也是培育公司关系网络与社会资本的重要途径。现在越来越多的知识型公司强调办公距离的贴近与人际的直接互动。公司的走道、办公室、小隔间和公用地方（咖啡厅、电梯）的位置和设计，都决定了我们将会和谁对话，同时也会决定这些沟通的发生频率。

当今社会呈现多样化和开放性的特点，公司和组织应顺应时代要求，建立开放的沟通机制，形成和谐、畅通的沟通渠道。通过沟通渠道的建设，创造人人能沟通、时时能沟通、事事能沟通的良好氛围。在建立沟通渠道的同时要注重组织沟通氛围的改善，鼓励员工之间的相互交流、协作，提供上下层互动的机会，强化组织成员的团队协作意识，促进相互理解，改善人际关系，促进公司健康发展。

【本章小结】

1. 书面沟通的定义：书面沟通是以文字或图形符号作为载体进行的信息传递，主要包括传统的纸质媒介和新兴的电子媒介。

2. 书面沟通的特征：可视性、间接性和规范性。

3. 书面沟通的优缺点。

（1）优点：可以长期保存，不受时间、地点限制，便于查阅和引用；节省沟通对象的时间；允许读者按照自己的速度进行；词语可以经过仔细推敲，讲究逻辑性和严密性，说理性更强；接收者可以在自己方便的时候阅读。

（2）缺点：反馈有限且比较缓慢；缺乏非语言的相关信息，难以完整地反映信息发出者的想法；无法了解你所写的内容是否被人阅读。

4. 口头沟通的定义：广义的口头沟通是指所有涉及口头表达并且以口头表达为主的沟通方式。

5. 口头沟通的特征：语音性、直接性和灵活性。

6. 口头沟通的优缺点。

（1）优点：可以通过语音语调、面部表情和肢体语言等传达情感，比书面渠道更具影响力；能够对沟通对象的语言和非语言信息立即作出回应，充分、迅速地交换意见；更容易进行情感的交流、建立良好的关系。

（2）缺点：话一说出口就很难收回；说话时较难进行细致思考；比书面沟通速度慢。

7. 非语言沟通的定义：非语言沟通是指利用语言以外的其他沟通元素，如外在形象、身体动作和交际距离等传递信息的沟通方式。

8. 非语言沟通的特征：辅助性、广泛性、情境性和个性化。

9. 非语言信息分为身体语言、副语言和环境语言。

10. 身体语言：肢体语言包括手势、头部动作、腿部动作和脚部动作等；表情语言包括眼神和笑容等；形象语言包括发型、妆容和服饰等

11. 副语言：发音修饰包括音高、变调、音量、语速、清晰度和填充词等；语

音间隔包括停顿和沉默。

12. 环境语言：自然环境包括天气、光线、湿度、温度和噪声等；空间环境包括房间构造、家具摆放、内部装潢、整洁度、座位的布置和谈话的距离；时间环境包括时点和时间长短。

13. 影响沟通渠道选择的两个重要因素：社会接受度和媒介丰富度。

14. 完善沟通渠道的三个有效途径：建立沟通的基本惯例、搭建以网络为基础的沟通渠道、营造面对面沟通的环境。

【问题讨论】

1. 在进行沟通表达时，"白纸黑字好"还是"言语更动听"？

2. 根据所学的知识，你是如何理解"不仅听你说什么，更重要的是看你怎么说"？

3. 作为管理者，如何提升自己的非语言沟通能力？

【案例分析】华为的管理沟通

沟通是华为文化与用人之道中非常重要的一部分。确保公司内部信息的畅通传递，是人力资源管理的一项重要任务。华为十分重视沟通的作用，也重视良好沟通环境的营造。

（1）华为的沟通三原则。为了避免在工作过程中出现对接障碍，华为要求员工在项目开始之前做好沟通，在适当的时间、将适当的信息、通过当前的渠道，发送给适当的利益相关方，做到沟通及时、信息准确和严格控制信息传递的量，这就是华为的沟通三原则，如图 5-3 所示。

沟通及时是华为员工遵守的首要原则。华为员工会将必要的信息在第一时间向利益相关方传达，以保证沟通渠道的顺畅。

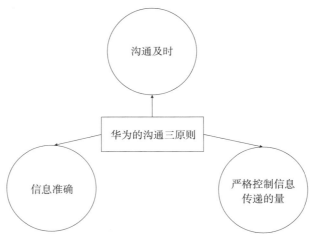

图 5-3　华为的沟通三原则

　　信息准确是沟通的第二原则。不论是书面还是口头沟通，华为员工都会准确地传达信息。为了保证沟通信息的准确性，华为员工会借助金字塔思维工具。在金字塔顶端的是综述，即要表达的观点、问题、看法和结论。接着会针对上一级的内容一层一层地展开，直到信息足够准确为止。

　　严格控制信息传递的量是沟通要遵守的第三个基本原则。信息过多倾听者容易忘记，过少则会降低效率。年轻人的记忆广度约为 7 个单位（阿拉伯数字、字母、单词或其他单位），故信息传递通常遵守 7 ± 2 原理，过多或偏少都不适宜。

　　为了确保信息沟通工作的顺利进行，华为要求所有的工作人员在沟通中必须提前制订沟通计划，明确信息沟通的相关人、信息沟通形式、信息发放时间和发放方式等内容，并制定详细的信息发放日程表。

　　（2）华为的项目管理沟通。华为的项目沟通主要分为与关键者沟通和与项目团队沟通。

　　对于关键者，项目团队在沟通过程中主要关注谁需要项目的信息、需要项目的哪些信息、采用何种方式才能够最大限度地传递信息。

　　对于与项目团队的沟通，华为采用的沟通方式主要为项目例会。项目例会召开的频率视项目而定，频率适当的会议可以使团队发现和解决问题。而在时间短、强度高的项目中，通常召开晨会就关键信息作简短扼要的报告。项目团队多久、何时、何地召开会议基本是确定的，这可以帮助团队成员达成一致，并使他们很好地与其他工作结合起来。

　　沟通无处不在，沟通已经变得尤为重要，信息的传递，问题的解决，都要依赖畅通的沟通。华为用制度、原则将沟通措施确定下来，确保了华为基层员工与管理人员以及高层管理者能够进行高效率的双向沟通，解决各种问题。

　　选编自：孙科炎.华为项目管理法[M].北京：机械工业出版社，2014.

思考讨论题：

　　1.华为在管理沟通中有哪些原则？请结合实际谈谈这些原则的具体功用。

　　2.如果你是公司的项目经理，手下员工在抱怨项目团队的沟通不足，为改善现状，你会如何设置项目团队的沟通渠道呢？

　　3.华为在管理沟通方面给其他公司带来了哪些启示？

第6章　管理沟通的反馈策略

世界对于善于思考的人是一个喜剧，对于善于感受的人是一个悲剧。

——霍勒斯·沃波尔

【学习目标】

➢ 了解反馈的涵义，以及反馈与反应的区别。

➢ 了解影响反馈的主体与客体因素、环境与媒介因素。

➢ 分别掌握给予反馈、接收反馈和寻求反馈的技巧。

【导引故事】员工与管理者的反馈分歧

L公司的总经理赵建民最近发现，公司内部员工与管理者之间就信息的接收和反馈过程出现了障碍，一些员工不理解甚至抵触管理者的建议，对于管理者提出的问题也没有以良好的态度进行改正。于是赵总经理与其他高层管理者商议，最后决定聘请W公司解决公司目前的问题。W公司就员工们是否收到关于其工作绩效的反馈问题以及如何理解进行调查，得到了员工和管理者对反馈问题的两种截然不同的观点。

员工代表周涛说："就拿我自己来说吧，我经常接到不同的经理给出的一些模棱两可的评价和建议，但并不知道要按照哪个经理说的去做，该如何去做。只能自己揣摩这些经理的心思。其实每次接到不同的经理对同一件事情的批示时，我都很忐忑，害怕有什么理解错误或者考虑不周的地方。不是我们不努力，也不是不想做好，只是我们需要唯一的、确切的指示。"

周涛身旁的李伟深有感触地说道："对啊！我们浪费了太多时间来分辨与权衡不同的领导对我们的指示。我为每个人工作，又不为任何人工作。一个经理喜欢做的事，另一个经理却讨厌做。当我处理从某个经理那得到的工作反馈时，我不知道它是这个经理的个人观点还是一般标准，这让人很头疼。"

周涛点点头，接着说："还有一点，我们知道我们的报告肯定要由领导们批示，但我们怎样知道它是一份好的草案还是一页废纸呢？领导们对我们的评估往往非常笼统、极难让人理解，如我认为你做得很好，但要更上一层楼；我认为你能够提高对客户的服务水平。问题是我该怎样做呢？大多数员工收到的评价和我相似。"

听到这里，一旁的王明说道："对对！特别是公司年度的评价打分卡，员工给领导们打分，领导也会根据员工的表现来打分，但是只有分数，没有明确的改进建议。就如学校里的考试，慢慢地大家看重得分，而忽视了能力。我真的很讨厌并且惧怕这样的'唯分数的评价'。我想认真地做好分内工作，但我更想具体地知道如何才能做得更好。"

周涛最后总结道："其实我们大多数人想学习、奉献、受到尊敬。如果我们不用花费大量的时间去揣摩和读懂管理者心思的话，我们会更有效率。"

对此问题，W 公司访问了一些高级经理，而他们对反馈问题的理解是："我们不是培训员工，我们是审查他们。他们应该具备如何学习并且快速学习的能力，如果他们留心的话就会从部门会议和其他同事那里学到很多东西，而这些并不需要我们手把手地教给他们。一个优秀的员工应该是主动学习知识而不是被动地接受知识。"

对此，策划部总监刘同严厉地说道："如今社会发展迅速，竞争日益激烈，我们只能从中选优，不可能全面培养。我们不是学校，一些能力他们应该在学校中就学习掌握。基层人员总想改变规则，总想把高层人员给圈起来并保证他们自己的安全。但是一个繁忙的管理者几乎没有时间当奶妈和教师。改写一份拙劣的报告要比把其作为培训工具容易得多。如果要求更多直接反馈的话，就让员工在这里等一会儿好了。"

上述员工和管理者的矛盾主要体现在：领导抱怨新招的员工能力不足，员工抱怨领导指示不明，令人费解。那么，造成矛盾的原因是什么？其实，作为一个管理者，他的任务包括指挥、训练和评估下属工作。而被管理者需要理解、学习并且完成规定的任务。这期间需要大量信息的传递与反馈，如果这些环节出现问题后，沟通效果自然就降低了，沟通双方也就不能相互理解。可见，了解反馈的内涵以及如何进行反馈对于管理者和被管理者来说都是至关重要的。

有效地给予、接收和寻求反馈是管理者的基本技能。管理者通过设定目标、赞扬成绩和修正错误来引导下属的工作，员工也可向管理者提出对工作的意见反馈。导引故事中 L 公司员工和管理者的反馈分歧在大多数公司都是存在的。双方对于反馈的理解各执一词，到底谁是正确？什么样的反馈是有效的？如何进行有效的反馈？如何寻求反馈？要回答这些问题，首先需要弄清楚反馈的涵义和影响因素。

6.1 反馈概述

6.1.1 反馈的涵义

1. 反馈的定义

反馈指的是沟通过程中信息接收者对接收到的信息所作出的回应。接收者把收到的信息进行理解和加工，并将自己的意见和看法编码后返回给发送者，以便发送者核实接收者是否正确理解信息，或者在此基础上对信息作进一步的讨论。反馈过程中，沟通双方期望得到信息的双向传递，主要方便回应或规范信息内容，实现预期目标。反馈信息包含沟通一方所做的事和所说的话，旨在使行为有所改变。获得反馈信息是发送者的目的，发出反馈信息是接收者能动性的体现。没有反馈的沟通过程容易出现失误或失败。为了检验信息沟通的效果，即检验接收者是否正确、完美、及时地接收并理解所需要传达的信息，反馈必不可少且至关重要。在没有得到反馈以前，信息发送者无法确认信息是否已经得到有效的编码、传递、解码与理解。

完整的沟通过程包括信息的传送与反馈两大环节。对于管理沟通来讲，反馈在沟通中不可或缺，其原因可以从三个方面考虑：①每个人的成长背景不一样，因此会从不同的角度看问题，这样就会产生各种各样的观点。在管理者作重大决策的时候，多听取各方意见可以达到集思广益的效果。②良好的开头是成功的一半，当管理者作出决策并进行工作部署后，需要及时征求下属的反馈，以确认下属是否清楚和同意上级所作的决策安排，便于工作一开始就朝着正确的方向开展。③很多工作需要协同合作，每个人都是团队的一份子，都应该积极听取和了解其他团队成员的看法，通过沟通反馈增进成员交流，才能促使工作更加顺利地开展下去。

反馈是工作落实的"晴雨表"和"试金石"，是决策落实结果的反映过程，是决策落实效果向决策者的回传，是决策进一步修正的来源，是确保政令畅通、推动工作落实的重要手段和重要环节。不论是公司还是政府，都要对反馈工作予以高度重视。反馈要重点突出、直接明了，反馈要唯实、直指问题，反馈要明确责任、固化成果。只有不断探索反馈工作规律、创新反馈方法、确保反馈实效，才能确保每个环节的工作落地有声，见到实效。

2. 反馈的类型

根据沟通双方在沟通过程中所作出的反馈形式的不同，反馈可分为非语言反馈和语言反馈两大类。其中，信息接收者向信息发送者给予的诸如微笑、点头和耸肩等非语言形式的回应称为非语言反馈，主要起到辅助语言反馈的作用。语言反馈，顾名思义，就是以语言形式给予的反馈。本书依据反馈中所体现的对于沟通内容和观点的态度，把语言反馈分为正面反馈、建设性反馈和负面反馈。

（1）正面反馈。正面反馈是一种正面的强化指导，即对对方做得好的事情予以表彰，希望好的行为再次出现。成功的正面反馈具有的特征：肯定行为价值、描述特定的行为、真诚、及时等。鼓励就是一种常见的正面反馈，它能激发和调动人们的积极性，促使人们为期望和目标而努力。

（2）建设性反馈。建设性反馈是一种劝告，即根据客观标准提供人们表现和行为的信息，对其不足的地方给出建议。建设性反馈的目的是改进现状，重在提出切实可行的意见、明确量化的目标，使人保持对自身及工作的积极态度。

（3）负面反馈。负面反馈是一种无意义的、失败的反馈，即在不清楚事情缘由的状况下妄下结论或者采取不当的、极端的方式乱加批判。这样的反馈被对方接收后，不但对工作没有帮助，反而会造成很多负面的影响，如导致对方产生消极情绪等。

英国人力资源管理专家 Roland Bee 指出："反馈实际上是一个学习的过程，当你作出反馈时，你正在帮助他人学习新的知识和技能，或者帮助其改进自己的行为和表现。"它能使接收者"好上加好"，也可使接收者"闻过则喜"、主动改进。在以上三种反馈中，建设性反馈最能抓住问题，直指核心，因此，建设性反馈应该较多地用在解决问题、解决冲突、提出改进建议等场合。如何给出有效的建设性反馈却不是一件容易的事。比如这样一个场景，某公司财会部门员工安琪迟交报表，经理想就此谈话，可能有以下两种不同的表述方式。经理可以这样说："安琪，我感觉近来你的工作态度有问题，为什么报表总是拖延不交？"当听到上司这样的责怪时，你可能会有所体会，这时安琪的回答应该是围绕着"不是我态度有问题"，进行大量激动、"有理有据"甚至是"历史回顾性"的"自我辩护"以及"投诉他人"。这些内容，是这位经理与她谈话的目的吗？但如果那位经理这样说："安琪，我看到部门统计汇总表中，近来两周都没有及时显示你所负责的区域数据。我们可以讨论一下吗？"显然，经理的后一种表达，是准备进一步提出希望对方改进自己行为的"善意而非攻击性"的表述，比起前一句，更能促进彼此沟通的有效进行。第一句的表述，更强调了经理自身对对方的"感觉"，直接"宣判"，往往引出的是争议或抗拒，而不是建设性沟通。

由此可见，进行有效的建设性反馈要做到对事不对人，把注意力放在具体的事件上，尽可能地用数据和事实说明问题，而不要针对个人妄加指责。在沟通的过程中还要注意说话的艺术，怎样在指出问题的同时又让别人心悦诚服是需要一定的技巧的。

6.1.2 反馈与反应的区别

反应是指由于外界的交流、语言、表达等刺激所引起的意见、态度或行为的变化。例如，听到好消息时高兴或微笑，听到坏消息时悲伤或愤怒等，这些都属于客体接收到沟通消息后的反应。反馈与反应最大的不同，在于在反馈过程中，接收者把收到并理解了的信息或者个人意见有目的地返回给发送者，以便发送者核实接收者是否正确理解信息。在执行计划时，人们要追踪或监督，以查明行动是否正在对准指标，是否正在趋向目标。

反应是对外界刺激作出的变化，反馈就是为调整系统的决策提供信息。换言之，信息接收者在信息解码后必然会伴随着意见、态度、情感和行为等的变化，这属于反应，若这些反应被信息发送者看见或知觉到（面对面沟通时）则可形成"隐性反馈"。信息接收者可以选择是否向信息发送者反馈，没有反馈的沟通是单向沟通，即反应必然存在，而反馈是可选择的。比如，领导一直安排你做一些常规且无聊的工作，你可能会产生厌烦的情绪反应，但你并不会把这些情绪反馈给领导。又如，假如领导让你负责跟进某个项目，你就需要把项目的进展以及项目中遇到的问题及时反馈给领导，让领导了解整个项目的开展进度，以便进行下一步的部署。可见，是否需要予以反馈应视情况而定。

6.2　反馈的影响因素

反馈实质上是信息接收者将收到的信息经过加工后又以一定的方式返回给发送者，在反馈的过程中，主要存在两方面的影响因素：①反馈的过程会受到人为因素的影响，如反馈主体与反馈客体的主观意愿和能力限制等。②它也会受到非人为因素的干扰，如环境中的噪声影响和传递信息的媒介不当等。为了进一步分析反馈的影响因素，我们从主体与客体因素、环境与媒介因素进行探讨。

6.2.1　主体与客体因素

这里的反馈主体指的是反馈发送者，反馈客体指的是反馈接收者。作为反馈过程中的两大参与者，反馈主体和反馈客体是影响反馈的主要因素。

反馈主体发送反馈时的最大障碍在于发送者畏惧反馈客体的权位，不敢轻易发表意见，或者对于与自己无关的人和事倾向于保持沉默，不愿给自己制造麻烦。这些都来源于反馈主体的心理障碍或刻意隐瞒，属主观因素。在反馈过程中还可能遇到诸如反馈目标不明确、反馈内容表意不清楚或者反馈时机选择不恰当等问题，这些都是由于反馈主体自身能力限制，并非故意而为之，属客观因素，见表6-1。

反馈主体的主客观障碍因素均不同程度地影响了反馈沟通的过程。要克服反馈主体障碍，首先要明确障碍的类型，对症下药，采取有针对性的措施。

反馈客体接收反馈时的最大障碍在于反馈客体主观上刻意逃避坏消息，在心理上形成一种排斥，或者反馈客体以自我为中心，一味地坚守自己的观点和思维模式，武断地拒绝反馈主体发送的建设性反馈。这些由于反馈客体的自身抵触行为影响反馈过程的因素，属主观因素。此外，在接收反馈的过程中，反馈客体可

表 6-1　反馈主体的主客观障碍因素

障碍类型	具体形式	简要说明
主观因素	报喜隐忧	每个人都倾向于隐藏坏消息、报告好消息,以彰显任务圆满完成,突出个人能力强、效率高等,进而得到上级的肯定和嘉奖,这无形中抑制了建设性反馈信息的发送
	畏惧上级	上级一般习惯于命令而不是商讨,这种习惯和制度逐渐形成以后,会导致下属畏惧向上级提供反馈,也就阻碍了管理者们获得有价值的信息
	趋向沉默	由于人的惰性以及传统思想中诸如明哲保身等想法,人们对于不关己尤其是不利己的人和事倾向于袖手旁观,这也无形中阻碍了很多反馈信息
客观因素	目标不明	反馈和其他沟通过程一样,如果目标不明确,就会造成词不达意,导致接收者不理解发送者的意图
	表意不清	发送者语言表达能力差,让人难以理解,或者交流的方式、习惯不同等,都可能使对方无法正确理解信息
	时机不当	反馈需要根据实际情况适时发送,不能仅仅从自己的需求出发来给予反馈。如果时机选择不当,可能会引起对方的反感
	可信度差	发送者在没有取得对方认可的情况下贸然与对方交流时,对方会有一定的戒备心,不会轻易接收反馈信息,反馈的有效性会降低

能由于反馈信息太多或信息遗失等原因造成信息接收不全面,反馈效果不理想。特殊情况下,反馈主客体双方还可能由于个人阅历、信仰等背景不同造成对同一事物的理解有差异,进而致使反馈不畅。这些障碍都不是反馈客体主观上故意造成的结果,因此属客观因素,见表 6-2。

表 6-2　反馈客体的主客观障碍因素

障碍类型	具体形式	简要说明
主观因素	逃避坏消息	没有人喜欢听到坏消息。当接收到这种反馈时,反馈接收者很容易在心理上形成排斥,这种排斥可能通过语言或者非语言的形式不自觉地流露出来,如打断对方讲话、急于反驳、皱眉和摇头等。这些都会使反馈的发送者认为自己没有被尊重和被理解而不再发送反馈
	自我为中心	反馈过程中,反馈接收者如果一味地以自我为中心,以原来的思维模式考虑问题,采取既主观又武断的做法,不顾发送者的感受,那么反馈将无法进行
	抵触倾听	管理者们经常会认为倾听花费时间,他们会不经意地流露出自己太忙、不想被打扰的信息,或是对反馈没有回应,这些都让反馈的发送者望而却步
	情绪波动	如果反馈接收者情绪波动较大,或者态度忽冷忽热,都会给反馈发送者带来心理压力,影响反馈的发送,甚至会中断反馈
客观因素	信息超载	信息量过大未必就能给接收者带来好的判断。不同个性、不同行为模式的人,在接收反馈时的"吸收度"(接收能级)是不同的,超过一定"吸收度"的信息量是不能被客体有效吸收的
	信息遗失	信息的完整性在沟通中不可或缺,如果信息(尤其是关键信息)在沟通的过程中遗失,就容易使反馈客体产生误解
	背景差异	如果反馈客体与反馈主体之间的背景(包括个人经历、受教育程度和宗教信仰等)差异很大,则反馈双方对待同样的信息就可能出现不同的理解,致使反馈的有效性降低

接收反馈甚至比发送反馈还难，因为收到的反馈很少是肯定、赞扬，多数为指出不足或者提出建设性意见。所以，反馈客体在主观上需要调整心态，积极倾听，有意识地去接受建设性反馈。客观上把握信息的容量与信息完整性，了解反馈双方的背景差异，遇到问题及时与反馈主体沟通，保证反馈的良好效果。

6.2.2　环境与媒介因素

人的一切传播（语言的和非语言的）都是在特定时空环境下进行的，都必然受到环境因素的制约。在反馈的过程中，影响反馈的环境因素指的是反馈过程所处环境中的一些干扰对反馈的顺利传达造成的障碍。通常来说，反馈在传播的过程中可能受到各种噪声或者组织氛围的影响等。噪声会对反馈信息产生干扰，以致出现信息失真、遗漏等情况，这种影响是显性的、浅层的，即通常情况下容易被发现，解决起来也不困难。组织氛围会对整个反馈机制产生影响，一定程度上决定了组织中的人对反馈持有的态度。比如，如果一个组织比较僵化、等级制度森严、权位观念严重，这样的组织很难开展积极的上下级反馈，下属不敢向上级提出反馈意见，上级也喜好直接发送命令，显而易见，此类组织将很少进行有效反馈。相反，如果一个组织较为开放、等级观念淡薄、组织成员之间关系融洽，那么反馈的开展就会顺利很多。由此可见，一个组织的氛围对反馈的有效进行起着至关重要的作用。

沟通过程中的媒介是信息传播的途径或工具。信息与媒介的关系犹如毛与皮的关系，皮之不存，毛将焉附？所以，媒介在信息的传播中起着至关重要的作用。在反馈的过程中，影响反馈的媒介因素体现在反馈发送时由于媒介运用不当或者沟通渠道受到阻碍，从而导致反馈的接收者得不到信息或者信息接收不全面，使沟通不能顺利完成。反馈也是一种沟通，关于如何在不同的情况下选择合适的沟通渠道，详见第5章。不过需要注意：①反馈是一个逆向的过程，它是接收到信息后再把所理解的信息回应给对方，和正向过程相比较为被动。因此，反馈的媒介或者渠道要求简单方便，如一些公司设置的意见箱等，如果太过复杂，人们将更少进行反馈。②鉴于一些特殊情况，有些反馈渠道还要具有良好的保密性，以便于组织成员能够无后顾之忧地发表一些建设性反馈意见。③反馈渠道要具有多样化，激励组织成员进行有益的反馈，这也是保障反馈顺利实施的重要条件。

从长远来看，反馈是一种组织制度和文化制度，需要花时间和精力来完成。公司内部上下级的反馈、公司与合作伙伴间平级的反馈都需要延伸、拓宽反馈渠道。

6.3 反馈的技巧

6.3.1 给予反馈的技巧

给予反馈是指对他人行为及行为结果给予回应或客观评价，或者提出建设性意见，且反馈信息在传达过程中完整清楚，没有遗漏或失真。为什么有些反馈能使我们"如沐春风"，有些反馈则会使我们感到"挫败沮丧"？因为在作出反馈时，不仅是"就事论事"，而且我们往往会按照自己的价值观、行为方式对对方在"态度""为人"甚至"人格"等层面作出"总结"和"评判"。

给予反馈不是对某人的评头论足，而是对接收到的信息进行理解、核实或者纠正，重在关注行为而非个人。反馈旨在发现问题、达成共识。在给予反馈时，我们要注意以下五种技巧。

（1）精心准备，择准时机。给予有效反馈并非轻而易举，它涉及精心设计、深思熟虑的沟通策略，以及良好的人际沟通技能。如果你能够认识到反馈在管理沟通中的作用，那么你就能大大地提高沟通成功的可能性。此外，反馈时机和场合要恰当、合理，这样方能有利于达成有效的反馈。在这一点上，一个简单而且实用的原则是：无论你所提供的反馈是肯定的表扬，还是令人沮丧的苛责，如无特殊目的，永远都是及时的、"一对一"的反馈效果最佳。这不但是为了更具针对性，也是让接受反馈的一方更容易采纳。

（2）内容真实，信息透明。有效的反馈需要用证据和事实说话，事实胜于雄辩，举出真实可信的例子才能让对方心服口服。不要将观点与事实混淆，客观地叙述所见、所闻的事实，对于不确定的事情不要作评论，在尊重事实的基础上，关注问题本身。另一方面，反馈信息应公开透明，信息接收者也有权获得与自身利益相关的信息。否则有可能导致信息接收者对信息发送者的行为动机产生怀疑。

（3）态度诚恳，表达准确。真诚是理解他人的情感桥梁。信息传达之初，如果发送者缺乏诚意，则信息沟通无法到位。给予反馈时，语言表达应准确客观，多使用具体、明确的口吻解释已发生的行为。准确地表达信息是为了确保信息接收者能理解信息的内涵。如果以一种模棱两可的、含糊不清的文字叙述传递一种不清晰的、难以使人理解的信息，对于信息接收者而言没有任何意义。

（4）积极赞扬，给予建议。对大多数人而言，积极正面的话语更容易让人接受且印象深刻。聪明的管理者往往以积极的语气正面陈述期望的行为或结果，如"我们希望这个报表在规定的时间内完成"，比"我们希望这个报表不会被拖延"给人的感觉要好得多。赞扬和肯定更是一种重要的激励和引导手段，适时地给予赞扬能使人倍受鼓舞，并且引导着被赞扬者朝良好的方向继续发展下去。但只有赞扬没有建议也不能完全发挥反馈的作用，反馈就是要找出缺点，进行改进，但要注重提那些有助于改进行为的、对方完全有能力作出改变的问题，并给出切实可行的操作性建议。

（5）反馈跟进，完善后续。给出正面反馈后，你要帮助他人听见和接受你的称赞，强化正面信息，引导人们承认它、接受它，这是一种激励。当你给出建设性反馈意见后，你要鼓励接收者作出改变。由于人们往往会逃避一些建议，这时不要放任不管，而是要耐心引导，询问是否有困难，这样才能有效贯彻反馈的意见，达到反馈的效果。

具体到管理者给予员工绩效考评反馈的情境来看，管理者如何才能给予有效的考评结果反馈呢？正如开篇导引故事那样，现实中的绩效反馈存在很多分歧，管理者如何化解这些分歧，达到良好的反馈效果呢？[①]

①管理者在反馈时不仅要关注员工做了什么，还要关注他们是怎么做的。在作绩效反馈时，管理者应当对建设性和破坏性行为都给予指导，告诉员工他们的行为是促成还是阻碍了业务目标的实现。尤其要帮助员工意识到他存在哪些不利于成功的行为，这更能帮助员工在未来取得成功，并且提高工作积极性，提升工作满意度，让员工对组织更加忠诚。

②反馈既要具体，又要笼统。作具体反馈时，要指出哪些行为需要改进，用最近的事例和具体情境来说明，有事实依据更能让员工信服，也会让员工感到自己是被组织重视的。笼统反馈时，把个人成绩与公司战略联系起来，或者鼓励员工把自己的表现与公司乃至行业最优秀的人进行比较，提出一些开放性问题。反馈具体，有助于员工更好地完成任务，而泛泛的指引则有助于启发思考，促进学习。显然，二者结合对公司和个人才更有益。

③增添情境和视角。在评估绩效时，管理者应该考虑来自多方的信息，包括内部和外部信息，如考虑运营环境的复杂性，形势上的困难，公司为员工实现业绩目标提供了或者还没有提供哪些支持等。这样管理者可以综合考评、综合反馈，不以偏概全，造成不必要的误解。

除了管理者给予员工反馈之外，员工在接收到领导的信息后，有时候也需要给予反馈。在网络发达的当下，许多工作安排、任务交流都通过微信等社交媒体直接完成。那么，员工如何在微信沟通过程中恰当地回复领导呢，下面的沟通技巧也许能够帮助到你。

【沟通技巧】如何回复领导的"收到"

在工作中经常会遇到这样的情况，你用微信向领导发送一则通知或者一份材料，领导回复你"收到"，客气一点的领导会回复"收到，谢谢！"或者"收到，

---

① 戈尔巴托夫. 年底了，请收下这份绩效反馈攻略 [EB/OL].（2021-06-19）[2018-11-05]. https：//mp.weixin.qq.com/s/xb6UjBPF77V9WjYc0D7d0g.

辛苦了"。这时候你还需要继续回复吗？有人说，这类信息不需要再回复。有的则说，应该回复"不客气"。职场上，面对领导回复的"收到"二字，到底要不要回复呢？简单地回答"要"还是"不要"，都太过武断，应该具体情况具体分析。总的来说，可以根据以下 3 点作出判断。

1. 根据领导性格的不同

通常情况，领导大致可分为两种性格：直爽型和细致型。直爽型领导，往往是结果导向型，比较雷厉风行，追求速度和效率。当他回复你"收到，谢谢"，言外之意就是：我知道了，对话到此为止。你最好的选择，就是不回复。这样能节省领导再次看信息的时间，提高效率。

如果遇到细致型领导，一定要回复。这类领导非常注重细节，有时候你认为没必要计较的细枝末节，他都会在意。细致型领导说"收到，谢谢"，你只回复"不客气"，略显生硬。你可以说"不客气领导，是我应该做的，您先忙吧"，这样回复，显得姿态低了一些，也更符合下属的身份。

2. 根据工作的紧急程度

（1）汇报定期性工作，无须回复。当你定期、定点向领导汇报同一项工作时，领导回复"收到，谢谢"，你可以选择不回复。这类工作往往不紧急也不重要，属于周知性事项，让领导知晓就行。领导有时候会回复，有时候不回复。那么，作为下属的我们，这种情况下，回不回复其实无关紧要。

（2）汇报连续性工作，必须回复。如果你发给领导的，是需要上报的信息、总结、请示、报告，必须回复。这类工作具有连续性的特点，后期领导可能会有改动或提出意见。同时，你还要处于一个随时待命的状态，因为领导可能随时"召唤"你。尤其是机关工作，很多都有连续性，特别是重要的文字类工作，不可能一次性完成，领导可能还有连续指示。领导回复"收到，谢谢"之后，你可以选择 3 种回复：

① 请您审示，如有不妥，我再修改。

② 好的领导，我在办公室随时待命。

③ 领导，我现在因故不方便，如有不妥，我回去后马上修改。

这样的话，既能让领导掌握你的动态，避免出现惹他发飙的情况，又能让他感受到你的认真和敬业。

（3）汇报重要性工作，除了回复，还要时时提醒。一个称职的下属，除了中规中矩汇报工作，还应该起到提醒的作用。比如，有一个重要会议，你提前两天把相关信息发给领导，领导回复"收到，谢谢"，你除了说不客气，还要在开会前一天，再次提醒领导。不要担心这样会引起领导反感，相反，领导会觉得你是个"贴心"的下属，这一举动，会为你加分不少。

这种提醒看似很急，但是不会让领导讨厌。因为你是本着对工作、对单位负责的态度，让领导明确截止时间，倒逼领导给出明确指示，快速开展工作，是高效工作的表现。从另一个角度说，你已经尽了你的职责，如果最后因为领导的原因耽误了，与你无关，这也不失为一种保护自己的办法。

3. 根据与领导的关系

如果与领导关系一般，从来都是公事公办，那你就老老实实按照职场规则，该怎么回复，就怎么回复。

如果你和领导之间，除了公事，还会聊一些私事，或者领导经常在工作之外关照你，你们之间的对话氛围比较轻松，领导回复你"收到，谢谢"之后，你可以回复一个 OK 的手势，或者"领导辛苦了""应该的""不客气"外加一个笑脸。作为下属，不能因为使用微信这种随意性较强的工具，就把与领导的对话也变得随意。应在你有把握保证领导不反感、不排斥的前提下再用，如果你拿捏不准，则选择不回复。

总之，"对症下药"很重要。领导喜欢什么方式，你就用什么方式工作。不要用"我以为""我觉得"来和领导相处，那样你会很累。

选编自：若水. 微信上领导回复"收到"，聪明的下属除了回复"不客气"，还应这样做 [EB/OL].（2021-05-08）[2021-05-12]. https：//mp.weixin.qq.com/s/X-MVvN5s-HnN5KPcnBFrkg.

6.3.2　接收反馈的技巧

邓小平曾提出"摸着石头过河"，理论依据是，在你看不清楚事态发展的时候，只能走一步，看看社会的反馈，然后再走一步，再看看反馈。对于管理者来说，听取反馈的过程也是赢得部下忠诚的过程。当领导询问下属的反馈时，被询问者会觉得受到了尊重，渐渐地就会对领导产生忠诚。

面对反馈，我们需要以正确的方式接收。在接收反馈之前，首先需要调整好心态，保持清晰的头脑，准备好接收有益的反馈。在接收反馈时，要注意以下五种技巧。

（1）积极倾听，主动询问。抵触倾听是影响反馈接收的重要因素，然而，作为反馈的接收者，倾听是第一位的。我们应该首先仔细倾听对方的反馈，保持兴趣，不要打断对方，鼓励对方说话。这样才有可能得到有益的反馈。对于发送者传递的信息存在语意不明之处，接收者应主动询问，核实信息的准确性与完整性。

（2）适时回应，及时肯定。及时回应是一种沟通的互动，在别人给予反馈的过程中给予回应，可以表示出你在认真倾听并且理解了对方的目的。点头或微笑所给予的肯定是对对方的赞赏和认同，你的赏识能够激励对方继续发表意见。

（3）换位思考，理解对方。影响反馈接收的因素可能是因为反馈客体在接收反馈时以自我为中心，一味地坚守自己的观点和思维模式，武断地拒绝反馈主体发送的建设性反馈。因此，在接收反馈的过程中为了避免针锋相对的争论，就要试着换位思考，站在对方立场揣摩发送者说话的意图，弄懂发送者想要传达的意思。

在倾听别人的反馈时，必须先把你的目的搁置一旁，否则，你就不会很好地理解他们。

（4）调整心态，卸下防备。大多数人都不善于接受建设性批评，主观上刻意逃避坏消息，在心理上形成一种排斥。因此对于别人的指正，不要急于打断或反驳，可以向对方询问自己不理解或者不认同的地方。在这一过程中，我们要沿着对方的思路去接受对方的观点，这不仅是礼貌的表现，更重要的是能够从反馈中发现自己的问题。大多数人给予的反馈都是经过深思熟虑的，我们应该把这当做一个使自己进步和提升的机会，认真对待。

（5）及时整理，避免遗漏。及时整理是为了更好地理解反馈内容。比如，在沟通的过程中，对方与你之间的背景（包括个人经历、受教育程度和宗教信仰等）差异很大，双方对待同样的信息就可能出现不同的理解。或者对方给的信息太多，你可能在短时间内无法完全接收。出现这些情况时，你可以用自己的话进行复述，让对方获悉你是否理解了他的意思，避免误解或遗漏重要信息。必要时，把重要的内容记录下来，不仅方便日后查阅而且体现出你对待反馈的认真态度，进而激发出更多有益的反馈。

在实际工作中，员工会主动提出与工作相关的建设性意见或想法来帮助组织创新和发展，管理者在接受到员工建言之后，如何做才合适，下面提出几点建议。

①注重帮助员工学习和改进。管理者和员工一起寻找建言中存在的问题，并给予相应的指导与建议，这有利于员工理解工作任务和角色期望，发现自身的优势和不足，同时增强内在动机，增加对工作本身的兴趣。这样的反馈会激励员工主动学习，提高工作技能。例如，在接收反馈时可以这样说："小李，你的建议非常不错，很多方面都值得肯定。针对其中一点，我有个建议，看看是否有帮助？"

②创造一个轻松愉悦的组织氛围。员工可以自由表达意见，不必担心由此给自己带来的风险和威胁。在接收反馈的过程中管理者要表达对员工的关心与支持，并为员工提供切实的帮助。这样会拉近管理者与员工之间的关系，促进员工对管理者产生信任。例如，在接收反馈时可以这样表达："针对其中一点，你觉得如何做能够改进一下呢？"这会启发员工找到自己建言中可以改善的点，目的是帮助员工细化建言，让建言更有可操作性。

③由建言员工的直接主管来接收反馈。通常来说，直接领导是最了解其下属的，下属对直系领导也是最熟悉的，让直接领导接收反馈，效果也会更好。直接主管找到建言员工，提出一系列问题以获取一些信息，把建言员工引入管理者需要的信息范围之内，如"你怎么看待自己建议的某些方面呢？""针对某一点，你打算怎么做呢？""在执行的过程中，有什么需要我及团队做的吗？"

下面以一个小例子来说明在收到员工建言之后，管理者如何接收员工的建言反馈。

【案例】管理者接收员工的建言反馈

上周收到小李关于设备引进方面的建议信后，小李的直接领导张经理决定找小李谈谈。

张经理："小李，你的建议非常不错，很多方面都值得肯定。针对设备引进这一问题，你能否具体跟我说说？"

小李："好的，我们现在技术人才是有的，产量老是上不去的主要问题在于设备比较老旧。我对比了一下 A 公司，它们之前跟我们公司产量水平是差不多的，但是去年引进了高端设备，今年的产量明显比我们高，我们其他方面也不差呀，输就输在设备上，所以我们得引进设备。"

张经理："明白了，那你在引进设备之后要怎么把产量提上去呢？有具体的工作计划吗？"

小李："实行分组竞争制，一个资深员工带领一组，每周进行产量考评。考评完之后，再根据考评结果调整方案……"

张经理："不错，看来你已经准备充分了，做一份完整的工作计划来，我们再开会讨论一下，可以吗？"

小李："谢谢经理的认可，马上准备。"

选编自：王灿昊，段宇锋. 主管发展性反馈与员工建言的双向反馈机制研究——工作场所压力的调节作用 [J]. 经济与管理研究，2021，42（04）：105-118.

6.3.3 寻求反馈的技巧

反馈作为组织中一种有价值的信息资源，个体应当主动地从其他人那里（同伴、下级或者上级等）去寻求，而不是消极地坐等。通过寻求反馈，个体能够获得信息增进绩效，减少工作中的不确定性，并且能学习工作中的心得。

反馈寻求行为是指个体积极主动地寻求组织中有价值的信息以适应组织和个体发展需要的一种主动性行为。与反馈类似，反馈寻求也是包含一系列行为的过程，而不是一个结果。反馈寻求行为实施效果的好坏受反馈寻求行为本身的影响。因此在寻求反馈时，需要注意以下五种有关反馈寻求行为的技巧。

（1）创造条件，设置渠道。反馈主体发送反馈时的最大障碍在于发送者畏惧反馈客体的权位，不敢轻易发表。所以，要想寻求更多的反馈，首先要给潜在的反馈者创造自由表达意见的机会，在组织中建立实时反馈、持续反馈、多渠道反馈的意识，设置更多、更方便的渠道接收反馈。在很多大公司，一种比较常见的渠道是问卷调查，即用无记名的方式定期向员工进行咨询，征询对近一阶段单位情况和对领导工作的意见。如今，互联网时代的到来使信息传播变得方便快捷，基于网页的快捷通道、电子邮件、即时通信应该逐渐成为接收反馈的主要通道。

（2）激励表达，给予感谢。古语道"各人自扫门前雪，莫管他人瓦上霜"。人们一向对于事不关己尤其是不利己的人和事倾向于袖手旁观。因此，为了得到有益的反馈，需要激励反馈者表达真实的感受。对给予反馈的个人或组织，可采取赠送纪念品、邀请参加联谊会、负责人亲自回访等方式予以感谢，表达接受意见、认真改进的诚意。只有激励潜在的反馈者多表达，并且视反馈为改进的机会，虚心地接受，积极地落实，才能寻求到更多、有益的反馈。

（3）频繁寻求，持续跟踪。要想得到质量高、内容新的反馈，就要注意反馈寻求的频率。反馈寻求的频率是指个体寻求反馈的频繁程度。大部分研究表明，个体反馈寻求频率越高，沟通效果越好，工作满意度和绩效等也就越高，反之则越低。要在组织内形成制度化反馈、定时反馈、持续反馈。工作的进步不可能仅仅需要一次的反馈，如公司的产品质量问题，就要对产品质量进行持续跟踪，不断寻求反馈，才能确保产品质量一直处于合格状态。

（4）找对问题，择准对象。反馈寻求的工具性目标之一就是获得别人观点的准确评价，理论和经验上的证据都表明反馈寻求行为和获得信息的准确性成正相关。组织中个体寻求反馈的信息不仅仅局限于传统的绩效考核信息，还包括专业技能信息、社会行为信息、整体绩效评价信息和常规信息等。寻求反馈的对象，可以是上级、同事、下属或者组织外的群体。不同的反馈对象拥有的背景知识不同，我们要根据信息内容选择合适的反馈对象。古人云"闻道有先后，术业有专攻"，找准问题问对人，也是寻求反馈中的一大技巧。

（5）区分方式，恰当选择。在寻求反馈时，依据其方式的不同分为询问式反馈寻求行为和监控式反馈寻求行为。询问式反馈寻求行为是指个体就他们认为有价值的信息直接询问组织内外的人员，从而更多地获得工作中所需要的信息，使得自己了解所处的环境。监控式反馈寻求行为是指个体观察组织中的情境和组织中他人的行为，从而为自己提供有用的线索。两者的区别在于，前者通过交流获取有价值的信息，后者通过直接观察他人的行为获取自己认为有价值的信息。在寻求反馈的过程中，若个体希望通过提高能力、获得新技能和掌握新情境来发展自身，则会偏好于选择询问式。若个体希望通过寻求对自己能力有利的判断或避免负面判断，来表明或证明自己的能力，则更倾向于选择监控式的反馈寻求。

在实际的工作中，管理者为了更好地了解员工，往往会主动寻求反馈，如何才能获取有效反馈呢？下面提出几点建议。

①尽可能用通俗的语言。即便管理者对于心理测评、胜任力模型等测评工具烂熟于心，但是在寻求反馈的过程中，尽可能用通俗易懂的表达，更容易让员工接受。

②恰当引用具体明确的事例。寻求员工反馈，最好能有具体事例，这样就事论事，不会让员工感觉到反馈只是形式主义而已，也更能让员工吐露心声，表达

自己的真实想法。例如，"小李，你最近计划没能及时完成呢，比如提交上一次周报告时，报告最后一部分没有完成，你看是不是遇到了什么困难呢？"

③将问题集中在员工最苦恼的方面。将寻求反馈的焦点集中在对方最苦恼的地方，倾听并给予员工支持，与员工共同探索解决问题的方法。比如，员工认为自己在计划与规划落实方面过于拖沓了，管理者寻求反馈就可以聚焦这一方面："有什么具体困难呢，是否需要团队的帮助？"这样不会给员工造成更大的压力，让他感到在自己的能力范围内是有进步的可能的。

下面以管理者寻求员工关于负面问题的反馈作为例子具体说明上述沟通技巧。

【案例】管理者寻求员工负面反馈

张经理发现王红跟李明最近有些不对劲，老是有矛盾，决定找王红聊聊。

张经理："每当我看到你和李明在一起的时候（情况）……你们好像不太合得来（行为），我注意到你经常打断他，经常打断他的想法。看来你宁愿自己干也不愿和他一起干。"

张经理："你觉得我刚才说的是事实吗？我想了解这里面是不是发生了什么事？"

王红："没错。自从上次我们有过一次争吵之后，我就发现跟李明在一起工作很困难，经常会因为很小的问题产生分歧。但是我俩又经常被安排到一组，这让我很苦恼。每次合作，每次必争吵，真宁愿自己一个人干。"

张经理："不妨我和你、李明一起开几次调解会，解决你们之间的分歧，你看怎么样。"

王红："谢谢经理，这样最好不过了。"

【本章小结】

1. 反馈是指沟通过程中信息接收者对接收到的信息所作出的回应。接收者理解加工收到的信息，并将自己的见解、意见和看法编码后返回给发送者，以便发送者核实接收者正确理解信息与否，或者在此基础上对信息作进一步的讨论。

2. 反应与反馈的区别：反应指的是由于外界的交流、语言、表达等刺激所引起的意见、态度或行为的变化。反应被主体看到方能成为"隐性反馈"，而反馈则是一种主动性的信息回应。一般来说，在沟通过程中反应必然存在，而反馈是可选择的。

3. 反馈的影响因素：人为因素和非人为因素。

4. 给予反馈的技巧：精心准备，择准时机；内容真实，信息透明；态度诚恳，表达准确；积极赞扬，给予建议；反馈跟进，完善后续。

5. 接收反馈的技巧：积极倾听，主动询问；适时回应，及时肯定；换位思考，理解对方；调整心态，卸下防备；及时整理，避免遗漏。

6. 寻求反馈的技巧：创造条件，设置渠道；激励表达，给予感谢；频繁寻求，持续跟踪；找对问题，择准对象；区分方式，恰当选择。

【问题讨论】

1. 管理沟通中的准确反馈为何重要？

2. 在年终的绩效考评中，小王因为以往表现有欠缺被评为 C 等，她有点想法。如果你是其领导，要找小王谈心，应如何谈？

3. 下属向你提出工作安排的改进建议，你该如何处理？

4. 你感觉下属最近总有什么不好的消息瞒着你，该如何寻求反馈呢？

【案例分析】绩效反馈沟通的成与败

绩效反馈是组织在绩效考评结束后选择适当时机将考评结果告知被考评者，充分吸取被考评者的意见和建议的过程。同样都是在作绩效反馈，但不同的做法，其结果却可能大相径庭。"有比较，才有鉴别"，我们不妨来看一组对比鲜明的绩效反馈案例。

【失败篇】

王明是 M 公司客服部的经理，年末绩效考核成绩出来后，公司的吴总把王明叫到办公室谈话。

吴总："小王啊，绩效考核的结果已经出来，想必你也知道了，我想就这件事与你谈一谈。"

（此时，吴总的手机铃声响起，吴总示意小王谈话暂停，接起电话……）

吴总（通话用了五分钟，放下手机，笑容满面的脸变得严肃起来）："刚才我们谈到哪里了？"

王明："谈到我的绩效考核结果。"

吴总："哦，你上一年的工作嘛，总的来说还过得去，有些成绩还是可以肯定的。不过成绩只能说明过去，我就不多说了。我们今天主要来谈谈不足。王明，这可要引起你的充分重视呀，尽管你也完成了全年指标，但你在与同事共处、沟通和保持客源方面还有些欠缺，以后得改进呀！"

王明："您说的'与同事共处、沟通和保持客源方面还有些欠缺'具体指什么？"

（吴总的手机铃声再次响起，吴总拿起手机接通……）

吴总（通话结束，吴总放下手机）："王明，员工应该为领导分忧，可你非但不如此，还给我添了不少麻烦！"

王明："我今年的工作指标都已经完成了，可考核结果……"

吴总："考核结果怎么了？王明，别看我们公司人多，谁平时工作怎样，为人处世如何，我心里可是明镜似的。你看看人家陈刚，人家是怎么处理同事关系的。"

王明（心想：怪不得他的各项考核结果都比我好）："吴总，陈刚是个老好人，自然人缘好。但我是个业务型的人，比较踏实肯干，喜欢独立承担责任，自然会得罪一些人……"

吴总："好了，我等会还有个应酬，今天就这样吧。年轻人，要多学习、多悟！"

吴总自顾陪客户吃饭去了，王明依然是一头雾水，不知领导的话什么意思……

【成功篇】

吴总："小王，绩效考核的结果已经出来了，这两天我想就你近来的表现跟你聊一聊，你什么时候比较方便？"

王明："吴总，我随时都可以，依照您的时间来吧。"

吴总："那明天上午十点吧，在我的办公室。"

王明："好的，吴总！"

（吴总认真准备了明天面谈的资料，并从侧面向王明同事了解了王明的个性。）

（第二天上午十点，王明来到吴总办公室。）

吴总："小王啊，今天我们谈话的目的就是回顾一下这一年来你的工作情况，讨论一下做得好与不好的地方。不过，在此之前，我想听听你对我们公司绩效考核的看法，你认为绩效考核的目的是什么？"

王明："我觉得绩效考核有利于对优秀员工进行奖励，特别是在年底作为发放奖金的依据。不知我说得对不对？"

吴总："你的理解与我们做绩效考核的真正目的有些偏差，这可能主要是由于我们给大家的解释不够清楚。事实上，我们实行绩效考核，最终是希望在绩效考核后，能通过绩效面谈，将员工的绩效表现——优点和不足反馈给员工，使员工了解在过去的一年中工作上的得与失，以明确下一步改进的方向。也提供一个沟通的机会，使领导了解部属工作的实际情况或困难，以确定可以提供哪些帮助。"

王明（不好意思地）："吴总，看来我理解得有些狭隘了。"

吴总（宽容地笑笑）："现在我们不是又取得一致了吗？好了，接下来我们逐项讨论一下。你先做一下自我评价，看看我们的看法是否一致。"

王明："去年我的主要工作是领导客户服务团队为客户提供服务，但是效果不是很令人满意。我们制定了一系列的标准（双手把文件递给吴总），但满意客户的数量增幅仅为55%，距离我们80%的计划相去甚远。这一项我给自己'及格'。"

吴总："事实上我觉得你们的这项举措是很值得鼓励的。虽然结果不是很理想，我想可能是由于你们没有征询客户建议的缘故，但想法和方向都没有问题。我们可以逐步完善，这项工作我给你'优良'。"

王明："谢谢吴总鼓励，我们一定努力！"

吴总："下一项。"

王明："在为领导和相关人员提供数据方面，我觉得做得还是不错的。我们从未提供不正确的数据，别的部门想得到的数据，我们都会送到。这一项我给自己'优秀'。"

吴总："你们提供数据的准确性高，这一点是值得肯定的。但我觉得还有一些有待改善的地方，比如，你们的信息有时滞后。我认为还达不到'优秀'的等级，可以给'优良'。你认为呢？"

吴总："我想总的给你的评价应该是 B+，你觉得呢？"

王明："谢谢吴总，我一定会更加努力的！"

吴总："下面我们来讨论一下你今后需要继续保持和改进的地方，对此你有什么看法？"

王明："我觉得我最大的优点是比较富有创造性，注重对下属的人性化管理，喜欢并用心培养新人。我最大的缺点是不太注重向上级及时汇报工作，缺乏有效的沟通。我今后的发展方向是做一名优秀的客服经理，培养一个高效的团队，为公司创造更好的业绩。"

吴总："我觉得你还有一个长处，就是懂得如何有效授权，知人善任。但有待改进的是你在授权后缺乏有力和有效的控制。我相信，你是一个有领导潜力的年轻人，你今后一定会成为公司的中坚力量。"

王明："谢谢吴总对我的鼓励，我一定会更加努力地工作！"

思考讨论题：

1. 小组成员分别扮演吴总和王明，模拟吴总与王明之间的绩效反馈沟通过程。

2. 对比上述案例中的失败篇与成功篇，你认为其失败之处和成功之处分别在哪里？

3. 如果你是失败篇中的王明，你该如何向吴总反映你心中的困惑？

4. 在绩效反馈沟通过程中，你认为进行有效反馈的技巧有哪些？

第三部分 实 践 篇

第7章 人际沟通

一个人永远不要只靠自己一个人花 100% 的力量，而要靠 100 个人花每个人 1% 的力量。

——比尔·盖茨

【学习目标】

➢ 了解人际沟通的特征、动机和类型。

➢ 掌握人际关系建立与维持的方法。

➢ 掌握与人交往的相关礼仪规范。

➢ 了解人际冲突产生的原因和过程。

➢ 掌握人际冲突的五种处理方式。

【导引故事】职场沟通的困境

　　杨瑞从西安某大学的人力资源管理专业毕业之后，认为经过四年的学习，自己不但掌握了扎实的人力资源管理专业知识，而且具备了较强的人际沟通技能，因此她对自己的未来期望很高。经过将近一个月的反复投简历和面试，在权衡了多种因素的情况下，杨瑞最终选定了东莞市的一家研究生产食品添加剂的公司。她之所以选择这家公司是因为该公司规模适中、发展速度很快，最重要的是该公司的人力资源管理工作还处于尝试阶段，如果杨瑞加入，她将是人力资源部的第一名员工，因此她认为自己施展能力的空间很大。

　　但是到公司实习一个星期后，杨瑞就陷入了困境中。原来该公司是一个典型的小型家族公司，公司中的关键职位基本上都由老板的亲属担任，其中充满了各种裙带关系。尤其是老板给杨瑞安排了他的大儿子做杨瑞的临时上级。这个人主要负责公司研发工作，根本不具备管理理念，更不用说更专业的人力资源管理理念，在他的眼里，只有技术最重要，只要公司能赚钱，其他的都无所谓。但是杨瑞认为，越是这样就越有自己发挥能力的空间，因此在到公司的第五天，杨瑞拿着自己的建议书走向了上级的办公室。

"王经理，我到公司已经快一个星期了，有一些想法想和您谈谈，您有时间吗？"杨瑞走到经理办公桌前说。

"来来来，小杨，本来早就应该和你谈谈了，只是最近一直扎在实验室里，就把这件事忘了。"

"王经理，对于一个公司，尤其是处于上升阶段的公司来说，要维持公司的发展必须在管理上狠下功夫。我来公司已经快一个星期了，据我目前对公司的了解，我认为公司主要的问题在于职责界定不清。雇员的自主权力太小，致使员工觉得公司对他们缺乏信任。员工薪酬结构和水平的制定随意性较强，缺乏科学合理的架构，因此薪酬的公平性和激励性都不足。"杨瑞按照自己事先所列的提纲开始逐条向王经理叙述。

王经理微微皱了一下眉头说："你说的这些问题我们公司也确实存在，但是你必须承认一个事实——我们公司在赢利，这就说明我们公司目前实行的体制有它的合理性。"

"可是，眼前的发展并不等于将来也可以发展，许多家族公司都是败在管理上。"

"好了，那你有具体方案吗？"

"目前还没有，这些还只是我的一点想法而已，但是如果得到了您的支持，我想方案只是时间问题。"

"那你先回去做方案，把你的材料放这儿，我先看看然后给你答复。"说完，王经理的注意力又回到了研究报告上。

杨瑞此时真切地感受到了不被认可的失落，她似乎已经预测到了自己第一次提建议的结局。果然，杨瑞的建议书石沉大海，王经理好像完全不记得建议书的事。杨瑞陷入了困惑之中，她不知道自己是应该继续和上级沟通，还是干脆放弃这份工作，另找一个发展空间。

选编自：沈远平. 管理沟通案例分析精选 [M]. 北京：知识产权出版社，2011.

在导引故事中，杨瑞一方面没有认识到人际关系在工作中的重要性，另一方面没有掌握好人际沟通的时机和策略。杨瑞在没有任何铺垫的情况下，就亮出了自己的观点，一一列数公司的管理问题，在某种程度上可能会使得王经理认为这更像是一次发泄而非建议。她急于把自己的所学运用到实践中去，因此渴望受到较少的限制，拥有更大的自由发展空间，可见她具有很强烈的挑战和创新精神，不甘于维持现状。然而另一方面，杨瑞的理论水平虽高，但缺乏实践经验，比较理想化，做事急躁，更渴望看到结果而忽略过程等。从杨瑞案例的经验中可以发现，在人际交往沟通之前要明确自己和对方的动机，同时要学习和掌握合适的人际沟通方式，以在工作中建立和维持良好的人际关系，保证自己工作的顺利进行。在生活中，人际沟通对于我们来说是一项必备的基本技能。石油大王洛克菲勒曾言道："假如人际沟通能力也是同糖或咖啡一样的商品的话，我愿意付出比太阳底下任何东西都珍贵的价格购买这种能力。"一个人能够与他人准确、及时地沟通，才能建立起良好的、牢固的、长久的人际关系，进而使得自己在事业上左右逢源，让生活变得更为丰富多彩。

7.1 人际沟通概述

当今社会，人际沟通在日常交往过程中变得越来越频繁。掌握人际沟通的技巧，可以使人们在人际交往过程中有效地与他人建立人际关系，良好的人际沟通可以帮助人们在职场上取得成功。通过学习人际沟通的特征和动机，我们将会对人际沟通有一个较为全面、深入的了解。

7.1.1 人际沟通的特征

日常生活中，我们只要与人打交道，就在有意无意中进行着人际沟通，它是人们在日常生活和工作中所进行的交流思想、感情和信息的活动。良好的人际沟通不仅能协调人们之间的各种关系，还能满足人们的社会需求，形成健康的社会心理，提高工作效率。人际沟通是指人们运用各种语言和非语言符号系统传递信息、沟通思想、交流感情的社会活动过程。通过沟通，人们可以交换思想、观念、知识、技能、情绪、态度和行为等多方面信息。[①] 良好的沟通有助于促进人际和谐、提高工作效率。不良的沟通会使人们难以相互理解和赞同，导致人与人之间发生各种冲突。通常来说，人际沟通具有以下三个特征。

（1）互动性。人际沟通是双向的理解和反馈过程，对参与双方都会产生影响。人际沟通过程中，沟通者同时充当着信息发送者和信息接收者的双重角色。沟通双方既是主体又是客体，正是主体与客体之间的往复交流活动构成了人际沟通的互动性。

（2）情境性。人际沟通是发生在一定场合的信息沟通行为。特定的时间、地点、参与者、话题等因素构成了沟通的情境。人际沟通会受到情境的制约，人们往往根据时间、空间、双方关系等不同的情境来选择不同的话题。这也就是俗话所说的："到什么山唱什么歌，见什么人说什么话。"

（3）符号性。人际沟通是信息传递的过程，需要使用统一或相同的符号。正是因为人们创造了用于交换思想观点的社会性的、可理解的符号，人际沟通才得

---

① 陈志霞. 社会心理学 [M]. 北京：人民邮电出版社，2016.

以发生。符号既包括语言又包括非语言的表达，如语言、文字、图像、记号和手势等。如果不能够正确地使用符号，就无法进行有效的人际沟通。

7.1.2　人际沟通的动机

人际沟通是一种受特定动机驱使的社会行为。个体与他人之间的每一次沟通都在有意或无意地完成自己一个或多个目标。一般来说，人际沟通的动机可以划分为物质层面和精神层面，其中物质层面的动机包括收集信息、建立关系和获取利益，精神层面的动机包括社交需要、发展需要和控制需要，如图 7-1 所示。

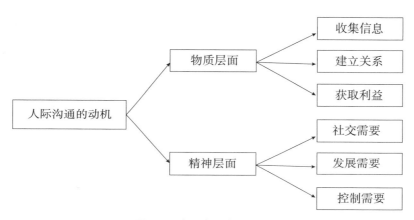

图 7-1　人际沟通动机的分类

（1）收集信息。从最基本的方面来讲，人际沟通可以使我们获得一些信息资源。通过与他人的交流，我们能够获知新鲜的资讯，使得我们可以对身边发生的事有所了解。当然，我们也有可能对某些特定的消息进行询问，这些消息对他人来说无足轻重，但对自己却是无价之宝，如某些特定的知识、经验等，可能是我们解决难题必不可少的技能方法。

（2）建立关系。我们进行人际沟通也有可能是为了获取关系资源。人际沟通有助于我们同他人建立良好的人际关系，这些关系在短期来看可能并没有太大作用，但是在某些特定的场合却能够起到关键性的作用。人们会设法同处在更高的社会阶层的人进行交往，这会使我们有机会建立更高层次的人际关系网，从而获得更多的发展机遇。

（3）获取利益。人际沟通的另一个动机是为了获取直接或间接的利益。比如，与老板进行沟通，告诉他为什么自己应当被加薪，这就是通过人际沟通设法获得直接利益。而通过与上司的良好交流，使其对你产生良好的印象，这就是通过人际沟通所获得的间接利益。

（4）社交需要。社交需要包括两方面的内容：①爱的需要，是指通过感情与他人建立和保持满意关系的需要。人人都希望得到他人的关心和理解，因此人们通过人际沟通来强化同他人之间的情感交流，从而获得心灵上的满足。②归属的需要，即获得组织接纳和认同的需要。个人都有归属于一个组织和群体的倾向，希望成为其中的一员，并相互关心和照顾。人们一旦有所归属，就会觉得自己在某种程度上获得了他人的认可，心理上便会产生一种安全感和满足感。

（5）发展需要。发展需要是指个人为了实现自我价值的提升，需要通过人际沟通为自己进一步的发展创造有利条件的需要。每个个体都存在着谋求自身发展的内在愿望，这种愿望需要通过创造性地发展个人的潜力和才能，完成挑战性的工作才能得到满足。在此过程中，人际沟通的环节必不可少。例如，个体需要表明自己的观点态度，传递自己的思想信念，说服别人从而获得支持，以上这些都需要通过人际沟通来完成。由此可见，实现个人的发展是人际沟通的重要需求。

（6）控制需要。控制需要是指人们基于支配欲望和个人力量对他人施加影响的需要。人际关系中的控制意味着让他人按照我们的意愿行动。任何人都或多或少地拥有一些控制欲望，通过命令别人做一些事可以使我们获得某种程度的满足。然而，在最佳的相互关系中，各方应根据具体情况保持一定的克制，避免过度控制。

7.1.3　人际沟通的类型

人际沟通的动机包括物质层面动机和精神层面动机。根据这两种不同的动机，可以把人际沟通活动概括为两类，即功利型人际沟通和情感型人际沟通。

1. 功利型人际沟通

功利型人际沟通是指将人际信息传播作为一种手段和工具，以寻求经济利益为目的的沟通。功利型人际沟通有明确的目标或意向，按照一定的计划和步骤进行，是有意识的商业行为。

功利型人际沟通是由人的社会属性决定的。激烈的竞争使得人性日趋复杂化。群体中有期望争取经济利益最大化和获取最大经济报酬的经济人，有重视人际关系的社会作用和非正式群体的影响力的社会人，也有不单纯为了经济利益、社会利益，看重现实生活中的多种动机的复杂人。当然，还有为了实现个人价值，为了理想和信念而奋斗的人。为了达成上述功利型目标，人们通过人际沟通获取更多的信息资源，缩小信息盲区，从而在竞争过程中掌握先机。

功利型人际沟通将利益看做目标。社会心理学将人的利益关系分为三种：①分歧利益，即由于资源有限，满足了一方需要，就不能满足另一方需要，从而使彼此利益相互排斥。②一致利益，即双方利益可以同时满足或同时不满足。③交叉利益，即彼此利益一部分一致，一部分排斥。需要注意的是，在功利型人际沟通过程中，合作双赢是最佳的处理方式。如果不能达到，也要学会适当地让利和妥协，不能过分强调短期利益而忽视长远利益。

2. 情感型人际沟通

情感型人际沟通是指信息传播者和接收者为了满足个人情感需要而进行的信息互换与情感交流。不同于功利型人际沟通，情感型人际沟通并不在乎信息传播形式以外的功利性或实用性目的，而更多地关注信息传播行为本身以及沟通双方的关系、友谊和合作。情感型人际沟通是在有意无意之间发生的，并没有非常明确的目的性。

选择情感型人际沟通活动是由于人的本能需要，即寻求伙伴以及合群的愿望，这是人社会属性的体现。情感型人际沟通可能出于个人的情感，如爱、孤独、忧伤和恐惧等情绪宣泄的需要，也有可能是为了满足安全、尊重、荣誉和地位等愿望的需要，或者是为了满足在认识自我的过程中自我表露的需要。

在情感型人际沟通的过程中，应注意自我表露的尺度。虽然自我表露是人认识自我的途径，可以形成更有效的信息传播，但并不意味着对别人全面开放。表露要有分寸，同时要遵循一些规律，以免在情感型人际沟通时引起他人的反感。

7.2　人际关系的建立与维持

人际关系是一个与人际沟通紧密相关的概念，对人际沟通的研究必然涉及对人际关系的探讨。人际关系是指人们在生产或生活过程中所建立的一种社会关系，体现出人们社会交往和联系的状况。人际沟通是建立人际关系的手段，恰当处理人际关系可以让我们在人际交往过程中如虎添翼、如鱼得水。

人际关系发展最著名的理论是马克·克奈普（1984）提出的十阶段理论，其将人际关系的发展分为十个阶段，包含聚合期和离散期两个发展趋势，聚合期包括初始阶段、试验阶段、强化阶段、整合阶段和结合阶段，离散期包括分化阶段、各自阶段、停滞阶段、逃避阶段和结束阶段。此外，其他学者在马克·克奈普的十阶段理论的基础上认为所有的沟通关系都应包含"维持期"，以确保关系正常且顺利地运作。罗纳德·阿德勒和拉塞尔·普罗科特在《沟通的艺术：看入人里，看出人外》一书中表述了人际沟通的聚合期、维持期、离散期的三个趋势和十个阶段的关系，如图 7-2 所示。

（1）初始阶段。目标在于尝试着同他人接触，并表示自己是一个值得交往的对象。人际沟通在初始阶段是相当简短的，往往遵循一些常见的方法和套路。

（2）试验阶段。在与新朋友进行初步的接触后，下一个阶段就是考虑是否有兴趣进一步建立人际关系。由于交往双方对对方的了解还不够深入，因此需要一个过程来获取更多的相关信息。"闲谈"是试验阶段的最佳保证，在你不确定是否进一步继续交往下去的时候，"闲谈"是一种避免风险的安全举措。

（3）强化阶段。在强化阶段，人际关系才真正开始发展，沟通双方开始冲破

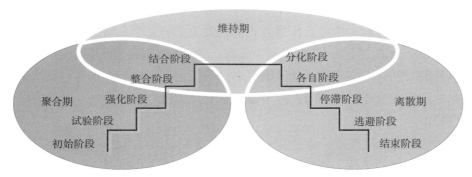

图 7-2　人际关系发展的十个阶段

交往初期必须遵守的规范，倾向于采用一种个性化的沟通模式。这一阶段人际关系的发展通常令人感到欣喜。

（4）整合阶段。当关系增强后，交往双方会表现出一种认同。此时，沟通双方的责任感会不断增加，交流过程中也开始出现一些相互之间的承诺。整合阶段是我们放弃旧有的人格特质，与他人寻求观念认同的阶段。

（5）结合阶段。在结合阶段，团体中的人会有一些象征性的公开姿态，用来告诉周围他们的关系是存在的。人际关系发展到结合阶段，会呈现出一种稳定和谐的状态。结合阶段被克奈普称为"聚合期"发展阶段的顶端，是关系中的一个转折点。

（6）分化阶段。分化阶段就是"我们"开始转化成"我"的阶段。在人际关系的发展历程中，分化似乎是一种无法避免的倾向。就算是在最为密切的关系中，人们也需要坚持独特的自我意识。成功的分化在于为自我创造空间的同时，还能遵守在关系中的承诺。

（7）各自阶段。在各自阶段，双方关系开始逐步走向衰落和瓦解，人际关系显示出限制和压抑的特征。在这一阶段中双方开始减少时间和精力的投入，沟通次数和品质都在降低，双方往往难以达成一致的想法，更多地选择回避。

（8）停滞阶段。如果各自阶段继续持续下去，人际关系就会进入停滞阶段。这时，交往双方仅用客套寒暄相待，感受不到愉快和新奇。人际关系没有任何向好的方向发展的迹象，因此逐渐变成有名无实的空壳。

（9）逃避阶段。当停滞阶段变得令人不愉快时，交往双方就会保持一定的距离，这就是逃避阶段。在这个阶段，双方会通过一些借口来表达或者干脆直接表达自己想要减少交往的想法，使关系的发展陷入困境。

（10）结束阶段。结束阶段是人际关系走向瓦解的最后阶段，表现为关系的疏离和表示分开的简要谈话。并非所有的关系都会结束，像是同事、朋友和夫妻，许多人际关系一旦建立就会延续一生，但是的确有许多关系会走到终点。结束阶段会以不同的方式呈现，有的会经历漫长的相互责备，有的则可能轻描淡写地一句话带过。

综合来看，关系是经常变动发展的，人际关系在建立以后还需要维持。了解人际关系的发展过程，我们就能以不同的沟通技巧来建立和维持我们与他人的关系，解决与他人的矛盾冲突，最终达到良好的人际关系状态。

7.2.1　人际关系的建立

1. 建立人际关系的方法

建立人际关系是开始人际交往的第一步，也是人际沟通的重要目的。

（1）主动沟通。主动沟通是指沟通主体在一定的条件和场合下，主动与沟通客体进行接触、聊天，通过积极、良好的自我表现同他人建立人际关系。主动沟通具有主动性和直接性的特点，沟通主体可以在一定程度上自由选择建立人际关系的对象。主动沟通需要一定的条件，即沟通双方拥有一些相同的经历、背景，或者双方处于特定的情境之中。例如，你通过一些渠道了解到某人是你本科所在学校的校友，此时沟通主体可以选择主动搭讪，聊一聊大学生活，可以很快与其建立人际关系；又如，你和其他团队成员被安排到了一个小组，这时，你可以选择主动同小组成员沟通，讨论工作任务的相关事宜，并与其建立人际关系。

（2）他人引荐。他人引荐是指通过第三方的介绍，同原本不相识的个体建立人际关系。他人引荐具有被动性的特点，主体无法对建立人际关系的对象进行选择。但是，此种方式可以迅速拉近交往双方的距离，使他们建立人际关系。他人引荐是建立人际关系较为常见的方式。需要注意的是，他人引荐虽然具有被动性的特点，但交往双方仍需表现出想要同对方建立人际关系的意愿，并主动透露一些自己的相关信息，这样才能给交往对象留下良好的第一印象，为日后人际关系的深入发展打下基础。我们可以从如下案例中讨论在他人引荐过程中需要注意的问题。

【课堂互动】他人引荐需要注意什么？

王涛是某大型公司产品开发部主管，一天，他到公司副总经理吴总的办公室汇报工作。当汇报进行到一半时，公司的基层职员小李敲门走了进来（吴总并不认识小李）。王涛看到小李，便中断了汇报工作，向吴总说道："这就是我一直想向您推荐的小李，跟着我工作两年多了。别看她年龄不大，工作能力却很突出，又是从名校毕业的研究生，发展潜力很大。这次公司人事变动，小李想申请到您负责的发展规划部，希望您多关照一下。"吴总说："老王啊，这个事不巧，我们部门刚招了两名新职员，今年的名额已经用完了。这样吧，下次有机会，我给你打招呼。"吴总继续对王涛说："对了，刚才的工作说到哪了……"

当晚，小李给吴总发了一条短信：听说人力资源部也在招人，希望吴总能够帮忙向人力资源部的领导举荐。吴总看到短信，心里有些不悦，便没有给小李回复。

思考与讨论： 王涛在引荐小李的过程中有哪些地方做得不够恰当？小李的做法是否恰当？整个事件为什么最终会引起吴总的不悦呢？

（3）提升影响。提升影响是指通过提高身份地位、传播价值理念、加强专业知识、改善外表形象等手段提升个人的综合影响力，从而吸引他人主动前来结交并建立人际关系。与主动沟通相比，提升个人影响力的方法具有间接性的特点，个体无须主动与他人进行接触和沟通。当个人影响力达到一定水平时，自然而然会与很多人建立人际关系。提升个人影响力可以通过多种途径实现。

拓展阅读7.1

例如，通过传播价值理念，即在形成自己的一系列观点和理论的基础之上，通过在公共场合进行发言，或者著书立说，从思想上影响受众，得到他们的欣赏和认同，从而使他们产生与你结交的想法。应当注意的是，提升影响归根到底应该立足于个人能力和个人品行的修炼，单纯地追求提升个人影响力，而不具备相应的能力和条件，会给他人以沽名钓誉之感，反而会带来负面的影响。

2. 建立人际关系的礼仪

在人际关系建立的过程中，应当特别注意社交礼仪所起的作用。社交礼仪是指人们在长期彼此交往的过程中，逐渐形成的习惯做法与不成文的行为规范，是人们在人际交往过程中应具备的基本素质。掌握良好的社交礼仪可以帮助我们顺利地与他人建立友谊，获取信任与支持。人际关系建立过程中涉及的社交礼仪主要包括自我介绍、介绍他人、名片礼仪和握手礼仪。

（1）自我介绍。自我介绍是社交和接待活动中常见的礼节，是见面相识和互动沟通的最初方式。巧妙得体的自我介绍，可以为双方进一步交往奠定基础，也可以显示出良好的交际风度。需要注意的是，在不同的场合应进行不同类型的自我介绍，每种类型的自我介绍侧重点各不相同，可以分为以下三类。

①商务场合。双方因业务关系进行接洽时需要进行自我介绍，这时要简明扼要地介绍自己以及此次工作的性质和目的，无须透露自己过多的私人信息。

②社交场合。与人初次在社交场合见面时，需要进行自我介绍，除了说出自己的基本信息外，还可以谈一谈自己的兴趣爱好和朋友圈，如果与对方找到某些共同点，则很容易展开话题进行深入交流。

③面试场合。在入学、应聘或竞岗的面试环节，这时的自我介绍需要带有一定的针对性，要了解面试者想要获得哪些方面的信息，适时地凸显自己的专业特长，与此同时，还要注意面试规则，尤其是对时间的把握。

自我介绍需要注意以下四点。

①把握时长。自我介绍应力求简洁，以 1 分钟左右为佳，如无特殊情况最多不超过两分钟。如果像作报告一样，动辄十几分钟，会令人心生厌烦。为了提高效率，在自我介绍的过程中，可利用名片、介绍信等资料加以辅助。

②注意仪态。自我介绍之前，应检查衣扣、鞋带是否系好，头发是否梳理整齐。自我介绍时应采用规范站姿或坐姿，可将十指相扣，置于腹前，也可将掌心向内，右手轻按左胸。

③重视语言。自我介绍在语言上要求清晰简明。介绍开始之前可以简单构思一下要讲哪几个方面的内容，正式介绍时除了要告知对方一些基本信息，如姓名、单位和家乡等，最好还能讲一些有自身特色的内容，这样可以让对方更好地记住你。介绍时切忌语无伦次、断断续续，否则会给对方造成不好的印象。

④调整态度。介绍时表情要自然亲切，目光要注视对方，举止庄重大方，态度镇定且充满自信，表现出渴望认识对方的热情。切忌小里小气、畏首畏尾、面红耳赤、目光斜视，这样会给对方底气不足、不自信的感觉。当然，自我介绍时也不要走向另一个极端，即过分自信、自吹自擂、自我夸示。中国人讲究中庸之道，用语应留有余地，这样会给人谦虚和蔼之感。

（2）介绍他人。介绍他人通常指的是由某人为彼此素不相识的双方相互介绍、引见。在介绍他人的过程中，有以下四个方面的问题需要注意。

①注意介绍者的身份。在社交活动里，介绍者通常应当是主人，在多方参与的正式活动中，可由各方负责人将己方人员一一介绍给其他各方人士。

②尊重被介绍者的意愿。介绍者在为他人相互引见时，最好先征求一下被介绍者双方的个人意愿。如果贸然行事，可能会好心办坏事。

③遵守介绍的先后次序。正确的做法是把年轻者介绍给年长者，把地位低者介绍给地位高者，把客人介绍给主人，把晚到者介绍给早到者，把家人介绍给同事。

④注意介绍的表达方式。在介绍双方时的主要内容应基本对称，大体相似。切忌只介绍一方而忘记另一方，或者在介绍一方时不厌其详，而在介绍另一方时过于简单。

【课堂互动】自我介绍与介绍他人练习

结合所学知识与经验，分组进行 3 分钟的自我介绍或介绍他人练习，并思考应该从哪几个方面自我介绍或介绍他人。组内练习后，每组选派两名组员上台发言，其中一人进行 3 分钟的自我介绍，另一人用 3 分钟介绍他人。最后，老师负责点评。

（3）名片礼仪。名片是我国古代文明的产物，早在汉朝已开始使用。名片发展至今，已是现代人际交往中一种必不可少的联络工具。在使用名片时，应当注意一些基本礼仪规范。

①名片的内容。名片上应该印上姓名、身份、工作单位、地址和联系方式等信息。工作单位一般印在名片左上方，姓名印在名片中央，右边偏下印有职务、职称，名片下方为地址、邮编、电话号码、E-mail 地址和微信等。名片不能随意涂改，一般不提供两个以上头衔。

②名片的递送。递送名片时动作要洒脱、大方，态度要从容、自然，表情要亲切、谦恭。递送名片时，应双手握住名片，以示尊重对方。将名片放置于手掌中，用拇指夹住名片，其余四指托在名片反面。名片的文字要正向对方，以便对方观看。递送名片时应讲"请多关照""请多指教""希望保持联系"等友好、客气的话。递送的次序一般是先女后男、先长后幼，按照地位由高到低进行递送。

③名片的接收。接收他人名片时，应恭恭敬敬、双手捧接，并道感谢。接收名片时首先应当认真地看名片上所显示的内容，可以从上到下、从正面到反面仔细看一遍，必要时把名片上的姓名、职务读出声来以表示对赠送名片者的尊重，同时也加深自己对名片的印象，然后把名片细心地放进名片夹或者笔记本。

（4）握手礼仪。握手是一种无声的动作语言。今天，握手在许多国家已经成为一种习以为常的礼节，其应用范围越来越广，成为交际的一部分。通过握手，我们可以显露自己的个性，当然也可以了解对方的特点，进而赢得交际主动权。

①顺序。握手的顺序是相当有讲究的，应遵循"尊者优先伸手的原则"。宾主之间，主人应向客人先伸手；长幼之间，年幼的要等年长的先伸手；上下级之间，下级要等上级先伸手。

②时间。握手的时间在 2~3 秒为最佳。时间太短会让人觉得没有诚意，时间过长则会引起别人的反感。当然，如果是为了合影留念可以较长时间握手。

③掌势。按照掌势不同，握手可以分为平等式、友善式、控制式和谦虚式。平等式握手，手掌与地面垂直，手尖稍向侧下方，四指并拢，拇指张开，适合初交人员。友善式握手，手掌心稍向上，用于朋友之间，表现出你的善意和友好。控制式握手，手掌心稍向下，可以用于同下属握手，但会显示出高傲自大，尽量少采用。谦虚式握手，即双手相握，用于长时间未见的好友，或者令人尊敬的长辈，以表达深情或尊敬。

④力度。握手时的力度要恰到好处，针对不同场合的握手，力度应有所区别。久未谋面的老朋友之间的握手，可以紧紧相握，以示亲切喜悦之情。商务谈判时的握手，应强健有力，以示合作的诚意，若力度不够，则会给人底气不足之感。同晚辈和长者握手时，不宜太过用力，若给对方造成疼痛感，则会显得非常失礼。

⑤态度。在握手的过程中应伴随着微笑和寒暄，同时双眼注视对方，不要面无表情，沉默不语。比如，对远道而来的客人，可以说"旅途辛苦""欢迎光临"之类的话。对第一次认识的朋友可以说"幸会""很高兴认识你"等话语。在送别

对方的时候应祝福"一路顺风"。

⑥姿势。握手的标准方式是行至距握手对象 1 米处，双腿立正，上身略向前倾，伸出右手，四指并拢，拇指张开与对方相握，握手时上下稍晃动 3~4 次，随即松开手，恢复原状。

⑦禁忌。握手时不要戴着手套或墨镜，社交场合女士的晚礼服手套除外。不要将另外一只手插在衣兜里，不要将对方的手拉过来推过去，或者上下左右不停抖动。不宜长篇大论、点头哈腰、过分客套，让对方不自在、不舒服。不要在与人握手之后，立刻擦拭自己的手掌，否则会留下嫌弃他人不卫生之感。

7.2.2　人际关系的维持

1. 维持人际关系的方法

当今社会，人们都处在一个纷繁复杂的人际关系网络之中，每天都要和形形色色的人打交道，面对这样一种情形，如何维持与他人之间的关系成为一个值得关注的问题。想要维持良好的人际关系，可以从以下三个方面着手。

（1）定期接触。定期接触是指对于平时联络较少、关系较为一般的朋友，要保持适当频率的联络或者来往，这是维持人际关系最基本的方法。这里有两点建议值得借鉴：①节假日问候。在元旦或春节的时候，可以给身边的朋友送上祝福问候。②微信电话簿管理。要把自己的电话号码按地域分区，这样做是为了当自己有机会去某地的时候，可以联系所在地的朋友，促进一下感情。在拜访之前可以先通过电话进行联系，以避免给朋友增添麻烦。电话簿应及时更新，把多次打不通的电话删去。

（2）增加投入。增加投入是指对于较为密切且关系发展呈上升趋势的朋友，要在维持人际关系的过程中增加时间、金钱、情感的投入。适当增加投入是维持良好人际关系的必要手段。如果交往双方身处异地，长时间不沟通，即使是两个关系亲密的伙伴，关系也会慢慢疏远冷淡。在发展人际关系的过程中，要创造机会沟通交流，增加见面的频率，正所谓"见面三分情"。此外，在人际交往过程中，还应做到豁达大方，在一些场合可以主动买单，不要贪图小便宜而给对方造成不好的印象。但这里需要强调，大方也应把握一个度，不要给对方过大的压力，也不要给别人炫富的感觉。人际沟通的过程中，还应做到坦诚相待，不能专拣好听的说，否则会给人油嘴滑舌的印象。真诚地对待他人，才能够拉近沟通双方心灵的距离。

（3）深化交流。深化交流是指对关系非常亲密的朋友，交流双方应相互了解各自内心的想法，增加讨论话题的深度。良好的人际关系有一个特点，即双方对各自的特征十分熟悉，甚至达到心有灵犀的地步。在维持一段亲密的人际关系的过程中，要学会倾听并能够接纳对方的观点。沟通双方应该建立彼此之间的信任感，达成某种默契，一些较为深入的交流内容切不可向他人透露，否则对方在和你交流时便不会再敞开心扉。交往双方还应互相关爱，在对方遇到困难的时候，应及时伸出援手并主动给予帮助，长此以往，双方会产生一种依附感，这也是亲密的人际关系的一个重要标志。

2. 维持人际关系的礼仪

在维持人际关系的过程中，还应当注意一些具体方法的运用，如逢年过节的问候、定期的上门拜访、时常的接待宾客、恰当的礼品馈赠都可以在维持人际关系过程中起到非常好的效果。维持人际关系过程中涉及的社交礼仪主要包括拜访礼仪、接待礼仪、馈赠礼仪。

（1）拜访礼仪。做客拜访是日常生活中最常见的交际形式，也是联络感情、增进友谊的一种有效方法。拜访中应遵循以下五个原则。

①要有约在先。做客拜访要提前预约，尽量避免前往私人居所拜访，约定的时间通常应当避开节日、假日、用餐时间，过早或过晚的时间以及其他一切对方不方便的时间。

②要守时践约。这不只是为了讲究个人信用，提高办事效率，而且也是对交往对象尊重友好的表现，万一因故不能准时到达，务必要及时通知对方，必要的话可将拜访改期，这种情况下一定要向对方郑重其事地道歉。

③要进行通报。若到达约定地点之后，未与拜访对象见面，则在进入对方办公室或私人居所正门之前，有必要向对方进行一下通报。

④要登门有礼。切忌不拘小节，失礼失仪。当主人开门迎客时，务必主动向对方问好，行见面礼。在此之后，在主人引导下进入指定房间。入室之后，应脱去帽子、墨镜、手套和外套。就座之时，要与主人同时入座。

⑤要注意时长。在拜访他人时，一定要注意在对方的办公室或私人居所里进行停留的时间长度，不要因为自己停留时间过长，从而打乱对方既定的其他日程，拜访时间通常控制在一个小时之内，最长也不宜超过两小时，当自己提出告辞时，虽然主人表示挽留，一般仍须离去。

（2）接待礼仪。迎接，是给客人留下良好第一印象的重要工作，这将为日后深入接触打下良好基础。接待宾客的过程中，有以下五点需要注意。

①事先准备。如果事先知道有客人来访，应提前打扫卫生、收拾杂物，并备好茶具、饮料、水果、糖和咖啡等。

②照顾周到。见到客人应热情打招呼，女主人应主动上前握手，如果客人手提重物，应主动帮忙。如果客人初次登门，应简单为客人介绍，使客人熟悉环境。主人要时刻面带微笑，不能有疲惫心烦之相。

③敬奉茶水。为客人上茶时应双手端茶奉上，右手拿着茶杯中部，左手托着杯底，杯耳朝向客人，并同时说"请用茶"。上茶顺序应先客后主、先女后男、先

长后幼。茶杯不应斟得过满，以杯深的 2/3 处为宜。应及时为客人续杯，不能等到茶叶见底后再续水。

④陪客聊天。奉敬烟茶糖果之后，应及时与客人交谈，主人切不可只管自己忙，把客人晾在一旁，应主动找话题，可多询问对方情况，以表示关心。客人告辞时，一般应婉言相留，应等客人起身后，再起身相送。若客人来时带有礼物，应再次提及对礼物的感谢或回赠礼物，并不忘提醒客人是否有东西遗忘。

⑤安排送客。如果客人初次来访，主人应主动指路或安排车辆接送，远方来客则应送至火车站或机场，并说出祝愿或发出再来的邀请。

（3）馈赠礼仪。在现代人际交往中，礼物是人们往来的有效媒介之一，它像桥梁一样传递着情感和信息，寄托着人们的深厚情意，表达着人与人之间的真诚关爱。在馈赠礼品的过程中应当把握以下要点。

①要注意轻重得当。礼品的贵贱厚薄往往是交往中诚意和情感浓烈程度的重要标志。然而，礼品的贵贱与其所起到的作用并不总成正比，因为礼品仅仅是人们情感的寄托物，正所谓"礼轻情意重"，礼品有价而人情无价，有价的物只能寓情于其中，而不能等同于人情。

②要注意选择时机。就馈赠的时机而言，及时、适宜最为重要，中国人很讲究"雪中送炭"和"锦上添花"，即注重送礼的时效性，因为只有在最需要的时候才是最珍贵、最难忘的。

③要把握送礼类型。就礼品本身的实用价值而言，人们的经济状况不同、文化程度不同、追求不同，对于礼品的实用性要求也不同。物质生活较为贫寒时，人们多倾向于实用性的礼品。生活水平较高以后，人们则倾向于选择艺术欣赏价值较高、趣味性较强和具有纪念性的物品为礼品。

拓展阅读 7.2

④应注意赠礼表达。平和友善的态度，落落大方的动作并伴有礼节性的语言表达，才更容易为受礼方所接受。将礼物悄悄置于桌下或某个角落，不仅起不到馈赠的目的，甚至会适得其反。

7.3　人际冲突的产生与处理

每个人都处在错综复杂的人际关系网络中，由于种种原因会产生这样或那样的冲突。可以说，冲突或摩擦是日常生活及工作中常见的现象。有时，冲突太少，工作和生活可能会变得单调枯燥，缺乏挑战性。冲突太多，工作会面临太大的压力，生活会变得紧张不安。了解人际冲突产生的原因、过程以及冲突的处理策略可以帮助我们更好地应对各式各样的人际冲突。

7.3.1　人际冲突的产生

1. 人际冲突的涵义

人际冲突是指人与人之间在认识、行为、态度等方面存在分歧，而导致的一种对抗性的相互交往方式。人际冲突具有以下三个特征。

（1）人际冲突是一种对立的行为。人际冲突来自于互不兼容性，其特点就是交往双方的相互对立，这种对立有着不同的程度和多种表现形式，既有可能是消极应对或沉默抗议，也有可能是明显的攻击行为。

（2）人际冲突是一种主观感受。从认知的角度来看，冲突是个人的主观感受。如果没有感知到冲突的存在，也就没有所谓的冲突。冲突中，个体通常会感觉到愤怒、敌意、恐惧和怀疑等负面情绪。

（3）人际冲突是一种互动的过程。人际冲突是个体与个体之间的互动，至少包含两个人的相互作用。人际冲突要经历一个动态的、不断变换的过程，最终结果取决于冲突双方的互动过程如何进行。若采取建设性的做法，冲突的程度可以降低，双方关系会得到改善。若采取破坏性的做法，可能会引发更激烈的冲突。

2. 人际冲突产生的原因

由于人们所处的自然环境、社会环境以及人际关系网的不同，每个人的生存状态、动机和需求等也会有所差异，这就使得人际冲突具有复杂性和多样性的特点。人际冲突产生的原因主要包括以下四大因素。

（1）沟通障碍。沟通障碍是指信息在传递和交换过程中，由于信息意图受到干扰或误解，而导致信息失真的现象。人们在沟通的过程中，常常会受到各种因素的影响和干扰，使沟通受到阻碍。这种阻碍既可能来自信息发送者，如信息传送不全、信息传递不及时、知识经验的局限等，也有可能来自信息接收者，如对信息选择性的过滤、对信息的心理承受能力不强以及对信息过早地进行评价等，还有可能是沟通渠道出了问题，如口头传达会被人认为是随便说说而不加重视等。这样的情况一旦发生，便会使沟通双方对对方的意图产生误会和曲解。

（2）认识差别。认识差别是指人们对于同一事物存在着不同看法而导致的观念上的冲突。导致观念差异的主要因素包括个体的成长经历、生活习惯、受教育程度、年龄、工作经历和固有的偏见等。

职场代沟是认识差别的一个典型的表现。当今社会，政府部门、企事业单位中，员工"六代同堂"的现象屡见不鲜。一个组织中既有五六十年代，也有"70后""80后""90后""00后"员工。不同年代的员工因思维习惯、沟通方式和价值诉求的不同而产生了很多显性和隐性的冲突。一个公司里的新生代员工是在互联网环境中成长起来的一代，他们在进入职场时带着全新的价值取向和鲜明的时代个性，而老一代员工的做事风格倾向于保守稳重。新生代员工喜欢利用互联网软件获取信息，如微博、微信公众号、今日头条，而老一代员工更倾向于使用传统方式获取信息，如报纸、杂志、电视、广播。新生代员工在价值诉求方面更强调自我价值的实现，独立性以及高效率的工作方式，而老一代员工则更看重工作完成质量、与同事之间的关系等。种种差异容易造成新老员工在观念上的冲突。这对公司文化中个性的包容性、员工关爱的细致性和不同价值观的平衡能力提出了更高的要求。

（3）个性差异。个性差异是指每个人在反应客观现实时所表现出的不同的行为特点和方式，以及这些不同的特点和方式构成的人与人之间心理上的差异。个性差异主要表现在个性倾向性和个性心理特征。个性倾向性是指一个人所具有的意识倾向和人对客观事物的稳定的态度，而个性心理特征是一个人身上经常表现出来的本质的、稳定的心理特点。沟通双方个性差异过大时，往往感到难以合作甚至会产生冲突。其中，偏执、敏感、强迫性格尤其容易造成人际冲突。

（4）利益争夺。利益争夺是指冲突双方为了争取利益和资源而导致的冲突。任何人都追求自身利益的最大化，然而利益和资源是有限的，人们在争夺利益的过程中，如果缺乏有效的机制加以约束，良性竞争将会逐渐变为恶性竞争，冲突和摩擦也就会在所难免。此外，利益和资源的分配不公也是导致人际冲突的重要原因。人们对自己应得到的利益都会有一个期望值，如果利益的最终分配离期望值相差甚远，而又没有能够充分解释的原因，那么人们就会心生不满，最终导致人际冲突的产生。

【课堂讨论】生活中的人际冲突是如何产生的？

众人落座，一个人点菜，点好了，征求大伙儿意见："菜点好了，有没有要加的？"服务员拿菜单立于桌边，一位哥们儿说："服务员，报报。"服务员看了他一眼，没动静。"服务员，报一下！"哥们儿有点儿急了。服务员脸涨得通红，还是没动静。"怎么着？让你报一下没听见？"哥们儿真急了。一位女同事赶紧打圆场："服务员，你就赶紧挨个儿报一下吧。"服务员嗫嚅着问："那，那……就抱女的，不抱男的行吗？"十几个人笑作一团，服务员更是不知所措。

上主菜了——烧羊腿，一大盘肉骨头，一碟子椒盐儿。一位哥们儿毫不客气地抓起一条羊腿，咔嚓就是一口，服务员说："先生，这个要蘸着吃。"哥们儿将信将疑地看了看服务员，他的同事说："蘸着吃好吃一些。"哥们儿于是拿着羊腿站起来，服务员赶紧过来问："先生，您有什么需要吗？""啊？没有啊。""那请您坐下来吃。"哥们儿嘀咕着坐下来，小心翼翼地把羊腿拿到嘴边，服务员又说："先生，这个要蘸着吃。"

哥们儿腾地一下站起来，挥舞着羊腿怒气冲冲地嚷："又要站着吃，又要坐着吃，到底怎么吃？"

思考与讨论：请根据上文案例，说说那位哥们儿为什么生气进而发怒，而那位服务员又为什么不知所措并以无可奈何而告终？产生沟通障碍的原因有哪些？

选编自：麻友平. 人际沟通艺术 [M]. 2 版. 北京：人民邮电出版社，2017.

3. 人际冲突的过程

管理学家罗宾斯认为，冲突分为五个阶段，包括潜在冲突、感知冲突、感觉冲突、公开冲突和冲突结果，如图 7-3 所示。

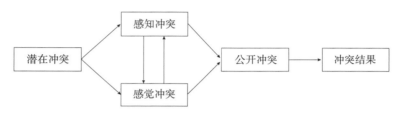

图 7-3   冲突过程的动态模型
资料来源：罗宾斯. 管理学 [M]. 孙健敏，译. 北京：中国人民大学出版社，2004.

（1）潜在冲突。潜在冲突是指在个体所处特定环境中潜伏着但尚未凸显出来的冲突。责任与权利的分配、目标控制和追求目标时的行为常常会导致潜在冲突的发生。由于难以制订令所有人都满意的方案，潜在冲突在所难免。除了权责分配，沟通因素、制度因素、观念因素等也都是导致潜在冲突的重要因素。

（2）感知冲突。意见不一致的现象普遍存在，当个体开始意识到这些差异的时候，就到了感知冲突阶段。这一阶段中，冲突双方可能都感知到了冲突的存在，也可能只有一方对冲突有所察觉。例如，公司的两名员工都想获评"优秀工作标兵"，当一方率先表露自己的想法时，他可能并没有意识到冲突的存在，而他的竞争对手则意识到了这一点，此时他们便进入了感知冲突阶段。感知冲突有可能是因为冲突双方误解了对方的观点而造成的，此时人际沟通是最好的解决办法，但是如果冲突双方确实存在分歧，则人际沟通可能将感知冲突引向公开冲突阶段。

（3）感觉冲突。与感知冲突阶段紧密相关的是感觉冲突阶段。感觉冲突与感知冲突最大的不同在于，在感知阶段，冲突一方对另一方的观点或做法表示不赞同，然而这并没有给他带来任何心理和情感上的反应。到了感觉阶段，冲突一方对实际冲突发生的可能后果加以概念化，并由此产生剧烈的情绪变化，如焦虑、紧张、敌意及挫败感等。感觉冲突发生在公开冲突，即实际冲突行为之前，并对冲突行为产生影响，因为它融入了冲突方的情感因素。

（4）公开冲突。公开冲突是指冲突的一方或双方通过具体的行动试图挫败对方的意志，使其改变目标和想法。公开冲突阶段包含所有种类的冲突行为，具体表现为运用公开的言语侵犯和肢体侵害。公开冲突使人际冲突矛盾更加激化，并且该阶段也决定了冲突相关者相互作用的方式以及冲突的最终结果。

（5）冲突结果。冲突结果是指由潜在、知觉、感觉和实际冲突相互作用的结果。冲突既具有消极的影响，也具有积极的影响。

①冲突的消极影响。冲突使矛盾双方无法实现既定目标。冲突会消耗资源，尤其是时间和金钱。严重的冲突会影响员工的身心健康。冲突会使人们产生憎恨、紧张和焦虑等不良情绪，这些情绪的产生对其个人的目标和信仰造成了威胁。冲突会使相互信任的人际关系变得紧张。冲突双方由于情绪失控，很容易丧失理智，沟通能力也会变差，因此会错失很多决策良机。由此可见，个体应该学会合理控制情绪，使自己即使在冲突的条件下也能具备较强的沟通能力，从而更好地实现自己的目标。

②冲突的积极影响。许多人都害怕冲突，因为冲突给他们带来了不愉快的感受。他们只看到了冲突的消极影响，却忽视了冲突的积极影响。庞第则认为，冲突也能带来一系列积极影响：有助于现有系统的发展，能防止系统的停滞及消亡；促使人们对问题进行反思，力求找到最佳方案，从而有效地解决问题；解决冲突的愿望会迫使人们改变常规做事的方法，带来创新和变革；适当的冲突对处理人际关系是有益的，可以使双方冷静思考、找出分歧，从而建立更加稳定、更加深入的人际关系。冲突的双重影响，见表 7-1。

表 7-1　冲突的双重影响

消极影响	积极影响
• 影响冲突双方的身心健康 • 使冲突双方变得封闭、孤立、缺乏合作 • 使人际关系变得紧张 • 造成冲突双方的互不信任 • 阻碍目标的实现	• 增进冲突双方的沟通与了解 • 化解冲突双方的积怨 • 提高冲突双方在事务处理中的参与程度 • 促进问题的公开讨论 • 促进问题的尽快解决

7.3.2　人际冲突的处理

华南理工大学原党委书记刘树道教授认为组织中的人际关系有四种情况：①心口不一。人与人之间缺乏信任，更多的是明里说一套背地做一套，互相告状，大部分时间都处于内斗和内耗中，此时组织中的成员成不了事。②心平气和。组织成员没有不安或压抑的情绪，在组织中充当老好人的角色，工作不急躁、不主动，推一下动一下，这种人能干点事。③心无旁骛。这种人与其他同事无太多的交流，也不参与集团的利益争斗，只知道一味埋头苦干，这种人会努力办事。④心灵相通。心灵相通是指人与人之间在思维、观点、见解、感受等多方面存在默契的心理感觉和行为表现，即在对方未告知的情况下也能准确猜到对方的心思、想法及行动规律，是长期相互沟通的结果。在组织中，与领导心灵相通的下属才能真正把握领导的意图，用心做事、做好事。概括来说，就是"心口不一，干不了事；心平气和，能干点事；心无旁骛，努力干事；心灵相通，用心干事"。因而，在产生矛盾冲突时应及时化解，避免心口不一的情形，让对方心服口服，通过沟通达成理解、共识和妥协，让人与人之间心灵相通，进而用心做好事。

　　面对生活中遇到的各式各样的人际关系冲突，采取不同的应对方式可能会产生不一样的结果。人际冲突的应对方式，一般分为五种：回避、迁就、竞争、妥协和合作，如图7-4所示。

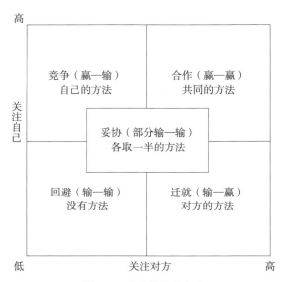

图7-4　冲突的处理方式

资料来源：William W Wilmot，Joyce L Hocker. Interpersonal Conflict（7th ed.）[M].
New York：McGraw-Hill，2007.

　　（1）回避。当个体意识到冲突的存在，并希望逃避或者抑制它的负面影响时，会选择回避的方式。例如，在公司召开工作总结例会时，领导可能会对各个部门提出批评意见，即使你认为你们部门已经做得足够好，也不应该选择据理力争。此时，我们更在乎团结协作的工作氛围，而不是证明自己并没有做错。

　　（2）迁就。如果冲突的一方为了维持相互关系，愿意把对方的利益放在自身的利益之上，从而选择作出一定的自我牺牲，这就是迁就。与回避不同的是，迁就的一方公开承认自己做错了，并作出相应的补救措施。

　　（3）竞争。当一个人在冲突的过程中寻求自我利益的满足，而不考虑冲突对另一方的影响时，会选择竞争的方式。当冲突涉及原则性的问题时，更多的人可能会选择据理力争，而不是轻易妥协。当然，有些人试图以牺牲别人的利益为代价来实现自己的目标，也会更倾向于选择竞争手段。

　　（4）妥协。当冲突双方都寻求放弃某些东西而达成一致意见时，他们会选择妥协的处理方式。此时，没有明显的赢家或输家，冲突双方愿意共同承担冲突的后果，并接受一种双方都达不到彻底满足的解决办法。

（5）合作。当冲突双方均希望满足各方利益时，他们可以进行相互之间的合作，并寻求相互受益的结果。在合作的过程中，双方的意图是找到解决问题的办法，而不是迁就不同的观点，其做法是坦率地澄清差异与分歧。

一般来说，合作是应对人际冲突最理想的方式，因为它会带来双赢的局面。但是，应该注意的是，有时候选择回避、迁就、竞争和妥协也有其可取之处，因而需要根据具体情形选择适合的处理方式，见表 7-2。

表 7-2　面对不同情形时处理方法的选择

处理方法	面对的情形	建议
回避	当议题不重要时；当面对冲突的代价大过收益时；当需要冷静下来思考对策时	适当给双方一定的冷静期后继续讨论问题
竞争	当冲突的处理结果对自己非常重要时；当你与冲突方处于敌对关系而没必要加以顾及时；当你自认立场正确而必须坚持时；当对方是个得寸进尺的人，而你有必要自我保护时；当你想要采取损人利己的手段时	以正当的方式与对方竞争，避免情绪化
妥协	当要对复杂的议题获得快速而暂时的解决之道时；当对手强烈主张自己的目标时；当议题还没重要到必须慎重以待时；作为合作沟通无法运作时的备案	倾听对方的意见，吸取有益之处
合作	当议题十分重要且不该只是妥协时；当你跟对方之间的长期关系十分重要时；当对方对问题有独到见解，足以引发自己产生领悟时；当想要以展现关切双方立场来发展良好关系时；当想要以创意和独特之道来解决问题时	积极与对方进行沟通与交流，探求问题的最佳解决方案

资料来源：William W Wilmot，Joyce L Hocker. Interpersonal Conflict（7th ed.）[M]. New York：McGraw-Hill，2007.

在现实生活中，我们遇到的人际冲突可能远不止这些，因此不可能通过和表 7-2 对照来选择合适的处理方式。在面对人际关系冲突时，应根据实际情况综合考虑以下四个因素。

（1）关系。当某人拥有更多的权力或者是你的长辈时，迁就也许是最好的处理方式。迁就是为了维持关系，维护对方的面子，避免针锋相对的争论而作出的让步和妥协。例如，公司拿出了两个备选方案，你倾向于选择第一种方案，而老板表示对第二种方案非常欣赏，并说出了诸多理由，此时，尊重老板的选择不失为明智之举。

（2）情境。在每一段关系中，不同的情境会对应不同的冲突。为了购买一部车而历经数小时的讨价还价之后，最好的方式可能是在买卖双方的开价中折中妥协。而当我们遇到一些原则性问题时，则需要选用竞争的方法来证明自己是对的。

（3）对象。双赢是个不错的方式，但是有时候对方不见得愿意合作。我们可能遇到过一些充满火药味的人，完全无视关系的重要性，即使是微不足道的小事都要争得面红耳赤。遇到这种人，运用合作性沟通成功的机会将非常小。

（4）目标。当所追求的目标不同时，所采取的处理方法也应有所区别。有时，我们希望让愤怒的人能够冷静下来，此时可能倾向于选择回避策略。有时，我们希望与对方分出胜负，此时，可能更适合选择竞争策略。

综合考虑上述因素，运用恰当的方式处理人际冲突，通常可以带来令人满意的结果，减少不必要的麻烦。

【本章小结】

1. 人际沟通是人与人之间传递信息、交换思想和交流情感的过程。

2. 人际沟通的动机可分为物质层面和精神层面。其中，物质层面动机包括收集信息、建立关系和获取利益，精神层面的动机包括社交需要、发展需要和控制需要。

3. 人际沟通的类型包括功利型和情感型。

4. 建立人际关系的方法：主动沟通、他人引荐和提升影响。

5. 建立人际关系的礼仪：自我介绍、介绍他人、仪表礼仪、握手礼仪和名片礼仪。

6. 维持人际关系的三种方法：定期接触、增加投入和深化交流。

7. 维持人际关系的礼仪：拜访礼仪、接待礼仪和馈赠礼仪。

8. 人际冲突是指人与人之间在认识、行为和态度等方面存在着分歧，而导致的一种对抗性的相互交往方式。

9. 人际冲突的三个特点：一种对立的行为、一种主观的感受和一个互动的过程。

10. 人际冲突产生的四大原因：沟通障碍、认识差别、个性差异和利益争夺。

11. 人际冲突产生的过程：潜在冲突、知觉冲突、感觉冲突、公开冲突和冲突结果。

12. 人际关系冲突的五种应对方法：回避、迁就、竞争、妥协和合作。

13. 处理人际冲突时需考虑的四个因素：关系、情境、对象和目标。

【问题讨论】

1. 一般的人际沟通与管理沟通有何区别？

2. 人际关系是建立难还是维持难？

3. 工作中如何平衡人际关系与工作任务的冲突？

4. 你如何看待情绪在人际冲突产生与处理过程中的影响？

【案例分析】极致沟通：让客户离不开你

华南院是国内通信行业网络咨询设计勘察的领军公司，其曾经中标为滨海市联通公司网络咨询设计支撑单位，承担了整个网络的规划咨询设计工作。然而，经过两年的经营，客户满意度不断下降，到项目运营第二年时，客户满意度下降到了冰点，客户已准备重新启动招投标工作，重新招标新的设计院。在此期间，华南院也为此做了很多工作，更换过项目经理及项目成员，领导也多次登门拜访协调，但情况一直未有好转，总结出的主要原因是客户刁蛮、难以沟通。公司的老张同志刚好做完外地的一个项目，因个人能力较为出色，接到梁所长的任命指派后，便开始着手此事。

初见客户——奠定人际关系建立的基础

老张同志带领新组建的滨海联通项目组开赴驻地。初来乍到，常规动作应该是登门拜访客户，而老张走的却是另一条路——静观原项目经理的办事风格。与他们一起参加会议，并在会上观察客户的一举一动，对客户的特征、特点进行初步推断总结，并做好记录，最后还做成一个项目干系人管理表，把项目相关人员各自的利益关系、喜好、办事风格及对策都翔实记录，见表7-3。

表 7-3　重要项目干系人管理表（节选）

序号	主要项目干系人	其对项目的主要需求和期望	本项目的利益程度（H，M，L）	本项目的影响程度（H，M，L）	管理该干系人期望的策略和措施
1	刘副总	项目顺利	H	H	甲方领导，需要本公司领导不定期拜访，保持良好的合作关系
2	陈经理	项目顺利	H	H	工作狂，注重工作质量，甚至对设计方案文本等咬文嚼字。多与他一起组织篮球活动，运动中交流感情
3	王主任	按时、按质完成工作	M	H	常推卸责任，技能差，好面子。做好本职工作之余应拒绝其无理要求
4	胡生（重要员工）	按时、按质完成工作	M	M	时间观念差，办事拖拉，容易发火，空余时间与其多沟通

备注：表中 H、M、L 分别代表影响程度，其中 H 为 high 的缩写表明影响程度较高，M 为 middle 的缩写表明影响程度中等，L 为 low 的缩写表明影响程度较小。

项目组人员几经变更，但是只要是新到的成员，都必须先熟读这张表，做事必先认人。经过几次见面，老张与几个重要客户也慢慢地熟悉起来，20多天后，老张借元旦之机约请这些重要客户一起吃饭、喝酒、聊天。老张以朋友的身份倾听在场各位客户对华南院的不满与怨气，并进行了有效记录，从中掌握客户内心的想法和每人的性格特征。

二见客户——建立良好的人际关系

转眼两个月过去了，新项目组基本上稳住了阵脚，客户的情绪也得到了些许缓和。这些都是老张团队共同努力的结果。他们了解客户的性格特征与需求，并热心贴近其需求，逐渐与客户达成了亲密的往来关系。随着时间的推移，老张发现前期遗留了一些关键项目，客户对此很不满意，新建的 BITS 系统就是其中一个。这个项目对整个网络的建设意义非凡，而原项目组表示，一来这个项目不属于地市级的项目，二来也无能力做，结果就是一直在推诿。

老张最终决定这件事由自己来做，他邀请了相关专家到滨海本地设计方案，在此前的启动会上他们了解了客户的需求，并记录在案。由于对客户的深度了解，他们的工作十分顺利，客户对最终的方案非常满意。自此，客户对老张带领的新项目团队刮目相看，说话也客气了许多，在平时的交流中也多了几分敬佩的眼神。接下来，老张团队还解决了其他的一些遗留项目，在客户心中的专家形象逐渐树立起来。

三见客户——维持稳定的人际关系

到老张接手项目后期，项目组跟客户的感情也上升了一个台阶，项目干系人管理表也日臻完善，不定期举行篮球赛、羽毛球赛等活动，餐桌上也是觥筹交错，提供了与客户多接触的平台。工作起来自然顺畅得多，可谓得心应手。

年底是一年中事务最繁杂也是最重要的一段时间，各分公司此时都必须做三年滚动规划，这是下一年省公司分配投资的重要依据，所以分公司相当重视。但是滨海联通的特点是多数资源掌握在客户自己手中，没有电子资源系统可查。要想做好这份工作，双方的配合显得尤为重要。老张建议成立专攻小组，特殊时期集合办公，地点就是项目组的宿舍。经过一个多月的奋战，客户与项目人员一起通宵达旦，互帮互助，共同奋斗。双方在此期间已经由甲方乙方的关系升级为一条战壕里面的战友关系，客户已经离不开老张了！沟通的极致是：喜欢你 + 需要你 = 离不开你。

选编自：杜慕群. 管理沟通案例 [M]. 北京：清华大学出版社，2013.

思考讨论题：

1. 你如何看待案例中的"重要项目干系人管理表"？

2. 老张的人际沟通案例带给你怎样的启发？

3. 你怎样理解案例中提到的"沟通的极致是：喜欢你 + 需要你 = 离不开你"？

4. 结合本案例老张面临的几类沟通对象，谈谈在实际工作中如何根据不同沟通对象的性格、行为和爱好等特征采取合适的沟通策略。

第 8 章　团队沟通

> 伟大的管理者一定要有伟大的追随者。
>
> ——罗伯特·凯利

【学习目标】

➢ 了解团队的涵义和团队建设的过程。

➢ 熟知九种团队角色及其管理原则。

➢ 了解团队沟通的含义、作用和障碍。

➢ 掌握团队激励的三种管理沟通技巧。

➢ 掌握团队决策的三种管理沟通技巧。

➢ 掌握团队冲突管理的八大技巧。

【导引故事】华为"铁三角"销售团队模式

早期，华为各地代表处并没有提供统一解决方案的销售部，如果客户需要综合解决方案，华为各个产品线就都要派人去，而华为的竞争对手——爱立信只需要一两个解决方案专家就可以解决客户的所有问题。从某种意义上来说，销售团队代表着公司在客户心目中的最终形象，如果销售团队整体能力不强，给客户的印象和服务不够好，即便产品再出色，客户可能也不会购买。因此，一个强有力的销售团队对公司来说至关重要。

让华为彻底醒悟决定组建一线"铁三角"销售团队的事件发生在 2006 年华为苏丹的代表处，华为在一次投标当中失利了。当时，华为的竞争对手采用的是太阳能和小油机电共同发电的"光油站点"，而华为采用的是大油机电。其实这次失利非常遗憾，因为客户在和华为销售代表沟通的时候，已经说过这个要求了，但是销售代表没有很好地把客户要求传达到产品设计和交付的团队，这是一次信息沟通的失利和遗漏。之后，华为立即吸取了教训，组成了三人小组，就是客户经理、产品经理和交付经理三个人要拧成一股绳，也就是华为"铁三角"团队。

在"铁三角"中，客户经理是项目运作、整体规划、客户平台建设、客户满意度提升、经营指标实现的第一责任人；解决方案专家负责项目的整体产品品牌和解决方案，从解决方案角度来解决客户需求，帮助客户实现商业目标，对解决方案的业务目标负责；交付专家是项目整体交付与服务的第一责任人。"铁三角"是三种职责的融合，使一线的最小作战单位目标一致、分工明确。围绕着"铁三角"的核心作战团队，客户关系、产品与解决方案、交付与服务等部门在一旁提供协同支持。

华为"铁三角"模式的团队角色职责分工明确，客户经理、解决方案专家、交付专家各司其职，在各自的职位上发挥自己的作用和功能，使得团队内部的每项工作落实到位、井井有条。不同于传统组织内部的部门之间可能存在沟通壁垒等问题，"铁三角"模式以项目为中心组建，能够快速响应客户需求，做到与客户之间的高效对接，能够实现与客户的双赢。

"铁三角"模式解决了华为传统团队沟通过程中出现的团队沟通失利和遗漏问题，通过指令性调配人才，从不同的岗位按需调配到这个"铁三角"小组当中。这三个人从此以后就形成一个非常紧密的"作战小组"：一起去见客户，一起去做产品，一起去谈交付，一起工作，甚至要一起生活。形成了一个非常严格的绑定关系，促进了团队的交流和合作。传统公司往往会犯一个通病：会议上、流程设计时，大家都会念叨以客户为中心，要形成"铁三角"。可一到具体工作时，又变成"你们销售部，我们生产部，他们研发部"。但是华为的"铁三角"模式因完备的内部分工制度和高效的沟通方式，面向客户时体现了作为一个团队的整体，在沟通过程中只用一个词——"我们"。因为，无论是销售、研发、生产还是哪个部门，在客户那儿只有一个名词——那就是公司的名字。

"铁三角"模式的核心在于突出销售团队中核心成员的作用和功能，明确每个团队角色的责任，在面对客户需求的时候能够以高效率的反馈带给客户良好的销售服务体验。

选编自：周庆. 群狼战术：华为销售团队建设与激励法则 [M]. 北京：中国人民大学出版社，2018.

随着社会的迅猛发展，团队合作成为推动公司发展不可或缺的关键。常言道"人心齐，泰山移"，若将集体成员凝聚起来，组建工作团队，使团队成员齐心协力，共同承担集体责任，就能产生"三个臭皮匠，赛过一个诸葛亮"的效果。然而，在团队运作的过程中，需要防备"一个和尚挑水喝，两个和尚抬水喝，三个和尚没水喝"的团队困境，即应明确团队成员的职责，强化团队沟通，化解团队冲突，以发挥团队的协作效应。

8.1　团队概述

8.1.1　团队的类型

团队是两个或两个以上具有互补技能的、为了共同目标而相互协调配合的、共担风险的个体组合。团队的构成要素包括：①团队目标，旨在完成某一共同任务。②团队主体，即参与团队的个人或组合。③团队要求，相互配合、共同协作。④团队定位，即成员在公司中所处的位置。⑤团队计划，保证并实现团队目标的具体工作程序。

美国管理学家斯蒂芬·罗宾斯（Stephen Robbins）根据团队成员的来源、自主权的大小、团队的目标，将团队分为问题解决型团队、自我管理型团队、跨职能型团队三类。随着团队理论的发展，逐渐产生了第四种团队类型——虚拟型团队，如图 8-1 所示。

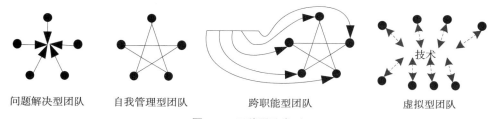

| 问题解决型团队 | 自我管理型团队 | 跨职能型团队 | 虚拟型团队 |

图 8-1　四种团队类型

（1）问题解决型团队。在团队出现的早期，大多数团队属于问题解决型团队，由同一个部门的若干名员工临时聚集在一起组成。问题解决型团队是指组织成员为改进工作程序和方法、提高生产效率和产品质量而组建的团队，主要便于成员间交换看法、提出建议。质量管理小组（quality control circle，QC）是具有代表性的问题解决型团队之一。QC 小组是"在生产或工作岗位上从事各种劳动的职工，围绕公司的经营战略、方针目标和现场存在的问题，以改进质量、降低消耗、提高人的素质和经营效益为目的组织起来，运用质量管理的理论和方法开展活动的小组"。

例如，红光公司分玻壳车间通过组建 QC 小组、开展 QC 活动，显著降低了玻壳炸裂率。QC 小组全体成员深入现场，用因果图法对玻壳炸裂的原因进行了分析，仔细观察了生产过程，结合专业理论知识，认真分析了退火炉炉头构造，认为退火炉第一燃烧室是提供热量的主要来源。他们提出要降低玻壳炸裂率，关键是要解决炉头结构设计不合理的问题。[1]

---

[1] 中国质量协会. 全国优秀质量管理小组 [EB/OL].（2015-11-04）[2021-06-05]. http://www.caq.org.cn/html/zltj/qcxzhdhjmd/1668.html.

（2）自我管理型团队。问题解决型团队在员工参与决策方面权力缺乏、功能不足。为了弥补这种缺陷，逐渐形成了自我管理型团队。自我管理型团队是指能够自行解决问题，并对工作全过程承担责任的团队。团队中一般有 10~15 人，成员间具有详细的分工、相互督促、相互检查工作、相互评价绩效、自由支配上下班时间。在自我管理型团队建设方面，张瑞敏取消了一万多名中层管理人员，把海尔拆分成 2000 多家"小海尔"，号称"创客团队"。这些小团队独立作业，一条龙接单生产销售，实现超级扁平化的管理模式，团队成员来自各个职能部门所有级别的员工，包括设计、制造和营销等，直接面向客户的成员负责一切决策，各个团队自主经营，并作为独立的业务部门接受业绩考核。张瑞敏通过搭建机会公平、结果公平的机制平台，推进员工自主经营，让每个人成为自己的 CEO。其目的是将公司由集中式控制向分散式增强型控制的基本模式转变，实现去中心化——在公司内部搭建创业平台，最终达到公司平台化、员工创客化、用户个性化。[①]

（3）跨职能型团队。跨职能型团队是指为了完成某项特定的任务而由不同工作部门、不同工作职责的员工组成的团队。该类团队的作用是汇聚员工交换信息、产生新观点、解决突发问题、协调完成复杂项目。跨职能型团队在形成之初，需要大量的时间来适应和熟悉工作环境。同时，团队成员间丰富的工作经验有助于识别或提出具有创造性、独特性的解决方案。如麦当劳为了应对重大危机，挑选了营销部、训练部、采购部等部门的一些资深人员，共同组建了危机管理团队，接受危机管理的训练，以便团队成员能够在复杂问题面前作出快速的行动、采取专业化的处理。再如，东风日产在其成立初期就将跨职能团队的组织方式引入公司，通过不同部门的员工组合，寻找公司内部问题的解决方案，以此提高组织执行力。为了顺利实施公司启辰新品计划，东风日产公布了其核心团队，由不同的人分别负责启辰品牌的商品开发、造型设计、研发技术、采购、产品制造系统、品质管理、市场营销。东风自主品牌的"跨职能团队"，随着启辰的诞生集体亮相的"启辰七剑客"，成为未来东风日产"启辰"自主品牌发展的中坚力量。东风日产的体系竞争力持续改善，其在产品的质量控制上的优异表现，在研发、产品、工厂、供应商、渠道的均衡布局，已经为启辰品质联盟高效运作争取到了巨大的商业契机。[②]

（4）虚拟型团队。虚拟型团队一般是由来自不同地方、时区、组织，却拥有共同的理想、目标、利益的成员组成。在经济发展全球化、组织间协作、资源共享利用三重需要的推动下，虚拟型团队这一组织形态得以产生。在网络信息技术的支持下，虚拟型团队可以实现跨国家、跨地区的合作。该类团队最大的优势是

---

① 王惠绵 . 海尔张瑞敏：去掉万名中层，砸出创业生态圈 [EB/OL].（2018-04-02）[2021-06-05]. http://www.ce.cn/cysc/newmain/yc/jsxw/201804/02/t20180402_28687557.shtml.

② 新浪网 ."七剑客"剑指何方 [EB/OL].（2018-05-13）[2021-05-25]. http://finance.sina.com.cn/roll/20180513/00009833774.shtml?from=wap.

可以不受时间和空间的限制，集合工作环境外的力量，借助先进的移动设备、网络、传真等进行沟通，从而高质量地完成团队任务。例如，中信银行信用卡曾在金融危机时为及时追回还款组织了"集结号的虚拟团队"，从各业务部门抽调电话坐席人员组成，经过培训掌握三四种客服、营销、催收等技能。该团队跨越空间限制，在每一次工作负荷尖峰期进行业务支援，有效利用、分配公司内部资源，拥有良好的机动性，能够在高压之下高质量完成团队工作。[①]

8.1.2　团队建设

团队建设是公司为了实现最终目标而有计划、有目的地组建团队、管理团队和发展团队的过程。团队发展的不同阶段对应不同的目标和任务，不同的团队成员承担着不同的角色分工，因而，明确各阶段的主要工作，做好团队角色管理对建设团队、实现团队目标具有重要意义。

1. 团队发展的阶段

布鲁斯·塔克曼（Bruce Tuckman）提出的团队发展阶段模型将团队发展分为五个阶段，分别是形成（forming）、震荡（storming）、规范（norming）、稳定（performing）和调整（adjourning），如图 8-2 所示。为了顺利达成目标和完成任务，团队管理者需要根据团队发展每个阶段的发展情况来进行管理。

图 8-2　塔克曼的团队发展模型

资料来源：Tuckman B W. Developmental sequence in small groups[J].
Psychological Bulletin，1965，63（63）：384-399.

（1）形成阶段。形成阶段是团队组建与成员确定的时期。该阶段，公司管理者应根据团队的任务需求，确定团队成员的数量、技能组合、招募渠道，并确定团队运行或分工的制度与规定。管理者需要在招募工作中确定岗位的职责、权限、责任，通过公司内部、人才市场、校园招聘等途径，招募适量适合特定岗位的、具有不同技能的人才。管理者经过不断地筛选与比较，最终确定团队成员人选，组成团队。

（2）震荡阶段。震荡阶段是团队成员之间相互适应的磨合时期。由于知识背景、工作方式、思维模式的不同，团队成员之间或多或少存在摩擦甚至矛盾。为了使团队成员尽快适应团队环境以及各自的工作习惯，管理者需要对成员的思想碰撞和性格差异进行多方调节和磨合，避免团队冲突演化为私人冲突甚至失控。如可

---

① 刘慧. 中信银行"集结号"虚拟团队成功实施案例研究 [EB/OL].（2015-01-07）[2021-05-25]. https：//www.doc88.com/p-6721807752785.html.

以通过召开团队交流大会、举行素质拓展活动等方式，增进团队成员之间的相互了解和交流合作。

（3）规范阶段。规范阶段是团队逐渐形成规章制度的时期，团队逐渐表现出凝聚力。团队组建后，需要制定严格的规章制度来约束与规范成员的行为。在制定规章制度的过程中，管理者可以通过定期召开员工交流大会、建立意见信箱、开设建议栏等多种渠道，收集员工的想法，接纳员工的建议，共同商讨制定合理的规章制度。一旦制定了规章制度，所有成员的工作行为就应按照规范来执行，并且管理人员应依照规定进行奖赏与惩罚，以保障制度的权威性和成员的执行力。

（4）稳定阶段。稳定阶段是团队高效运作的时期，团队的主要精力从相互认识和了解转移到完成工作任务。在该阶段，团队合作默契，领导形成了自己的领导方式，成员拥有更多的灵活性和自主权，能够积极地相互帮助和扶持。此时团队处于稳定阶段，完成任务的效率空前提高。

（5）调整阶段。调整阶段是团队发展后期，包括团队重组或破裂解散。团队运作一段时期后，可能会因团队障碍或任务完成而重新调整或解散。通常来说，长期不变的团队易产生惯性或依赖性，效率大为降低，此时公司会考虑重新调整团队部署或解散重组，调整成员构成或注入新能量，以此激发团队成员的创造力。临时团队，如临时委员会、特别行动小组等，是为了完成某种特定任务而建立，一旦任务完成，这类团队就进入解散阶段。

2. 团队角色管理

团队角色是指单个个体在团队中承担某一特定职责时应有的行为模式。在团队成立和运行时，成员扮演着不同的角色，共同推动团队发展。

🔍 【案例】新东方创始人

新东方教育科技集团（以下简称新东方）现今是国内知名的英语教育培训机构，取得如此显赫的成就，离不开其三位创始人。三人性格基本互补，具有各自不同的风格：俞敏洪——现实派，温和坚韧型。他努力和各行各业人士打交道，坚持引领新东方长达20年之久，始终站在最高层面审视新东方的未来发展。王强——务虚派，直率顽固型。他读书量惊人，是新东方的理论指导专家，其激情洋溢的演讲鼓舞了众多学子和老师。徐小平——战略派，深谋远虑型。他为新东方出谋划策，使新东方成为第一个在美国上市的教育机构，同时为新东方现代公司化管理如股权分配、制度推行等作出了不可磨灭的贡献。创业初期，因为创始人团队是大学同学，再加上三个人讲话又都很具人文色彩，具有煽动性和幽默感，对大学生非常具有吸引力。后来到各个大区演讲的主题也从知识演讲拓展到了激发大学生的学习热情和对生活生命的热情。也就是在这个时候，新东方的演讲从对学习技巧的演讲，迅速转变成了关于人生发展的励志演讲，这也成了新东方演讲的一个重要特色。逐渐地，新东方"三驾马车"的名声就传扬开了，大家一提到新东方都会想到我们三个人。

选编自：俞敏洪 . 我曾走在崩溃的边缘：俞敏洪亲述新东方创业发展之路 [M]. 北京：中信出版社，2019.

新东方三位创始人性格互补，在组织中担任不同的团队角色，发挥着各自的优势，共同造就了新东方的成功。由此可看出，不同团队角色之间的相互协作有助于组织取得成功。那么，团队角色究竟有哪些类型？各自又发挥了怎样的职能作用？

（1）团队角色的类型。剑桥产业培训研究部前主任贝尔宾和他的同事们提出了著名的贝尔宾团队角色理论，即一个结构合理的团队应该由九种角色组成。贝尔宾（2000）将团队角色分为人际取向型角色、行动导向型角色、劳心费智型角色三类，其中人际取向型角色包括协调者、凝聚者和外交家，分别发挥领导、协作、资源调查职能。行动导向型角色包括推进者、实干者、完成者，分别发挥塑造、执行、完善职能。劳心费智型角色包括智多星、监控评估者和专家，分别发挥创新、监督、研究预测职能。不同的角色有各自明确的分工，如图 8-3 所示。

①协调者。协调者是指负责协调和整合工作的成员，一般是团队负责人、一把手。协调者的主要工作是阐明团队的目标、确认各项工作的轻重缓急、增强团

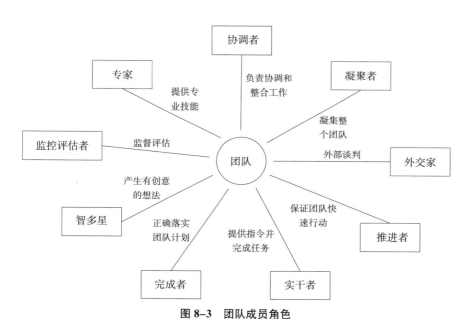

图 8-3　团队成员角色

资料来源：Belbin R M . Team Roles at Work（Second edition）[J]. Oxford：Butterworth-Heinemann，2010.

队的领导力和凝聚力，具有冷静、自信、自控力强等特征。协调者是人际关系取向型团队领袖，是一个深受成员认同、具有主导性的团队角色，始终专注于团队的目标任务，能够虚心听取团队成员的意见，提出有利于团队建设的意见。

②凝聚者。凝聚者是凝集整个团队力量的成员，一般是团队中最敏感的人。凝聚者的主要工作是聚集整个团队、梳理团队的人际关系，具有社会化、敏感性、人际关系型等特征。凝聚者是团队组织冲突的缓和者，能够化解团队中存在的摩擦，也是团队中最好的倾听者，可以帮助解决团队已知和未知的烦恼。

③外交家。外交家是负责外部谈判的成员，经常忙碌于各种场合，为公司谋求发展和探索机会。外交家的主要工作是帮助公司扩张外部业务，打开市场。外交家具备善于社交、能说会道、充满激情、反应敏捷等特征，其在团队中不安于现状，始终敢于挑战新项目。从某种程度上讲，外交家相当于团队的代言人，尤其是在谈判的过程中，外交家的言行举止代表了团队甚至是公司行为。

④推进者。推进者是保证团队快速行动的成员，一般是任务型领导，善于把团队工作任务具体化。推进者的主要工作是为团队带来勇气和毅力，直面任务遇到的困难和障碍，提高团队工作效率。推进者是团队前进的动力，致力于追求卓越和成果，具有任务导向型、赋予成功型等特征。在团队中，推进者一般处于权力的中间位置，主要负责传递上层管理者的抽象思想与基层员工的具体操作。

⑤实干者。实干者是提供指令并完成任务的成员，一般是实际工作的组织者、稳健的行动者。实干者的主要工作是将团队任务付诸实践，具体落实团队计划。实干者具有纪律性、务实可靠、保守顺从等特征。实干者将决定和策略变成明确又易于管理的任务，使任务按计划安排执行，在团队中任劳任怨、恪尽职守。

⑥完成者。完成者是正确落实团队计划的成员，一般是团队的理想主义者，关注细节，追求完美。完成者的主要工作是有条不紊地安排工作计划，激励他人参加活动，及时发现任务中存在的不足。完成者具备踏实苦干、尽职尽责、淡泊名利等特征。与一般的执行者不同，完成者更加强调对任务的进一步完善，精益求精，而不仅仅停留于一般的执行工作。

⑦智多星。智多星是产生有创意想法的成员，一般是团队中最有想象力和智慧的人。智多星的主要工作是为团队出谋划策、打开多向思维、提供新颖创意。智多星是集高智商和逆商于一体的思维拓展者，具有创造性、支配性、激进性等特征。就公司而言，智多星是公司开发新市场、新产品的助推手，尤其在创新型公司中，该职能角色显得尤为重要。

⑧监控评估者。监控评估者是负责团队监督评估的成员，一般是团队的参谋。监控评估者的主要工作是吸收、解释和评价大量的复杂材料，冷静慎重地分析问题，具有谨慎、明智、严肃、善于思考等特征。监控评估者从全局出发考虑问题，为团队的备选方案作出审慎的评估，从各种选择中作出正确的判断。监督评估者并

没有最终的决策权，仅负责为管理者的决策提供建议。

⑨专家。专家是拥有丰富专业技能的成员，其主要工作是提供专业和技能的支持。专家大多是具有某项专业技能的研究型人才，熟知行业的发展脉络，可以为公司的未来发展提供思考方向，具备专注、内向、恪尽职守等特征。

（2）团队角色的管理原则。在团队沟通中，管理者应结合不同成员的技能，合理分配团队任务。就好比在一场足球比赛中，教练应根据队员踢球的特长，分别挑选出前锋、射手、门卫、后卫，将他们分别安排到适合的位置上，各施其能。一般来说，团队角色管理应遵循以下三个原则。

①取长补短原则。团队成员不可能十全十美，管理者在发挥成员长处时，同时帮助他们完善自身的不足。同时，管理者应用独特的眼光发现成员的闪光点，用人所长，打造高效能团队。

②认可差异原则。团队成员间由于性格特征、办事风格、沟通方式等不同，存在某些差异。管理者应引导团队成员承认差异的存在、彼此包容进步，鼓励成员完成任务。

③弹性管理原则。管理者应引导成员培养集体决策、共担责任、民主管理、自我监督的作风，弹性管理成员的行为，正确处理成员间角色相容与相斥的问题，帮助成员达成团队绩效目标。

拓展阅读 8.1

8.2　团队沟通概述

8.2.1　团队沟通的含义

团队沟通是团队成员为了实现共同的目标，明确各自职责、分工协作、相互交流与解决问题的交流过程。根据权力、岗位级别与承担的任务，团队沟通的参与者可分为三类：团队领导是团队工作的核心人物，具有组织赋予的领导权力和个人影响力；核心成员是指负责完成领导布置的重要或核心任务的成员；普通成员是负责或辅助团队具体工作的成员。团队沟通作为公司成员间交换信息、达成目标的常用手段，是公司管理的灵魂，在组织具体实施团队任务中，发挥了不可估量的作用。

与人际沟通相比，团队沟通的特点体现在：[①]

（1）拥有共同的目标。团队内部往往具有共同奋斗的目标，团队成员应花费充分的时间、精力来讨论、制定共同目标，并在这一过程中使每个团队成员都能够深刻地理解团队的目标。以后不管遇到任何困难，这一共同的目标都会为团队成员指明方向。目标对团队来说非常重要，它是团队存在的理由，是团队运作的

---

① 惠亚爱，舒燕.沟通技巧与团队合作（微课版第三版）[M].北京：人民邮电出版社，2019.

核心动力，是团队决策的前提，更是团队合作的旗帜。一个团队一般至少要有两个基本目标：保证完成团队任务和维护团队成员间融洽的关系。

（2）有良好的凝聚力。任何团队都需要一种凝聚力，它能使团队成员之间顺利地完成思想的沟通，从而引导人们产生共同的使命感、归属感和认同感，并逐渐将其强化升华为团队精神。凝聚力可分为向心力和团结力，向心力对团队和团队成员具有吸引力，团结力则对团队成员具有吸引力。

（3）具备核心的领导。一个团队首先要有一个核心的领导，核心领导的作用是当团队成员意见不一致时，核心领导能作出关键决定，督促团队成员按照其决定执行。核心领导有充分的人、财、物的指挥权，充分的协调能力和充分的决策权，有大局观，同时还关注细节，能够听取正、反方的意见。团队的核心领导往往担任的是教练或后盾的角色，他们为团队提供指导和支持，而不是控制下属。

8.2.2　团队沟通的作用

团队是组织提高运行效率的可行方式，有助于组织更好地利用员工的才能，而且比其他形式的群体更灵活，反应更迅速。团队沟通对团队具有重要的影响，其作用体现在以下几个方面。

（1）传递信息。我们每个人的知识和能力都是有限的，每个人的大脑都只能处理有限的信息，这决定了我们无法驾驭复杂的挑战。如果把每个人的大脑用某种方式连接起来，就会形成一个整体，如同拥有了一个容量与效率都加倍的大脑，使它拥有更强大的处理信息的能力。每一个团队成员都在贡献信息，你将拥有更多的信息；每一个团队成员都在献计献策，你将拥有更强大的信息处理能力和判断力；每一个团队成员都在贡献自己的方案，你将拥有更周密的方案，作出更完备的筹划。

越是会沟通的人，就越能掌握丰富的信息，处理问题的能力就越是强大，对团队的贡献也越大。相反，如果不擅长沟通，就可能失去团队工作的主动性，甚至成为边缘人物。通过沟通，你会更好地融入团队，团队可以产生更好的效果，而你将从中获益。学会沟通，让你的大脑与别人的大脑联结起来，形成一个整体。在这个整体中，你不仅是一个部分，更重要的是，通过这个支撑点，你可能获得更大的施展空间。

（2）提高凝聚力。一根钢丝只能承受很小的重量，一捆钢丝就可以承受千斤的重物。团队的力量来自整体。即使你是一个再有能力的人，没有团队伙伴的协助，你仍然无法取得成功。可能团队的每一个成员都资质平平，但是汇集到一起，就可能形成强大的力量，这是因为发挥了"1+1>2"的效应。同样，未经磨合的团队成员之间因为动机、目标不同，势必会产生冲突。但如果学会沟通，彼此之间就会变得易于合作，形成一种强大的合力。团队成员之间的沟通合作、相互支持，产生了融合，使我们的性格、意志、动机等心理因素都发生了变化。在团队的发展过程中，团队成员之间的沟通合作使团队成员不断成长，最终形成富有凝聚力的团队，能够更好地应对困难和挑战。

（3）建立人际关系。在团队里，沟通可以为你带来更多的朋友。团队是一个围绕着团队目标快节奏的工作群体，可能有人调离，但很快又会有新的成员补充进来。相互熟悉，是不可缺少的。因为沟通，我们相互熟悉，成为朋友，团队成员可以团结在一起。所以一种快速结交朋友的办法就是沟通。比如，对于害羞的人，可以多鼓励他们；对于内向的人，可以多引导他们；对于莽撞的人，可以多提醒他们。把想法提炼出来，然后根据不同伙伴的性格特点加以阐述，你会发现你的想法很容易被接受。因为你打开了团队伙伴心中的一扇门，这扇门常常是封闭的，很少有人掌握打开它们的钥匙，但是只要你去观察，就可以得到它。

（4）及时解决问题。在工作中遇到困难的时候，团队沟通的价值在于帮助我们解决问题。团队是一个分工合作、紧密联系的整体。每一个人的困难，也是大家的困难；每一个挑战，也是大家共同的挑战。沟通于你的意义，就是学会利用别人的资源解决问题。当我们发问的时候，调动的不再是一个人的知识库，通过发问，信息会传递到别人的大脑里，他们也会在自己的大脑里检索，因为他们的记忆库里有着与我们不同的内容和储备，所以他们也许可以很快地把我们需要的信息找出来。与此同时，他们会运用自己的逻辑思考和推理能力，对这些信息进行更进一步的加工，形成新的奇思妙想。当团队成员相互交流的时候，不同的想法相互碰撞、相互批判，将会形成一个新的、更加成熟的想法，它也许会远远超出你的预期，这就是团队沟通带来的价值。

8.2.3　团队沟通的障碍

在团队沟通的过程当中，常常会因为一些原因而使团队沟通出现障碍，对团队的发展造成负面影响。因此我们需要了解团队沟通的过程中可能存在哪些障碍以帮助我们更好地进行团队沟通。具体而言，造成团队沟通障碍的原因主要包括个人原因和人际原因。

1. 个人原因

个人原因指的是因个人的个性特征差异导致人对事的态度、观点和信念不同造成沟通的障碍。在团队沟通过程中，自我优先、从众行为、逃避责任等个人原因都可能引起团队沟通障碍。

（1）自我优先原则。社会交换理论认为，人的一切行为都受利益驱使，人们之间的关系本质上就是利益交换。人们在做事的时候，首先会考虑自己的利益，然后才会考虑兼顾他人的利益。自我优先原则可以理解为人对自身责任的优先性。任何一个人都担负着对自己、对他人的责任，即社会责任。古人说的"穷则独善其身，达则兼济天下"很好地说明了这个原则。

自我优先原则认为，人不是自私的，但是强调个人利益的优先性。在团队管理中，管理者要使团队成员做出符合团队利益的事情，首先要尊重他们的个人利益，让他们意识到个人利益被重视，那样他们才有可能作出符合团队利益的事情。

（2）从众行为。从众行为是团队中较为常见的现象，对团队的发展来讲是一把"双刃剑"。一方面，从众行为可以增强一个团队的凝聚力，使团队成员倾向于采取一致的行为和态度，能够避免群体的分裂。与此同时，从众行为可以增强团队中管理者和团队规范的权威性，使团队成员遵守管理者规定的制度和团队规范，保证了团队的井然有序。例如，在一条干净的街道上，当一个人发现没有人把垃圾直接扔在地面上时，即使他有把垃圾扔在地面上的想法，也很可能会迫于集体的压力，选择多走几步路将垃圾扔进垃圾桶。

另一方面，从众行为对团队可能造成三个方面的危害：①使团队成员的看法趋于一致，导致团队内部观点态度呈现出单一化、片面化的趋势。从众行为的发生降低了团队成员的独立判断能力，结果使少数人的态度主动趋近于多数人，当团队中大多数人的看法错误时，就会导致团队出现不合理的观点和行为。②从众行为会降低团队中每个个体的责任意识。在从众行为中，个体放弃了自己的意志和独立思考的机会，这使得个体有机会避免承担犯错误的风险。③从众行为还会使个体变得没有个性，或者使个体在从众的压力下压抑自己的个性。这使得团队越来越单一化，团队成员失去了多元性和包容性，也失去了自我评判的能力。

因而，团队管理者要及时制止那些不良的从众行为，避免可能发生的危害，可采取的方法有以下两种。

①要鼓励个体的不同想法，打破从众的怪圈。团队中的从众现象如果过于严重，往往会陷入简单重复的怪圈，使整个团队逐渐丧失创新能力。这就要求团队管理者鼓励成员多提想法，不论是新方法、新工艺还是新理念，都要给予足够的重视，以营造创新氛围，防止过度从众导致的僵化。②可以采用技术性手段预防从众行为，如事前承诺和隐藏表态等。事前承诺要求人们在事前作出坚持自己观点和行为的承诺，或者是事前明确表明自己的观点和态度。比如，管理者想开会讨论某个问题，希望可以得到更多元的观点，但又担心团队中比较有影响力的人会主导会议进程，产生从众效应。这时，管理者可以将自己了解到的可能持有不同意见的成员单独叫进办公室，让他们明确表态，这样就可以有效防止开会时出现严重的从众效应。隐藏表态在同样的情况下也能起到作用，如当管理者想开会收集更多元化的观点时，可以要求参会者将自己的想法写下来，而不是马上公开表态，这样也有助于收集更多的观点。

（3）逃避责任。在团队协作中，逃避责任是指自己因责任未能履行或在看到团队其他成员的表现或行为有碍于集体利益的时候，不能够及时给予提醒而导致人际关系紧张的现象。通常关系很好的团队成员之间不愿彼此负责，因为他们害怕这样会损害良好的人际关系。当团队成员由于逃避责任而导致整体效益下降时，他们反而可能会相互怪罪。在实际团队工作的过程中，我们可以通过以下三个方式来避免因团队成员逃避责任而造成的团队风险。

①公布工作目标和标准。明确公布团队的工作目标、每位成员负责的工作，以及大家为取得成功需要做的事。目标和职责模糊不清是责任的大敌，即使团队已经就工作计划和行为规范达成共识，也应该公开强调这些共识，以免被大家忽视。

②定期对成果进行简要回顾。建立必要的制度可以督促人们做他们本不愿意去做的事，利用制度来敦促大家针对别人的表现给出反馈。团队成员应定期采用口头或书面的方式互相交流，针对同事在既定的工作目标和工作标准上的进展情况作出评价。如果不采取制度的方式约束大家，完全靠自觉的话，就会为逃避责任埋下祸根。

③团队嘉奖。将对个人表现的奖励转为团队成果奖，可以培养负责任的风气，因为一个团队不会因个别成员没有尽到责任而坐等失败。

2. 人际原因

人际原因主要包括沟通双方的相互信任程度和相似程度。沟通是发送者与接收者之间"给"与"受"的过程。信息传递不是单方面，而是双方的事情，因此，沟通双方的诚意和相互信任至关重要。在团队沟通中，当面对来源不同的同一信息时，人们最可能相信他们认为最值得信任的那个来源的信息。沟通的准确性与沟通双方的相似性也有着直接的关系。沟通双方的特征，包括性别、年龄、智力、种族、社会地位、兴趣、价值观和能力等相似性越大，沟通的效果也会越好。在团队沟通过程中，社会传染、社会懈怠和缺乏信任等人际原因都可能引起团队沟通障碍。

（1）社会传染。社会传染是指人们自身的情绪和行为会传染给周围人，特别是那些与自己关系亲密的人。社会传染从其产生的效果来看，可以分为积极的社会传染和消极的社会传染。其中，积极的社会传染有利于团队合作。例如，快乐轻松的情绪更容易激发团队成员主动、积极地去认可和接受团队。当一个团队成员看到其他团队成员都是快乐的时候，这种快乐的情绪就会成为诱发他快乐的因素，因为别人在自己面前展现出快乐时，往往意味着对自己的认同，这种被认同感会诱发人们更多的快乐情绪。快乐的团队，也往往更具有亲和力和凝聚力。而消极的社会传染将影响团队的发展。其对于团队发展的负面作用可以用以下小故事形象地说明。

一个农民留下了一筐苹果，当时只有几个苹果局部有些溃烂，有人建设他把烂苹果都丢掉，但农民舍不得。他每次挑出一个烂苹果吃，把烂的部分削去，剩下好的部分吃掉。慢慢地他发现，烂苹果不但没有被吃完，反而越来越多，腐烂也越来越严重。结果没有几天，一筐苹果全都烂了。

一个烂苹果，如果不能及时发现并剔除，就会使一大筐好苹果都烂掉，这就是"烂苹果效应"。"烂苹果效应"是典型的社会传染现象。在团队中，少数成员的一些缺点、惰性及消极心理因素也会不断蔓延，最终传染给整个团队。从而影响到整个团队的合作，降低整个团队的效能。

团队的管理者应正确认识社会传染现象，积极引导正向的情绪在团队中传递。对于消极的社会传染，团队管理者要从病根入手，团队管理者要制止消极的社会传染，也要从"传染源入手"。一种方法是"治疗病灶"，如对传播消极情绪、态度和行为的团队成员予以惩罚。这样做一方面可以堵住"传染源"继续向外传播负面能量；另一方面也可以对其他传播负面能量的"次级传染源"起一个警示作用。另一种方法是"切除病灶"，如果"传染源"的影响很坏，而自己又难以改变"传染源"传播负面能量时，就要及时"切除病灶"，即将传播负面信息的团队成员驱逐出团队，以此来消除社会传染的不良影响。

（2）社会懈怠。团队合作中存在一种常见的问题——人多力量却不大。心理学家对此进行了深入的研究，他们将这种"个体在群体中较不卖力"的现象称为社会懈怠。社会懈怠是指当个人与群体其他成员一起完成某种事情或个人活动，有他人在场时，往往会出现个人付出的努力比单独时少，个人的活动积极性与效率下降的现象。

社会懈怠在团队中的体现是"搭便车"行为。"搭便车"是指利用责任模糊，在团队中偷懒窃取他人劳动果实的行为。如果团队中有成员出现"搭便车"的行为，其他团队成员就会感觉不公平，他们也会倾向于作出"搭便车"的行为，最终使"搭便车"的人越来越多，而踏实做事的人越来越少。这样一来，团队的总体效能就会大大降低，每个人的利益也会受损。

团队的管理者需要重视团队中的"搭便车"行为，避免"破窗效应"，对整个团队的合作造成阻碍。因此管理者需要搭建目标一致、分工明确的团队，将团队优势发挥出来。针对社会懈怠现象，最直接有效的方法是提高团队成员的责任意识，着重进行责任意识的教育。比如，管理者可以树立榜样，通过一些"模范人物"的事迹，培养成员的高度责任感，进而提升团队整体水平。管理者还可以通过对员工赋权，提高员工的主动性，从而增强员工的责任意识。

（3）缺乏信任。信任是高效、团结一致的团队的核心。没有信任，团队合作则无从谈起。如果团队成员做不到相互信任，他们将不得不把大量的时间和精力浪费在管理个人行为和促进相互沟通上，他们惧怕开会，也不愿意主动向别人寻求帮助。缺乏信任的团队通常士气都非常低迷，效率低下的重复劳动也非常多。

为解决缺乏信任而导致的团队沟通障碍，我们可以从两个方面入手：①管理者要和团队成员之间建立起信任，这是整个团队成员服从管理者的基础之一。员工和管理者之间互相不信任，就难有良好的团队合作。②团队成员之间要相互理解和包容。例如，团队成员之间可以积极开展交流谈心活动，帮助加深对彼此的理解，可以围坐在一起谈心聊天，内容可以包括家乡在哪里、有哪些特色文化，童年经历过什么样的挑战，个人爱好有哪些，第一份工作是什么，职业生涯中经历过哪些挫折等。通过交流这些话题，成员之间可以分享更多与自己有关的有趣的背景和故事，彼此之间进行更多的交流，拉近相互关系，使得彼此更亲密，进而有效减少隔阂。

8.3　团队沟通技巧

8.3.1　团队激励的沟通技巧

一个人需要被激励，一个团队也需要激励。一个优秀的领导人要懂得如何激励团队，激发团队进行更好的沟通与交流，以达到团队的目标。具体而言，团队领导可以从以下三个方面激励团队成员。

1. 角色激励

角色激励，也叫责任激励，实际上就是通过引导被激励者，让他正确认识到自己所扮演的社会角色，或接纳新的社会角色，从而承担起相应责任的一种方式。在这个社会上，每个人都在扮演不同的社会角色，而在扮演社会角色的过程中，无论是心理上还是行为上，都会受到相应的影响和制约。这其实就跟演戏一样，生活就是你的大舞台。不管"扮演"的是什么角色，你都有责任和义务去演得"像"。比如，你的社会角色是某个国家的公民，那么你就必须受到这个国家的规章制度和法律法规的约束，一旦有所逾越，必然会受到相应的惩罚。再比如，你扮演的社会角色是一名士兵，那么军法军纪就是你的"限制"，一旦突破"限制"，就必然遭到指责。

一次，某足球队在集训结束之后，教练把林某叫到了自己的房间，对他说："你是我们足球队的老队员了，在很长一段时间里担任过队长，但现在，情况和过去已经不一样了。X 和 Y 是现在最好的中卫，你只能做他们的替补。这样的情况我也不想看到，但这就是目前的现实。即使如此，我还是希望你能带个头。当然，如果你不愿意，没有关系，你直接告诉我，下次集训，我就不叫你了。我希望，每一个到队里参加集训的球员，都能把球队的利益而不是个人的得失放在第一位，绝不能因为个人原因对球队造成不良影响。"

在以上案例中，教练与林某的谈话，实际上就是采用了角色激励的技巧。在这场谈话中，教练一共给林某安排了四个角色：第一个角色是"我们足球队的老队员"，第二个角色是"队长"，这两个角色，是对林某曾经的成绩的一种肯定。教练给林某安排的第三个角色是"替补"，这是谈话的一个重要转折点，从谈论曾经的辉煌业绩，急转直下，说到了眼前非常残酷的一个现实状况。而在残酷的打击过后，教练提出了第四个角色——"带头人"。其实不难发现，教练此次与林某谈话的主要目的，就是希望他能接受成为第四个角色的"扮演者"。也就是说，之前所安排的三个角色，只是为第四个角色所作的铺垫。

除了社会角色激励之外，角色激励还包括心理角色激励。所谓心理角色激励，有句非常著名的话是这么说的——"不想当将军的士兵不是好士兵"，这实际上就是心理角色激励的典型代表。"士兵"是一个人的社会角色，而"将军"则是一个心理激励角色，实际上也就是为自己设定的一个目标角色。这实际上是在告诉我们，当你所扮演的社会角色是一名"士兵"时，你的心理角色就应该定位为"将军"，让自己习惯像"将军"那样去思考问题，只有这样，你才能不断进步，抓住机会，最终拿下真正的"将军"角色。

2. 情感激励

情感激励是世界上投入最少但回报最高的。作为公司领导，你需要用魅力征服你的团队成员，让他们心甘情愿听从你的指示。而要征服他们，情感激励显然是最划算的投资。但凡成功的领导，都懂得如何从感情上征服团队成员，让团队成员死心塌地追随自己。人都是有感情的，而在很多事情上，尤其是在关键时刻的抉择，人总是容易受到自己感情的左右。在人情越来越淡薄、竞争越来越激烈的今天，情感投资对团队成员所造成的影响更是不容忽视。

台湾一家科技公司有一名叫吉娜的电脑程序员，曾经对朋友讲述过这样一个故事。她说："有一次，我在电梯里遇到了大老板王嘉廉，另外还有东尼，王嘉廉竟然向东尼介绍我，当时我吓坏了，我从没想到，大老板竟然会对我的工作和个人情况如此了解，说实话我只是一个普通的程序员，但那天他让我感觉到自己似乎很重要。在闲聊时，我们谈到了冬瓜，我告诉他我很会做冬瓜。后来他竟然真的送了我一个他家后院自产的巨无霸冬瓜。作为大老板，他或许并不会特意去记这些小事情，但这些事对于我来说意义很重要。他做的这些事情让我感觉自己受到了重视。总之我想说的是，人与人之间，如果有比金钱和利益更加重要的东西，那就是感情。"

从上面这则故事中我们可以看到，王嘉廉对团队成员进行的情感投资获得了极大的回报，他为团队成员所做的其实只有两件事：①记住团队成员的个人情况。②记住自己对团队成员允诺过的事，哪怕只是许诺送她一个冬瓜这么小的事情。

由此可见，小事、细节非常容易打动人，情感投资的最佳切入点，正是这些看似鸡毛蒜皮的小事、细节。领导可以注重从如下方面加强与团队成员的联系。

（1）关心团队成员的健康状况。很多公司都会为团队成员购买医疗保险，或者在公司内部为团队成员提供一些医疗福利，比如固定周期的体检，或者设立医务室，为团队成员免费看病等。有的公司甚至愿意花钱为团队成员制订健康计划。这些实际上都是公司关心团队成员身体健康状况的表现，在与团队成员建立情感联系方面起到了巨大作用。此外，公司领导也应该关注团队成员的身体状况，领导表现出的人情关怀，有时甚至比具体的福利措施更容易打动团队成员的心。

（2）关注每个节日和团队成员的生日。特别的日子给予团队成员特别的关怀，不仅能打动团队成员的心，还能调节办公室的紧张工作气氛。这些特别的日子包括传统节假日，以及团队成员的生日等。领导可以根据不同的节假日，在公司举办一些不同的庆祝活动，并给团队成员派发一些礼品。礼品并不需要太贵重，重要的是能体现公司对团队成员的关怀。此外，在团队成员生日时，有很多领导都会安排"惊喜派对"，这些安排往往能给团队成员留下深刻印象，让他们经久不忘，而领导付出的只是一个生日蛋糕，和为团队成员唱《生日祝福歌》的短短几分钟。

（3）关心团队成员的家庭状况。不管是工作上的问题还是私人生活的状况，都会在对我们的情绪和心理状况造成一定影响。作为公司领导，无论是从对团队成员的情感关怀角度出发，还是从保证团队成员的工作效率和质量，以确保公司利益不受侵害的角度出发，都应该对团队成员的家庭和生活予以关心，必要时要挺身而出，给予团队成员帮助和宽慰。

3. 赞美激励

每个人身上都存在难以估量的潜力，而激发这种潜力的最佳方式就是赞美。在团队中，如果领导能适时给予团队成员一些赞美，不仅能激发团队成员的工作热情和积极性，提高团队成员的工作效率，还能拉近自己与团队成员之间的心理距离。甚至有时候，领导不需要说话，只需一个赞许的目光和一个友好的微笑，就能获得意想不到的回报。

作为领导，赞美是最基本的职业技能之一。善于赞美的人，三言两语就能触动团队成员的心，获得事半功倍的效果。而那些不善于赞美的人可能说得天花乱坠，但仍然让人产生不痛不痒，甚至是反感的情绪。赞美需要遵循以下四个原则。

（1）赞美要具体得体。对具体事情的赞美往往比泛泛而谈更能打动对方的心。比如，你想赞赏某名团队成员特别能干、聪明时，可以具体赞美他某件事情做得好。笼统的赞美几乎不会在对方脑海中留下印象，因为很多时候，笼统的赞美是交际应酬的套路。但如果赞美的是具体的事，更容易让团队成员产生成就感。

（2）把握赞美的尺度。领导在赞美团队成员时，一定要把握好尺度，不管多么喜欢一个团队成员，如果大事小事都表扬一下，有事没事就表彰一下，那么势必引起其他团队成员的不满，甚至可能给优秀的团队成员带来麻烦，导致其遭受排挤。因此，赞美一定要把握尺度，既不能不赞美，又不能过分赞美。此外，在赞美时，无论词汇还是态度都应该把握好尺度，过度的赞美只会让人觉得虚伪，反倒失去了几分真诚。

（3）赞美要公平公正。赞美一定要做到公平公正，对事不对人。作为领导，在对待团队成员时，一定要摒除个人好恶。即使你再不喜欢一个团队成员，只要他做出成绩，你就应该给予他公允的承认和赞赏。即使你非常喜欢一个团队成员，一旦他犯了错，你也应该给予他相应的批评。领导只有做到公平公正，对团队成员一视同仁，才能赢得团队成员的尊敬，从而驾驭团队成员，征服团队成员。

（4）赞美要快速及时。任何人在做某项工作或某个项目时，总希望能在最短的时间内获得别人的认可，同时也对自己努力的成果有一个全面的了解。如果成果很好，会让人充满信心，更加努力地工作。如果成果欠佳，也能及时进行修正，力求下次取得好成绩。如果领导能及时给予团队成员良好反馈，这种赞美就能让团队成员更加热情自信地投入工作。如果领导对团队成员反馈不及时，直到团队成员的热情退却才提起这件事情，恐怕赞美的效果就大为减弱了。

8.3.2　团队决策的沟通技巧

团队解决问题时，成员之间需要面对面或通过电脑辅助媒体进行接触，并依赖于语言和非语言进行相互沟通。在团队决策的过程中，团队成员会因群体思维或群体压力而屈从、退缩或调整自己的真情实感或内心信念，甚至表现出从众行为，严重时会影响团队绩效。

群体思维由詹尼斯（Janis）于1972年提出，指的是这样一种情景：由于群体中从众压力的影响，严重抑制了那些不同寻常的、由少数派提出的或不受欢迎的观点。群体思维现象具有以下四种症状。

（1）群体成员把任何与他们假设不一致的意见合理化。无论事实与他们的基本假设之间存在多大冲突，群体成员都会设法继续巩固他们的假设。

（2）对于那些对群体的共同观点持有怀疑态度的人，群体成员会对他们施加直接压力。

（3）那些持有怀疑态度或不同看法的人，往往通过保持沉默，甚至于主观上降低自己看法的重要程度，来尽量避免与群体观点的不一致。

（4）存在一种无异议错觉。如果某个人不说话，大家往往认为他默认了这一看法。换句话说，缺席者也会被视作赞成者。

为了有效地发挥工作团队的作用，降低或避免群体思维的影响，在团队解决问题和作出决策的过程中，应该采取相应的技巧进行控制，如头脑风暴法、德尔菲法和电子会议等。

1. 头脑风暴法

头脑风暴法指的是团队成员针对团队中出现的问题进行畅所欲言、各抒己见，此方法旨在促进不同成员间思想的碰撞、交汇与发散，最大限度地创造和挖掘新观念、新方法、新思维，杜绝任何对这些观点的批评意见，克服团队中阻碍创新想法的从众压力。

常见的头脑风暴讨论一般由 6~12 人组成，具体操作程序分为如下五个阶段。

（1）会前准备。在讨论之前要事先对所议问题进行一定的研究，厘清问题的实质，找到问题的关键，设定解决的目标。同时，选定与会的人员、开展会议的时间和地点，将相关事宜提前通知与会人员，让大家做好充分准备。

（2）会议热身。在开始进行正式讨论之前可先随便谈点轻松愉快的话题，倘若此话题与会议主题有关，则效果更好。这样做的目的是为了营造一个自由、宽松的讨论氛围，促使大家的思维进入一个活跃的状态。

（3）阐明问题。群体领导者要用清楚明了的语言阐明所要讨论的问题，这一点很重要，问题阐述不清将直接影响到讨论的效果。但要注意，阐述不可过分周全，过多的信息会限制讨论人员的思维，阻碍新想法的产生。

（4）畅所欲言。针对会议问题，大家自由发言，尽可能提出各种解决问题的方法。此阶段要注意的是，任何人不得对各种方案提出批评建议。记录员记下人们提出的所有方法，无论是深刻的还是看似荒诞的，都要客观详细地记录下来。

（5）分析评价。讨论完毕后，对会上提出的所有方案进行统一分析，或者让另一组成员来评价。经过多次反复比较和优中择优，确定出 1~3 个较好方案。

【案例】用直升机清扫积雪的奇思妙想

有一年，美国北方格外严寒，大雪纷飞，电线上积满冰雪，大跨度的电线常被积雪压断，严重影响通信。过去，许多人试图解决这一问题，但都未能如愿以偿。后来，电信公司经理应用奥斯本发明的头脑风暴法，尝试解决这一难题。

有人提出设计一种专用的电线清雪机沿电线移动清雪。有人想到用使高压线发热来化解冰雪。也有人建议用电磁振荡技术来清除积雪。

压力之下人竟提出能否带上几把大扫帚，乘坐直升机去扫电线上的积雪。对于这种"坐飞机扫雪"的设想，大家尽管觉得滑稽可笑，但限于头脑风暴规则，在会上也无人提出批评。相反，有一工程师在听到用飞机扫雪的想法后，大脑突然受到冲击，一种简单可行且高效率的清雪方法冒了出来。他建议每当大雪过后，出动直升机沿积雪严重的电线飞行，依靠高速旋转的螺旋桨将电线上的积雪迅速扇落。他提出"用直升机扇雪"的新设想，顿时又引起其他与会者的联想，有关用飞机除雪的主意一下子又多了七八条。不到一小时，与会的 10 名技术人员共提出 90 多条新设想。

会后，公司组织专家对设想进行分类论证。专家们认为设计专用清雪机，采用电热或电磁振荡等方法清除电线上的积雪，在技术上虽然可行，但研制费用大、周期长，一时难以见效。那种因"坐飞机扫雪"激发出来的几种设想，倒是一种大胆的新方案，是一种既简单又高效的好办法。经过现场试验，发现用直升机扇雪真能奏效，一个久悬未决的难题，终于在头脑风暴会中得到了巧妙的解决。

2. 德尔菲法

德尔菲法，又名专家意见法或专家函询调查法，指采取匿名方式征询专家小组成员的意见看法，成员之间不得相互讨论，由调查人员对专家意见进行汇总整理，并将整理过的材料再发送给专家进行分析判断。通过几轮意见征询，专家小组的意见趋于一致，最后得出一个可靠性较高的方案或结论。实施德尔菲法可以汇聚团队的智慧，解决更复杂的问题。该技术主要有以下五个阶段。

（1）前期准备。确定调查题目，拟定调查提纲，准备相关资料。为所要调查的题目组建一个专家小组，专家人数的确定可依据课题的大小和涉及面的宽窄而定，一般不超过 20 人。

（2）专家评审。向每位专家阐明所要解决的问题,并附上相关说明和背景材料。专家根据问题和所提供的材料，提出自己的意见，并说明自己是怎样根据这些材料得出此结论的。

（3）意见汇总。将各位专家第一次的判断分析进行整理，汇总结果或者列出图表，再分发给各位专家进行修改和判断。也可以请其他专家加以评论，把意见传达给专家小组的各个成员，辅以参考。

（4）多轮征询。将上一轮的专家修改意见汇总整理，再次分发给各位专家进行修改。在向各位专家进行意见反馈的时候，只能给出意见，不得透露发表意见的专家姓名。如此循环往复，直到每一位专家不再改变自己的意见为止。

（5）综合处理。将专家的最终意见进行综合处理，得出一个可靠性较大的结论或方案。

3. 电子会议

参加电子会议的人数一般不超过 50 人，此方法的主要优势是匿名、可靠、传递迅速。小组成员一旦通过键盘输入自己的想法，所有人就能立即通过大屏幕看到。由于是匿名，每个人也不用担心自己会受到排挤，从而将内心真实的想法表达出来。在电子会议沟通时，我们可以采用以下方法提高电子会议沟通效率。

（1）问题调查法。为了帮助团队成员对于电子会议议题进行更好的理解和避免过程冲突的产生，团队可以使用问题调查法，在会议之前让成员分别阐述对议题的定义和理解，并搜集团队成员对于电子会议议题的困惑之处，向团队成员阐明本次议题的任务和重点。通过使用问题调查法，能够在开始会议前让团队成员会对电子会议任务有着更为清晰的认识，在电子会议集中讨论的时候能够集思广益，针对问题积极参与讨论，提出行之有效的解决办法。

（2）名义群体法。在电子会议之前，所有参与者写好对于议题的解决方案，在电子会议过程中轮流发言表达他们的方案，所有的想法方案都由专人记录，会议领导者对每个想法进行回顾，以使所有的人清楚了解所有的想法，在对全部想法了解以后，让参与者对每个想法进行排序。每个参与者在纸上写下他认为最好的 5个解决方案，会议领导对结果进行统计，然后大家对得票最高的想法进行讨论评估。一方面可以避免部分成员在电子会议的过程中不积极参与讨论；另外一方面也可用于降低情感冲突带来的负面效果。

（3）风险技术法。它需要参与者扮演"恶魔支持者"的角色。"恶魔支持者"就是在开会时对对方提出的想法提出相反意见，评估对方想法可能会产生的各类风险等。这样的好处是可以让组织更加深入地了解反对一方的立场。风险技术方法同轮流投票法一样，在组织确定好解决方案以后，"恶魔支持者"的角色对成员想法提出质疑，并提出方案会带来的风险。组织记录下所有的风险并进行讨论，对确定的解决方案进行评估。

在团队沟通的过程中，除了采用头脑风暴法、德尔菲法、电子会议等方法技巧来应对群体思维，确保团队作出正确的决策，还应结合团队建设在不同阶段所出现的管理问题，灵活选择团队管理对策和沟通技巧。

（1）形成阶段：注重思想引领。在团队形成阶段，被选入团队的人往往既兴奋又紧张，对未来拥有较高期望，渴望获得职权。但新成员可能对周围的环境存在不安全感、焦虑和困惑，很难进行清晰的自我定位。针对形成阶段的特殊问题，管理者应该多采取魅力型的领导风格，注重沟通过程中思想的引领，向团队成员宣扬其对团队的期望，与成员分享成功的愿景，并且为团队提供明确的方向和目标，帮助成员明确各自的职责和分工。在团队形成阶段，管理者要加强领导控制，多指挥，少征询。

（2）震荡阶段：重视协调分歧。在团队磨合阶段，公司团队中隐藏的问题逐渐暴露出来。当现实与期望脱节的时候，团队成员往往会产生挫败感和焦虑感。尤其是在出现问题时，成员间可能会相互抱怨，对领导产生不满，人际关系紧张，致使生产力遭受打击。在震荡阶段，管理者最需要做的就是安抚人心，宜采取教练型的领导风格，运用双向交流的沟通技巧，关注成员的反馈。及时了解问题并处理冲突，鼓励团队成员发表自己的看法。以身作则，建立良好的工作规范。在团队震荡阶段，管理者要多征求团队成员的意见，多指挥，多支持。

（3）规范阶段：注意多问少说。在规范阶段时，公司团队趋于稳定，此时，团队成员之间建立起良好的合作关系。经过震荡阶段，沟通之门已经打开，成员间彼此更加信任。整个团队建立了合理的工作规范和流程，逐渐形成团队特色，团队成员的工作技能大幅度提升。规范阶段是形成团队文化和团队规范的阶段，应采取支持型的领导风格，运用多问少说的沟通技巧，鼓励团队成员提出建议，共同制定决策。在规范阶段，管理者要适量地减少控制，少指挥，多支持。

（4）稳定阶段：增加反馈寻求。在团队稳定阶段，团队已能用标准的流程和方式进行沟通、化解冲突、分配资源。团队成员具备多种技巧，信心大增，成员间可以自由地分享观点与信息。在此阶段，管理者宜采取授权型的领导风格，充分授权并重视反馈，加强团队内容的双向交流。给团队成员更具挑战性的目标，通过承诺而非管制来追求更好的结果。同时要时刻注意变革，随时更新工作方法与流程。在执行阶段，管理者要更进一步地减少控制，少指挥，多征询。

（5）调整阶段：加强民主讨论。在团队调整时期，公司团队可能进行重大调整后继续工作或者直接解散。此阶段问题较多且复杂，管理者要进行深化管理，思考和推动团队变革，更新业务流程和工作方法，鼓励团队成员对团队潜在的问题提出个人意见和建议。应采取民主型的领导风格，运用各种沟通技巧，进行充分的民主讨论，制定系统的变革方案，实施具体的改革措施。

【课堂互动】无领导小组讨论：生存物品选择

设想你们是一组宇航员，原打算在月球表面的母舱上集合。在重返月球大气层的过程中，由于机械故障，你们的飞船坠落在离预定地点200公里外的地方，除了13件物品外，飞船上其余的器材都损坏了。如果要生存，则必须到达母船，此时必须从飞船上挑选一些重要物品以应付这200公里的旅程。下面列了13件物品，为了确保安全到达集合地点，你们这组人的任务就是按照物品的重要性，对这13件物品进行排序，并附上适当的解释。

物品包括：一盒火柴、浓缩食品、15.24米长的尼龙绳、跳伞绳、便携式取暖器、小口径手枪、1罐脱脂牛奶、2个100毫升的氧气瓶、星位图（月球星座图）、磁力指南针、19升水、急救箱和太阳能调频收发两用机。

思考与讨论：在团队沟通的过程中，你学到了什么？遇到了哪些问题？你们是如何解决的？

8.3.3 冲突管理的沟通技巧

1. 团队冲突的涵义

团队冲突一般不会突然爆发，它的产生会有一些征兆。例如，常常找不到适合团队每个人的会面时间，团队中有人没有完成份内的工作，团队成员似乎不愿意发表反对意见，团队中有人对什么都不满等。当团队中出现诸如此类的征兆时，团队管理者应提高警惕，采取必要的措施，避免冲突的产生或降低冲突带来的消极影响。

团队冲突是成员与团队之间、成员与成员之间由于目标、认知或情感不相容，而形成不一致的状态，甚至引起抵触、争执或攻击的现象。冲突在团队中无处不在，从冲突的影响来看，团队冲突分为建设性冲突和破坏性冲突两类。

建设性冲突是指冲突各方目标一致，实现目标的途径手段不同而产生的冲突。建设性冲突通过让彼此间隐藏的不满和误解明朗化，让团队中的存在问题显露出来，进而防止事态的进一步演化，同时可以促进不同意见的交流和对自身弱点的检讨，有利于促进良性竞争。建设性冲突各方的出发点均是为了团队整体利益，他们对实现团队共同目标很关心，且乐于了解彼此的观点和建议，强调对事不对人，双方争论是为了寻找解决问题的方法。在建设性冲突中，团队成员相互交换看法，提出建设性意见，有利于增强团队内部的凝聚力，激发团队成员的积极性和创造性。

破坏性冲突是指双方由于目标不同，资源和利益分配方面的矛盾，导致相互坚持、抵触、争执甚至攻击等行为的冲突。破坏性冲突源于成员关心自身的利益或冲突中的胜负，他们非常关心自己的观点是否得到认同，不愿听取其他成员的观点和意见，双方经常由问题争论转变为人身攻击，直到合作关系破裂。在破坏性冲突中，双方互相交换信息的情况会不断减少，甚至完全停止，往往会导致团队成员的努力偏离团队目标，造成资源浪费和团队凝聚力的下降，具有极大的危害性。

拓展阅读 8.2

2. 冲突管理的技巧

团队冲突是团队发展过程中的一种普遍现象。美国管理协会进行的一项针对中高层管理者的调查显示，管理者每天平均花 20% 的时间来处理冲突。由此可见，管理冲突对于公司发展的至关重要。有效管理冲突应该考虑三方面内容：①明确冲突的性质。如果是建设性冲突，可以给予适当的支持；如果是破坏性冲突，则需要尽量控制或避免。②考虑冲突主体。不同主体冲突的解决方式不同，如组织与团队、组织与个体、团队与个体等，可能会因为各种原因产生冲突，此时需要采取不同的策略。③预防破坏性冲突的同时，也需要激发建设性冲突。适度的建设性冲突可以保持公司的活力，使组织高效运行。

实际处理冲突的过程中，公司经常会遇到如何鼓励建设性冲突以及如何预防与处理破坏性冲突等问题。由于两类冲突的性质不同，因而需要采取不同的管理技巧，如图 8-4 所示。

（1）破坏性冲突的管理技巧。破坏性冲突的管理技巧包括面对（face）、回避（avoid）、沟通（communicate）和强迫（enforce），统称 FACE 法。

①面对。面对是指当冲突发生时，直接将冲突公开，正视问题。冲突发展到一定程度，团队管理者召集冲突各方，要求提出问题共同面对，消除不必要的误会，将冲突的实质理清楚，从而协调沟通双方。一开始，团队的管理者如何看待沟通、如何认识与处理沟通，都与冲突的解决有很大的关系。然后，管理者需要了解冲

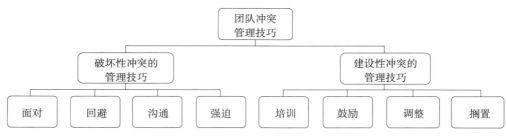

图 8-4　团队冲突的管理技巧

资料来源：黄甜等 . 沟通技巧与团队建设 [M]. 北京：人民邮电出版社，2013.

突的性质和程度。冲突不同则处理方式不同，有些冲突适合及时解决，有些冲突则适合放置一段时间再处理。

②回避。回避是指面对冲突时置之不理或保持中立。采用这种方式时，管理者通常在其中担任冲突协调者的角色。管理者有意将冲突双方隔离开，如安排其中一个团队成员出差，减少双方的接触频率，以此逐渐消除双方的矛盾。管理者还可以直接无视冲突的存在，用时间来淡化易化解的摩擦。当然，采取回避的方式处理冲突的前提是冲突本身没有损害组织的利益或资源。适当采用回避方式，可以留给冲突双方更多的思考空间。

③沟通。沟通是指冲突发生时，团队成员之间相互交流以化解冲突。冲突如果涉及价值观、原则、对事物的看法等，简单地采取回避的方式无法解决，此时需要管理者协调冲突双方进行沟通、交流，需要花费一定的时间来了解冲突双方的想法，以达到弱化冲突的目的。所以，管理者应该找到冲突双方，与冲突双方进行面对面的沟通交流，寻找冲突存在的根源，采取有效的措施，化解双方的矛盾。

④强迫。强迫是指冲突发生时，采用奖励或惩罚的措施使冲突一方或双方妥协或强制服从管理者的决定。通常情况下，采取强迫的方式只能使一方满意。如果长期采用强迫方式，只能凸显管理者的无能，并不能解决根本问题，特别是针对高层领导者，采用此方法可能导致团队成员不满甚至离职。但在某些紧急情况下，为了不影响组织的有效运作，管理者可以采取强迫方式控制局面。

（2）建设性冲突的管理技巧。团队破坏性冲突的管理技巧包括培训（train）、鼓励（encourage）、调整（adjust）和搁置（procrastinate），统称 TEAP 法。

①培训。培训是指从意识、知识、技能等方面培养团队成员，以提高成员解决冲突的能力。培训主要有以下两方面作用：①帮助成员树立正确的冲突观，认识、鼓励发展建设性冲突，提出更多有利于组织发展的观点。②丰富成员的知识信息。成员看问题的视角往往比较窄，组织需要通过培训将大量的知识、技能传递给成员，成员的视野越宽广，看问题就越全面。

②鼓励。鼓励是指通过激励团队成员，消除其负面情绪，以化解团队冲突，

具体包括公开鼓励和沉默鼓励。公开鼓励可以当众鼓励成员的做法、观点和绩效等，采取物质激励或公开表扬的方式来奖励成员。沉默鼓励主要是针对与管理者处于"对立面"的团队成员，采取沉默、不批评的方式进行鼓励，考虑到难以在短时间内判断某些看起来"对立"建议的对错，管理者可以采取沉默的方式暂时将这些建议搁置，也给建言者更多的时间提出更为合理的建议。

③调整。调整是指优化团队配置以化解团队冲突。由于团队面临的环境和任务经常发生变化，因此，一个长期不变的团队很可能因为成员结构、素质、能力等因素的差异，加之环境和任务不匹配，而引发团队冲突。因此，适当的人事调整，如招聘新成员、剔除不合格的成员、实施团队成员轮岗制度等，都是应对团队冲突的良方，合适的团队成员在不同的岗位集中智慧、发挥潜能，能更大程度地发挥成员的创造力，从而使团队冲突得以解决。

④搁置。搁置是指当团队冲突发生时，对其置之不理，顺其自然，冲突随着时间推移逐渐淡化甚至消失。有些冲突对团队运作不会造成太大的影响，而且容易被时间淡化，那么管理者就可以不参与其中，让冲突自然淡化或分解，避免人力、物力、财力等资源的浪费。

【本章小结】

1.团队是由两个或两个以上具有互补技能的，为了共同目标而相互协调配合的、共担风险的个体所构成的组合。

2.团队的类型：斯蒂芬·罗宾斯根据团队成员的来源、自主权的大小、团队的目标将团队类型分为问题解决型团队、自我管理型团队、跨职能型团队和虚拟型团队四种。

3.九类团队角色：贝尔宾团队角色理论指出一支结构合理的团队应该由九种角色组成，具体来讲，包括协调者、凝聚者、智多星、推进者、实干者、监控评估者、外交家、完成者和专家。

4.团队发展的五阶段：布鲁斯·塔克曼提出的团队发展模型包括形成期、震荡期、规范期、稳定期和调整期五个阶段。

5.团队沟通是团队成员为了实现共同目标，明确各自职责、分工协作、相互交流与解决问题的交流过程。团队沟通对团队具有重要的影响，其作用包括传递信息、提高凝聚力、建立人际关系和及时解决问题。

6.在团队沟通的过程中，自我优先、从众行为、逃避责任等个人原因和社会传染、社会懈怠、缺乏信任等人际原因都可能引起团队沟通障碍。

7.团队激励的沟通技巧包括角色激励、情感激励和赞美激励。

8.团队决策的沟通技巧包括头脑风暴法、德尔菲法、团体具名技术和电子会议等。

9. 团队破坏性冲突的管理技巧包括面对（face）、回避（avoid）、沟通（communicate）、强迫（enforce），称为 FACE 法。团队破坏性冲突的管理技巧包括培训（train）、鼓励（encourage）、调整（adjust）、搁置（procrastinate），称为 TEAP 法。

【问题讨论】

1. 团队有哪些类型？分别具有哪些特点？
2. 团队成员有哪些角色？分别承担什么样的责任？
3. 团队发展有哪些阶段？各个阶段各有怎样的特点？
4. 团队沟通与人际沟通有何不同？

【案例分析】职场不易：做事不难做人难

张天，本科学历，在一所职业技术院校从事行政工作。一进单位，就有人对他说，该单位里做事不难，做人难。

1. 两个领导一个兵，左右不是人

张天所在的办公室部门里有两位主任，一位是五个月后将要退休的老主任，另一位是刚上任准备接替老主任位置的新主任。老主任姓吴，男性，大专学历。新主任姓刘，女性，本科学历。吴主任在学院里工作了 29 年，属于元老级别，喜欢打听学院内的各种信息，总觉得要把所有信息都掌握了才安心，平常讲话或做事偶尔会给人倚老卖老的感觉。刘主任是一名才女，工作干练，精明，有魄力。在刘主任眼里，吴主任学历不高，素质一般，目光短浅，能力与岗位不匹配。

张天作为一名办公室的小科员，除了完成日常的各项工作外，还需要积极配合部门领导的其他工作。因张天有一定的工作能力，两位领导都很喜欢把工作交给张天来完成。但是两位领导经常同时安排工作，使得张天经常处于尴尬境地。例如，吴主任和刘主任同时把手写稿交给张天，并且都说自己的文件很急，让张天立即在电脑上把文件打出来。

吴主任退休前两个月，部门办公室进行调整，张天所在的部门将要搬去一个两房的办公室，其中一个房间的风景与方位都十分好。这样好的办公室当然很抢手，吴主任与刘主任都想抢着搬过去，但是第二天就开始放暑假了，学院领导说下学期回来再安排人手搬办公室。吴主任觉得，拖到下学期自己有可能搬不进那间好房间，于是跟刘主任说放假前自己搬。但是刘主任很强硬，说要服从学院领导安排，下学期回来再说。吴主任一听很不爽，假意问张天放假有无安排，刘主任马上向张天使眼色。于是张天说第二天要去参加同学聚会。但是吴主任马上说："那我们早点回来搬，搬完再去参加聚会，两个人合作一起搬，很快就搬好的。"吴主任走开后，刘主任马上对张天说："吴主任快退休了，你不用听他的。"

2. 领导不体谅，同事不主动

两个月后，吴主任终于退休了，刘主任决定向学院提出用人需求，要求部门再招聘一名员工。由于某些原因，学院从某省级国有企业调动了一名三十多岁的男性员工李丰过来，此人工作多年，工作作风较为懒散。李丰来到张天工作的部门后，刘主任决定先把一小部分工作交给他完成，让他慢慢学习，等李丰适应后再重新分配工作，所以其他大部分工作仍需要张天完成。一年后，李丰已完全熟悉手头工作，但是他完成手头的工作后，也不主动协助张天，经常是吃完早餐后与其他人聊聊天，然后拖拖拉拉过了上班时间才回办公室工作。工作到 10 点多，又串门去其他部门找人泡茶、抽烟、聊天，到 11 点多就去吃午饭。

然而，刘主任对这一切熟视无睹。仍然把许多业务交给张天完成。张天分内的工作本来就很多，而且这些工作都有时间限制，很多的时候，张天都会被刘主任突然布置的工作打断自己的计划。面对繁杂的工作任务，张天经常要加班加点。每次张天跟刘主任说自己的工作已经很满，抽不出时间来处理其他工作时，刘主任总是不以为然，认为张天还能应付更多的工作。这让张天感到很郁闷，不满刘主任总是叫自己去做事，而新来的李丰就那么优哉游哉地混日子。于是，张天产生了让李丰协助自己完成一些任务的想法。但是张天与李丰同等级，张天深知如果自己要求李丰协助，李丰肯定不会理睬。假如让刘主任出面，李丰又会觉得张天拿刘主任的权威去压他，心里肯定不舒服，而且更重要的是，刘主任压根没有重新给李丰分配工作任务的想法。

3. 好建议在心口难开

在单位工作的这段时间里，张天利用空余的时间考上了研究生，并且在学习和工作上都非常努力。不知不觉中，张天已在单位工作 6 年，这 6 年里张天一直勤勤恳恳、任劳任怨、专心致志地工作。如今的张天在个人学术水平与业务水平上都有了很大的提高。慢慢地，张天开始对办公室的工作流程有了新的看法，想向刘主任提改进工作的建议。

但是，张天却有以下顾虑：①工作方法都是刘主任传授的，现在提出改变的建议，会不会让刘主任觉得自己羽翼渐丰，开始否定领导的工作能力。②自己的学历水平比刘主任高，这样贸然去提建议，会不会使刘主任有危机感，甚至对自己产生误会。③张天担心自己提出的建议不一定能取得好的效果，从而让刘主任对自己的能力产生怀疑，费力不讨好。

思考讨论题：

1. 在一个双头领导的团队里，就搬办公室这一事件，张天应该如何与刘主任和吴主任进行有效沟通，避免卷入两位领导之间的矛盾中？

2. 当张天工作量很满时，面对团队领导刘主任布置的额外任务，他应该如何妥善地处理？在面对李丰的问题上，张天应该如何与刘主任、李丰沟通，让李丰分担一些任务？

3. 当张天有好的工作改进建议时，应该如何巧妙地向团队领导刘主任提出，而又不使刘主任产生负面的情绪和想法？

4. 刘主任的团队管理沟通方式存在问题吗？假如你是团队领导刘主任，你应该如何激励团队的成员李丰和张天？

第9章 组织内部沟通

> 管理者最基本的功能是发展与维系一个畅通的沟通管道。
>
> ——巴纳德

【学习目标】

➤ 理解组织内部沟通的涵义、特点和作用。

➤ 了解组织内部沟通的类型、优点和缺点。

➤ 了解上行沟通、下行沟通、平行沟通的目的、形式和障碍。

➤ 掌握上行沟通、下行沟通、平行沟通的个人策略与组织策略。

【导引故事】史上最牛女秘书

2006年4月7日晚，EMC大中华区总裁陆纯初回办公室取东西，到门口才发现自己没带钥匙。此时他的私人秘书瑞贝卡已经下班。陆纯初试图联系未果后极为生气。数小时后，陆纯初还是难抑怒火，于是在凌晨1时13分通过内部电子邮件系统给瑞贝卡发了一封措辞严厉且语气生硬的"谴责信"。

陆纯初在这封用英文写的邮件中说："我曾告诉过你，想东西、做事情不要想当然！结果今天晚上你就把我锁在门外，我要取的东西都还在办公室里。问题在于你自以为是地认为我随身带了钥匙。从现在起，无论是午餐时段还是晚上下班后，你要跟你服务的每一名经理都确认无事后才能离开办公室，明白了吗？"（事实上，英文原信的口气比上述译文要激烈得多）陆纯初在发送这封邮件的时候，同时传给了公司的几位高管。

两天后，瑞贝卡在邮件中回复说："第一，我做这件事是完全正确的，我锁门是从安全角度上考虑的，如果一旦丢了东西，我无法承担这个责任。第二，你有钥匙，你自己忘了带，还要说别人不对。造成这件事的主要原因都是你自己，不要把自己的错误转移到别人的身上。第三，你无权干涉和控制我的私人时间，我一天就 8 小时工作时间，请你记住，中午和晚上下班的时间都是我的私人时间。第四，从到 EMC 的第一天到现在为止，我工作尽职尽责，也加过很多次的班，我也没有任何怨言，但是如果你们要求我加班是为了工作以外的事情，我无法做到。第五，虽然咱们是上下级的关系，也请你注重一下你说话的语气，这是做人最基本的礼貌问题。第六，我要在这强调一下，我并没有猜想或者假定什么，因为我没有这个时间，也没有这个必要。"她回信的对象选择了 EMC（北京）、EMC（成都）、EMC（广州）、EMC（上海）。这样一来，EMC 中国公司的所有人都收到了这封邮件。

最后，随着媒体的报道和事情的发酵，瑞贝卡和陆纯初先后离职，此事件对双方职业的发展都产生了不良的影响。

在这个故事中，陆纯初在批判下属时所选择的沟通方式不当，未尊重下属感受，并将矛盾公开化，而瑞贝卡在回应上司的批评时选择了对抗性沟通，采取直线思维否定上司，并进一步将矛盾扩大化，最终导致两败俱伤的沟通结果。如果你是陆纯初或瑞贝卡，再给你一次机会的话，你会如何与下属或上司进行沟通呢？要想找到答案，接下来让我们先来了解组织内部沟通，并学习与掌握上行沟通、下行沟通和平行沟通的技巧。

9.1 组织内部沟通概述

管理有四种基本职能：计划、组织、领导、控制。组织内部沟通就是贯穿其中的生命线，把四种职能连成一体。良好的组织内部沟通是公司隐性竞争力的源头，它有利于提高组织工作效率，提升资源的最大效能，降低生产的运行成本，开发组织的发展潜力。

9.1.1 组织内部沟通的涵义

组织内部沟通是指在特定的组织架构下，信息、思想、情感等要素按照一定的规则和方向交流的过程。著名组织管理学家巴纳德认为，沟通是把一个组织中的成员联系在一起，以实现共同目标的手段。管理离不开沟通，沟通渗透于管理工作的各个方面。

为了方便组织管理、实现组织目标，公司会根据实际需求划分管理层级，搭建管理架构，设定责权体系，明确联络途径。如同神经网络一般，组织内部沟通就是依靠这个错综复杂的网络，实现信息的无缝传递、系统的高效运转。

正因为组织层级的存在，组织内部沟通与一般意义上的人际沟通有所区别，主要有以下三个特点。

（1）目标性。组织内部沟通不是简单的人际沟通，与人际沟通不同的是，组织是为实现组织的目标而存在的，因此组织中的沟通无时无刻不体现着组织特有的工作特性。比如，行政部门的沟通应该具有规范化、程序化的特点，市场部门的沟通则应该更灵活、更迅速。

（2）方向性。一般人际沟通的主客体之间是对等的，没有特定的方向要求。组织内部沟通是按照组织架构预设的路径、方向和顺序进行的，在沟通的过程中要反映责权关系、资源调配等组织意志，因此组织内部执行沟通的主客体之间并不完全对等，不同的角色被赋予不同的任务和要求。组织内部沟通的方向主要分为上行沟通、下行沟通和平行沟通。

（3）正式性。组织内部沟通相对于人际沟通来说更加正式，以书面报告、商务面谈、文件传达、会议召开等沟通方式为主，同时，采用链式、Y式、轮式、环式等沟通渠道，组织成员在沟通过程中更加注重效率。

组织内部沟通的根本目的是为了实现组织目标，其作用体现在以下三方面。

（1）增加信息透明度，提高工作效率。组织进行决策、开展活动是基于充分必要的情报和资料。信息的获得则依赖于畅通无阻的组织内部沟通。组织成员对与工作相关的环境、动态掌握得越及时、越全面，其所作的判断和反应就越迅速、越准确。有关研究表明，管理中 70% 的错误是由沟通不善造成的。特别是一些巨型公司，组织架构复杂，沟通过程漫长，影响了沟通的有效性。如果能够厘清组织内部沟通，增加信息透明度，就会降低管理成本，提高工作效率。

（2）提升员工满意度，塑造公司文化。除了传递生产信息以外，组织内部沟通还传递着人们的情感与公司的文化。良好的组织内部沟通能够给组织成员带来愉悦、满足、轻松的心灵体验，更能激发他们积极、健康、向上的工作斗志。现代管理理念对人性的假定已经从经济人、社会人向管理人、自我实现人转变。为了满足员工的归属和尊重需求，许多大公司纷纷建立了完善的沟通机制，通过收集员工的意见和建议，让员工参与管理和决策，从而提升员工的满意度，形成和谐的公司文化。

（3）增强集体凝聚力，统一组织行动。良好的组织内部沟通不仅能帮助公司在平稳的发展期提升竞争力，更能帮助公司在动荡的改革期增强凝聚力。有很多公司大张旗鼓地鼓励创新，崇尚改革，然而，耗费了人力物力，所研发出来的新产品还没投放市场、制定出来的新举措还没实施，就胎死腹中，这些都与组织内部沟通不善有关。丰田的精益生产方式被奉为经典，然而当它刚刚进入中国的时候却"水土不服"，其根本原因在于他们没有高度重视员工的利益，也没有充分地与员工沟通，因此没有得到员工的有力支持。由此可见，组织内部沟通能够有效消除误解、统一思想、一致行动，为公司的改革和发展扫清障碍。

9.1.2　组织内部沟通的类型

由于沟通方式的规范性不同，组织内部沟通可以分为正式沟通和非正式沟通。

正式沟通指的是在组织内部依据明文规定的条例进行的信息传递与交流，如组织内部的书面报告、商务面谈、文件传达、会议召开和情报交换等。正式沟通的优点在于规范性强、约束力好，有利于信息的可控性，可确保信息的准确性。组织中重大决策、重要文件的下达与处理都是采用正式沟通的方式进行的。由于信息是依靠组织架构或层级系统进行层层传递，严格地说，越级报告或命令，以及不同部门人员间彼此进行沟通，都是不允许的。因此，正式沟通会造成信息传递刻板、速度缓慢、效率低下，也导致人与人之间的等级区划明显，不利于情感交流。

非正式沟通是指通过正式沟通渠道以外的信息传递和交流，如私人书信、私人会面、小道消息和自由论坛等。非正式沟通是公司内部非正式组织的副产物，一方面满足了员工探寻资讯的需求；另一方面也弥补了正式沟通的不足。非正式沟通的传递往往建立在人们的社会关系基础上，如小道消息常常在三五知己的聚会上传播，因此能够满足人们的心理需求，增强情感联络。非正式沟通的优点在于不受规定或形式的限制，传播的途径繁多且无定型，一般以口头传递为主，传播速度快，传播范围广。然而，非正式沟通的缺点在于信息的准确性难以控制，谣言的传播会对组织造成极大的困扰。另外，过于浓厚的感情色彩容易导致形成小圈子、小集团，影响组织的凝聚力。

综合来看，过分地依赖正式沟通，会使组织失去应有的活力，而过分地纵容非正式沟通，也会让组织陷入混乱和分裂。为了更加有效地利用和平衡正式沟通与非正式沟通：①管理者要不断地疏通和完善正式沟通渠道，塑造良好的公司文化，营造和谐的人文氛围。②管理者还要不断提升管理能力，增强对非正式沟通的控制与利用。③由于小道消息常常是组织成员忧虑心理和抵触情绪的反映，管理者应该通过小道消息间接地了解员工的心理状态，研究造成这种状态的原因并采取措施予以解决。

正式沟通与非正式沟通的优缺点，见表9–1。

表 9–1　正式沟通与非正式沟通的优缺点

项目	优点	缺点
正式沟通	规范性强，约束力好，信息可控性强，易于保密，信息准确性高，可使信息沟通保持权威性	信息传递刻板、速度缓慢、效率低下，也导致人与人之间的等级区划明显，不利于情感交流
非正式沟通	沟通方便、内容广泛、方式灵活、速度快，可用以传播一些不便正式沟通的信息	难以控制，传递的信息不确切，容易失真、被曲解，促进小集团、小圈子的建立，影响凝聚力

在组织内部，组织架构决定着组织内部沟通的路径、方向和顺序。根据信息流向的不同，组织内部沟通可以分为上行沟通、下行沟通和平行沟通，它们都是为了协调组织中的权责、资源和关系，以使部门与部门之间、员工与员工之间做到相互配合、相互协作。协调能力是组织管理活动中一项重要的能力，在组织内部沟通中要懂得协调、善于协调。想要提高协调的效果，达成沟通的目的：一要区别对待不同的协调对象，做到对上协调要及时、对下协调要统筹、同级协调要体谅；二要准确把握不同的协调内容，做到正常工作讲责任、重要任务讲大局、临时任务讲理解、争议问题讲道理、双方合作讲友情。通过上行沟通、下行沟通和平行沟通进行协调，人际之间、部门之间才能和谐相处，组织任务和目标才能顺利完成。

不同类型的沟通对象、沟通障碍所对应的沟通策略有所不同，本章接下来将重点介绍上行沟通、下行沟通和平行沟通的涵义、障碍和策略。

9.2　上行沟通

9.2.1　上行沟通概述

上行沟通是指信息从组织的低层结构向高层结构传递的过程，即由下属到领导自下而上的沟通。在上行沟通中，信息发布者是下属，信息接收者是领导。上行沟通的内容主要有工作汇报、工作总结、情况反映和问题建议等，其形式主要有口头汇报、书面汇报、群众意见箱、报告会、协调会和座谈会等。通常，上行沟通的目的主要有三个：①让管理层掌握公司的运营状况以及员工的工作状态。②让员工拥有参与管理、建言献策的机会，增强员工的归属感和满意度。③营造民主和谐的公司文化，孕育开放包容的创新能力。

在组织中，上行沟通一方面开辟了一条让管理者听取下属意见、想法和建议的通路，可以帮助管理者达到管理控制的目的；另一方面又提供了一个让组织成员展示个人才能的平台，调动下属的工作主动性和积极性。然而，由于地位、职务不同所产生的权力距离和心理障碍，下属往往惧怕与领导打交道，或者沟通方式不当，导致上行沟通常常不顺利。因而，有必要了解和掌握上行沟通的学问，巧妙得体地进行汇报和建言，给领导留下良好的印象。

9.2.2　上行沟通的障碍

上行沟通对于组织发展具有重要作用，然而实践中的上行沟通并不顺畅。上行沟通遇到障碍，原因主要包括以下五个方面。

（1）等级观念陈旧。在等级差异、尊卑有别的传统文化的影响下，员工总是畏惧权威，认为沟通是上司对下级所实施的行为，哪有下级主动去找上司沟通的道理。这种偏见导致了很多人一想到要主动去跟上司沟通，就非常担心、畏缩，背着沉重的心理负担。

（2）高层领导集权。一些高层领导比较崇尚权威，坚信自己的决策是正确的，认为员工参与决策的能力有限，让员工参与决策、分化权力只会带来麻烦、降低效率。或者领导缺乏倾听下属反馈的意识，不愿体恤下级。因此，上行沟通被严重抑制，甚至干脆被管理层忽视。

（3）信息传播失真。上行沟通中，下级可能会对信息进行过滤或扭曲后再向上汇报，主要的原因有三个：①实际情况对下级不利，如果如实上报，会被领导看作能力低下或办事不力。②真实信息有损领导的利益，因害怕领导打击报复、给"小鞋"穿，往往报喜不报忧。③高层领导只重视部分事件，为投其所好，员工只快速回应领导感兴趣的事情。

（4）公司文化封闭。开放的公司文化能够促进组织内部的交流和联系，而封闭的公司文化只会不断地拉大上下级双方的距离，凸显高层与低层之间的矛盾。

（5）沟通机制缺失。组织内部没有建立畅通的上行沟通的机制，员工的发声得不到正面的回应，提出的意见得不到应有的重视，严重打击员工的士气和进行上行沟通的积极性。

9.2.3 上行沟通的策略

由于上行沟通的信息流是从弱势的下属向优势的上司流动，因此上行沟通可能遇到的困难和障碍会比其他沟通形式更多。所以，要疏通上行沟通，使之能够真正发挥应有的作用，应该从组织层面和个人层面分别提出策略。

1. 上行沟通的组织策略

组织层面主要考虑的是为上行沟通夯实基础、提供保障，使上行沟通制度化、规范化、常态化。

（1）投入感情，建立信任。上行沟通的主客体分别是下属与上司。要扫除沟通过程中的障碍，首先要在沟通主客体之间搭建信任的桥梁。如果沟通双方均能对对方充满信心，不管是上司对下属的工作胸有成竹，还是下属对上司的指导心悦诚服，无不为进一步的沟通奠定良好的基础。建立信任是以投入感情为前提的。除了工作以外，上司还应该关注下属的成长和发展，为下属送去鼓励和关爱。下属也应该关心上司的健康和幸福，为上司送去贴心和温暖。

（2）完善机制，拓宽渠道。组织内部可以制定各类上行沟通的规章制度，拓宽反馈渠道，落实反馈机制，让员工能够通过各种途径向上表达心声。国内外很多优秀公司都想方设法，制定了各式各样的"沟通机制"，用于保证有效的上行沟通。例如，制定完善的投诉程序，高层领导设立的开门政策、座谈会或热线电话，进行电子邮件或音频、视频对话，进行咨询，发布态度调查问卷和进行离职访谈，鼓励员工正式或非正式地参与决策，外聘独立调查员等。

（3）营造环境，和谐氛围。有效的上行沟通与组织环境和文化氛围有关。人们在开放的环境和氛围中更容易祖露心扉，更容易接纳他人，促进人际关系的和谐发展，提高上行沟通的效率。因此，组织内部要积极开展有益于交流沟通、增进人员间相互了解的活动，形成开明、豁达、包容的公司文化和管理氛围。

2. 上行沟通的个人策略

个人层面主要考虑的是提高自身素质、增强沟通意识、提升沟通技巧，使上行沟通更顺畅、更自然、更有效，以达到良好上行沟通的目的。

（1）塑造超常胆识是关键。在实际的工作和交往中，人们常常会有这样的体验：面对一个比自己地位高、权力大的人时，往往会惊慌失措、表现失常；面对一个地位和能力都不如自己的人时，则如鱼得水、信手拈来。这就是管理学中所说的"位差效应"。如果还没正式开始上行沟通之前，地位的差异已经让下属忐忑不安了，上行沟通肯定是事倍功半了。对于员工来说，上行沟通的关键是练就超常胆识。

超常胆识对少部分人来说可能是与生俱来的天赋，而对大部分人来说，超常胆识只能通过后天的训练才能获得。塑造超常胆识通常有五项法则：①学习自我鼓励，强化对成功的渴望，淡化对失败的恐惧。②实施目标管理，分解子目标，实现一个小目标，就为自己鼓劲一次。③把握情绪管理，调节压力大小，时刻充满正能量。④勇于超越自己，让生命充满弹性，相信一切皆有可能。⑤学会活在当下，从现在做起，从小事做起。

（2）面对上级领导有态度。当员工有了超常胆识，勇于迈出上行沟通的第一步，敢于敲响领导办公室的门后，还需要做好以下两方面：

①把握双方关系，摆正自我态度。拉近与领导的关系是必要的，但是也要有限度。把工作关系过度地拓展到私人领域，过多地牵扯到领导的私人生活，会带来负面效应，同时也会影响你在同事心中的形象。正确的做法是：与上司保持良好的工作关系和适度的私人关系。

同时，面对上级领导，还要摆正自我态度，做到四点：①尊重而不吹捧。尊重领导，恭维要适度，过度的恭维会显得缺乏真诚，应该用心沟通。②请示而不依赖。必要的请示之后能够独立地开展工作，独当一面。③主动而不越权。积极上进，不缺位、不越权，怀抱热情去工作，保持纯真去生活，远离权力斗争漩涡。④自信而不自负。充满自信，但不自负，能够客观、准确地评估能力，永无止境地追求卓越。

②树立正确理念，全面辅助领导。由于履行岗位工作职责和完成工作任务的需要，员工必须经常与本部门领导交往和相处。要做一个称职的下属，与上级进行有效的上行沟通，还需要把正确的理念贯穿到工作的每个步骤中，做到坚决服从领导、密切联系领导、了解领导习惯、理解领导意图、积极帮助领导、领导和

睦相处和学会影响领导[①]，进而全面辅助领导。

第一，坚决服从领导。军队有句名言"服从命令是军人的天职"，对于组织来说，服从领导也是组织成员必须具备的一种基本素质。坚持服从领导，要做到贯彻落实领导指示，处处维护领导权威，经常向领导请示汇报。

第二，密切联系领导。部属积极靠近领导，密切联系领导，主动请示领导，同领导建立友好的、随和的、同志式的上下级关系，不但有助于加强组织建设、组织工作任务落实，同时还有助于自己在组织中进步。密切联系领导要求我们做到坚持汇报思想，定期交流心得，多听领导教诲。在日常工作中，要巧说多做，加深上司对自己的良好印象：既要多做，对工作充满热情，全力以赴完成好领导交代的各项工作任务；也要巧说，在适当的时候，通过合理的方式让领导注意到你的业绩和才华，从而获得更多的认可。在组织内部的各项活动中，把握机会展现你积极向上的一面，加深上司对自己的良好印象。

第三，了解领导风格。领导风格往往通过其工作方式和习惯表现出来，因而我们要学会观察和总结，了解领导的风格特征和工作习惯，在工作中不要与领导背道而驰。例如，与专断型领导沟通时宜用直接和准确的信息，不要重复细节，不要说"以前都是这样做的"，要敢于说反对意见，多与领导讨论怎么解决问题。与温和型领导沟通时应给予友好评价，避免无礼，要有力地去陈述事情，与领导一起讨论创意和际遇，并且多邀请领导参与员工集体活动。值得注意的是，要尝试换位思考，让自己更能理解、宽容领导。

拓展阅读 9.1

第四，理解领导意图。领导意图是指领导在布置工作、下达任务、作出指示的时候所体现出来的本意和实质，是领导希望达到的成果或标准。聪明睿智的下属，常常会利用各种场合、各种机会用心研究领导思想，领悟领导本意，把握领导新意，将自己的本职工作、具体想法同领导的思路、意图和要求进行比较，从中找出自身不足，尽快修改完善。

第五，积极帮助领导。做好组织工作，离不开领导的正确决策，也离不开全体部属的尽心尽力。领导不是"神仙"，也不是"全才"，其思维范畴、知识结构和能力素质也存在局限性，因而我们要在领导需要的时候，积极主动地替领导分忧解难，发挥桥梁作用，积极帮助协调，多提意见建议。值得注意的是，提建议时，应选择领导关注且非常重要的问题，并且在领导作出相关决策前，秉着真诚的态度向领导提出。

第六，与领导和睦相处。与领导相处要把握好彼此相处过程中客观存在的"度"，要心里装着领导，在公开场合同领导保持一定"距离"，尊重和服从领导。

---

① 张继民. 机关思考录 [M]. 北京：国防大学出版社，2012.

要处处维护领导的面子，外出时既要把工作上的事情替领导准备好、协调好，还要把生活上的事情替领导想周全、想细致，尤其要特别注意在基层单位和群众面前维护好领导的尊严和威信。此外，还要切实管好嘴巴，决不能把领导不宜对外公开的事情和言论到处传播，更不能在正职领导和副职领导之间相互"传话"，这是大忌。

第七，学会影响领导。下属对于领导的影响，大致上是一种"润物细无声"的状态和过程，过于直接、生硬的影响将会引起领导反感。首先，我们要提高自身的能力素质，依靠水平影响领导。其次，架起情感和思想共鸣的桥梁，依靠情感影响领导。最后，通过自己的亲身实践获取最有说服力的"证据"，依靠实践影响领导。

在上行沟通中，下属除了做到服从领导、尊重领导、实事求是、真诚坦白之外，还要注意说话的艺术，讲究沟通的时机，把握交往的尺度。只有根据领导的风格特征、思维方式、工作方法和工作习惯的具体情况，有针对性地采取相应的沟通技巧，才能收到良好的效果。在组织单位里，与领导相处是一门博大精深的学问，只有不断修炼，才能得到领导的信任、赏识与重用。

（3）把握沟通过程讲原则。在拥有了超常的胆识和面对上级领导的技巧之后，在沟通的过程中，仍需要关注细节。以下八大原则能帮助我们正确处理一些微妙之处，为上行沟通带来意想不到的正向作用。

①选择题原则。尽量不要给上司提供问答题或者判断题，而是要给上司做选择题，并且为其提供有理有据的选项，以供决策。上司一般都业务繁忙，没有足够的时间对问题进行调查研究。称职的下级应该事先对问题进行深入的思考，收集充分的资料和数据，形成三个以上的建议方案，向上司汇报方案的同时，还应进行优劣对比，给出自己倾向的意见，最后等待上司的定夺。

②及时性原则。相比信息的好坏与否，上司更关注信息汇报的及时与否。有些员工把事情搞砸了，常常不敢主动汇报。但是如果上司从别人的口中得知下属犯错的消息，这会让他颜面尽失，也会让他对下属产生偏见，甚至失去信心。因此，上行沟通必须主动、及时。下级可以评估事件的轻重缓急，预期后续的发展动态，从而进行汇报。如果是重大事件或紧急情况，要马上汇报，先电话沟通、再面谈。如果是日常事务，可以先厘清头绪再汇报，但一般不超过 48 小时。一个成功的员工必然是一个善于汇报工作的人，因为在汇报工作的过程中，他能得到领导对他最及时的指导，这对于个人能力的培养是极为有效的，会使个人得到更快的成长。在汇报的过程中，员工可以与上司建立起牢固的信任关系，得到上级的赏识，获得更多展现自我的机会。

③时宜合适原则。除了紧急事件以外，汇报工作要与领导事先约定，按时到达。临时造访或者唐突汇报，都会让上司"措手不及"，打乱上司的日程部署，给上司

造成不便。如果正好遇到上司心情不好，下属还不识时务，汇报工作则会事倍功半。

④地点恰当原则。探讨工作最恰当的场所就是在上司的办公室。如果在路上、电梯里、饭桌上恰好偶遇领导，可以与领导打下招呼，联络一下感情，简单地说明事情，如需详谈，则应另行约定时间，到其办公室再作详细的汇报。切忌到领导家中汇报工作，更不能在公共场合与领导耳语汇报工作。

⑤准备充分原则。在向上司汇报工作前，要收集好充足的事实和数据。比如事件的来龙去脉，可能存在的疑虑，所作的建议和设想的依据等。只有对所有的情况做到胸有成竹，才可能在汇报过程中应对领导提出的种种质疑，让领导心服口服。

⑥回旋变通原则。月满则亏，水满则溢。不要把话说得太满太过，做不到不要说，为自己留下一些空间，才能收放自如，立于不败之地。此外，如果领导有不正确的地方，要在私底下委婉提出，循循善诱，情真意切，切不可得理不饶人。这样，当上级感受到你的真诚的时候，才会愿意接纳你提出的意见和建议，并加以改正。

⑦尊重领导原则。向领导汇报完工作后，要留给领导一段思考的时间，不能催促领导立刻做出决策。如果领导否定了你的方案，也不能心生怨恨，而应该竭尽全力地贯彻执行领导的决定，保持领导的权威。如果领导的确有考虑不周的地方，则应该另择良机商谈。

⑧事前沟通原则。凡是你希望在公开场合发布的观点和方案，必须事先与领导沟通，征询领导的意见，得到领导同意后，再公开发表。在会议上不提动议，有价值的观点要事先让会议主席知道。否则，很可能给领导带来不必要的麻烦。

（4）越级沟通需谨慎。向上越级沟通风险大，难把控，容易产生严重后果。一方面可能破坏组织管理，导致某些制度、流程虚设，架空中层，降低领导力；另一方面容易造成上下级不睦，给越级沟通者带来不必要的麻烦。掌握一定的越级沟通技巧，可以有效地降低自己的沟通风险，增加沟通成功率。一般而言，只有出现以下情况时，才进行向上越级沟通：①意见长期得不到重视，希望引起高层领导注意，展示自己。②与直属上级意见产生分歧，无法调和，只能向上一级报告请上级定夺。③应高层领导要求做越级沟通。当进行越级沟通时，应遵循以下原则。

①只讲事实，尽量客观，少评价，多做有理有据的分析。

②沟通时候尽量说结果，不要把太多过程加进去，简单、明确、干练。

③尽量少用"我觉得""可能""差不多"之类的字眼，尽量站在公司的角度说事件，而不是强调主观意识和感受。

④在涉及上级领导的事情上，尽量少评价或不评价，只陈述事件和观点。

⑤如果是高层要求越级沟通，涉及重大问题最好先与上司沟通，再面见高层。

（5）建言献策有技巧。在向上级提建议时，难免会对现行措施进行质疑和否定，若处理不当，则会引起上级的反感。如何做才能更好地让上级接受我们的建议，获得他们的支持，这需要讲究沟通技巧。

①选择和上司沟通的适当时机。领导每天要考虑的问题很多，所以我们就要根据自己所要反映的问题的重要程度选择合适的时机。假如不是特别紧急的事情，就不要在领导正埋头处理事务的时候打扰他。这里尤其要注意时间段的选择。比如，刚上班时，上司会因事情多而繁忙，快下班时，上司又会疲倦心烦，显然这些都不是合适的沟通时机。而上午 10 点左右，上司刚处理完清晨的业务，会是比较合适的时间。另一个时间段是午休结束后的半小时，上司经过休息，可能会有更好的体力与精力，较容易听进别人的建议。①

②多引水，少开渠，让上司自己做决策。戴尔·卡耐基曾说："如果你仅仅提出建议，而让别人去得出结论，让他觉得这个想法是他自己的，不是更聪明吗？""多引水，少开渠"的意思是说对上司"进谏"，要用引导、试探、征询意见的方式，向上司讲明情况，水到渠成地"引导"上司作出你想要的决策，而不要直接去点破上司的错误所在，或越俎代庖地替上司作出你所谓的正确决策。

③提问题同时提方案，让上司在多项方案中做选择。向上级建言时，不能只提出问题，指出难点，没有相对应的解决方案，将问题抛给上级。上司一般不喜欢只将问题推给他而不带来解决方案的行为。所以无论与上司商量什么事，切记不要出"问答题"，而应该提供"选择题"。

（6）向上汇报按要求。当你按照领导的要求完成了一项工作时，就需要把工作进度、工作成效向你的上司汇报。事情完成得很好，但汇报没有做好，领导也许不能客观地了解你的能力和贡献。而工作完成得有瑕疵，但在汇报中善用方法进行弥补，同样也会获得领导的赏识。通常来说，在汇报时应注意汇报的顺序。

①汇报提纲。首先表明要汇报几项工作，如"××领导好，今天我要向您汇报三项工作"。按一定的逻辑顺序把要汇报的几件事情讲清楚，这些顺序可以是时间顺序、轻重程度、主次关系、领导关心程度的顺序等。

②提出结论。当你汇报某件任务的进展时，首先要向领导汇报这项任务的结果或现状，这是领导最关心的。接着要汇报你的观点或计划，这也是领导最期待的。然后通过自上而下的方法表达，层层展开你的汇报。

③陈述事实。结论讲完后，如果领导需要，则对每一项工作是怎么开展的（何事、何人、何地、何时、如何、为何），在这个过程中遇到了什么问题，总结了何种经验或者收获是什么等问题展开阐述。可以选择你觉得重要的、领导重视的问

---

① Celia. 这样跟上司提建议更有效 [EB/OL]. 新华三 .（2016–12–15）[2021–04–16]. http：//www.h3c.com/cn/d_201612/967312_237634_0.htm.

题进行汇报，会为你在领导心目中的印象加分（如处理事情果断、有胆识等），但不能过多。词语的使用要简明清晰。

汇报是与领导直接沟通的机会，也是在领导面前展现自我的机会，为了更好地把握这个机会，我们应该掌握相关的汇报要求，以达成良好的汇报效果。

①选择时机，找对时间。加拿大心理学家、麦吉尔大学教授德比·莫斯考维茨曾做过一个有趣的研究，根据人一周的行为规律画出了一幅一周工作节律图，得出了这样的结论：每个人的一周是有规律性的。周一到周五，人的工作节律大不相同。前半部分，人的精力旺盛，态度和行为比较激进；后半部分，人的精力逐渐下降，这时候人的情绪比较稳定，变得更易通融。

②认真对待，充分准备。在很大程度上，领导得知你的工作开展的情况及其成效，都是通过你的汇报进行了解的。在汇报的时候，首先要准备好提纲，每一项工作可以用简短的小标题写出，同时可以在每个小标题下写出关键词（也就是你想强调的重点），这些工作的意义等。除了对汇报的内容进行充分的准备外，还要考虑一个重要的问题，那就是预测领导在听取汇报的过程中可能提出的疑问，按照这些提问，准备好你要回答的内容。这样才能在领导发问时不至于手足无措。

③气氛融洽，轻松愉快。工作汇报场所的选择一般在办公室。当你要进行汇报时，要保证领导的办公室没有其他人，而且领导有足够的时间听取汇报。当然，如果领导一个人在办公室，而且有时间，但他的心情是糟糕的，这也会影响汇报的效果。如果是紧急的事情，或者你出差在外，按照领导的指示，必须进行汇报，那么要尽量选择一个安静的环境。

④中心明确，重点突出。汇报的时候，要先讲结论，后讲事实，而且对结论和事实的陈述，都要符合你汇报的中心思想，重点要突出。在每一层内容的表达中，逻辑要严谨，内容要精练。

⑤结构完整，材料详实。汇报的内容要结构化，按照工作的顺序层层展开。同时，要有详实的附件材料，让领导充分了解你的工作。

⑥用语准确，句子简练。在汇报的过程中，尽量用主题句阐述你的观点，句子力求精练。语言、专业术语、概念、词语的感情色彩等都要使用准确，让领导一听就知道你很认真、很专业。

9.3　下行沟通

9.3.1　下行沟通概述

下行沟通是指信息从组织的高层结构向低层结构传递的过程，即由领导向下属自上而下地沟通。在下行沟通中，信息发布者是领导，信息接收者是下级。下行沟通的内容主要有管理决策、规章制度、工作要求、工作评价和工作绩效反馈等，其形式主要有口头指示、书面批示、发表讲话、工作布置和文件传阅等。通常，下行沟通的目的主要有五个：①传达上级指示，把公司的计划、组织、领导、控制四大职能贯彻落实到具体的工作中。②进行工作指导，制定工作目标，推进生产任务，提升工作效率。③传播组织文化，确立共同愿景，营造和谐氛围，关心员工生活。④反馈工作绩效，激励员工成长，提升创新能力。⑤阐明组织目标，促进相互理解，统一组织行动。

　　在组织中，完成具体生产任务的是员工，如果领导不重视与下属沟通，不关注下属的心理诉求，会严重打击员工的积极性，最终影响公司的绩效，妨碍组织目标的实现。彼得·德鲁克说："人无法只靠一句话来沟通，总是得靠整个人来沟通。"虽然简单的命令式也能完成沟通的任务，但是沟通的效果却达不到预期的目标。因而，如何有效地进行下行沟通是对管理者和领导者的一项考验及其必须掌握的一门艺术。

🔍【课堂讨论】回复下属"请求"的艺术

　　某大型国企在公司网站上发布信息，计划通过公开竞聘的方式，公开选拔部分中层干部，职位为行政办公室副主任和市场营销部副部长。公司副总经理王华负责分管这两个部门。公开选拔干部的信息发布后的第二天，王副总经理收到市场营销部的一名科长刘德胜发来的短信：

　　"尊敬的王总，您好！我是市场营销部的刘德胜，非常冒昧打扰您！感谢您一直以来对我的关心、帮助和支持！不知您这两天有没有时间？我想当面向您汇报一下工作，恳请您百忙中抽空听取我的汇报，如蒙应允，不甚感谢。"

　　王华副总经理收到短信后，明白了小刘的来意，心想虽然平时与小刘接触不多，但知道这位同志表现不错。然而，这个时候听小刘汇报，似乎不太合适。他沉吟了一会，给刘科长回了短信：

　　"德胜好，短信收到，明白。祝你顺利！王华。"

　　刘科长收到短信后，马上给王华副总经理发了第二条短信：

　　"谢谢王总！您的短信给了我莫大的鼓励！我将一如既往热爱并投入到工作中，希望能在以后的工作中得到您更多的指导和帮助！德胜。"

　　思考与讨论：作为领导，在管理工作中，难免会遇到下属各种各样的"请求"。此时，若不给予下属回复，可能会打击下属的工作积极性。但要回应的话，如何才能在不违背原则的前提下做到恰到好处？请谈谈你对刘科长和王华副总经理之间的"问""答"的看法。

9.3.2   下行沟通的障碍

自古以来，下行沟通就是管理者肩负的一项任务。但是千百年过去，管理者在沟通策略上仍然没有长足的进展。下行沟通失效，原因是多方面的，有管理者自身的原因、组织环境的原因、管理理念的原因等，主要表现在以下五个方面。

（1）管理理念落后。对组织中员工价值大小的判断以及对人性的不同假定，形成了关于"组织应如何管理员工"的各种不同的管理理念。从受雇人、经济人、社会人，到管理人、自我实现的人，理论界的管理理念从把人当成工具转变成注重人的需求。然而在当下，人力资源市场供过于求，公司仍然以利益最大化为目标，对人的关怀还停留在受雇人、经济人的管理理念当中。这也是下行沟通无法得到真正重视的根源。

（2）沟通心态不端。很多管理者只注重命令的传达与执行，将所获取的信息当成权力的象征，不轻易告知下属。下属也觉得只要完成分内的任务，其他事情则"事不关己，高高挂起"。长此以往，上下级之间会产生深深的隔阂，管理层与员工之间缺乏足够的信任，下行沟通受到严重阻碍。

（3）沟通技能欠缺。工作中时常有领导抱怨"真后悔当初没把话说清楚，你看这事办得又走样了"。下属心里也委屈"唉，到底要我做什么啊，领导的意思真是难以琢磨"。这委屈和抱怨其实反映了一个普遍现象——沟通双方由于缺乏相关的训练，存在理解和表达的差距，信息被曲解或误解了，沟通的效果就不尽如人意。

（4）组织架构复杂。很多公司组织架构复杂，层级众多，权责分配也不能做得面面俱到，甚至还可能出现多头管理、多头命令的冲突，因此在下行沟通的过程中，信息传递延误、失真、矛盾、错误等就是难以避免的事情了。

（5）信息传递失真。有研究表明，信息在下行沟通中运行，因为各种原因而被层层过滤，有些是因为理解偏颇，有些是因为故意忽略，有些则是因为以偏概全。信息的传递就像一个漏斗，层级越多，筛选掉的信息就越多，100%的原始信息，经过五层筛选以后，可能只剩下原始信息的20%了，如图9-1所示。

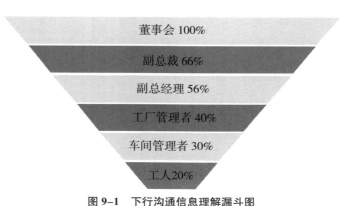

图9-1   下行沟通信息理解漏斗图

9.3.3 下行沟通的策略

1. 领导用心、用情是关键

因为下行沟通双方地位悬殊，由此产生的"位差效应"让员工往往处在弱势的地位。下行沟通的主导者是上级领导，要打破僵局，必须由领导者迈出第一步。作为一个好领导，须扪心自问：对于下级的需求，你愿意倾听吗？你认真倾听了吗？对于他们工作中出现的问题，你用心理解和分析了吗？你愿意放下架子，腾出时间去与他们促膝谈心、互动交流吗？要回答好这些问题，其实并非难事，关键是领导要学会用心与用情。

用心，就是要尊重每位员工。岗位没有卑贱之分，大家只是分工不同，各司其职。每个员工对组织来说都发挥着重要的作用。用情，就是要关爱每位员工。除了工作以外，员工还有学习、提升、归属等需求。帮助他们实现自我需求，是每位领导责无旁贷的义务。有效的下行沟通，能处理好上下级关系，有利于更好地开展工作，促进公司和个人的共同进步。

2. 五类沟通行为讲艺术

总的来说，与下级沟通可概括为以下五类基本的沟通行为。看似简单，要把它们做好并非易事，这是一门艺术。

（1）传达命令。传达命令是最为常见的领导行为。要把命令传达到位，领导首先要态度和蔼、语言礼貌，抛开居高临下的优越感，把下级当做并肩作战的伙伴。其次，要多征询下级的意见，下级有自己不同的视角，他了解得越多，就能帮你越多。最后，要在沟通的过程中，阐明任务的重要性，明确任务的评估标准。同时，语言须简练，表达准确，确保沟通过程没有误区，让下级充分了解任务的内容。

（2）总结发言。总结发言是领导必经的锻炼。一个好的总结发言，首先，要充分肯定员工所做的努力，尽量用事实和数据说话，少说空话。其次，要准确地指出问题，找出差距，能够真正提出对工作有益的建设性意见。最后，还要提出要求、给出指导，对下属提出具体的要求，增强员工的责任感和使命感。同时，还要与下属一起制订行动计划，指导下属扎实推进工作。

（3）表扬。表扬是领导激励员工的有效武器。神经科学家表示，大脑对赞美言辞的反应与对金钱奖励的反应相似。[①] 但要真正发挥作用，表扬首先要用诚挚的语言，发自内心的赞美，才能真正打动别人。其次，表扬必须及时，抓住恰当时机给予的认同和鼓励，效果更为显著。最后，表扬需要有具体的指向，切忌泛泛而谈，这样才能真正地让人信服。在某些情境下，表扬通过第三方转达，会有特别的效果。

---

① 周强. 一句简单的赞美，能够产生多大的影响？ [EB/OL].（2021–03–04）[2021–04–23]. https://mp.weixin.qq.com/s/hrBu0oeLbdzrcEq0_nJ13g.

【案例】善于表扬的领导

营销部的小张做事非常干练，工作效率很高。一天，王经理给小张下达了一个任务，第二天小张就做出了执行方案，而且可操作性很强，王经理非常满意，于是决定表扬小张一番。周一会议中，王经理在小张汇报完工作之后，对小张进行了公开的表扬。

"小张进步很大，入职一年多，工作效率和质量都有了明显的提高，上星期我交给他广州市天河区市场营销执行方案的任务，他第二天就返稿给我了，非常迅速。我看了一下，方案中对产品卖点和客户需求把握比较准确，操作性较强。这有利于我们营销工作的具体实施，我相信也能够带来良好的营销效果。从这事能看出来，小张有很强的客户意识，创造力不错，他的这种工作态度特别值得大家学习。"

小张听后感到非常开心，自己加班加点工作的成果得到了肯定，能让领导认识到自己的价值是一件值得骄傲的事情。

上述案例中王经理选择在周一的工作会议中公开表扬小张，时机场合恰当，有具体的表扬内容，能够起到较好的激励效果。

（4）批评。批评是领导促使员工进步的特殊武器。只有运用得当，才可能产生正面的效果。善于批评的领导，首先，要懂得控制情绪，把握分寸，再生气也不能失去理智，应适可而止。其次，学会先赞后弹，婉转表达，会让人更容易接纳批评，减少负面情绪。最后，以事实和数据说话，把可透露的消息全盘告知，让员工心服口服。同时，批评也要有度，选择合适的场合，留有余地，不能伤害他人的自尊心。开门表扬、闭门批评，让好事传千里、坏事不出门。

（5）拒绝。在日常工作过程中，难免会有下级提出不恰当的意见，此时，领导需要充分尊重别人提出的意见，少用"你错了""不对""不行"这类代表强硬否定的言语。先肯定员工建议中合理的部分，保护员工的积极性，再提出建议中的不足部分，用委婉的语言表达，如"你这个方案总体上还可以，然而我觉得，有一些内容无法实现"。

【案例】老板的拒绝

下午下班后，一家工厂由于需要交货，工人们在事先被通知的情况下集体加班，女职员小平突然给老板打电话，要求请假两小时回家验收家具，因为她在家具店买了一批新家具，而这些家具今天下午送到她家，必须开门验收。面对这种情况，有经验的老板马上想到，如果不理会她的感受，断然拒绝她不合时宜的要求，就会令她很伤心。但是如果勉强接受她的要求，她的岗位就会出现空缺，整个流水线的运转就要受到影响，今天的订单任务就无法完成了。

老板快速地权衡利弊之后，没有答应她请假的要求。但老板并不是生硬地拒绝她的要求，而是以商量的口吻，向其解释不给假的原因。老板对她说："你的家具如果运到而无人在家开门验收，确实是一件很令人担心的事，我也很愿意准假让你回家。但今天咱们厂就要交货，时间紧、任务重，请你多理解。你给家具店打个电话，请他们明天下午再送过来。今天你帮助厂里完成了生产任务，明天你可以提前一些时间回去处理家事。你看这样可以吗？"

小平虽然觉得这样费些周折，但觉得老板说得也很在理，就同意了老板的意见。

上述案例中，老板拒绝的话语温和，先复述员工遇到的实际情况，换位思考并表明理解和同情，之后表明公司难处，并给出合理的处理方案，这样的"拒绝"让员工更容易接受。

3. 保障下行沟通有方法

要确保领导关注基层，与下属建立良好的沟通机制和渠道，需要做好以下五个方面的工作。

（1）建章立制。建立信息传递机制，包括例会、文件传阅、信息公开等制度，规范下行沟通的管理，确保下行沟通的频率、质量和效果。

（2）重视情绪。重视情绪，包括管理层自己的情绪和员工的情绪。因为情绪对沟通的影响至关重要，人的情绪状态会影响到信息的传送、接收和理解的方式。感知到了对方的情绪信号，就应该运用同理心，尝试换位思考，以此加深理解，消除误会。

（3）合理授权。用人不疑，疑人不用。管理层的充分授权，对员工来说是极大的鼓舞，能够增加其主观能动性，以主人翁的心态去对待每一项工作。

（4）适时反馈。适时给下属反馈的机会，帮助他们认识自己的长处和不足，让他们更清楚自己改进和提升的方向，无形之中也可提高沟通的成效。

（5）定期会面。管理者与下属进行定期的私人面谈，适度地公开自己的私人生活，会拉近与下属的距离，下属会感到上司的信任与关爱，进而工作绩效会有明显提高。

9.4　平行沟通

9.4.1　平行沟通概述

平行沟通是指沿组织横向进行信息传递的过程，即同一等级的群体间的沟通。既可以指同一层次的不同部门之间的沟通，也可以指同一部门内部不同成员之间的沟通。平行沟通的内容主要有工作分工、工作进度报告、工作协调和工作反馈等，其形式主要有口头交谈、公务信函、备忘录、会议纪要和工作日志等。不同类型的横向沟通对应的沟通形式不同，如部门之间的沟通常会使用比较正式的会谈、信函、备忘录，而部门内部成员之间的沟通更多地使用口头交谈、工作日志等形式。

在组织中，平行沟通的目的主要有四个：①共建组织愿景。组织愿景的实现，不是单靠一个人或一个部门就可以实现，而是群策群力的结果。因此，通过平行沟通，把组织愿景深入到人心与工作中，统一思想与行动，最后才可能实现共同的追求。②共享组织资源。组织所获得的信息、资源、优势，是全体员工共同努力的结果。因此，组织资源不能被某些优势部门和个人独享，而是应该通过平行沟通，实现资源整合与共享。③增强部门合作。部门合作其实是双赢的，既能使资源最大化，也能分担彼此的压力。在组织内部构建一个广泛的信任联盟，对于日趋扁平化的组织架构来说，是成功的关键。④减少部门间的摩擦。虽然上下行沟通是最常用的沟通类型，但是平行沟通却是最重要且最难的沟通类型。研究表明，最影响工作效率的是部门之间的推诿和员工之间的矛盾。摩擦是公司无法避免的困境，管理者能做的，就是努力把发生摩擦的概率降低，让平行沟通成为组织冲突的调和剂、组织运转的润滑剂、组织和谐的催化剂。

平行沟通有助于部门之间、员工之间的任务协调、信息共享和冲突化解起到润滑作用。但是平行沟通必须是有组织的，并且按照组织规定、工作流程、沟通制度进行，否则会造成工作混乱、权责不明，甚至影响内部团结。

【课堂讨论】三江摩托车有限公司的平行沟通困惑

三江摩托车有限公司的销售部所有员工最近愁眉不展，因为近期与其他部门沟通的不畅，已经严重影响了员工的士气，损害了公司的利益。

事件一：销售员江枫向储运部门负责人刘勇申请调一批某型号的摩托车到江苏市场销售，刘勇查阅库存表后发现存货不足，只有江枫要求数量的1/3，于是他到生产线了解近期排产情况。刘勇发现，该型号的产品在20天前已经安排生产，但现在仍未下线，追问生产主任原因，生产主任说是质检不合格，无法下线，让他去问质检。然而，质检主任说是启动开关的电子元件有问题，让他去问配套部。刘勇问配套部，配套部却说电路部分没问题，只是开关按钮有小瑕疵，不影响使用，可以下线。一圈下来刘勇也不知道该产品何时下线，于是给业务员江枫打电话，说货物不足，何时齐货确定不了，让业务员自己找生产部门或者想办法拖着客户。

事件二：片区销售经理赵海曾经在技术部门从事过产品设计工作，所以在与客户的洽谈过程中，他比较注意听取客户对产品提出的改进意见。一次在与一个销量较大的经销商洽谈时，经销商提出对某一型号的摩托车增加一个超车闪光开关，赵海觉得技术上不是问题，于是当场答应，并与客户签订了5000辆该改进型车的销售合同。但客户要求三天内拿出改进型车的技术资料和样板，于是赵海立刻赶回公司，找到技术部门要求协助此事。他再三叮嘱道："这是个大单，很急，三天后就要交样板，你们快点，要不耽误了事情就不好办了。"谁知三天后，当赵海到技术部门取资料和样板时，却被告之，这两天工作太多，还没时间处理他的事情。赵文和技术部门的同事大吵一顿后，只能回头向客户再三赔礼道歉，但客户却以他不守信用为由终止了合作。

思考与讨论：如果你是三江摩托车有限公司的销售部经理，应该采取怎样的措施解决目前平行沟通中存在的问题？

9.4.2　平行沟通的障碍

从理论上讲，平行沟通的沟通主客体不存在等级差异，在组织中的地位是平等的，这样的沟通应该是比较容易推进的。但是回归现实，某些部门、某些人因其所负责的事务而占据特定的优势，因此埋下了不平等的种子，再加上一些人为的错误观念，有效平衡措施的缺乏，最终会导致平行沟通无法进行的局面。造成平行沟通障碍的主要原因有以下四点。

（1）本位主义。很多情况下，一些部门或员工思想狭隘，认为没必要了解其他部门发生的事情，为了达到自己的目标或维持自己的利益，只强调本部门的业绩，而无视其他部门乃至整个组织的利益，擅自行事、各自为政。例如，上述案例中的事件二，技术部门缺乏大局观念，只顾忙自己工作，没有把销售部的要求放在重要的位置，最后导致公司的利益受损。

（2）自我标榜。有些部门或员工只站在自身的角度认识问题，只看到了自身的价值及其重要性，而忽视其他部门或员工对公司的贡献。这种认为组织部门或岗位有贵贱之分的成见，必然影响平行沟通的正常进行。

（3）职责交叉。分工与合作是管理的基础。有些公司没有明确分工，并且某些特定的任务也难以拆解分配，这就容易导致部门、员工之间权限不明、责任不清、反馈不畅，结果是各部门遇到利益就大包大揽，出了问题后就互相推诿，内部难以形成有机的整体。

（4）资源争夺。员工、部门之间为获得工作资源、优势职位和领导认可而产生竞争和冲突，也会造成平行沟通的失效。有些员工或者部门会采取一些非常规的方法，使自身保持独有的竞争力、影响力，如不愿分享自己的工作经验，使用专门的技术防止他人获取信息，甚至制造障碍阻挠他人实现目标等。

9.4.3　平行沟通的策略

平行沟通的信息流因受同级之间的权力斗争等障碍的影响，会导致信息流动的动力严重不足。因此要疏通平行沟通，使之能够真正发挥应有的作用，应该从组织层面和个人层面分别提出策略。

1. 平行沟通的组织策略

组织层面主要考虑的是如何打破和消除部门、员工之间的沟通壁垒和障碍，理顺工作流程，促进分工合作。

（1）树立"内部客户"理念。传统经营理念中，"客户"只是一个狭隘的概念，它仅仅是指"外部客户"。现代公司管理理念开始注重"内部客户"——公司的每一个员工。在公司内部，下一道工序是上一道工序的"客户"。基层员工是基层管理人员的客户，基层管理人员是中层管理人员的客户，中层管理人员是高层管理人员的客户，这就形成一条"内部客户关系链"。现代的客户观是以外部客户满意为标准，促使内部客户（员工）积极参与，努力工作，从各方面提高工作质量，促进整体素质的提高。有满意的员工，才有满意的产品和服务。有满意的产品和服务，才有满意的客户。有满意的客户，才有满意的效益。有满意的效益，就能拥有更满意的员工。

（2）完善职责划分。随着公司业务的不断发展、专业的不断细分，组织部门的职责容易出现交叉、重叠。因此，定期对公司部门的职责进行重新的审查，甚至在必要时调整组织架构，有助于改善平行部门的沟通与合作。同时需要制定员工的岗位工作说明书，务必使每位员工明确自身的工作内容，了解与他人的工作关系，促进高效、及时的沟通与合作。

（3）建立横向协调部门。实际工作中总会存在某些工作无法清晰地划分权责，在开展某些重大项目时会涉及多个部门，这容易造成效率低下的后果，因此，为了推动项目的实施，避免互相推诿，很多公司会建立横向协调部门，承担召集和协调部门的沟通工作。横向协调部门负责定期召开促进部门工作的会议，或要求各部门的人员定期提交报告，从而让不同部门的成员了解各自正在进行的活动，并鼓励员工提出具有建设性的意见，及时解决存在的沟通难题。

2. 平行沟通的个人策略

个人层面主要考虑的是如何提升员工的沟通技巧，建立良好的人际关系，增进团结，凝聚人心，使沟通达到事半功倍的效果。

（1）打造宽广胸怀是关键。在上行、下行、平行沟通三种沟通中，平行沟通因其缺少制衡手段而显得最为困难，"三个和尚没水喝"的闹剧常常在不同的公司上演，让高层领导头疼不堪。解决平行沟通障碍，关键是要打造宽广的胸怀。

①要与人为善，提升境界。在工作、生活中难免会碰到自己不喜欢的人，难免与他人发生冲突。带着怨恨和不满工作，带着心理重负前行，实际上对己对他人都是一种困扰。如果始终坚持与人为善，心存感恩，宽以待人，反而能够感动和感化更多的人，打开另一片天空。

②要坦荡大度，不计小节。人都有自私的一面，趋利避害、患得患失是人常

见的心理。这种心理的存在往往是自寻烦恼和制造烦恼的根源。一个有胸怀和高境界的人，应该在适当的时候学会取舍，不要让细枝末节影响判断力和执行力。

③要学会总结，完善自我。有性格缺陷的人大多无宽广的胸怀：要么多疑、要么偏执、要么轻信、要么极端，看自己完美无缺，瞧别人满身毛病。每个人都会有缺点或不足，关键要看自己是否善于吸取教训和总结经验，能否不断地完善自我，只有这样，才能做一个有胸怀的人。

（2）沟通态度技巧最重要。平级部门间常常责权交叉、分工不明，如果只靠由上而下地推动沟通，效率是非常低下的。此时，平行沟通的主客体双方的沟通态度和技巧尤为重要。

①主动、体谅、谦让。平行沟通更注重日常合作关系、联络人脉的积累。要主动开展平行沟通，不要消极被动地等待到必须沟通的那一刻。在沟通的过程中，保持谦让的态度，对待其他部门的业绩提升保持平常心，不嫉妒。对于其他部门的工作多换位思考，体谅他人，运用同理心，站在对方的角度考虑解决问题的方法。

②关心、帮助、支持。树立团结协作的团队精神和理念。关心其他部门和其他同事的需求，当其他部门或同事遇到困难时，要想方设法地为他们排忧解难，竭尽全力地为他们提供支持和帮助。只有这样，当自身陷入困境的时候，才会得到其他部门同事的支援和帮助。

③肯定、赞美、鼓励。肯定其他部门和同事为组织所做的贡献，多用赞美的语言鼓励对方再接再厉，改善与下属的关系。在表达不同意见的时候，应该采取委婉的方式，用建议代替直言，用提问代替批评。只有在双方关系融洽、开诚布公的情境下进行的对话，才可能达到沟通原有的目的。

④双赢、互惠、服务。平行沟通不是简单的单选题，而是应该基于双方利益，寻找共赢的平衡。只有真正互惠互利的方案，才可能促使双方积极地推动和落实。沟通双方应该本着"内部客户"的理念，为对方做好服务。在平行沟通的过程中，作出对双方都有利的分析，选择双赢方案，吸引其他部门支持自己的提议。

⑤微笑、有礼、尊重。俗话说，礼多人不怪。微笑是沟通的调和剂，可以有效化解矛盾和冲突。尊重是沟通应有的准则。沟通双方只有在地位对等的情况下，才可能平心静气地交流。在沟通的过程中，要充分地理解对方的立场，理解对方所说的话，并认真对待和重视，不要做出无视对方存在的言行举止。

3. 不同情境下的平行沟通策略

（1）与工作伙伴的平行沟通策略。除了亲人之外，最经常见到的大概就是同事了。一般而言，同事和你仅限于工作上的合作关系，当然，也可能成为朋友。我们在处理与工作伙伴的关系时，有以下方面值得注意：①充分尊重你的同事。不论你对你的同事多么得喜欢或者讨厌，在跟他们交谈的时候，你都要尊重和体谅对方，每个人都有自己的优点和缺点，做到体谅和尊重能够降低自己的沟通成本，提高沟通效率。②秉持互帮互助的心态。同事是自己需要协同工作的人，当同事陷入困难时，需要秉持互帮互助的心态，帮助他渡过难关。③少贬谪，多赞美。不论是同事穿了一件漂亮的衬衫，还是某部分工作干得出色，你都可以赞美他。不要吝于赞美你的同事，因为赞美是最直接、最有效的使其对你产生好感的方式之一。

（2）与竞争对手的平行沟通技巧。在职场中，面临竞争对手在所难免，很可能自己的竞争对手就是同事。大家都是公司团队的一员，自然避免不了彼此沟通。与竞争对手或潜在竞争对手进行沟通时，应该注意：①避免与竞争对手正面冲突，应以委婉的、不卑不亢的态度化解与对手的冲突，这既能够展现自己处理突发事件和应对冲突的能力，又能够避免与竞争对手在对抗过程中暴露自己的缺点和弱点。②和竞争对手沟通要谨慎，切勿过于放松而暴露自身劣势，注重保留私人的、重要的信息。

（3）请求帮助时的沟通技巧。同等级同事之间没有上下级关系，不存在任务分配，较常存在互相请求帮忙的情况。在请求同事帮忙时，首先，可以阐明自己寻求帮忙的原因，稍微放低姿态，同时，可赞扬同事的能力，表明他能够胜任这份工作，如"你做事谨慎仔细，资料整理肯定难不倒你"。其次，灵活运用"闭门羹"后效，在提出自己真实的任务之前，可以尝试先提出一个最理想的目标，被拒绝后再提出最实际的目标，其愿意提供帮助的可能性往往会更高。

【本章小结】

1. 组织内部沟通的涵义：在特定的组织架构下，信息、思想、情感等要素按照一定的规则和方向相互交流的过程。

2. 组织内部沟通的特点：目标性、方向性和正式性。

3. 组织内部沟通的重要作用：增加信息透明度，提高工作效率；提升员工满意度，塑造公司文化；增强集体凝聚力，统一组织行动。

4. 组织内部沟通的类型：上行沟通、下行沟通和平行沟通。

5. 上行沟通的主要目的：让管理层掌握公司的运营状况以及员工的工作状态；让员工拥有参与管理、建言献策的机会，增强员工的归属感和满意度；营造民主和谐的公司文化，孕育开放包容的创新能力。

6. 上行沟通的障碍：等级观念陈旧、高层领导集权、信息传播失真、公司文化封闭和沟通机制缺失。

7. 上行沟通的组织策略：建立信任，投入感情；完善机制，拓宽渠道；营造环境，和谐氛围；走动管理，深入基层。

8. 上行沟通的个人策略：塑造超常胆识是关键、面对上级领导有态度、把握沟通过程讲原则、越级沟通需谨慎、建言献策有技巧、向上汇报按要求。

9. 下行沟通的主要目的：传达上级指示、进行工作指导、传播组织文化、反馈工作绩效、阐明组织目标。

10. 下行沟通的障碍：管理理念落后、沟通心态不端、沟通技能欠缺、组织架构复杂和信息传递失真。

11. 下行沟通的方法：建章立制、重视情绪、合理授权、适时反馈和定期会面。

12. 下行沟通的策略：领导用心用情是关键、五类沟通行为讲艺术和保障下行沟通有方法。

13. 平行沟通的主要目的：共建组织愿景、共享公司资源、增强部门合作和减少部门摩擦。

14. 平行沟通的障碍：本位主义、自我标榜、职责交叉和资源争夺。

15. 平行沟通的组织策略：树立"内部客户"理念、完善部门职责划分和建立横向协调部门。

16. 平行沟通的个人策略：打造宽广胸怀是关键、沟通态度技巧最重要。

17. 平行沟通的沟通态度技巧：主动、体谅、谦让；关心、帮助、支持；肯定、赞美、鼓励；双赢、互惠、服务；微笑、有礼、尊重。

【问题讨论】

1. 现实中常常存在双头领导问题，往往这两个领导还喜欢相互争斗。当 A 领导和 B 领导同时要求你紧急完成 a 任务和 b 任务，而你自己也有常规工作任务需要完成时，你应该如何与两位领导沟通才能不得罪其中的任何一方？

2. 组织中，能力强的员工通常会得到领导的赏识与信任，往往会被工作"累死"。面对领导布置的超额任务，应该如何与领导、同事沟通，让"清闲"的同事分担一些任务？

3. 现实中，现有的工作惯例往往是领导制定的，当你发现其中存在问题，并且你有较好的改进建议时，应该如何巧妙地向领导提出建言？

4. 作为权力的拥有者和资源的分配者，领导与下属进行沟通为何还需要讲艺术？

【案例分析】如何应对公司内部的派系之争

三年前，陈浩带领自己的团队跳槽到新里程公司，担任副总裁一职。初来乍到的他雄心勃勃，准备一展身手，大干一场。他希望帮助公司打败竞争对手，成为行业的"领头羊"。

新里程公司是一个机械零配件制造公司，主要生产磁瓦、轴承和驱动轴等。陈浩进入公司后才发现，公司另外一位副总裁宋文斌掌握了公司的两项主要业务——磁瓦与轴承，分配给自己的虽然有四项业务，但暂时还不具备竞争力。

宋文斌是公司总裁宋奇的亲戚，在公司中地位稳固，深得总裁的信任。自从陈浩带领团队来到后，公司自然而然就形成了两大派系：一派以宋文斌为首，另一派以陈浩为首。两个派系的员工，表面上和平相处，暗地里都在较劲。

年初，在陈浩的努力下，公司新成立了芯片产品部，由陈浩负责。芯片是公司非常看重的新业务，陈浩深知自己责任重大。

5月份，芯片正式进入市场，销售情况一直良好。在这种情况下，公司认为芯片的市场潜力很大，于是推出了第二代产品。但是，第二代产品的销售量并没有预料中得好，原因是客户在使用第二代产品时，发现质量有些小问题。

因为技术部是由宋文斌负责，陈浩找到宋文斌，希望他们能尽快解决这些问题。宋文斌认为，影响销售量的并不是质量问题，而是产品部的销售工作没有做到家，质量问题只是其为销量下滑找的借口。第二代产品已经比第一代产品要先进很多，这些小问题并不会对产品的使用产生很大的影响，而且客户可以接受第一代产品，为什么不接受改良后的第二代产品呢？再说，改进技术并非易事，技术部还要研发其他新产品，哪里有多余的人员和时间专门做这件事情？

宋文斌答应陈浩会尽快改进技术方案。但陈浩走后，宋文斌命令技术部主管，要求他们以新产品的研发为主，有时间才去改进芯片的质量问题。于是，技术部主管没有把芯片的改进作为紧急事情来处理。

陈浩一直催促技术部尽快解决问题，但得到的答复却是"技术部最近正在研发新产品，非常忙，芯片改进还需要一段时间"。

两个月后，客户对芯片质量的投诉越来越多，销售量继续下滑。无奈之下，陈浩向总裁宋奇反映了这个情况。宋奇当即要求技术部立刻解决这个问题。一周后，新的技术方案出来了，产品质量稳定了很多。但是此时客户已对第二代产品失去了信心，即使陈浩使出浑身解数，做了很多促销活动，也一直不见成效。

宋奇原本对芯片产品寄予了很大的期望，现在因为两个派系竞争，新业务一蹶不振。宋文斌和陈浩，都是公司的主力干将。两虎相争，不论谁胜谁负，最后的输家都是公司。

改编自：如何应对公司内部的派系之争？[J]. 管理人，2010（Z1）：148-149.

思考讨论题：

1. 你怎样看待公司内部的派系之争？其产生原因主要有哪些？
2. 公司总裁怎么做才能避免派系之争、促进部门之间的良好合作？
3. 如果你是陈浩，又应该怎样处理这样的事件呢？

第10章 商务谈判沟通

谈判在思想上要讲哲学，在理论上要讲科学，在操作上要讲艺术。

——张振刚　李云健

【学习目标】

➤ 了解商务谈判的涵义及构成要素。

➤ 熟悉商务谈判过程各个阶段的任务。

➤ 掌握商务谈判的基本礼仪。

➤ 掌握商务谈判的技巧，可以在不同的情形下和基于不同的谈判对象选择合适的技巧。

【导引故事】丁苯橡胶价格谈判

中方某公司向韩国某公司出口丁苯橡胶已一年，第二年中方又向韩方报价，以继续供货。中方公司根据国际市场行情，主动将价格从前一年的每吨1200美元下调至每吨1080美元，韩方认为可以接受，建议中方到韩国签约。

中方人员一行两人到首尔韩方公司总部，双方谈了不到20分钟，韩方公司人员却说："贵方价格仍太高，建议贵方看看韩国市场的价，三天以后再谈。"

中方人员回到饭店后感到被戏弄，但人已到首尔，谈判必须进行。于是，中方人员就去调研韩国市场的价格情况。通过有关协会收到韩国海关丁苯橡胶进口统计数据，中方人员发现，在数量上，韩国从哥伦比亚、比利时、南非等国进口丁苯橡胶的量较大，虽然从中国进口的量少于这几国，但中方该公司是中国出口量中占比最大的公司。在价格上，南非是其他国家中报价最低的，但仍高于中国的产品价。同时，韩国市场的丁苯橡胶批发和零售价均高出中方公司现报价30%～40%，这意味着，中方公司给出的价格是目前世界市场最低的。

这一结果显然对韩方人员的降价要求不利，那为什么韩方公司人员还这么说？中方人员分析，对手以为中方人员既然来了首尔，肯定急于拿到合同回国，可以借此机会再压中方一手。那么韩方会不会为不急于订货而找理由呢？中方人员分析，若不急于订货，为什么邀请中方人员来首尔？再说韩方人员过去与中方人员打过交道，签订过合同，且执行顺利，对中方工作也很满意，这些人会突然变得不信任中方人员了吗？从态度上来看不像，因为他们来机场接中方人员且晚上一起喝酒，气氛良好。

基于上述分析后，经过商量，中方人员决定改变谈判的方式。首先，态度应强硬（因为来前对方已表示同意中方报价），不怕空手而归。其次，价格条件还要涨回市场水平（即 1200 美元 / 吨左右）。最后，不必用三天，仅一天半就将新的价格条件通知韩方。

在一天半后的中午，中方人员电话告知韩方人员："调查已结束，调研的结果是我方来首尔前的报价低了，应涨回去年成交的价位，但为了老朋友的交情，可以下调 20 美元，而不再是 1200 美元。请贵方尽快研究，有结果通知我们。若我们不在饭店，则请留言。"

韩方人员接到电话后一个小时，即回电话约中方人员到其公司会谈。韩方认为：中方不应把过去的价再往上调。中方认为：这是韩方给的权利，我们按韩方要求进行了市场调查，得到的结果是应该涨价。韩方希望中方多少降些价，中方认为原报价已降到底。经过几个回合的讨论，双方同意按中方来首尔前的报价成交。这样，中方成功地使韩方放弃了压价的要求，按计划拿回了合同。

在商务交流中，谈判是最为常见的沟通交流，案例中的中方人员经过详细的调查，掌握了谈判的主动权，从而达到了自己的目的。

改编自：吴湘频. 商务谈判 [M]. 北京：北京大学出版社，2014.

导引故事中，中方公司从一开始处于被动地位到掌握主动权再到达成目的，离不开对谈判技巧的熟练使用。谈判是人类交往行为中一种非常广泛和普遍的社会现象。古今中外，大到国与国之间的政治、经济、军事、外交、科技、文化的相互往来，小到公司之间、公司与个人之间、个人与个人之间的联系与合作，都离不开谈判。在诸多领域的谈判中，商务谈判在公司经营管理活动中起着越来越重要的作用。在谈判的过程中，我们应找出己方和对方的优势和劣势，制订详细的计划，并不断增强自己的谈判技巧，进而提高谈判成功的可能性。

10.1　商务谈判概述

10.1.1　商务谈判的涵义

英国谈判学家马什（1972）指出，谈判是有关各方为了自身的目的，在一项涉及各方利益的事务中进行磋商，并通过调整各自提出的条件，最终达成一项各方较为满意的协议的一个不断协调的过程。商务是指一切有形与无形资产的交换或买卖事宜。所以，商务谈判是指一切在有形或无形产品的交换活动中，有关各方为了促成买卖成交或是解决买卖双方之间的争议或争端，通过调整各自提出的条件，最终达成一项各方较为满意协议的过程。

商务谈判具有以下特点：①商务谈判以经济利益为目的，一般都是以利益分配作为谈判的核心。②商务谈判是一个各方通过不断调整自身的需要和利益而相互接近，争取最终达成一致意见的过程。③商务谈判的结果是各方围绕目的，依靠实力和谈判技巧进行博弈的过程。

10.1.2　商务谈判的要素

商务谈判的基本要素是指构成商务谈判活动的必要因素。任何一次商务谈判都必须具备三个要素：谈判的主体、谈判的议题和谈判的目标，缺一不可。

（1）谈判的主体。谈判的主体是指参与谈判的当事人。谈判总是在人的参与下进行的，而实际参加谈判的人并不一定是承担谈判后果的实体（还有可能是自然人或组织）。因而可将谈判的主体分为行为主体和关系主体，其中，行为主体是指实际参与谈判的人，关系主体是指有权参加谈判并承担谈判后果的自然人、社会组织及其他能够在谈判或履约中享有权利、承担义务的各种实体。需要指出的是，行为主体只有正确反映关系主体的意志，并在关系主体授权范围内所履行的谈判活动才是有效的。否则，谈判关系主体可以不承担谈判后果。

谈判的主体要素有三个方面需要重点了解，包括谈判风格、谈判优势以及对方问题。

①谈判风格。所有的谈判都是从人开始的，能够坦率地评估自己作为一个沟通者的优势和劣势是成功的第一步。因此，影响谈判质量的第一个基本要素就是谈判者偏好的谈判风格，即行为主体在谈判时采用的最有信心地与他人沟通的方式。谈判风格可以归结为两个基本的类型：竞争型和合作型。竞争型谈判者无所畏惧，要求很高，几乎不会让步，对自己的立场坚持到底，倾向于使己方利益与对方利益之间的差额最大化；合作型谈判者态度温和，可以为双方一致目标的达成而作出一定的让步和牺牲，更倾向于找到双赢的选择，进而获取更大的共同利益。

【课堂互动】看看你属于哪种谈判风格？

假设在一个房间里，你和 9 个陌生人坐在会议室的一张大圆桌前，大家彼此都不认识。这时候，一个人走进房间，并且说了这样的话："如果谁能够首先说服坐在自己对面的人，让他站起来，绕过桌子，并且站在你的椅子后面，那么我将给成功说服对方的人 1000 元的奖励。奖励只提供给前两名说服对方的人。"

你是桌上的 10 个人之一，你也可以看到坐在你对面的人，而且那个人也正瞧着你。两个人中谁能够首先说服坐在对面的人站起来，绕过桌子，并且站在你的椅子后面，那么谁就可以拿到 1000 元的奖励。

你最自然的选择是哪一种？

1. 你把这个游戏当个玩笑，不参与。

2. 你站起来走到对方后面，对方可能平分也可能独占奖金。

3. 对方站起来走到你后面，你与他平分奖金。

4. 对方站起来走到你后面，你拒绝平分奖金。

5. 你边跑边喊："我们都到对方的椅子后面去，这样就可以每人得到 1000 元。"

选择 1：回避策略。选择 2：迁就策略。选择 3：妥协策略。选择 4：竞争策略。选择 5：协作策略。其中，回避策略是一种消极策略，协作策略是一种很难执行的策略，都不常出现。选择妥协策略和迁就策略的一般属于合作风格，选择竞争策略的一般属于竞争风格。

改编自：G. 理查德·谢尔（G. Richard Shell）. 沃顿商学院最实用的谈判课（原书第二版）[M]. 北京：机械工业出版社，2020.

②谈判优势。谈判优势是指谈判者掌握的筹码，包括以拥有满足对方需求的相对能力为基础的优势（积极优势）、以夺去对方目前持有物品的相对能力为基础的优势（消极优势）和以一致性原则的运用为基础的优势（原则优势）。比如，为对方提供他需要的东西，这就是一种积极优势。

谈判者还可以通过多种途径增加优势。例如，找到谈判桌之外好的替代方案来达到目标，控制对方所需资源，组建联盟，以对方的声誉或财政为筹码作为谈判破裂的代价，向对方表明自己有能力使其现状严重恶化等。

③对方问题。高效谈判要求谈判者具备从对方的角度看待问题的能力。学会反问自己，什么样的立场才能符合对方的利益，以便有助于谈判者实现自己的目标。尤其在遇到对方说"不"的时候，要找出为什么对方会说"不"，确定可能干扰协议达成的问题。谈判者可以参考以下四个步骤，达成双方利益的"最大公约数"。

a. 确定决策者。

b. 确定可能干扰协议达成的利益：为什么对方会说"不"？

c. 寻找共同立场：为何能实现你目标的一项建议，对于对方来说也是一个好的选择方案？

d. 寻找既能够解决对方问题，同时也能够实现己方目标的低成本方案。

（2）谈判的议题。谈判的议题就是谈判的内容。①谈判议题要符合关联性。谈判的议题或内容不是凭空拟定的，也不是谈判参与者单方面的意愿，它必须是当事人共同关心的、与各方利益者有某种程度联系的提案、观点或事物，如价格、付款方式、相关的资质认证、商品规格、商品数量和运输方式等。②谈判议题应满足现实性。在一定的社会环境中，谈判事项受诸多法律、政策、道德等内容的制约。因此，谈判的议题必须符合有关规定。

（3）谈判的目标。参与谈判的各方都必须通过与对方打交道，从而使对方采取行动或作出承诺的方式来达到目的。如果只有谈判的主体和议题，而没有谈判目标，则我们将这种不完整的谈判称之为闲谈。换句话说，商务谈判的存在以谈判各方均希望达成某个最终协议为目的。如果谈判者不知道自己要实现的目标是什么，就不知道何时应该说"行"，何时说"不行"。这就意味着谈判者必须设定一个具体的、恰当的谈判目标。

谈判者可以根据双方掌握的资源条件、谈判筹码，自身和利益相关者的物质、精神追求等方面确定谈判目标。谈判目标一般包括最高目标、中间目标和最低目标。最高目标是需要付出较大努力才可能实现的目标，通常它会超出人们过去的成就范围。中间目标是指虽未达到最好的预期，但谈判者还是比较满意的结果。最低目标是谈判者能够且理应实现的结果，是经过深思熟虑之后才划定的"底线"。

最高目标和最低目标的区别主要在于谈判者的态度：谈判者设定最高目标以使自己的行动有方向，但是如果没有实现最高目标，并不会过分惊讶或失望，而如果没能达到最低目标，就会感到非常失望。谈判中的最高目标通常决定了最后获得的结果。首先，最高目标设定了谈判者要求结果的上限。其次，设定最高目标能够促使人们集中注意力并激发心理能量，触发"努力争取"的行为。与随便提出某个要求或者仅仅是对他人的提议作出简单反应的情形相比，当谈判者坚定信念要实现某个目标时，其话语将更具目的性与感染力。这种现象有时也被称为"目标效应"。

10.2　商务谈判过程

完整的商务谈判主要由谈判前的准备活动、谈判中的正式活动以及谈判后的协议签订三个部分组成。谈判中的正式活动部分可划分为开局阶段（进一步细分为导入和摸底）和磋商阶段（进一步细分为报价、交锋和让步），如图 10-1 所示。

10.2.1　准备阶段

古语有云"凡事预则立，不预则废"，兵法书上也说"不打无准备之仗"，商务谈判也是如此，谈判前的准备，事关整个谈判的成败。准备阶段的工作主要包括调查背景资料、组建谈判班子、制定谈判方案、布置谈判现场和模拟谈判等。

（1）调查背景资料。调查背景资料是指在主体、议题和目标等谈判要素确定

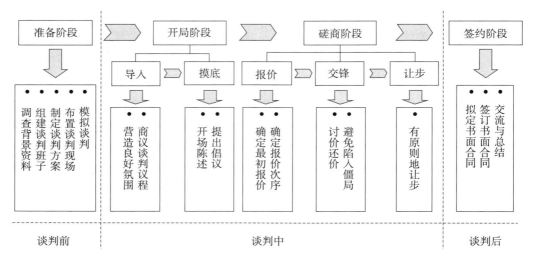

图 10-1　商务谈判的阶段

的基础上，坚持"知己知彼，百战百胜"的原则，全面充分地了解对方的情况。目的在于通过信息的收集和分析，准确把握宏观环境（政治状况、技术环境、宗教信仰、法律制度、商业习惯、社会习俗和财政金融等）、谈判对手的情况（公司信息，如合法资格、资信情况，参加谈判人员信息，如谈判时限与权限、实际需求、谈判风格和策略；行业信息，如市场状况、竞争情况等）以及公司自身的条件（自我需要、行业能力、经济能力、技术能力和物资供应能力等）。

（2）组建谈判班子。在谈判人员的素质要求和谈判小组的规模要求的基础上，配备人员并做好人员的分工协作安排。谈判小组的人员安排必须遵循知识互补、性格互补、分工明确的原则：①由不同知识背景的人组成，如商务人员、技术人员、财务人员、法律人员和翻译人员等。②分好"红脸""白脸"，商务谈判中的任何一方的任意一位代表不应以同一个声调说话，一般由主要决策者唱"红脸"，谈判助理唱"白脸"。③每个谈判小组必须区分主谈和辅谈，己方的一切重要观点和意见都应由主谈表达，辅谈主要是配合主谈起到参谋和支持作用。

（3）制定谈判方案。该工作要求明确谈判的三大目标、谈判策略以及制定合理、实用、灵活的谈判方案，坚持"战略上藐视敌人，战术上重视敌人"的原则。商务谈判前应确定战略意图和战术措施（具体的谈判策略和方案），商务谈判者的上级应有明确的战略意图，在给商务谈判者下达指令时，必须讲清战略意图，以便在商务谈判者遇到特殊情况时，能根据战略意图修改战术措施，制定新的谈判对策。一般来说，上级主管部门不能过多地干涉商务谈判人员制定战术措施的行为。

（4）布置谈判现场。布置谈判现场需要确定商务谈判的地点、桌子、座位和其他环境因素。谈判的地点选择是有讲究的，在外交谈判中更是如此。一般分为"本方地""对方地""中立地"三种。在"本地方"谈判占"地利"，可以作出许多对本方有利的安排，而且可以以逸待劳。所以重大的谈判，尤其是重大的国际谈判，往往选择第三方——"中立地"进行。

此外，谈判的组织者应当根据谈判的性质、规模和参与者的具体情况来确定是选择"圆桌会议""方桌会议"还是"长桌会议"。谈判桌一旦选定，就应进行座位安排。在传统的商务谈判中，谈判双方各据一方，面对面坐着。双方的主谈居中，其他成员围绕着主谈而坐。这样的安排虽有利于谈判双方的信息交流以及团队内部士气的提升，但无形中增加了双方的对立感。现在的商务谈判越来越强调双方友好合作的气氛，所以在商务谈判的座位安排上应注意避免人为地制造对抗。如在经济合作、文化交流等商务谈判中，流行"任意就坐"的排位方法，这种方法虽没有刻意进行座位安排，却往往能达到一种"无心插柳柳成荫"的效果，特别有利于商务谈判双方达成协议。下述案例中，小宋在参与劳资纠纷谈判时，就因为机智就坐而促使谈判取得了圆满的成功。

🔍【案例】劳资纠纷谈判

小宋有一次被请去参加买卖纠纷的商务谈判。作为卖方代表，小宋被介绍过后，消费者协会谈判代表请小宋坐在他们的对面。但是，小宋却与消费者协会代表同坐一边。消费者协会代表们都以奇怪的眼光看着小宋，示意他坐错了位置，可是小宋假装没有看见，就是不动。

谈判开始后不久，这些消费者协会代表就忘记了小宋是何许人也，忘了他是卖方的谈判代表。他们仔细地倾听小宋的分析、意见和建议，就像是对待他们自己一方的代表的意见和建议一样，一点也没产生抵触的情绪。消费者协会的代表们对小宋的接受态度，使小宋的意见和建议得以被采纳，谈判很快就获得了圆满的成功。

除了地点、桌子和座位这些因素，布置谈判现场时还需要注意室内温度、湿度、色调和背景音乐等环境因素。一般情况下，尽可能给谈判者提供舒适、清爽和整洁的谈判环境，但在一些特殊谈判中，这些因素的改变也可作为一种谈判技巧。详细的环境因素介绍见本书第 5 章中的"非语言沟通"。

最后，在准备工作基本完成的基础上，己方还可以通过模拟谈判来预测谈判过程中可能会遇到的问题或突发状况，做好紧急预案，对即将开始的谈判未雨绸缪。

10.2.2　开局阶段

谈判开局对整个谈判过程起着至关重要的作用，能够展现谈判双方的诚意和积极性，关系到谈判的格调和发展趋势，良好的开局将为谈判成功奠定良好的基础。

通常来说，开局阶段包括导入过程和摸底过程。

（1）导入过程。导入过程标志着商务谈判的真正开始，主要工作在于为商务谈判营造良好的谈判氛围，并在双方的商议下确定谈判的具体议程。任何谈判都是在一定的氛围下进行的，谈判氛围的形成与变化，将影响整个谈判的走势和结果。成功的谈判者无一不重视在谈判的开局阶段创造良好的谈判氛围。其中，坦诚相见、心平气和，行为举止得体，寻找双方共同感兴趣的话题，后置核心议题与主要矛盾等策略，都可以帮助谈判者营造良好、和谐的谈判氛围。

虽然在准备阶段，双方都已经制定了谈判方案，但是双方对谈判的议题、洽谈进度以及双方必须遵循的规程等不一定有一致的了解，故需要就谈判任务或目的、计划、进度和人员等内容进行洽谈，拟定新的谈判议程。在制定谈判议程时应充分考虑己方利益、准备程度、谈判人员的身份和情绪状况、市场形势的紧迫程度及谈判议题的需要等因素。

（2）摸底过程。在谈判的开局阶段，不仅要为转入正题创造气氛，做好准备，更重要的是，谈判双方都会利用这一短暂的时间进行相互探测，以了解对方的虚实。摸底阶段的工作主要通过开场陈述和提出倡议进行。

①开场陈述。开场陈述就是要把己方的立场、观点、陈述的内容向对方说清楚，同时还要表明对对方建议的反应。开场陈述应是分别进行的，在陈述自己的观点时，要采用横向铺开的方法，而不是深谈某一个问题。有一点必须明确，即陈述应该是正式的，应以诚挚和规范的方式表达出来。在己方陈述的最后，陈述代表都会以"我是否说清楚了？"来结束陈述，目的在于让对方准确理解己方的合作意图。

②提出倡议。开场陈述已经向对方明示了合作的愿望，在此基础上，倡议阶段应该求同存异，各自提出设想和解决问题的方案，然后再在设想与现实之间搭起一座通向最终成交的桥梁。己方提建议时应直截了当，充分发挥各自的创造潜力提出各种设想，然后在双方通力合作的基础上寻求最佳方案。切记不要直接抨击对方提出的建议，这样会给共同确定最佳方案制造障碍。

经过一系列的开场陈述、倡议与选择可行的方案，己方可以初步判定对方的合作意愿和态度，对对方的底细也有了一个清晰的了解，相应地也确定了对策。

10.2.3　磋商阶段

该阶段是商务谈判的实质阶段，可分为以下三个过程。

（1）报价过程。报价在谈判中是指谈判一方向另一方提出的所有要求。商务谈判的报价是不可逾越的阶段，只有在报价的基础上，双方才能进行讨价还价。报价过程涉及确定最初报价和报价次序两个方面。

①确定最初报价。根据初次谈判目的的不同，存在两种经典的报价方式：一种是当初次谈判目的是为了在以后的谈判中留有余地时，报价模式是"卖方报高价，

买方报低价"，这也符合正常的商务谈判买卖双方的心理，缺点是容易吓跑谈判对手，导致谈判破裂；另一种是当初次谈判的目的是为了吸引交易伙伴时，报价模式是"卖方报低价，买方报高价"，这种报价方式一般在探讨赔偿的商务谈判中使用得比较多。无论采取哪种报价方式，提出报价时应注意：明确、果断和不做过多的解释或说明。

②确定报价次序。确定报价次序很重要，先报价对商务谈判的影响较大，而且为商务谈判划定了一个范围，最终协议将在此范围内达成，但后报价有时又能取得意想不到的效果，尤其是在谈判主体对谈判客体的价值把握不准确的时候。

那么，究竟是先报价还是后报价对我有利呢？总的来说，如果预计谈判十分激烈，就应当先报价以争得更大的优势。如果我方的谈判实力较弱，且缺乏谈判经验，就让对方先报价，通过观察对方扩大思路、调整方案。如果双方都是谈判专家或有长期业务往来的老客户，则谁先报价均可。就惯例而言，一般由发起者、投标者和卖方先报价。

（2）交锋过程。交锋过程是指谈判双方的讨价还价过程。由于讨价还价结果直接影响着双方的最终权益和成本，该过程一般是整个商务谈判中气氛最紧张的环节，为了谈判的顺利进行，双方应尽量避免陷入僵局。

①讨价还价。该过程包括讨价、还价两个部分。谈判中，一般卖方在首先报价并进行解释后，买方如认为不符合自己的期望目标，必然在价格评论的基础上要求对方调整报价。讨价的方式主要有全面讨价、按不同部分的分别讨价以及针对个别部分的针对性讨价，依次使用。值得注意的是，在讨价过程中，应尽量避免用文字或数字回答对方的问题——因为这样做便视为已经还价，选择权又让给了对方。讨价时要保持平静、可信赖的态度——应启发、诱导对方自动降／提价，并给对方以"算错了"作为让步的辩护词。讨价要适可而止——以免显得缺乏诚意或不熟悉业务。

经过报价和讨价之后，谈判就进入还价阶段。还价是指谈判一方根据对方的要价以及自己的谈判目标，主动回应对方的要求，提出自己的价格条件。还价以讨价为基础。卖方首先报价后，买方通常不会全盘接受，也不至于完全推翻，而是通过对价格进行评论进而向卖方讨价。卖方对买方的讨价，通常也不会轻易应允，但也不会断然拒绝。为了促成交易，卖方往往会进一步对价格进行解释并对报价作出让步和改善。在经过一次或几次讨价之后，为了达成交易，买方就要根据估算的卖方保留价格和己方的理想价格及策略性虚报部分，并按照既定策略和技巧，提出自己的反应性报价，即作出还价。如果说，卖方的报价划定了价格谈判中讨价还价的范围边界的话，那么，买方的还价将拓展出另一个边界。双方将在这两条边界所规定的界区内，进一步讨价还价。

值得注意的是，还价还应做到有理、有利、有节。有理，即言之有理，如美国历次现代战争都是舆论先行,总是先把对手描绘成"魔鬼",然后再进攻,这是"公理"的问题。有利,即互利双赢,而不是只寻求自己的"最大利益"。有节,即讲究风度与气度,不能伤害人家的面子,人都是有感情的,对方会记得我们的大度。在中日农机设备谈判中,中方谈判人员就运用有理、有利、有节的还价策略,最终将价格谈到了理想的范围内。

【案例】中日农机设备谈判

在上海国际大厦,中日两国的公司围绕进口农业机械加工设备进行了一场别开生面的谈判活动。

第一轮谈判中,日方报出的价格为 1000 万日元,这一报价明显高出市场价格。中方随即回绝道:"这个报价不能作为谈判的基础。不知贵国生产此种产品的公司有几家?贵公司的产品优于 A 国、C 国的依据是什么?"面对这一果断的拒绝,日方主谈人笑着解释说:"唔,时间太久了,不知这个价格有否变动,我们只好回去请示总经理了。"第一轮谈判就此结束。

第二轮谈判中,双方在一阵漫谈之后,日方再次报价:"我们请示了总经理,又核实了一下成本,同意削价 100 万日元。"同时,他们夸张地表示,这个削价的幅度是不小的,要中方"还盘"。"还盘"就是向对方表明己方可以接受的价格。中方认为日方削价的幅度虽不小,但离中方的理想要价仍有较大的距离,马上"还盘"还有困难。

在经过谨慎思考和分析后,中方确定"还盘"价格为 750 万日元。日方立即回绝,认为这个价格不能成交。中方坚持认为讨价还价的高潮已经过去,并说道:"这次引进,我们从几家公司中选中了贵公司,这说明我们成交的诚意。此价虽比贵公司销往 C 国的价格低一点,但由于运往上海口岸比运往 C 国的费用低,所以利润并没有减少。另一点,诸位也知道我国有关部门的外汇政策规定,这笔生意允许我们使用的外汇只有这些。要增加,需再审批。如果这样,那就只好等下去,改日再谈。"同时中方也补充说道:"A 国、C 国还等着我们的邀请。"

日方闻之大为惊讶,他们坚持继续讨价还价的决心被泯除了,陷入必须"竞卖"的困境——要么压价握手成交,要么谈判就此告吹。日方掂量再三,还是认为成交可以获利,告吹只能赔本,最后谈判就在中方提出的价格下成交了。

改编自:李爽.商务谈判 [M].北京:人民邮电出版社,2017.

②避免陷入僵局。在谈判的过程中,尤其是讨价还价阶段,双方可能因难以调和的矛盾而形成对峙,这种对峙就是僵局。僵局常常使谈判陷入尴尬的境地,既影响谈判效率、挫伤谈判人员的自尊心,又影响谈判协议的达成。但是,出现僵局并不等于谈判的破裂和终结,在僵局已经形成的情况下,要采取有效对策来

缓和双方的对立情绪，力求谈判出现新的转机。这些对策一般包括：①转移视线。谈判中暂时放弃双方僵持的某个问题，转而磋商其他问题或条款。②运用休会。谈判双方可借休会之机冷静下来，仔细考虑有争议的问题，集思广益，商量"破局"的具体方法。③借用外力。寻找双方都能接受的中间人作为调节人或仲裁人，缓和双方的矛盾，从而达成谅解。④调整队伍。当上述方法均不能奏效时，可以考虑调整或更换谈判小组成员。

（3）让步过程。让步是谈判双方为了达成协议所必须掌握的技艺，也是商务谈判中颇费心思的棘手工作。如何让步是一门学问。有经验的谈判者往往会以尽量少的"恩惠"换取对方最大的让步，并且使对方心满意足。相反，没有经验的谈判者即使作出较大的让步，仍不能达到预期的效果，甚至前功尽弃。这就要求我们应关注什么是有效的让步。通常来说，有效的让步应遵循六个基本原则：①绝不做无谓的让步。每一次让步都为换取对方更大的让步和妥协。②坚持让步的同步性。如果己方先作出让步，则在对方作出相应的让步前就决不能再让步了。③坚持步步为营的原则。每一次让步的幅度不宜过大，节奏不要太快。④让步要分轻重缓急。先让次要的，再让较重要的，最后才考虑要不要在核心问题上作出让步。⑤"表演"出让步的"艰难性"。必须让对方感觉到，我方每次作出的让步都不是轻而易举的事情。⑥及时收回不合适的让步。如果作出的让步欠周到，要及早收回，不要犹豫。

【课堂互动】如何让步？

A 公司有一场关于销售大型设备的商务谈判。作为卖方，A 公司设定的最低成交价格为 14 万元左右，理想成交价格为 16 万元。作为买方，B 公司的理想成交价格为 13 万元左右，最高承受价格为 15 万元。为了在谈判中获得更大的收益，A 公司承诺，若最终成交价格超过 14 万元，超出部分的 50% 奖励给谈判人员；B 公司也作出了对应的承诺，将低于 15 万元部分的 50% 奖励给谈判人员。请分组扮演 A、B 公司的谈判人员，进行报价、讨价、还价的情境模拟，看哪组获得的奖励数额较多，并在这一过程中思考和运用让步的技巧。

10.2.4　签约阶段

这个时候双方的谈判基本进入了收尾阶段。该阶段的主要工作包括书面合同的拟定、书面合同的签订、交流与总结。

（1）书面合同的拟定。书面合同的拟定是指将谈判过程中双方达成的口头协议形成以文字形式呈现的书面协议，经双方修改和确认无误后，形成正式的书面合同。在该过程中需要注意：①合同应详细列明双方的权利与义务条款，不可存在漏洞或歧义。②列明合同生效期间可能存在的违约赔偿及免责情况。③如涉及机密信息，需要增加保密条款。

（2）书面合同的签订。书面合同的签订应注意，跟自己签合同的当事人必须具备相应资格，如果有必要，需要到相关部门核实对方所提供的个人或公司信息。

拓展阅读 10.1

（3）交流与总结。该过程主要是对整个谈判过程中双方的表现进行总结：①己方成功和失败的地方。②对方值得学习或引以为戒的地方。③能给今后类似谈判提供的借鉴。

10.3　商务谈判礼仪

商务礼仪是指在商务场合中人们相互表示尊敬、问候、祝愿的礼节性活动，是商务人员的仪容、仪表、仪态以及与商务工作各种仪式活动的总称。在商务场合中，礼节、礼貌都是人际关系的"润滑剂"，能够有效地减少人与人之间的摩擦，缓解人际冲突，使商务场合中的人际交往成为一件愉快的事情。

10.3.1　商务谈判礼仪的原则

商务谈判需要遵循一些基本的礼仪原则，这些原则是人们在社会交往中以风俗、习惯和传统等形式固定下来的行为规范与准则，包括守时守约、举止得体和尊重风俗习惯等[1]。

（1）守时守约。守时守约是最基本的礼仪。参与任何活动，都要按约定的时间到达，既不要过早，也不要迟到。若登门拜访，则需要提前约好，不要贸然造访。遇到特殊情况不能按时赴约，需要提前通知对方。

在商务礼仪中，如果由于某种原因不能如期赴会，一般要提前 24 小时通知对方。通常，赴会者应该提前 5 分钟到达。将要迟到时，应该礼貌地打电话告诉对方迟到情况及原因。

（2）举止得体。在谈判活动中，谈判人员要端庄稳重、落落大方，要站有站相、坐有坐姿，不要放声大笑或高声谈论。在公共场所，应保持安静，不要喧哗。在听演讲、看演出等隆重场合，要保持肃静，不要交头接耳、窃窃私语，或者表现出不耐烦的情绪。如果是陪同客人走入房间，应先请客人就坐，然后自己轻步入席。

（3）尊重风俗习惯。不同的国家、民族，由于不同的历史、文化、宗教等原因，各有其特殊的风俗习惯和礼节，应该事先了解，并在商务谈判过程中表示尊重。例如，印度、印度尼西亚等国家，不能用左手与他人接触或传递东西。保加利亚、尼泊尔等一些国家，摇头表示赞同，点头表示不同意等。不了解或不尊重别国和

其他民族的风俗习惯，不仅失礼，严重的还会影响相互关系，妨碍商务往来。在没有把握的情况下，可多观察，仿效别人。

10.3.2　商务谈判的会面礼仪

会面是正式交往的开始，这个头能否开好，至关重要。会面主要包括准备阶段、实施阶段和总结阶段。

（1）准备阶段。会面的准备阶段可以根据 5W1H 来制定，包括六个确定，即确定参加会面的对象（who）、确定会面的目的（why）、确定会面的环境（where）、确定会面的时间（when）、确定会面的内容（what）、确定会面如何进行（how）。

制定好六个方面的内容后，接待一方应主动将会面和谈判的时间、地点、双方出席人员及有关注意事项通知对方；参加会面、谈判的一方也可主动向对方了解上述情况。

（2）实施阶段。在会面中，需要从多个方面注意商务谈判的礼仪。

①迎送方面。在谈判中，对前来参加谈判的人员，要视其身份、谈判的性质以及双方的关系等，综合安排迎送人员。应邀前来谈判的人员抵离时，都要安排相应身份的人员前往迎送。

②举止方面。谈判者的举止包括在谈判过程中的坐、站与行走的姿态以及面部表情、手势等身体语言等。在商务谈判中，对举止的总要求是适度。此外，在商务谈判中还应保持微笑，不要出现夸张的表情或幅度过大的手势。

③交谈方面。首先要合理把握距离。谈判时，双方的距离一般在 1~1.5 米，距离过远会使双方交谈不便，距离过近则不利于表达自己的意见。其次是交谈时眼神的运用要得当，比较理想的做法是以平静的目光注视对方的脸和眼。最后，交谈时，一般不询问对方的履历、工资收入、家庭财产等私人问题。

（3）总结阶段。当重要谈判达成协议后，一般要举行签字仪式。通常，视文件的性质，由谈判各方确定签字人，双方签字人的身份要对等。业务部门之间签署专业性协议，一般不举行签字仪式。安排签字仪式，首先要做好文本的准备工作，备好对应文具。其次要对座位、座次及场地进行合理布置。协议签订完毕后，双方主要负责人应起立握手致意，为双方达成协议所做的努力表示感谢。

除签字外，会面之后可能还会涉及赠礼。[①] 在商务交往中，相互赠送礼物是常有的事。选择礼品时，要根据不同对象的不同需求而"投其所好"，寓情于物，将自己的感情通过礼品表现出来。另外，赠送礼品要考虑民俗与禁忌。接受礼物时，要表现出适度的谦让并表示感谢。[②]

① 李爽 . 商务谈判 [M]. 北京：人民邮电出版社，2017.

② 叶伟魏，朱新颜 . 商务谈判 [M]. 杭州：浙江大学出版社，2014.

10.3.3　商务谈判的宴请礼仪

餐桌是社交活动的重要舞台，越来越多的商务人士将餐桌视为绝佳的会谈地点。人们常常会通过宴请来协调关系、联络感情、消除隔阂，以增进友谊、求得支持、加强合作等。因此，无论举办或参加何种宴会，都应该掌握一定的宴会礼仪和规范，这样才能让宴请成为我们商务沟通的得力工具。

在商务宴请中，需遵守 5M 规则，即费用（money）、宴请的人（meeting）、菜单（menu）、环境（media）和举止（manner）。

（1）费用。商务宴会对宴请方来说也是一项成本，因此要尽可能控制好宴请的开支，避免铺张浪费。宴请前，首先要清楚宴请的额度和标准，即公司对各层次客户的接待标准。通常情况下，宴请规格是由餐桌上的主菜，即"门面菜"决定的。所以，在接待标准既定的情况下，为了体现宴请规格，要突出主菜的档次。

（2）宴请的人。针对宴请的人，应注意：①对方的级别，宴请的人的级别不同，安排的菜品也应有所区别。②提前了解对方的禁忌，包括职业禁忌、个人禁忌和民俗宗教禁忌等。③提前了解对方的相关背景。通过了解对方的背景，可以在餐桌上找到更多恰到好处的共同话题，从而拉近双方的关系。

（3）菜单。点菜时，要注意把握：顾及双方的感受。点菜时，接待方无法做到完全匹配客人的喜好，所以要询问客人是否有忌口，尽可能地顾及客人的感受。作为客人，没有必要告诉对方自己想吃什么，但也要给出一个可以参照的标准，否则很容易让人感到无所适从。

（4）环境。宴请时，还要考虑用餐环境，尤其是在进行重要接待时，必须保持环境优雅、安静，以便于洽谈和沟通。为保证环境质量，接待人员可以提前预约餐厅。如果经常有宴请，可以联系一两个卫生条件、环境、服务等都较好的餐厅作为常务接待地点。

（5）举止。在用餐的过程中，举止要得体、礼貌。吃饭、喝汤时不能发出声音。不用个人的勺子到公共汤盘或菜盘中取食，不用自己的筷子为他人布菜或在菜盘中随意搅动。说话要有分寸，要顾及身份限制。交流前，不要随意分发名片。

10.4　商务谈判技巧

谈判技巧是指谈判时使用的最合适、最有效的方法或手段，也可以解释为人们在谈判过程中所使用的技能。谈判技巧的选择和运用，在很大程度上取决于谈判双方实力对比，本部分说明一些常用的、带有典型意义的谈判技巧，同时给出一些具体的谈判技巧。熟谙并灵活运用这些技巧，有助于谈判者取得谈判成功、实现谈判目标。

根据双方的实力对比，分别介绍优势、劣势和均势三种谈判形势下可采取的谈判技巧，见表 10-1。

表 10-1　不同谈判形势下的谈判技巧

优势时的谈判技巧	劣势时的谈判技巧	均势时的谈判技巧
不开先例 制造竞争 最后通牒	吹毛求疵 权力有限 疲惫干扰	迂回绕道 以退为进 声东击西

10.4.1　优势时的谈判技巧

优势是指谈判一方在整体或某一方面的实力相对较强，要利用优势来取得自己的利益。优势时的谈判技巧主要有以下三种。

（1）不开先例。先例是指同类事务在过去的处理方式。不开先例是指在谈判中，处于优势的一方，对于自己确定的利益，绝不首开损害的先例。优势方为了实现提出的交易条件，采用对自己有利的先例来约束对方，从而使对方就范。它是强化优势方谈判地位最简单、有效的方法之一。以一个简单的销售价格谈判为例，面对采购者希望降价的要求，供货商为了维持己方提出的交易条件，以不能开先例为由，委婉地回绝了对方提出的降价要求。采用该技巧时应注意：先例的力量来源于先例本身与当下事件的匹配程度、对手的习惯心理和对"先例"的无知。下述案例中，供应商就以不开先例为由，拒绝了采购者的降价要求。

【案例】以往客户都是这个价

有一个关于空调采购单价的谈判，供应商按照以往给其他客户的价格，报出了每台 2600 元的价格。

采购者："你们提出每台空调 2600 元的条件，确实让我们感到难以接受，如果你们有诚意成交，能否每台降低 300 元？"

供应商："你们提出的要求实在令人为难，一年来，我们对进货的 500 多位客户都给了这个价格，要是这次单独破例给你们调价，以后与其他客户的生意就难做了。我们每台 2600 的价格不贵，很抱歉，不能再减价了。"

（2）制造竞争。制造竞争是指谈判一方与可能的谈判方进行洽谈，利用谈判方之间的竞争，为自己创造有利的条件，这是商务谈判中使用最多的技巧。当商务谈判中的一方处于优势地位时，或者需要进一步压制对方时，或者需要争取更好的目标时……都可以使用这种技巧来达到目的。具体做法包括：①邀请多家谈判方参加投标，利用它们之间的竞争取胜。②先后与多家谈判方谈判，把与其中一家的谈判条件作为与其他谈判方谈判的筹码，通过背靠背的竞争，促进其降低谈判条件。③邀请多家谈判方进行集体谈判，如"竞争性招标采购"，其实就是采购方利用制造竞争技巧为己方降低成本的做法，通过广泛的竞争，使采购方得到实惠。

（3）最后通牒。最后通牒主要有两种：①规定期限，即在谈判中，有利的一方提出达成协议的期限，以此促使对方尽快签约，实现自身利益的方法。②最后出价，即一方给出一个最低（或最高）价格，不允许对方讨价还价，要么以此价格成交、要么结束谈判的方法。大多数谈判，特别是双方争执不下的谈判，基本上都是到了谈判的最后期限或是有一方不再让步才会有所突破，并进而达成协议的。在格力与大金的全球战略合作谈判中，正是由于董明珠向大金下了最后通牒，才最终促成了合作，取得了合资公司的控股权。

【案例】格力·大金全球战略合作

2009年2月18日，格力与"变频之父"日本大金宣布全方位战略合作。格力出资6772万美元设立两家合资公司：珠海格力大金精密模具公司和珠海格力大金机电设备公司。引人注目的是，格力在两家公司中均持股51%，取得控股地位，这在日本家电公司对外合作历史上极为罕见。

当时在讨论占股比的时候，双方都希望占有51%的股份，谈判也因此一度陷入僵局。最后，董明珠特地去了趟日本，会见大金的社长，谈控股问题一事。在与大金的社长交谈时，她明确表示："我这次来（是为了表明），格力必须持股51%。你都打到我中国国家门口了，最后我还不控股，你告诉我怎么办？到日本我还能不控股，在中国必须我控股，否则这件事情不好办。"最后，大金的社长为了合作的成功，只得同意了由格力控股的要求。

资料来源：根据笔者与董明珠的三次会谈整理。

10.4.2　劣势时的谈判技巧

在谈判中，处于劣势的一方往往采用以下三种技巧，以期扭转局势，实现谈判目标。

（1）吹毛求疵。吹毛求疵就是故意挑剔毛病，迫使对方让步。买方通常会利用该战术和卖主讨价还价。买方再三挑剔，提出一大堆问题和要求，这些问题有些是真实的，有些只是虚张声势。他们这么做的目的是使卖主把价格降低，使自己有讨价还价的余地，并且让对方知道，他们是很聪明的，不会轻易被人欺蒙。

【案例】"鸡蛋里挑骨头"

海南三亚瓷业商行（以下简称三亚商行）一直订购湖南晨光瓷厂的茶具，并且常常夸奖晨光瓷器美观大方、质量可靠。可是，恰逢三亚商行生意不景气，更换了新经理，于是与晨光瓷厂的交易谈判出现了僵局。

经理："我们非常感谢贵厂对三亚商行的长期支持。这次我来，是想看看贵厂新近又推出了什么新产品。"

厂长："欢迎经理惠顾！本厂因人力物力有限，眼下并没有推出新产品，真是对不起。"

经理："我们商行认为，贵厂生产的成套茶具、茶壶手柄太粗，茶杯镀色不均匀。"

厂长："贵商行订的上一批货是和德国瓷商所要的货同批次发运的，属于同一品种。德国朋友信中说：'镀的金边很均匀，茶壶手柄造型与大小恰到好处。'经理，您看，这是德国瓷商的信。"

经理："他们欣赏瓷器的水平，哪比得上我们商行的元老呢？不信，咱们可以用尺子和放大镜来检验。"

几经争执，经理尽力指出晨光瓷厂产品的低劣，厂长深感客商在故意挑刺，但考虑到经营业务渠道的多向性，最后还是答应降价 5%。

改编自：朱春燕，陈俊红，孙林岩. 商务谈判案例 [M]. 北京：清华大学出版社，2011.

（2）权力有限。谈判专家认为，受到限制的权力才具有真正的力量。谈判学中有这样一则趣闻：有一个单身汉，每次谈判时总是跟谈判对手说，这事他得回去跟他老婆商量。可从来没有人不接受他这个理由，这让他有充分的时间把这个问题想清楚。因此，有限授权的谈判者可以巧妙地对谈判对手说"不"——因为不降价、不打折，这并非他的本意，而是碍于公司的制度。谈判人员受到限制的权力是多方面的，就金额来讲，有最高价与最低价的限制、购买数额的限制等。此外，还有公司政策、条件、法律和保险等的限制。一个优秀的谈判人员必须学会利用有限的权力作为谈判筹码，巧妙地与对方讨价还价。首先，要把有限权力作为借口，拒绝对方的某些要求、提议，而不伤其面子。其次，利用有限权力，借与高层决策人联系之机，更好地商讨处理问题的办法。最后，利用有限权力，迫使对方向你让步，在"有限的条件"下与你洽谈。下述案例中，小夏正是借助权力有限技巧多次婉拒，从而争取对方的较大让步。

【案例】"委托人未到"的魔力

小夏是一位商务谈判专家，受委托人陈总的委托参加一次会谈。会议开始后，对方及其律师到场了，小夏作为代理人也到场了，可是委托人自己却失约了。等了好一会儿也没见他的人影，这三位到场的人就开始谈判了。随着谈判的进行，小夏迫使对方作出一个又一个的让步与承诺，每当对方要求他作出相应的承诺时，他都以"委托人未到、他的权力有限"为由，委婉地拒绝了。结果，他以一个代理人的身份，为他的委托人争取了对方较大的让步，而他却不用向对方作出相应的让步。

（3）疲惫干扰。疲惫干扰就是通过软磨硬泡，消耗对方的注意力，瓦解其意志，从而在对方精疲力竭时，反守为攻，促使对方接受己方条件，达成协议。在谈判中，若强势方咄咄逼人，则该技巧是一个非常有效的应对方式，可以使趾高气扬的谈判者的锐气逐步耗尽，同时使己方从被动的局面中扭转过来。如何运用疲惫干扰技巧：①连续紧张地举行长时间的无效谈判，拖延谈判和达成协议的时间。②在谈判中使问题复杂化，并不断地提出新问题进行纠缠。③在谈判中制造矛盾，采取强硬立场，或将已谈好的问题推翻重来，反复讨论。④在谈判的间隙举行各种活动，使对方疲于应付，甚至在对方休息时拜访对方，使对方缺少休息。

下面所举的"戴维营谈判"的例子中，美国前总统卡特正是以疲惫干扰技巧，才使《埃以停战协定》得以成功地签署，使埃以两个死对头的手握在了一起。

【案例】戴维营谈判

美国前总统卡特为了使埃以之间的战争停下来，将埃及前总统萨达特和以色列前总理贝京邀请到美国进行和平谈判。他十分清楚他将要完成的是怎样艰苦的任务，所以十分精明地将谈判地点安排在马里兰山上与世隔绝的戴维营（美国总统度假别墅）中，又安排了枯燥、寂寞的谈判环境。那里仅有两辆自行车供14人骑着玩，仅有三部电影可供欣赏，以松弛紧张的神经，除此没有其他任何娱乐设施。

艰苦的谈判到了第六天，每个人都把每部电影看了两遍，而且都已感到十分厌烦了。但是，每天早晨八点钟，萨达特和贝京依旧毫无例外地听到敲门声，紧接着是同样熟悉而单调的声音："嗨，我是吉米·卡特，准备再过内容同样无聊、令人厌倦的10小时吧！"

到了第十三天，萨达特和贝京只希望能尽快签合约，赶快离开那里。

改编自：潘肖钰，谢承志.商务谈判与沟通技巧[M].2版.上海：复旦大学出版社，2012.

10.4.3　均势时的谈判技巧

当谈判双方势均力敌时，往往会出现"拉锯战"的情况。此时，谈判者应有所作为，审时度势，打破"相持不下"的局面，争取谈判桌上的主动。

（1）迂回绕道。《孙子兵法》中有"以迂为直"的谋略，英国军事理论家哈利也曾说："在战略上，那漫长的迂回道路，往往是达到目的的最短途径。"在谈判中，如果与对方直接进行谈判的希望不大，迂回谈判就成为一种重要的技巧，可以起到单刀直入无法达到的效果。有时，如果把对方的疑虑或拒绝直接驳回去，可能会越说越僵。这时应微笑着将对方的拒绝暂时搁置，通过其他途径接近对方，建立感情后再进行谈判，往往会出现"山重水复疑无路，柳暗花明又一村"的新景象。在"不可能"的订单案例中，陈总正是采取了这一策略才最终接到了订单。

【案例】"不可能"的订单

斯琪公司想向一家饭店推销面包，公司陈总派销售人员和部门经理亲自上门推销，并向这家饭店作出价格优惠、上门服务、保证供应、保证质量的承诺，还表示了愿意建立长期合作关系的愿望，但饭店经理就是不买他们的面包。后来，陈总采用迂回战术，了解到饭店经理是"中国酒店科技联盟"的主席，并十分热衷于其中的活动。于是，不论该组织的会议在什么地方召开，陈总都会不辞辛苦地参加。当陈总再见到该经理时，绝口不谈面包一事，转而谈论那个组织，饭店经理十分高兴，跟他谈了半个小时，显得十分兴奋，并建议陈总加入这一组织。几天之后，陈总接到了这家饭店购买面包的订单。

（2）以退为进。以退为进是指在谈判过程中，故意作出对本次谈判没有过多兴趣的姿态，不急于达成协议的表面现象，扰乱对方视听，逐渐把谈判的主动权转移到己方，最终掌握整个谈判局面。在采用该技巧时，首先要对当下谈判双方的处境进行分析，了解双方的需求点和对谈判的态度等，然后找出"退路"，给对方考虑的时间或者满足对方的部分利益，最终己方获得利益。

【案例】广联达软件无折扣销售

2010 年，由于业务延伸，广联达开始扩充销售队伍，小李负责北京市丰台区三级施工资质的中小型公司的市场开发工作。根据调查，小李发现，中通科技有限公司从事排风空调安装工作已经将近 10 年了，但是却没有一套完整的预算软件，每次招投标的预算制作都是请专门的机构帮助。因此，小李决定对这家公司进行拜访跟踪。

电话预约成功后，小李按时拜访了公司的负责人。因为时间关系，小李直接告诉徐经理：广联达软件的购买成本是 18800 元，加密狗的成本是 1 万元左右。徐经理听了一套软件要将近 3 万元，表示不能接受。因为他们平时找人做一次预算也就 500 元左右，而且一下子花 3 万元买一个软件，还没人会用。

为了让徐经理购买软件，小李为其做了这样一个推算：购买这套软件，如果维护好的话，至少可用七八年，而且每次软件的维护工作都是由广联达来做。假设公司每年做 50 次预算，外面的机构每次收费 500 元，两年就要花掉 5 万元，而广联达只需要 3 万元。

经过小李的分析，软件购买的合理性已经很明显了。可是公司没有人会用，再培养这方面的人员，还需要一笔不小的培训支出，这样核算下来，徐经理又迟疑了，销售合作又一次遇到了困难。

听到徐经理陈述，小李开始对自己公司的相应政策进行了全面的分析：公司每个月都会安排 30 名工作人员进行软件操作使用培训，课程都是在周末开设，多加几个人不是问题。基于此，小李这样回复道："公司每个月都有专门的培训课程，我可以安排贵公司一名技术人员用我的名额前往学习，而且是免费的，另外，针对公司后续的软件更新也由我免费负责，但是价格方面就不可以再讨价还价了……"

经过考虑，徐经理最终决定与小李达成合作，全款购买软件以及加密狗。

改编自：孙科严.MBA 式案例训练教程：业务谈判技能案例训练手册 2.0[M].北京：机械工业出版社，2013.

案例中，在徐经理看来，为其提供免费的培训机会，就相当于省下了一笔培训费，似乎占了便宜，可是对于采取以退为进谈判技巧的小李，只是借助公司的员工培训福利，就轻松解决了对方的需求，顺利赢得了交易。

（3）声东击西。在谈判中，谈判者出于某种需要而会有意识地将议题引到对己方并不重要的问题上，借以分散对方的注意力，以求达到己方的战略目的，这便是声东击西技巧。在有些谈判中，尤其是在不信任对方的情况下，适度隐藏己方真正的利益需求，将某一重大议题暂时搁置起来，以便有更多的时间深入研究，为以后真正的会谈铺平道路。当然，缓兵只是手段，并不是最终目的，声东击西要求谈判者有计划地从外围寻求突破，采用"剥皮"战术，最后切入问题的要害。

讲究谈判技巧，与施诡计、搞权术、耍花招等行为是不一样的。作为谈判技巧，"巧"在恰如其分，也就是说，要把握好洽谈的分寸：既要争利，又能让利；既讲谋略，又合情谊；既占上风，又顾人面子。这样，既做成生意，又赢得对手的敬服，即使出于某种原因难以成交，也会有来日再会的机会。

【模拟训练】加薪问题谈判

假如你是 IT 行业内某私有公司的研发人员，有几个方面让你确信目前的薪金低于自己应该得到的报酬：①在你们的努力工作下，公司的发展明显快于其他公司，逐渐成为头部公司。②由于公司的快速发展，近年来你们的职务说明书发生了巨大的变化，所承担的责任明显变多。③你们的工作效率普遍高于同行，同行业其他公司的研发人员都认为他们必须加班加点、周末不休息地工作才能创造出与你们相同的成果。于是，你们向公司提出了加薪的请求。

然而，公司的管理层却说，受到行业的工资制度的限制，你们的加薪请求无法被满足。实际上，他们完全有能力将薪金提高到你们提出的标准。

现在，公司的管理层愿意就加薪问题进行交谈。

请分别派出 3 名成员就加薪问题进行模拟谈判，其中 2 名成员扮演公司研发人员，目标是通过谈判达到加薪的目的；1 名成员扮演公司管理层，目标是通过谈判说服研发人员放弃加薪或缩小加薪幅度。其他成员担任观察者，在谈判完成后讨论谈判双方所使用的技巧，指出存在的问题，进而提出改进建议。

10.4.4　与客户谈判的技巧

（1）推销洽谈的方式和技巧。推销洽谈是向客户传递商品信息并进行双向沟通，向客户进行相关讲解和示范，并试图说服客户购买的过程。在整个推销过程中，推销洽谈是一个关键阶段，是极其重要的环节。能否说服客户、实现交易，在很大程度上取决于推销洽谈是否成功。推销洽谈的方法主要有提示法和演示法——提示法着重于以语言介绍的方式进行推销洽谈，演示法则着重于以非语言的方式进行推销洽谈。推销洽谈的方法和技巧见表 10-2。

表 10-2　推销洽谈的方法和技巧

方法	具体方式	方式介绍
提示法	直接提示法	直接提示法是指工作人员在沟通洽谈的过程中，主要运用口头语言的形式直接劝说客户购买产品的方法
	间接提示法	间接提示法是指工作人员采用间接的信息传递与接收方法向客户传达产品的重点信息，以劝说客户购买产品的一种方法
	积极提示法	积极提示法是指工作人员从正面的角度，用肯定的、积极的明示或暗示来提示客户购买产品后可以获得的相关收益等，从而促使客户购买
	消极提示法	消极提示法是指工作人员运用反面的、消极的、否定的暗示法，提示客户注意不购买产品可能会带来的消极作用，激发客户的购买欲，从而达成购买的洽谈方法
	明星提示法	明星提示法是指工作人员借助有名望的个人、法人或团体组织购买和使用产品的事例，劝说客户采取购买行为的方法
	联想提示法	联想提示法是指工作人员通过向客户提示或描述与产品有关的情景，使客户产生某种联想，进而激发客户购买欲望的洽谈方法
	逻辑提示法	逻辑提示法是指工作人员利用逻辑推理来说服客户购买产品的洽谈方法
演示法	产品演示法	产品演示法是指工作人员通过直接演示产品，向客户传递产品的有关信息，进而劝说客户购买产品的洽谈方法
演示法	文字演示法	文字演示法是指工作人员通过演示产品的相关文字资料来说服客户购买的洽谈方法
	其他演示方法	除了以上演示方法之外，还有其他演示洽谈法，如图片、图表演示法，音像、影视演示法等

资料来源：龚荒 . 商务谈判与沟通：理论、技巧、案例 [M]. 北京：人民邮电出版社，2018.

（2）客户异议处理方法。合作过程中，客户可能会对产品产生异议，从而使客户在认识和情感上对沟通产生抵触情绪。我们需要在弄清客户异议产生根源的基础上，恰当地选择应对客户异议的方法和技巧。客户异议的处理方法见表 10-3。

表 10-3　客户异议处理方法

方法	方法介绍	技巧和注意事项
但是法	此法又称间接反驳法，是指工作人员根据有关的事实与理由间接否定客户异议的方法。该方法并不直接反驳客户异议，而是先表示对客户异议的同情与理解，或者仅仅是把客户异议简单地重复一遍，使客户心理上有一种暂时的平衡，然后用类似"但是"的转折词话锋一转，再对客户异议进行反驳处理	注意选择好角度，提供新信息，注意转折词的选择
反驳法	在实际的沟通活动中，工作人员有时可以根据较明显的事实与理由，对客户异议进行直接否定	反驳必须有理有据，应当始终维持良好的沟通氛围
太极法	此法又称转化法、利用法、反戈法，是指工作人员利用客户异议进行转化进而处理异议的方法。基本做法是：当客户提出某些不购买的异议时，销售人员能立刻回复说："这正是我认为您要购买的理由！"也就是销售人员能立即将客户的反对意见直接转换成他必须购买的理由	在肯定、赞美客户异议的积极因素时，工作人员应做到态度诚恳热情、方式得当，以保持良好的沟通氛围。工作人员必须认真分析、区别对待客户异议，向客户传递正确的信息
询问法	工作人员通过对客户异议提出疑问来处理异议的策略和方法	应针对客户异议进行询问；询问应适可而止，并注意尊重客户；工作人员应讲究沟通礼仪
补偿法	此法是指工作人员对客户异议实行补偿，进而处理客户异议。当客户理智地提出有效的、真实的购买异议时，工作人员应客观地对待，先肯定客户异议，再通过摆事实、讲道理的方式，使客户认识到购买带来的收益，使其在理智与情感上都获得平衡	只能承认客户提出的真实的、有效的异议；必须及时提出产品的有关优点及益处，有效地补偿客户异议；应针对客户的主要购买动机进行补偿
忽视法	此法又称沉默法，是指工作人员有意不理睬客户异议的处理方法。尽管客户提出异议的原因难以捉摸，但对于那些无关的、无效的、虚假的异议，完全可以不予理会	只适用于处理那些无关的、无效的虚假异议；一定要专心而认真地听取客户提出的异议

资料来源：龚荒. 商务谈判与沟通：理论、技巧、案例 [M]. 北京：人民邮电出版社，2018.

10.4.5　与合作伙伴谈判的技巧

一般来说，在谈判的过程中，一方多占一些利益，就意味着另一方要损失一些利益。在与合作伙伴的商务谈判中，一个重要原则就是协调双方的利益，找出对彼此都有利的方案。为遵从双赢原则，商务谈判双方可以选择扩大整体利益、提出新的选择分配模式、主动寻找共同利益、协调双方的分歧等方式。[①]

（1）扩大整体利益。在商务谈判中双方应一起努力，首先寻找并扩大双方的共同利益，也就是常说的"先把蛋糕做大，再分蛋糕"，这样才有利于满足双方的共同利益。商务谈判能否成功，在很大程度上取决于能不能把蛋糕做大，通过双

---

① 张守刚. 商务沟通与谈判 [M]. 3 版. 北京：人民邮电出版社，2020.

方的努力降低成本、减少风险，最终使双方都有利可图。项目越大、越复杂，把蛋糕做大的可能性也就越大。

（2）提出新的选择分配模式。有一种思维定势：对于争夺的东西，或是我方得到，或是对方得到，似乎没有更好的选择。这种观念是影响商务谈判者寻找互利解决方案的主要障碍。商务谈判者要突破传统的利益分配模式，提出新的选择分配形式。

（3）主动寻找共同利益。商务谈判中，商务谈判双方都会因死守己方利益而讨价还价，往往会忽略双方的共同利益。一旦双方固执己见，商务谈判就会陷入僵局，甚至会使谈判破裂。事后冷静下来，权衡利弊得失，双方却又追悔莫及。反之，如果谈判双方都能从共同利益出发，认识到双方利益是互补的，则会使共同利益变多，使己方得利增多。因为共同利益对每一方都有利，寻求共同利益显然有助于达成协议。

（4）协调双方的分歧。商务谈判协议常常是基于"不一致"达成的，就像股票的交易之所以能达成，是因为购进者认为所购股票的价格会上涨，而售出者认为手中股票的价格会下跌，即观念上的分歧构成了交易的基础。没有争执和冲突就无须进行谈判。没有争执和冲突是由于双方都接受现状，发生争执和冲突起码是因为一方要求改变现状或一方不同意改变现状。这样一来，"透过分歧达成协议"原则就为许多创造性协议的出台提供了可能。

要想达成合作目的，不仅要强调双方的共同利益，还要重视双方的分歧利益，更重要的是调和双方的分歧。所以，明智的做法是提出互利型的选择方案，在谈判双方充分协商、讨论的基础上，进一步明确各自的利益，寻找双方的共同利益，协调双方的分歧。这就需要在商务谈判中尽可能地发挥每个人的想象力、创造力，扩大选择范围，广泛听取意见，选择更理想的方案。

10.4.6　与竞争对手谈判的技巧

现实中，为了与竞争对手合作解决问题，谈判一方所作出的努力有时会遭遇对方的强烈抨击，引起对方充满敌意的情绪反应，激起对方的强烈不满，甚至会遭遇对方攻击性的阴谋诡计。谈判所面临的挑战就是如何改变谈判的游戏规则，把面对面的对抗转化为肩并肩的合作，把对手变成合作伙伴。当谈判出现僵局或较大的冲突时，我们可以选择对事不对人、关注利益而非立场、寻找共赢方案、坚持客观标准[1] 等技巧，来舒缓谈判的僵化进程，推动谈判的整体进展，以达成谈判目的。

（1）对事不对人。对待谈判对手，要把人和事情分开，采取对事硬、对人软的态度。在涉及己方根本利益的问题上该坚持的仍需坚持，而在对待谈判对手时，尽量持有理解和包容的态度，而不是过分地挑剔、指责。

---

[1] 曲扬 . 竞争还是合作？——红黑博弈揭示的商务谈判思维 [J]. 经济问题，2014（2）：91-94.

（2）关注利益而非立场。立场在很多时候并不等同于利益。立场是表面上所坚持的东西，如谈判一方说"这个价格是我们的底线，不能再降价了"，一味地坚持立场，只会使谈判难度加剧、冲突加深，导致僵局甚至谈判破裂。在红黑博弈中，双方出红牌或黑牌是表象，属于立场问题。而隐藏在这一表象背后的，才是真实的利益。再如，谈判一方说"不能降价"这一立场背后的真实原因也许是谈判者出于面子。找出立场背后真正的利益，很多谈判僵局将迎刃而解。

（3）寻找共赢方案。每一场谈判都不只有一种解决方案，不应过早地把思路局限在单一、固定的思维模式里。在红黑博弈中，赢家并非只能有一个，双方都出黑牌的话，双方就都会得分。

（4）坚持客观标准。坚持一个什么样的标准，也会成为谈判的内容，甚至在很多的情况下，谈判本身变成了一场关于选择哪种标准的讨论。事实上，标准的选择直接关乎双方最终获利的多少。所谓坚持客观标准，就是要寻找一个独立于双方主观意志之外，不为任何一方所操控的公平的标准。红黑博弈中的游戏规则即是标准，标准如有改变，双方的策略也会跟着改变。

拓展阅读 10.2

🔍【 本章小结 】

1. 商务谈判的涵义：商务谈判是指一切在有形或无形产品的交换活动中，有关各方为了促成买卖成交或是解决买卖双方之间的争议或争端，通过调整各自提出的条件，最终达成一项各方较为满意的协议的不断协调的过程。

2. 商务谈判的要素：谈判的主体、谈判的议题和谈判的目标。

3. 商务谈判的过程：谈判前的准备活动、谈判中的正式活动以及谈判后的协议签订。

4. 商务谈判礼仪的作用：规范行为、传递信息、协调人际关系、树立形象，同时应从服饰、会面、举止、交谈、接待、签字和馈赠等方面注意礼仪问题。

5. 商务谈判的技巧：

（1）优势时：不开先例、制造竞争和最后通牒。

（2）劣势时：吹毛求疵、权力有限和疲惫干扰。

（3）均势时：迂回绕道、以退为进和声东击西。

6. 与客户、合作伙伴、竞争对手的谈判分别有对应的策略，要注意选择合适的策略以达到谈判的目的。

🔍【 问题讨论 】

1. 什么是谈判？什么是商务谈判？

2. 谈判活动有什么特征？

3. 你认为什么样的谈判才是真正成功的谈判?

4. 为什么说谈判既是一门科学, 又是一门艺术?

【案例分析】中日货车索赔谈判

我国从日本 S 汽车公司进口大批 FP-148 型货车, 使用时发现存在严重的质量问题, 蒙受了巨大的经济损失。为此, 我国向日方提出索赔。

中日双方在北京举行谈判。首先是质量问题的交锋。日方深知, FP-148 型货车存在质量问题是无法回避的, 它们采取避重就轻策略, 含糊其辞地说:"是的, 有的货车轮胎炸裂、挡风玻璃炸碎、电路有故障、铆钉震断, 有的车架偶有裂纹等。"果不出我方所料, 日方所讲的每一句话, 言辞谨慎, 都是经过反复研究推敲的。毕竟质量问题与索赔金额有必然的联系。我方代表用事实给予回击:"贵公司的代表都到过现场亲自察看过, 经商检和专家小组鉴定, 铆钉非属震断, 而是剪断的。车架出现的不是裂纹, 而是裂缝、断裂! 车架断裂不能用"有的"或"偶有", 最好还是用比例数字来表达, 则更为科学准确。"日方怦然一震, 料不到我方是如此精明, 连忙改口:"请原谅, 对于比例数字, 未作准确统计。""贵公司对 FP-148 货车质量问题能否与我方取得一致看法?""当然, 我们考虑贵国实际情况不够。""不, 在设计时就应该考虑到中国的实际情况, 因为这批车是专门为中国生产的。至于我国的道路情况, 诸位先生都已实地察看过, 我们有充分的理由否定那种因为中国道路不佳所致损毁的说法。"

谈判气氛趋于紧张。日方转而对这批车辆的损坏程度提出异议:"不至于损坏到如此程度吧? 这对我们公司来说, 是从未发生过, 也是不可理解的。"我方拿出商检证书:"这里有商检公证机关的公证结论, 还有商检拍摄的录像, 如果……""不, 不, 不! 对商检公证机关的结论我们是相信的, 无异议, 我们是说贵国是否能作出适当的让步。否则, 我们无法对公司交待。"

双方在 FP-148 型货车损坏归属问题上取得了一致的意见。日方一位部长不得不承认, 这是设计和制作上的质量问题所致。但关于索赔金额的谈判才是根本性的。

我方一位代表, 擅长经济管理和统计, 精通测算, 根据多年的经验, 他不紧不慢地提出:"贵公司对每辆车支付的加工费是多少? 总额又是多少?""每辆车 10 万日元, 共计 58400 万日元。"日方又反问:"贵国报价是多少?""每辆 16 万日元, 此项共 95000 万日元。"

久经沙场的日方主谈人淡然一笑, 与助手耳语了一阵, 神秘地瞥了一眼中方代表, 问:"贵国报价的依据是什么?"我方将车辆损坏的各部件, 需要如何维修加工, 花费多少工时, 逐一报出单价。"我们提出的这笔加工费不高。如果贵公司感到不合算, 派员维修也可以。但这样一来,贵公司的耗费恐怕是这个数的好几倍。"日方对此测算叹服了:"贵方能否再压一点?""为了表示我们的诚意, 可以考虑,贵公司每辆出多少？"

"12 万日元。"

"13 万日元如何？"

"行。"

这项费用日方共支付 77600 万日元。但中日双方争议最大的项目，是间接经济损失赔偿金，金额高达几十亿日元。日方在谈这项损失费时，也采取逐条报出的方式。每报完一项，总要停一下，环视一下中方代表的反应，仿佛给每一笔金额都要圈上不留余地的句号。日方提出支付 30 亿日元。我方代表琢磨着每一笔报价的奥秘，把那些"大概""大约""预计"等含糊不清的字眼都挑了出来，指出里面埋下的伏笔。

在谈判桌上，我方报完每个项目和金额后，都讲明这个数字测算的依据。最后，我方提出赔偿间接经济损失费 70 亿日元。日方代表听了这个数字后，惊得目瞪口呆，好半天说不出话来，连连说："差额太大，差额太大！"于是，双方进行着无休止的报价、压价。

"贵国提的索赔额过高，若不压半，我们会被解雇的，我们是有妻儿老小的……"日方代表哀求着。

"贵公司生产如此低劣的产品，给我国造成了多么大的经济损失啊！"继而又安慰道："我们不愿为难诸位代表。如果你们做不了主，请贵方决策人来与我们谈判。"

双方各不相让，只好暂时休会。即日，日方代表通过电话与公司决策人密谈了数小时。接着，谈判又开始了。

我方代表打破僵局："如果贵公司有谈判的诚意，彼此均可适当让步。"

"我公司愿付 40 亿日元，这是最高突破数了。"

"我们希望贵公司最低必须支付 60 亿日元。"

这样一来，谈判又出现了新的转机。但差额毕竟是 20 亿日元啊！后来，双方几经周折，提出双方都能接受的方案：中日双方最后的报价金额相加，除以 2，等于 50 亿日元。除上述两项达成协议外，日方愿意承担下列三项责任：①确认出售到中国的全部 FP-148 型货车为不合格品，同意全部退货，更换新车。②新车必须重新设计试验，确保其为精工细作和制造优良的货车，并请中方专家试验和考察。③在新车未到之前，对旧车进行应急加固后继续使用，日方提供加固件和加固工具等。

至此，一场罕见的特大索赔案终于公正地交涉成功了！

改编自：叶伟巍，朱新颜．商务谈判 [M]．杭州：浙江大学出版社，2014.

思考讨论题：

1．在上述案例中，中日双方分别使用了商务谈判的哪些技巧？

2．你认为促成这桩索赔案谈判成功的因素是什么？

3．假设你是中方谈判代表，你会选择哪些不一样的谈判技巧？

第 11 章 危机管理沟通

居安思危，思则有备，有备无患。

——《左传》

🔍【学习目标】

➤ 了解危机、危机管理和媒体沟通的涵义。

➤ 了解危机的特征和发展阶段。

➤ 了解危机管理沟通的障碍与解决策略。

➤ 掌握危机管理的事前防控、事中处理和事后恢复策略。

➤ 掌握发生危机时媒体沟通的四大原则及新闻发布的技巧。

【导引故事】海底捞"老鼠门事件"危机沟通

2017年8月25日，由北京青年报社创办的《法制晚报》在其新闻客户端"看法新闻"及新浪官方微博看法新闻发文爆料称，记者暗访近4个月发现海底捞北京劲松店、太阳宫店有老鼠在后厨地上乱窜；打扫卫生的簸箕和餐具同池混洗等现象。随即，新浪网、突袭资讯、中国青年网、新华网进行转载报道，引发大量网民的关注和热议，海底捞北京劲松店和太阳宫店被推上舆论的风口浪尖。

当天下午，海底捞官方微博海底捞火锅发文回应，称媒体报道中披露的问题属实，公司对此十分愧疚，向客户表示诚挚的歉意。海底捞在公告中指出：这次海底捞出现老鼠，以及暴露出来的其他问题，都让我们感到非常难过和痛心。今天，媒体的朋友也为我们提供了照片，这让我们十分惭愧和自责，我们感谢媒体和客户帮助我们发现了这些问题。我们感谢媒体和公众对于海底捞火锅的监督并指出了我们工作上的漏洞，这暴露出了我们的管理出现了问题。我们愿意承担相应的经济责任和法律责任，但我们也有信心尽快杜绝这些问题的发生。我们也已经布置在海底捞所有门店进行整改，后续会公开发出整改方案，也希望所有的媒体和支持海底捞的客户监督我们的工作。

在北京市食药监局两次约谈海底捞负责人后，8月27日，海底捞再次发表《关于积极落实整改，主动接受社会监督的声明》。声明中称，对北京食药监局约谈内容全部接受，同时将媒体和社会公众指出的问题和建议，全部纳入整改措施。例如，加强全部员工的培训，主动将全国所有门店实现后厨操作可视化等。其后，海底捞公布了详细的整改计划以及责任人名单，包括可视化、与第三方虫害治理公司合作等内容。

对此，媒体进行持续跟踪报道，网民也保持持续关注。海底捞的公关部门作出了相应通告，承认公司内部管理不当，提出了相关整改措施等，迅速挽回颓势，舆论导向发生了变化。此外，海底捞还擅于利用媒体为己宣传，在其发布公开声明与处理方案之后，便有大量的正面跟进报道，一时之间，《三小时内火线回应，海底捞危机公关高在哪里？》《为什么那么多人选择原谅海底捞》等文章纷纷被载出，公众视线也随之转向海底捞的公关措施，海底捞的支持率不断攀升。

思考与讨论：海底捞在"老鼠门事件"危机发生后，其与媒体沟通体现了哪些沟通原则和技巧？海底捞危机管理沟通的做法对你有何启示呢？

改编自：海底捞官方微博等相关资料。

从海底捞的危机沟通来看，公司在发生危机时，能否遵循一定的原则与媒体进行沟通至关重要。因此，本章将重点介绍面对危机时公司管理沟通的相关知识，减少危机管理沟通的障碍，掌握危机下与媒体沟通的原则与技巧，以更好地帮助公司应对危机。

11.1 危机概述

11.1.1 危机的基本概念

危机是由组织外部环境变化或内部系统失常造成的可能破坏正常发展秩序和目标，要求组织作出紧急决策、响应和行动的威胁性事件、状态或结构。[①] 从危机的发展来看，危机发生的领域越来越广、频率越来越高、国际关联度越来越紧，危机与个体越来越密切相关。

从中式解读来看，危代表危险、危难、危局，机代表机会、机遇、商机，危机＝解决困局＋找到机会。这蕴含着中国传统文化中"危中有机"的辩证法思想。

从西式解读来看，危机是对一个社会系统的基本价值和行为架构产生严

---

① 胡百精. 危机传播管理：流派、范式与路径 [M]. 北京：中国人民大学出版社，2009.

重威胁，并且在时间性和不确定性很强的情况下必须对其做出关键性决策的事件。^①

危机具有突发性、破坏性、紧迫性、聚焦性等四大特征。^②

（1）突发性。突发性是指危机事件常常是在很短的时间内出其不意地发生，人们对危机爆发的具体时间、具体地点、实际规模和破坏程度总感到难以把握。危机的发生具有很大的偶然性和随机性，在危机发生之前，很少会有人意识到危机即将来临，因此危机的爆发总是让人们始料未及，防不胜防。

（2）破坏性。破坏性是指危机对生命、财产、环境造成的威胁和损失以及从精神上给人们带来的恐惧和痛苦，还包括对社会系统造成的破坏以及对社会正常运作的干扰。由于危机往往是一些突发的紧急事件，常常是在人们毫无准备的情况下发生的，因此，容易给社会或组织带来很大的恐慌和危害。如果组织应对不当，甚至可能会造成一些毁灭性的打击。

（3）紧迫性。紧迫性是指对于危机事件的处理，可供作出决策的时间是极其有限的。危机一旦爆发，其破坏性的能量就会迅速释放，并呈快速蔓延之势，如果不能及时组织应对和加以遏制，危机会急剧恶化，从而带来更大的负面影响。因此，危机处理是对决策者极为严峻的考验。

（4）聚焦性。聚焦性是指危机事件一旦爆发，其讯息就会在短时间内传播开来，成为公众关注的焦点和媒体热炒的素材，并造成巨大的社会影响。由于大众传媒事业的快速发展，信息传播具有多样化、高速化、全球化的特点，危机一旦爆发会迅速扩散。正因为如此，政府或相关组织在进行危机应对时，会受到社会公众的关注和监督，将面临很大的压力和考验。

危机主要包括四个阶段，从时间的先后顺序来看，危机一般包括危机爆发前期、危机爆发初期、危机爆发中期、危机爆发后期四个阶段。

1. 危机爆发前期

这是危机爆发前的感应阶段。事实上，所有的危机在降临之前，都会发出一系列的预警信号。如果能在这一阶段及时而准确地捕捉到这一信号，对其进行详细分析并采取相应的有效措施，就能成功避免许多危机的发生，或者在危机不可避免地爆发时及时有效应对。任正非在《北国之春》一文中指出："创业难，守成难，知难不难。高科技公司以往的成功，往往是失败之母，在这瞬息万变万变的信息社会，唯有惶恐者才能生存。"这表明，我们应该有危机意识，保持敏感性，捕捉可能存在的危机信息。

---

① Rosenthal U. Pijnenburg B. Crisis management and decision making: Simulation oriented scenarios[M]. Dordrecht: Kluwer Academic Publishers, 1991.

② 王雪芳，张红霞. 全行业危机下沟通策略的选择与消费者信任重建[J]. 管理学报，2017，14（9）：1362-1373.

2. 危机爆发初期

这是指危机开始造成可感知的损失阶段。在危机爆发时，危机的征兆会不断显现。如果管理者对于这些征兆有一定的敏感度，并给予充分的重视和警觉，及时采取适当、有效的措施，就能够将可以避免的危机消灭在萌芽期，使无法避免的危机来临时所造成的损失降至最低。

3. 危机爆发中期

在这一阶段，危机造成的破坏十分明显，对组织和个人造成持续的、不可挽回的损害。如果管理者能够正视危机，采取必要的措施，就能阻止危机继续蔓延，避免危机可能导致的连锁反应，防止造成更大的损失。

4. 危机爆发后期

这个阶段不再表现为明显的、能感知的实际破坏，而是表现为逐渐潜行而至的危机所导致的后遗症，包括对公司的形象、信誉、销售业绩以及个人声誉和心理造成的负面影响等。这一阶段，管理者的主要任务就是采取积极有效的措施，尽快减少或消除危机的影响，使个体和组织早日恢复元气。在这个阶段，管理者除了做好危机管理的经验总结，提出有针对性的改进措施，还要学会从危机中获利，弥补损失并降低危机再次发生的概率，甚至为组织创造转危为机的可能。"海尔砸冰箱"的故事人尽皆知，而事件的起因是一封抱怨产品质量的用户来信，海尔抓住了消费者投诉的"危"，迎来了公司脱胎换骨的"机"。

例如，石家庄三鹿奶粉事件经历的危机爆发前期、危机爆发初期、危机爆发中期、危机爆发后期分别对应于下面的潜伏期、爆发期、扩散期以及解决期，具体如下：

（1）潜伏期。2008 年 5 月 21 日，天涯社区"这种奶粉能用来救灾吗？！"揭露河北石家庄三鹿集团股份有限公司的儿童高钙配方奶粉问题，但帖子迅速被封。

（2）爆发期。2008 年 9 月 12 日，网上披露三鹿公关方案："安抚消费者，1~2 年内不让他们开口"，花 300 万元"与百度搜索引擎进行媒体合作，拿到新闻话语权"。

（3）扩散期。2008 年 9 月 12 日，舆论矛头直指多家著名乳业，行业危机全面爆发。

（4）解决期。2008 年 9 月 13 日，国务院启动 I 级响应机制处置三鹿奶粉事件引发的乳业危机。及至 11 月，全国范围内含有三聚氰胺的奶制品全部被召回，一些大公司的"中国名牌"产品称号被撤销。

11.1.2　危机的相关理论

在了解了危机的概念之后，危机的影响作用是否具有相关理论能够提供指导？针对这一问题，本书简单介绍了危机中常用的理论。

（1）墨菲定理主要阐述事情如果有变坏的可能，不管这种可能性有多小，它总会发生。该理论的主要内容包括：①任何事都没有表面看起来那么简单。②所有的事都会比你预计的时间长。③会出错的事总会出错。④如果你担心某种情况发生，那么它就更有可能发生。

（2）蝴蝶效应理论是指在一个动力系统中，初始条件下微小的变化能引起整个系统长期而巨大的连锁反应。这给予我们两条启示：①一个坏的微小机制，如果不加以及时地引导、调节，会给社会带来非常大的危害。②一个好的微小机制，只要正确指引，经过一段时间的努力，将会产生轰动效应。

（3）海恩法则理论是指每一起严重事故的背后，必然有 29 次轻微事故，300起未遂先兆以及 1000 个事故隐患。这主要想说明：事故的发生是量的积累的结果。再好的技术，再完美的规章，在实际操作层面，也无法取代人自身的素质和责任心。危机不可避免，但重大危机可以预防。按照这个法则，当一件重大事故发生后，我们在处理事故本身的同时，还要及时对同类问题的“事故征兆”和“事故苗头”进行排查处理，以此防止类似问题的重复发生，及时消除再次发生重大事故的隐患，把问题解决在萌芽状态。

11.2　危机管理沟通障碍

11.2.1　缺乏危机沟通意识

在危机管理沟通中，导致危机管理沟通失败的主要障碍因素包括缺乏危机沟通意识、封闭式的组织文化、沟通机制缺失、信息传递不及时和提供虚假信息等。

在危机爆发前，一些公司及管理者过分自信地认为，公司正处于上升期，危机不会降临，他们往往被眼前的成就蒙蔽了双眼。在他们看来，危机是发生在其他公司的事情，自己无须预测危机，更没有必要做任何危机前的沟通准备。因此，一旦危机发生，就措手不及，不知该与谁沟通、如何沟通。

组织管理者缺乏危机意识，不利于及时察觉危机隐患和清除组织发展潜在障碍，并且不利于员工危机意识的培养，不利于在组织中形成危机管理文化。员工是组织的基础，是具体工作的实施者、成果的创造者。员工危机意识的缺乏，将为组织高效运转带来巨大的隐患，不利于组织的长远发展。

11.2.2　封闭式的组织文化

组织文化是组织在长期发展中形成的，是组织共同的价值观和行为准则。在一个封闭式组织文化中，组织内部缺乏有效的纵向和横向的沟通，在生产第一线的员工或主管往往是最初的危机感应者。然而，当他们将自己的担忧和意见向上反映时，上层管理者不善倾听、不以为然，更不用说采取任何积极的措施了。另外,组织外部也缺乏与利益相关者和其他相关的组织和机构的沟通。一旦危机发生,组织内部就会一片混乱,气氛紧张,人心涣散,组织外部则谣言四起,各种压力纷至沓来,使事态进一步恶化。

11.2.3　沟通机制缺失

组织机构是公司各项活动正常、有序、高效进行的组织保证。许多公司没有专门的负责沟通的组织机构来开展沟通的计划、组织、控制等一系列管理活动。缺少相应的沟通制度,沟通随意性大,有的完全凭管理者的个人情绪、喜好、厌恶来取舍,带有明显的个人情感色彩,没有规则可循。管理者获取信息的沟通渠道不畅,间接渠道多,直接渠道少。传统渠道多,创新渠道少等。这些问题的存在,致使公司管理者不能全面了解下情,员工满意度低下,部门之间关系不协调,团队精神差,沟通速度慢,信息容易失真,上下级关系疏远,领导缺少亲和力等。这些都为公司危机的发生埋下了隐患。

11.2.4　信息传递不及时

危机处理的难度是与危机处理的速度成反比的,处理危机的速度越快,危机处理的难度就越小,组织的损失就越小。在组织发生危机之后,如果相关部门没有将危机的有关信息及时传递给公众,一般会引起公众的各种猜测。同时,如果公众不能及时得到有效信息,便会出现恐慌和愤怒,甚至会导致组织危机更加严重或爆发新的危机。因此,保证信息传递及时,让受众第一时间了解危机发展情况,对危机管理至关重要。对于组织而言,信息传递不及时,一方面会使得社会公众质疑组织管理效率低下,逃避责任,无法正视危机;另一方面,真实信息的缺乏使得谣言与猜疑四起,加重了公众的疑虑和恐慌,增加了危机处理的复杂性。此外,信息传递的滞后可能使组织不能及时启动危机预警系统,导致无法将危机控制在一定的范围内,使得危机处理的难度增加,最终使损失进一步扩大。

11.2.5　提供虚假信息

一般而言,公司无论大小都存在"报喜不报忧"的倾向,在危机发生时,它们往往因惧怕事态扩大而不与媒体或公众沟通,或者提供虚假信息,不愿透露真实情况,或者做做表面文章,不进行实质性的有效沟通,从而陷于被动地位,错失在危机发生的第一时间与相关各方进行有效沟通的机会。当危机发生时,所有的危机受众都有知情权并且有权参与到与其切身利益相关的决策活动。危机沟通的目的不应该是转移受众视线,隐瞒包庇危机发展情况,而是应该告诉受众真相,使他们能够参与到危机管理的工作中来,表现出积极合作的态度。面对危机要始终保持坦诚的态度,不逃避,敢于承担责任,才更容易取得社会公众的信任和谅解。

11.3　危机管理沟通策略

危机管理是指组织危机管理团队在危机意识或危机观念的指导下，依据危机管理方案，对可能发生或已经发生的公共关系危机事件进行预测、监督、控制和协调处理的全过程。危机管理主要实现六大目标：告知准确信息、统一公众认识、动员社会力量、促进危机解决、实现社会正义和完善防范机制。在危机管理过程中，公司应通过适当的沟通渠道和策略，集中组织内部的力量，统一口径，同舟共济，共渡难关，使组织与利益相关者、社会公众恢复共识、重建信任，修复组织形象。危机管理沟通主要有事前防控、事中处理和事后恢复三个环节，包括危机前的危机公关能力培训、公共关系建立、危机预警，危机中的危机处理、内外部沟通和危机后的恢复和总结，如图 11-1 所示。

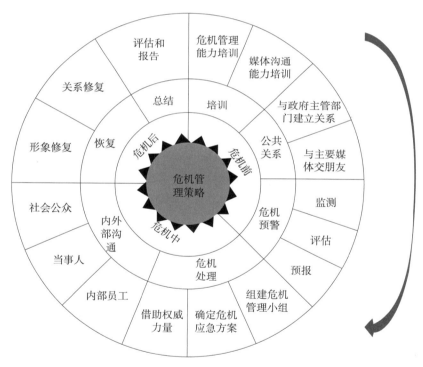

图 11-1　危机管理沟通策略

11.3.1　危机前：居安思危、未雨绸缪

正如清华大学教授彭宗超所言，"最好的危机管理就是避免危机"。因此，对于组织而言，危机防范至关重要，主要可从培训、公共关系以及危机预警三方面入手。

（1）培训。组织中的领导者和公关团队成员都需要具备一定的危机管理意识和危机应对能力，因此，对相关组织成员开展危机公关培训很有必要。培训主要应从加强危机管理能力和提升媒体应对能力两方面开展。

①加强危机管理能力。危机管理能力包括危机意识、危机防范能力和危机处理能力等。在危机培训过程中，组织应加强培养成员对危机的敏感意识和基本处理能力，能够做到未雨绸缪，及时排除隐患。此外，组织还应当提升成员的心理素质，在面临重大危机事件时，能够临危不乱、从容应对。随着时代的发展，危机会以许多崭新的形式出现。因此，在培训过程中应加入最新发生的案例和材料，使组织成员了解危机的新动态、新信息，做到与时俱进。实践是加强危机应对能力的重要一环，培训过程中应进行危机预案演练，使组织成员在面临危机时能够灵活应对。

②提升媒体沟通能力。媒体沟通能力包括建立健全的媒体公关制度、实现多样化的媒体公关途径以及掌握与媒体打交道的技巧等。在培训的过程中，应首先让组织成员充分认识到与媒体保持良好关系的重要性。在此基础上，应向组织成员介绍媒体公关途径，包括建立新闻发言人制度、进行新闻策划等。组织成员还应掌握一些与媒体打交道的技巧和原则，包括对媒体记者坦诚相待，大报、小报记者平等对待，与记者见面前充分准备，学会传达关键信息等。需要注意的是，由于互联网的飞速发展，组织需要特别注意与网络媒体开展合作，共同应对网络危机，将危机带来的负面影响压缩至最低范围。

（2）公共关系。公共关系是一个组织与公众的传播管理，该过程关注组织行为对公众影响的结果，其目的是建立一种与公众之间相互信任的关系（詹姆斯·S. 奥罗克，2011）。政府主管部门和社会主流媒体是组织向公众传播信息的两个重要渠道。因此，建立良好的公共关系需要做好两方面的工作。

①与政府主管部门建立关系。这也称为政府公关，是指组织以政府相关部门为活动对象，为了创造有利于自己的政治环境以及更好地同政府部门开展沟通合作而进行的建立公共关系的活动。政府是权威的代表，拥有着一般组织所不具有的公信力，因此其发布的消息和公告也最容易获得公众的认可。此外，政府还是政策法规的制定者和执行者，它的一举一动都将牵涉组织的利益。因此，组织在日常工作活动中要树立良好的社会形象，赢得政府的好感和信任，还应与政府相关部门保持顺畅的信息沟通渠道，当遇到一些问题或出现一些情况时，及时与政府沟通。当组织面临危机时，应及时向政府宣传部门及相关部门反映，使政府主管部门第一时间掌握事件真相，尽早发布权威信息，以避免谣言扩散。

②与主流媒体交朋友。主流媒体在公众信息传播过程中扮演着极为重要的角色。因此，组织有必要与主流媒体建立良好的公共关系，这对于组织塑造良好形象、提升公信力起着至关重要的作用。组织可以通过人际关系网或者社交活动与主流媒体结交。"媒体清单"也是与媒体建立良好关系的有效途径，它是指通过收录媒体主要信息及建立记者通讯录，保持与媒体的定期沟通，在组织需要的时候可以准确而高效地找到相应的媒体。主流媒体不仅掌握着大量的媒体资源，其权威和

影响力还可辐射到其他媒体人。如果能够长期与主流媒体保持良好的沟通合作关系，那么组织在面对危机时，媒体便不会进行恶意曝光，而是及时披露事件真相，减少对组织的负面影响。

（3）危机预警。危机预警是指组织在危机潜伏阶段进行的一切有效预防、警示工作，具体来说，是对危机的诱因和征兆进行事前监测和评判，并据此做出危机警示的管理行为。危机预警系统一般由三部分构成：危机监测子系统、危机评估子系统和危机预报子系统，如图 11-2 所示。

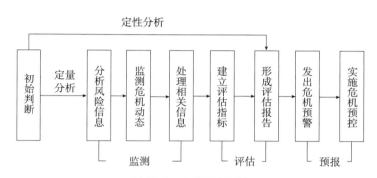

图 11-2　危机预警系统
资料来源：胡百精.危机传播管理 [M].3 版.北京：中国人民大学出版社，2014.

①危机监测子系统。危机监测子系统是指在深度分析风险信息的基础上，锁定危机议题、监测危机发展动态，收集、加工危机议题的相关信息的过程。危机监测帮助组织了解危机议题的形成原因、传播机制和变化趋向，为后续危机管理工作奠定基础。危机预测就是公司根据判断，对可能发生的突发性事件进行预测，在此基础上建立危机预防系统和危机档案。危机预测通常遵循这样几条线索：一是公司历史上曾经发生过的危机，因为危机有可能再次发生。二是同行或类似组织曾经发生过的危机。三是监测现实环境，预测现实环境变化可能给组织带来的危机，如自然灾害、贸易摩擦、行业规则的变化和市场的新趋势等。

②危机评估子系统。危机评估子系统主要负责两方面的工作：一是建立危机评估指标。组织应视实际情况设置多元、复合的危机评估指标，如财务指标、效益指标、人力资源指标、时间指标、声誉指标和公共关系指标等。二是形成评估报告。结合组织的危机评估指标和危机议题发展动态，对危机未来的变化趋势以及可能给组织带来的损害作出判断，并提供危机预控的可行性策略。

③危机预报子系统。危机预报是根据评估的结果，对危机的爆发、演进及其危害，向组织内外的利益相关者发出警报，以唤起各方的注意，采取预控措施。需要注意的是，根据危机的影响范围和紧迫程度，危机可以划分为不同的等级。针对不同等级的危机应坚持不同的应对原则，这就要求组织设立危机监测预警应对

机制。2007 年，第十届全国人民代表大会常务委员会第二十九次会议正式通过了《中华人民共和国突发公共事件应对法》。该法将公共危机划分为四类、四级：按照突发事件发生的类型，可分为自然灾害、事故灾难、公共卫生事件和社会安全事件等四类事件；按照突发事件发生的紧急程度、发展势态和可能造成的危害程度分为一级、二级、三级和四级，分别用红色、橙色、黄色和蓝色标示，一级为最高级别。

11.3.2 危机中：临危不乱、灵活应对

事前防控不能完全遏制危机的爆发，危机一旦爆发，组织应该如何应对？危机爆发后，组织一方面要重视对危机事件本身的处理；另一方面要注重与组织内外部的沟通联系。

（1）危机事件处理。

①组建危机管理小组。危机管理小组通常由组织领导、公关专业人员、一线工作人员、法律工作者和接待人员组成。危机管理小组的职责具有广泛性的特点，包括总务、对外联络、宣传、保险、法规、补给和当地派遣等方面。一般来说,危机管理小组由领导小组和执行小组两部分构成。领导小组负责定战略、做决策，要具备准确界定危机的性质、类型与评估危机程度的能力，是整个危机管理小组的"大脑"；执行小组负责贯彻和执行方案，是危机管理小组的"肢体"。组建危机管理小组首先应确定领导小组的人员，然后再由其挑选执行的组员。危机管理小组的成员并不是一成不变的，它可以根据实际情况对人员构成进行及时的调整。

②确定危机应急方案。应急方案应该包括时间、地点、人物、方式四个基本要素，即什么时候处理，在哪里处理，由谁处理，以什么方式处理。对于危机处理的时间，一般是越快越好，尽量在危机扩散之前处理好。对于危机处理地点，应视事件的性质，或私下与当事人商议，或召开媒体发布会向大众公开情况。此外，还应统一安排媒体采访和新闻发言人，在进行信息发布及媒体应对时应注意统一口径，保持前后一致。组织当中的其他员工一律不允许随便接受采访和发表言论，以此保证组织对外传播信息的可靠性和一致性。

③借助权威力量。权威因其客观性和专业性而受到公众的信任，因而具有较强的社会影响力。在危机爆发后，尤其是出现信用或质量危机时，仅仅依靠组织自身的力量是远远不够的，甚至会使公众产生逆反的心理，因此组织需要学会借助外力，依靠权威力量帮助自己走出困境。组织可以借助的权威力量可以是独立的第三方权威机构，如政府主管部门、质监部门、科研机构、行业协会、司法机构和审计机构等；也可以是权威人士，如行业专家和学者等。在借用权威力量的过程中，组织应该利用权威引导公众避免情绪激化，走向理性和建设性的评判。

（2）内外部沟通。

①内部员工。面对危机，组织内部不可乱了阵脚，内部的团结一致将为危机的化解提供有力支撑。应当充分认识到，组织成员是最重要的公关对象，因为他们既是内部公关的客体，又是外部公关的主体。组织内部关系协调得好，可以使内部公众和组织始终处于相互理解和同心协力对付危机的状态。危机发生后，除了迅速调集人员成立危机管理小组、安排统一的新闻发言人之外，组织还需要做好其他员工的情绪安抚工作，以维持组织的正常运转。需要注意的是，除了新闻发言人，组织应禁止其他成员与媒体接触，更要防止员工私自将危机情况发布到网上等情况发生。

②当事人。当事人是因为危机事件而直接或者间接受到影响的人。对于当事人，组织应当以人为本，在第一时间表示真切的关怀并且公开致歉，承担组织应该承担的责任，不可敷衍搪塞。查明当事人的损失，在真诚沟通的基础上，根据损失程度给予物质和精神上的补偿。

③社会公众。危机发生后，受到影响的不仅仅是少数的当事人，还有广大的社会公众。因此，组织要面向广大公众，诚挚道歉，并且要将危机处理的进程、措施及结果及时公之于众。需要注意的是，即使组织在危机事件当中没有过失，也不要急于跳出来反驳，不要与媒体、公众"打口水仗"，这样做的结果往往是两败俱伤，即使弄清了事实真相也会失去公众的好感。正确的做法是：组织应当双管齐下，积极应对。一方面，组织可以请第三方权威部门或专业人员解释原因、澄清事实；另一方面，组织应当与主流媒体保持沟通，使媒体能够在第一时间披露真相，消除公众的误解和疑虑。

11.3.3　危机后：转危为安、前车之鉴

（1）形象恢复。形象恢复是指消除危机带来的不利后果，恢复或重建组织的声誉，再度赢得社会公众的理解和支持。形象恢复的有效措施包括对内和对外两个方面。对内，应动员全体员工以积极主动的态度参与决策，制订新的发展规划，让组织成员对未来发展充满信心；同时对危机中暴露出来的不足进行改善，进一步完善组织的各项制度和措施，有效地规范组织行为。对外，要针对组织形象受损的内容和程度，重点开展有利于恢复组织形象的公关活动，同时以更加优质的服务和产品，从根本上改变公众对组织的不良影响。

公司要消除负面影响，化解媒体危机，需要通过不断的努力，树立公司的正面形象，并善于横向聚焦，主动设定宣传基调和角度，自主形成舆论的"漩涡"，用大量的正面信息"卷走"负面信息。如果无法自主形成舆论"漩涡"，还可以借助于舆论"黑洞"。当某主体负面新闻出现时，如果发生了其他重大事故或其他具有强大社会影响力的事件，媒体和公众对事件的关注度极高，以至于将绝大部分

甚至全部注意力转移，形成舆论"黑洞"，该主体的媒体危机就得到了缓解。

（2）关系修复。组织经历危机之后，组织的成员、合作伙伴、股东和媒体等相关利益者很容易出现不同程度的疏离，最终动摇组织内部成员信心，影响组织进一步发展等。因此，修复组织内外部关系就显得尤为重要。对内，可以在员工大会上对员工在组织形象修复上的支持表示感激，并对在危机处理过程中表现出色的人员给予奖励；对外，可以通过声明和书面信函对合作者、股东和媒体朋友的关心和支持表示感谢，并承诺对危机给各位带来的损失进行赔偿。

（3）评估和报告。管理者应在每一次危机事件之后做好评估总结，检讨在前期危机防控及处理中的失败之处，使评价的结果成为组织处理危机的经验，并供组织成员学习和交流，为今后可能发生的类似危机事件做好更周全的准备。一般来讲，危机后的评估工作报告包括五方面，见表 11–1。

表 11–1   危机评估报告

序号	评估程序	具体内容
1	恢复运营	制定恢复正常运作的程序及执行人员的职责
2	文件归档	危机相关的新闻报道、组织文件归档，以备用于索赔、呈报或诉讼等
3	事件彻查	导致危机的根本原因，制定有效的防范措施
4	损失评估	有形资产损失和无形资产损失评估
5	事后总结	危机处理过程中的成功之处、存在的问题以及改善方案

改编自：岑丽莹. 中外危机公关案例启示录 [M]. 北京：企业管理出版社，2010.

危机评估报告是公司危机管理的重要环节，它对制定新一轮的危机预防措施有着重要的作用。通过危机评估工作，组织决策者和管理者可以有效提高管理水平和危机判断能力，增加应对危机的经验，在面对新一轮危机时能够快速、准确地进行判断和把握，从而作出正确的决策。

11.4   危机下媒体沟通技巧

危机具有聚焦性，危机事件容易成为媒体热炒的素材。媒体如果聚焦报道危机事件，会快速扩散危机事件。此时，相关组织需要掌握一定的媒体沟通技巧，以降低危机带来的损失，甚至于化危为机。本部分主要介绍危机下媒体沟通的技巧，包括媒体沟通的原则和新闻发布技巧。

11.4.1   危机下的媒体沟通原则

危机媒体沟通要遵循承担责任、真诚沟通、速度第一、系统运行及权威证实五大原则，即"5S"原则。

1. 承担责任原则

在组织危机发生之后，公司应该首先坚持承担责任（shoulder the matter）原则，多反思自身在事件中存在的不足，承担应负的责任，而不是为了保全声誉而推卸责任。在危机发生后，公众在情感上往往会受到创伤，此时危机主体应主动承担责任，避免因推脱责任而加深公众的反感，同时在情感上予以同情和安慰。

例如，华住集团的危机处理就忽略了"承担责任原则"，导致危机并未得到有效化解。[①]2019 年 10 月 17 日，一些消费者反映，华住集团旗下有的酒店要求住客扫码入住，实际上却是将住客变成自己的"会员"。由此，住客的个人信息均可能被收集留存。该事件引发了公众对个人隐私安全的担忧，华住集团也被推到风口浪尖，微博话题"华住酒店涉嫌隐私侵犯"的阅读量已超五千万。但是，华住集团随后发表的声明，表示强制住客扫码入住只是"部分前台工作人员所为"。针对这一现象，华住集团将开展内部整治和培训工作，同时优化信息安全管理，保障住客的信息安全。华住集团将责任"甩锅"给工作人员，并未主动承担责任，因此，公众还是无法消解对隐私问题的担忧。

2. 真诚沟通原则

组织若处于危机漩涡中，便会成为社会公众和媒体的焦点，因此千万不要有侥幸心理，企图蒙混过关。组织应该主动与新闻媒体联系，尽快与社会公众沟通，说明事实真相，促使双方相互理解，消除疑虑与不安。

真诚沟通（sincerity）是处理危机的基本原则之一。这里的真诚是指"三诚"，即诚意、诚恳、诚实。诚意是指在事件发生后的第一时间，公司的高层应向公众说明情况，并致以歉意，从而尽可能赢得消费者的同情和理解；诚恳是指一切以消费者的利益为重，及时与媒体和公众沟通，向消费者说明危机处理的进展情况，重拾消费者的信任和尊重。需要注意的是，在及时沟通过程中应把握好引导的度，不能把引导变成对社会舆论的强制干预。诚实是危机处理最关键也最有效的解决办法。我们可能会原谅一个人犯错，但不会原谅一个人说谎。与公众进行危机沟通最重要的基础是在组织与公众之间建立信任。信任来自很多方面，最重要的是诚实。诚实有助于建立信任，使危机沟通更有效。面对危机更应该以诚信为本，唯有如此，才能克服困难，化危机为转机。在进行危机事件媒体传播的过程中，应尽量做到"快讲事实、重讲态度、多讲措施、慎讲结论"，迅速告知公众事件的真相，着重表明诚信负责的立场，反复强调已采取的应对措施，在事件未有定论之前不要贸然公布不合理、不合情、经不起推敲、未经核实的所谓"结论"。

---

① 中国名牌微信公众号 . 2019 年十大品牌危机公关案例，教你如何转危为安 [EB/OL].[2019-12-19]（2021-05-24）. https://mp.weixin.qq.com/s?src=11&timestamp=1623750297&ver=3132&signature=RdHcxUTBEWW*NvxRPFv*BsQ*Wqd7So5Ph4P2onuMOwXA8Cbf4Lvjm7pwMHOcSfZiSWwmrBWSSns0hUkQfxffO7cbRVpF6rWsUdsj6-pq3KbIoiGoi2qg3F-QU5TiD*l&new=1.

例如，京东金融的危机处理符合真诚沟通原则，使得危机的负面影响较小①。2020 年 12 月，京东金融推出一个广告视频：飞机客舱内，一名身着迷彩服的中年男子因母亲身体不适，想要请空姐帮忙开窗或者换座，遭到其他乘客嫌弃。空姐提出升舱方案，但"需支付升舱费 1290 元"，该男子看着手机上两位数的存款余额面露难色。这时，一位身着西装的男士提出"升舱的钱我来出"。随后，该西装男子拿过迷彩服男子的手机，将其京东金融借款额度 15 万元调出，称"这是你在京东金条的备用金，以后紧急用钱的时候可以随取随用，就不怕被人笑话了"。此广告一出即引来广泛批评，网友们认为其情节设计缺乏逻辑、内容低俗，被网友嘲讽为"雷人""无下限"。面对危机，12 月 15 日，京东金融 App 在微博上发表道歉声明，表示："我公司已第一时间将该视频下线，经过内部的严格调查，该短视频传播系因团队管理不善、审查不严，导致违规上线。我们将认真吸取教训，深刻反思整改。"12 月 17 日晚间，京东集团官方微博发布了"关于京东金融短视频事情的诚挚道歉"的微博。京东在道歉微博中表示，"京东金融短视频广告事件不仅仅是管理审核的问题，更是操作团队的导向、文化和价值观出了问题，一味地为了追求业绩，迷失了自我，丧失了责任，丢掉了初心！京东集团已经对该事件成立了专门的调查小组，将从源头查起，不放过每一个环节，围绕组织、机制、流程进行全方位诊断，从团队文化的根源深处找问题，并对相关管理者和责任人进行严肃处理！"由于京东符合真诚沟通原则，态度较好，及时与媒体和公众沟通，向消费者说明危机处理的进展情况，因此在这次危机事件中获得了较高的危机回应评分，由低俗广告事件引发的负面效应快速消退。

3. 速度第一原则

好事不出门，坏事行千里。在危机出现的 12~24 小时内，各种消息会像病毒一样，以裂变的方式高速传播。而这时候，可靠的消息往往不多，社会上充斥着谣言和猜测。组织的一举一动将是外界评判组织的主要根据。媒体、公众及政府都密切关注组织发出的第一份声明。对于组织在处理危机方面的做法和立场，舆论赞成与否，往往都会立刻见于传媒报道。如果此时组织反应迟钝，不能迅速查明真相，并在第一时间给社会公众和媒体一个解释，一方面，会让公众感觉组织管理效率低下、不敢直面危机、逃避责任；另一方面，信息真空就有可能会被误解、猜测、流言所占据，使问题更加复杂。而以最快的速度扼制危机，往往成本更低、效果也更理想。因此，组织必须当机立断、快速反应、果决行动，并与媒体和公众沟通，以迅速控制事态。危机发生后，能否首先控制住事态使其不扩大、不升级，是组织处理危机的关键。当然，组织迅速反应，必须建立在充分准备的基础上。

---

① 第一财经．京东就金融广告事件道歉：价值观出了问题，成立调查小组严肃处理 [EB/OL].[2020-12-18]（2021-05-24）．https://www.yicai.com/news/100882136.html.

危机事件发生后，应第一时间控制住事态，使其不扩大、不升级、不蔓延。为此，组织应该把握四个"第一时间"：①在事件发生后，第一时间赶到现场进行紧急处理，迅速组织危机公关小组，及时了解和掌握第一手资料，制订危机应急方案。②在记者到达后，第一时间接待他们，准备好接受采访。③在媒体报道前，第一时间提供权威消息，给媒体提供新闻标题甚至新闻稿，运用权威信息引导媒体。④在舆论形成前，第一时间召开新闻发布会，让人们第一时间知道现场的消息、事件的发展与结果，及时纠正先前发布的不准确的信息，补充遗漏的信息。

例如，顺丰快递员被打之后，顺丰集团的快速反应体现了危机处理"速度第一"的原则。[①]2016 年 10 月，一顺丰快递员在派件过程中，其驾驶的三轮车与一辆小轿车在北京某小区内狭窄道路上不慎发生刮擦。轿车车主下车后口出恶言，还连续扇了该快递员数记耳光。该快递员并未还手，还不停地向轿车车主赔礼道歉。这一事件的视频很快流传到网上，并在网络发酵。顺丰集团官方微博在事发后不到 24 小时就连续发文，呼吁追究肇事者责任。顺丰集团总裁王卫也在其朋友圈表态："如果这事不追究到底，我不再配做顺丰总裁！"之后，针对打人者想进行调解的主张，顺丰再次发布声明表示拒绝，建议追究打人者的刑事责任。顺丰总裁王卫在接受多家媒体线上采访时也表示："无论给多少钱都不会去对这事妥协。"顺丰面对危机时，快速响应的做法顺应了舆论风向，也温暖了员工，成功赢得了公众好感，被认为是一家懂得保护员工的良心公司。

4. 系统运行原则

组织在危机管理时必须系统运作（system），绝不可顾此失彼。只有这样，组织才能透过现象看本质，创造性地解决问题，化害为利。危机系统运行注意事项，见表 11-2。

表 11-2 危机系统运行注意事项

注意点	注意事项说明
以冷对热以静制动	危机会使人处于焦躁或恐惧之中，所以组织高层应以"冷"对"热"，以"静"制"动"，镇定自若，以减轻组织成员的心理压力
统一观点稳住阵脚	在组织内部迅速统一观点，形成对危机事件、事故的清醒认识，从而稳住阵脚，为解决危机创造有利条件
组建班子专项负责	一般情况下，危机公关小组由组织公共关系从业人员和组织涉及危机的高层管理者直接组成。这样，一方面是高效率的保证，另一方面是对外口径一致的保证，使公众对组织处理危机的诚意感到可以信赖
果断决策迅速实施	危机瞬息万变，在危机决策时效性要求和信息匮乏的条件下，任何模糊的决策都会产生严重的后果。组织必须最大限度地集中资源，迅速作出决策，系统部署并付诸实施

① 贾璇. 快递小哥被打，顺丰强势应对 [J]. 中国经济周刊，2016（16）：11.

续表

注意点	注意事项说明
合纵连横 借助外力	当危机来临，组织应和政府部门、行业协会及新闻媒体充分配合，联手应对危机，增强组织的公信力和影响力
循序渐进 标本兼治	组织要真正彻底消除危机，需要在控制事态后及时、准确地找到危机的症结，对症下药，谋求治本。如果仅停留在治标阶段，就会前功尽弃，甚至引发新的危机

改编自：王瑞永，王晔，邹晓春.管理沟通：理论、工具、测评、案例 [M].北京：化学工业出版社，2014.

5.权威证实原则

在危机事件的处理过程中，很多公司的第一反应是要尽快澄清事实，证明自己的清白。然而，作为事件的当事人或责任人，自我辩解不仅难以证明自己的清白之身，有时候反而会越描越黑，甚至引起社会公众的强烈反感。因而，在危机发生后，组织不能仅仅依靠个体的解释与澄清，而要依靠独立的第三方（权威人士和意见领袖）为组织说话，他们的影响力和可信度能使社会公众降低对组织的警戒心理，有利于组织重获社会公众的信任。对部分公司来说，即使无法得到权威机构的直接支持，也可以配合权威机构的调查，撤回问题产品。这样比起自证清白更能取信于人。

例如，"东方之星"轮船翻沉事件就体现了权威证实（standard）原则。[①] "东方之星"轮船翻沉事件发生在 2015 年 6 月 1 日 21 时 28 分左右，从南京驶往重庆、载客 458 人的"东方之星"客轮在长江中游水域，遭受龙卷风侵袭，造成整船沉没。截至 6 月 7 日，遇难者人数升至 431 人，14 人幸存，11 人下落不明。事件发生后，公众可能对"东方之星"轮船翻沉存在以下的疑问：①龙卷风能否造成客轮瞬间倾覆？②为何翻船前没有发出求救信号？③多次气象预报，失事船舶为何不停航靠岸？④除了天气原因，有无操作上的失误？⑤为什么船长和船员先得救？⑥为何不立即切割船体？⑦船只出事前为何掉头？⑧为何获救的人不多？⑨是否有安全救生演习？

"东方之星"轮船翻沉事件应急策略的关键是权威信息的即时更新，按照习近平总书记的要求，以及时、准确、公开、透明的原则发布信息，主动发布权威信息。李克强总理要求相关部门每小时向媒体通报最新救援进展等重大信息。经国务院批准，成立了由安全监管总局、工业和信息化部、公安部、监察部、交通运输部、中国气象局、全国总工会、湖北省和重庆市等有关方面组成的国务院"东方之星"号客轮翻沉事件调查组，并聘请国内气象、航运安全、船舶设计、水上交通管理和信息化、法律等有关方面的院士、专家参加。同时，调查组还委托第三方机构

---

① 刘思扬，吴丹，耿欣.努力掌握灾难报道舆论引导主动权——新华社关于"东方之星"客船翻沉事件报道简析 [J].中国记者，2015（8）：42–44.

对船舶建造、历次改建以及事发前实载状态进行了认真的复校核算。从 6 月 1 日到 6 月 7 日，政府部门已召开 14 次新闻发布会，积极回应社会关切。正是由于在处理这一危机事件时，政府采用了权威证实原则，才能较好地处理此次危机。

如果未实施这一原则，则可能无法在危机发生时，使公众信服。例如，2009年 11 月和 2010 年 1 月，北京市连续两次出现饮用雪碧造成汞中毒的事件。事件发生后，北京可口可乐饮料有限公司对媒体坚称"提供给消费者的饮料绝对安全可靠"，同时表示雪碧"生产过程绝无含汞环节"。为彻底查清"问题雪碧"的安全性，位于天津开发区的中国包装科研测试中心对雪碧罐进行密封性检测，检测结果由北京警方进行发布。

当可口可乐公司单方面宣称雪碧绝对安全可靠时，不能令公众信服，无法消除广大消费者对产品安全的疑虑。而当权威第三方（中国包装科研测试中心）进行了检测鉴定，并由北京警方发布检测结果之后，社会公众的警戒心理更容易被破除。这便是权威证实原则的意义所在。

11.4.2　新闻发布技巧

在媒体飞速发展的今天，对于组织而言，掌握全媒体的传播规律，坚持媒体沟通的原则，在提升传播影响力的同时，增加危机抵御力，是建立与维护良好组织形象必不可少的软实力。新闻发布会是组织向媒体回应公关举措最为常用的新闻活动，是将不同的媒体代表召集起来，新闻发言人先发布新闻，再回答记者提问的媒体公关活动。组织要想与媒体沟通好，还需要掌握一定的新闻发布技巧。

（1）会前准备。会前准备是组织方为新闻发布会的正式召开提前进行的策划、筹备工作。会前准备是一个非常重要的环节，准备的周密与否直接关系到新闻发布会能否顺利进行。在会前准备阶段，有以下五项工作需要开展。

①选择地点。召开新闻发布会的地点选择需要综合考虑：a. 主题。地点的选择应与新闻发布会的主题相符。危机事件的发布会属于较为正式、严肃的主题，因此，应当选择大型会议室或者酒店的会议场所。b. 规格。如果新闻发布会要解决的问题影响较大，最好选择在大都市四星级以上的酒店召开，这样既可以方便来自全国各地的记者和与会人员到场，又可以显示出主办方对此次新闻发布会的重视程度。c. 人数。地点的选择应充分考虑与会人数的多少，既不要拥挤不堪，让来宾和记者无处立足，也不要空空荡荡，让人觉得发布会不受重视。

②邀请来宾。新闻发布会需要提前确定来宾。通常情况下，需要邀请的来宾包括两类，一是各路媒体记者，二是主管部门的有关领导。对于来宾，有以下三点需要注意：a. 应尽量邀请主流媒体参加新闻发布会，这些媒体最好来自不同的省市地区，类型应覆盖报纸、杂志、电视和广播等，这样可以保证新闻发布会的影响力和权威性，使得更广泛的群体能够了解此次新闻发布会的内容。b. 邀请的政

府领导应包括与此次危机事件相关的主管部门领导以及宣传部门领导。c. 来宾名单一旦确定，应及时派专人发放请柬，以便媒体单位和有关领导进一步询问和了解详情。

③模拟演练。由于新闻发布会过程中，尤其是记者提问环节存在着许多不确定因素，因此在新闻发布会正式召开前进行模拟演练十分必要。模拟演练可以使新闻发言人更好地熟悉流程，并且对一些可能出现的突发状况进行预测，做到心中有数。模拟演练应划分为三个阶段：a. 新闻发布。在该阶段，新闻发言人应向公众发布关于整个危机事件的相关信息，并做到语句顺畅、要点突出。新闻发布应尽量脱稿，但可以在桌面上准备一份稿件，这一方面表明新闻发言人是有备而来的，另一方面也可以使新闻发言人更有底气，讲话更加流畅有力。b. 答记者问。在该阶段应组织相关人员扮演媒体记者进行提问。新闻发言人应准备纸笔，对提问的要点进行记录，并逐一回应。在回答问题的过程中还应注意时间的把握，通常一个问题的回答应控制在 3~5 分钟，最长不宜超过 10 分钟。c. 专家点评。在模拟演练的最后阶段，由具有新闻发言经验的专家对新闻发言人的表现进行点评，并提出改进建议。

④会场布置。会场布置能够体现新闻发布会的水平，应做到考虑全面、细致入微，需要注意：a. 会议厅的正大门旁应设置专门的通告牌，并由礼仪人员设置来宾指引。b. 由于新闻发布会的主题是关于危机事件，因此，背景设置应首选冷色调。c. 室内温度应调至较低，这样可以使记者和来宾保持冷静，避免变得情绪失控。d. 应合理安排座位，前几排提供给笔录记者，后几排提供给摄影记者。e. 新闻发言人的讲台应与记者保持一定的距离，这样可以使新闻发言人免受影响。f. 一些常规事项，如主席台、背景、座椅、台签、矿泉水和麦克风等应再次检查，确认无误。

⑤材料发放。新闻发布会正式开始之前应向到场的记者发放新闻通稿和背景材料。新闻通稿是指在对外发布信息时，为了控制宣传口径而发送给所有媒体记者的统一文本。新闻通稿的主要内容是对危机事件的事实说明，通常包括对象、场所、时间、人员、为什么和方式（5W1H）。与新闻通稿不同，背景材料则包含与新闻发布会有关的更多细节内容，如事件背景、讲话重点、政策文献摘要、未来走向预测。

（2）会中应对。新闻发布会的主体可以分为两个部分，即发布新闻和答记者问。在发布新闻阶段，新闻发言人可以按照事先准备好的内容将危机事件的详细情况向大家宣讲，较为容易把握。在答记者问环节，由于无法事先预测所有可能出现的提问，这一阶段经常会有很多意料之外的情况出现，这对新闻发言人的临场应对能力也是一个极大的考验。新闻发言人在发布会过程中如果能够注重一些要点、掌握一些方法，则能够提升应对水平，以一个更加积极、正面的形象展现给公众。

①原则把握。新闻发言人在发布消息和答记者问的过程中，需要用底线思维

定边界，把握一些重要原则，这样才不会出现大的失误和纰漏。这些原则包括：a.不说假话。新闻发言人的职责就是表明组织的观点和立场，为社会公众提供真实可靠的信息。如果新闻发言人的讲话内容与事实不符，那就必然导致谣言四起，最终失去公信力。b.不乱说话。虽然新闻发布会强调要尽可能多地向公众提供真实、准确的信息，但也并非要求新闻发言人口无遮拦、每问必答。前外交部长李肇星曾经说过，发言人应当做到"假话全不说，真话不全说"。当记者提出的问题涉及国家、组织机密时，新闻发言人可以在解释清楚原因之后，义正言词地拒绝回答。沈国放在做外交部发言人时，在一次新闻发布会上有记者问："你能否证实中国军队最近将在福建沿海进行军事演习？"沈国放略加思索后回答说："我不知道你说的情况，我不愿意冒刺探军事情报的风险。"记者听后，没有再继续追问下去，记者知道军事机密问题是不应该问的，他犯了常识性的错误。c.平等对话。新闻发言人在答记者问环节，既不能过于强势，使得与提问记者之间的关系出现对立，又不能太过被动，导致场面出现失控。正确的做法是树立与记者平等沟通的意识，做到积极主动、准确把握、合理引导，这样才能获得公众的理解和认可。

②仪表形象。新闻发言人在登台亮相时，会给在场的记者和来宾留下非常关键的第一印象，因此仪表形象显得非常重要。对于新闻发言人来说，最基本的要求是仪容整洁、仪表脱俗、仪态端庄。男士应该穿深色的西服，不要穿休闲装，不要有太明显的条纹和花哨的色彩图案，不戴图案奇特的领带。女士应该穿正装套裙，避免穿着有明显图案的衣服，或佩戴耀眼的珠宝饰物。妆容保持清淡自然即可。

③举止态度。新闻发言人一定要给人信心十足的感觉，姿态和表情应该稳重大方，适当运用手势，彬彬有礼却不咄咄逼人。在回应外界质疑或反对意见时，应慎用肢体语言，以免挑起提问者的不满和对立情绪。新闻发言人在讲话时应采用温和平缓的方式，做到表情放松、语气平和、眼神亲切，尽量拉近与提问者的心理距离，争取其信任。可以把音调适当降低，这样会更加表现出权威感。

④语言运用。新闻发言人必须善于引导记者、说服记者、打动记者，因此懂得新闻发布的技巧非常重要。新闻发言人的语言表达要掷地有声、有理有据、简洁准确，少讲官话、空话、套话。要善于运用语言技巧，让说出的话语在记者当中产生认同。一个成熟的新闻发言人应该能够体现出独特的语言魅力和风格，既要做到准确、简洁、有力，体现出无可辩驳的权威性与内在的逻辑力量，同时语言还要清晰、流畅、生动、形象，富于感染力。

（3）会后跟进。会后跟进制度是为了进一步消除危机事件在公众心中的负面影响而建立的。通过后期的跟踪和服务，组织可以及时观察公众的舆论方向，逐步树立公众对组织的信心，从而将危机事件转化为组织的发展机遇。会后跟进渠道主要包括以下三种：

①主流媒体的报道。在新闻发布会召开之后，组织应当对媒体的新闻报道及有关评论进行跟进。当媒体的新闻报道与事实不相符合时，组织的公关部门应当及时与相应的媒体进行沟通，对谬误或不当之处进行纠正，防止错误信息的进一步扩散。此外，组织还应当对媒体的有关评论进行关注，若有关评论趋于正面，则表明危机事件并没有给媒体留下太多的负面印象，组织的公关部门继续与媒体保持常规联系即可。若有关评论趋于中性或负面，那么表明新闻发布会没有起到应有的效果，此时公关部门应加强同媒体的沟通与互动，不断传达组织积极、正面的信息，逐步修复组织形象。

②用户的回访。公司型组织在新闻发布会召开之后，应及时对用户进行回访。危机事件发生后，由于用户受媒体影响，难免会对公司的产品和服务产生质疑。无论危机事件是否属实，用户都会在一定时期内对公司给予负面评价。这时，组织应当主动与用户进行沟通和对话，听取他们的意见，并做出恰当合理的解释。在此基础上，公司应当对用户的损失提供一些补偿，这样有助于减少用户对公司的负面评价，重塑公司形象。

③主管部门的意见态度。在会后跟进的渠道中，与政府主管部门的交流是非常关键的。政府主管部门会在危机事件发生后的第一时间介入调查，并通过媒体渠道传达自己的意见和态度。组织应主动配合政府主管部门的调查，并及时向政府汇报危机事件的处理进展和用户反馈等相关信息。此外，政府主管部门还掌握着大量的资源，能够在很大程度上决定组织今后的发展和走向。因此，组织应当在危机事件发生后，以诚恳的态度寻求政府主管部门对于组织今后发展的意见和建议，并逐一采纳、加以落实，这样有利于赢得政府主管部门的好感和信任，为日后的发展创造有利条件。

【本章小结】

1. 危机的四大特征：突发性、破坏性、紧迫性和聚焦性。

2. 危机的相关理论：墨菲定理、蝴蝶效应理论和海恩法则。

3. 危机发展的四个阶段：危机爆发前期、危机爆发初期、危机爆发中期和危机爆发后期。

4. 危机管理沟通的障碍：缺乏危机沟通意识、封闭式的组织文化、沟通管理薄弱、信息传递不及时和提供虚假信息。

5. 危机管理沟通的策略。

（1）危机前：培训、公共关系和危机预警。

（2）危机中：危机事件处理和内外部沟通。

（3）危机后：形象和关系恢复、评估和总结。

6. 媒体沟通的原则：承担责任原则、真诚沟通原则、速度第一原则、系统运行原则和权威证实原则。

　　7. 新闻发布的技巧。

　　（1）会前准备：选择地点、邀请来宾、模拟演练、会场布置和材料发放。

　　（2）会中应对：原则把握、仪表形象、举止态度和语言运用。

　　（3）会后跟进：主流媒体的报道、用户的回访和主管部门的意见态度。

【问题讨论】

　　1. 危机具有什么特点？

　　2. 如何预防危机？

　　3. 危机下的媒体沟通应该注意什么？

　　4. 新闻发布的技巧有哪些？

【案例分析】水滴筹的危机公关处理

　　2019 年 11 月 30 日，一个曝光水滴筹在医院"地推"的视频，引发网民对网络筹款的热议。视频显示，网络筹款平台"水滴筹"在超过 40 个城市的医院派驻地推人员，逐个病房引导患者发起筹款。志愿者对募捐金额填写随意，对求助者财产状况不加审核甚至有所隐瞒，捐款用途亦缺乏监督。

　　现场的一位经历者回忆称，当时他在医院，有线下工作人员找他聊，他曾对地推人员追问"大家都知道的互联网平台为什么要地推"等问题，但没有得到答案，那些工作人员听到质疑后转身就走了。在操作的过程中，"筹款顾问"并没有核实患者病情、财产状况等信息，而是直接套用模板编故事，随意填写筹款金额，鼓励患者大量转发筹款信息。这一事件发生后，微博话题"水滴筹医院扫楼筹款漏洞多"阅读量已达 2.2 亿，讨论量达 2.3 万，其中网友们对水滴筹的指责、批评声居多。此外，该事件更是引发了公众对整个网络筹款平台的信任危机。

　　就在当天，水滴筹在微博发布声明："针对日前媒体报告线下筹款顾问引发的公众讨论，水滴筹高度重视，已第一时间由水滴筹总经理牵头，线下各区域筹款顾问负责人以及其他相关负责人成立紧急工作小组，在全国范围内尤其是宁波、郑州、成都等地，开展相关情况排查。"该声明主要强调了两个要点：一是主动求证，对违规现象展开调查，如发现情况属实，将给予严惩；二是主动担责，线下服务团队全面暂停服务，整顿类似违规行为。

　　2019 年 12 月 2 日，水滴筹再次发布声明，重点如下：

　　（1）初步调查显示，线下人员违反服务规范的类似现象确有不同程度的存在，我们还在进一步排查和发现问题，也会及时向公众公布进展。

　　（2）公司管理层认为，这类问题的核心是公司的管理问题，水滴筹公司管理层自身必须对此负责，承担相应的管理责任。

（3）就大家关心的绩效问题，水滴筹决定予以调整：舍弃原有以服务患者人数为主的绩效管理方式，调整为以项目最终过审的合格通过率为依据，考核围绕筹款全过程，侧重项目真实合规和服务质量维度。同时，成立独立的服务监督团队，发现和查处不同渠道反馈的问题。

（4）作为水滴公司非盈利模块的一部分，水滴筹从成立以来就一直坚持免费服务，相当长的时间里还以救助金方式帮用户承担渠道手续费。报道中提及的"提成"实为公司自由资金支付给线下服务团队的酬劳，并非来自用户筹款。

（5）我们将进一步强化监督机制，也将积极参与并推动正在倡导的行业自律机制，主动将相关举措落实到位，欢迎指导单位、媒体和广大社会爱心人士继续关注监督我们，帮助我们发现和改正问题。

水滴筹的公关反应举措在很大程度上降低了危机的负面影响，适当挽回了品牌形象。

改编自：中国名牌微信公众号.2019年十大品牌危机公关案例，教你如何转危为安 [EB/OL]. [2019–12–19].（2021–05–24）. http：//www.bdfumian.com/goguananli/17415041002.html.

思考讨论题：

1. 从危机处理的原则与措施来看，你觉得水滴筹在危机处理中遵循了哪些原则？

2. 在危机沟通过程中，你认为水滴筹还可以采取哪些措施以达到更好的效果？

3. 你认为应该如何避免类似的危机发生？

第 12 章 跨文化沟通

交流也是生产力。

——李肇星

【学习目标】

➤ 了解文化和跨文化沟通的含义。

➤ 了解管理沟通过程中常见的文化差异。

➤ 了解跨文化沟通的障碍与沟通原则。

➤ 掌握跨文化沟通中的组织策略与个人策略。

【导引故事】中国化工的并购之路

　　成立于 2004 年的中国化工，是在原化工部所属公司蓝星集团、昊华集团等基础上组建的中央公司。自 2006 年第一次跨国并购法国安迪苏公司开始，到 2021 年 3 月 31 日晚间中国中化集团有限公司与中国化工宣布实施联合重组为止（两家公司重组后称为中国中化控股有限责任公司，简称"中国中化"），中国化工及下属公司共完成了 10 起跨国并购业务。在其收购的 10 家海外公司中，有 7 家位于发达国家，其中 4 家具有超过 100 年的历史，大多数为跨国公司。10 家公司都拥有世界领先的技术资源，且它们的行业市场地位至少位列全球前五。通过一连串成功的海外并购，中国化工正在迅速缩小与国际化工巨头的差距。

　　既要"买得来"，更要融合

　　把握好每一次收购，重点环节不是"买得来"，而是"管得住"。对于每一次并购机会，"买得来，管得了，干得好，拿得进，退得出，卖得高"是中国化工坚持的整合战略，而贯穿其中的"文化融合"则是并购成功的主要因素之一。

　　中国化工的实践表明，并购前期，双方高层人员之间的信任是并购协议达成的关键因素。中国化工相信，国际并购不仅仅是商业行为，更是人的沟通、文化的融合。基于人际沟通的信任关系是在较长的时间内，人际间真诚互动而产生的，而短时间内的"在商言商"性质的交流难以产生信任。

并购完成后，如何管理被收购的公司？对此，中国化工认为，最重要的仍然在于"文化的融合"——善于发现被收购公司的亮点及其优秀文化，而非把自己的文化进行灌输。

在每次收购协议签署后，中国化工的前董事长任建新都要给海外公司高管和员工写信，介绍中国化工的公司理念、创业历程和发展远景，对收购的意图、举措和下一步规划表达清楚，尤其是将管理层和员工留用计划公布于众，以图增加对新股东的理解与认同。

面对越来越多的国际化员工，中国化工每年邀请工会代表和员工代表来中国参观考察，向他们展示中国文化的博大精深和中国公司的实力。中国蓝星（中国化工集团公司旗下）为它的外籍雇员子女每年举办一次国际夏令营，至今已经举办了 30 届，发展成为全球性的儿童夏令营活动。

并购并非是征服

"并购，不是征服，而是最大限度地寻求融合与协同效应。"这是中国化工一直秉持的。为了实现技术和市场的互补，每次并购后，中国化工都会将工作重心转移到全面发挥协同效应上来，包括资产和业务层面的整合，加强不同国家员工之间的相互理解和文化认同等。

2015 年 10 月，中国化工顺利完成对意大利倍耐力的并购之旅。倍耐力拥有很多先进的管理模式，如缜密的数据统计分析系统、严格的流程设计等。这些经验和理念率先被移植到中国来，在风神轮胎的销售、采购、生产等方面发挥效应。

采购方面，双方采购团队有效整合资源、实现优势互补，进一步缩小了同类原材料价格和价差，大幅度降低了成本，优化了采购管理，为下一步推出绿色采购战略、实现可持续发展奠定基础。

生产方面，倍耐力的许多管理理念和方法都比国内轮胎公司更为出色。为加速中国团队理念的"转变"，倍耐力整合团队、因地制宜，在中方四家轮胎公司分别成立了工业工程部，全面推行精益化管理模式，并选派专家"量身定制"，以集中授课等形式对工厂管理层、操作工开展培训。

销售协同也在紧锣密鼓地跟进。中国化工和倍耐力先是根据双方资源匹配度，迅速重组销售团队，明确权责，布局维修、配套、出口三大销售。而后实施全球范围内的销售网络互补，倍耐力在美国以及巴西等国都拥有较大的业务量和良好的分销渠道，其协助风神轮胎打破美国等国家对中国轮胎"双反"政策壁垒，大批量挺进美国及南美等市场。倍耐力同时也面向亚太市场首发 P Zero 和 Dragon Sport 两款重量级产品，风神轮胎则积极助力倍耐力在中国、东南亚等国拓展新业务。

2017 年收购先正达之后，中国化工同它之间的融合之路才刚开始。融合期间，不仅先正达的运营、管理层及员工的完整性将得以保持，而且其总部及主要生产和研发机构仍将保留在瑞士巴塞尔。

任建新说，先正达强大的创新能力和先进的管理经验将带动中国国企的结构调整和改革发展。先正达董事会副主席米歇尔·德马尔也强调，这一历史性交易不仅能让所有股东获益，也将为全球粮食安全作出重大贡献。

并购不是征服，中国化工的并购之路也是中国公司对外合作的缩影。中国的公司将加快对外并购合作的步伐，坚持在全球化的开放环境中，同全球公司携手为人类共同体的未来贡献坚实的物质基础。

案例来源：[1] 中国化工集团有限公司官网. 中化集团与中国化工获准实施联合重组 [EB/OL].[2021-03-31]（2021-07-20）.http：//www.chemchina.cn/portal/xwymt/jtxw/webinfo/2021/03/1617318522077619.htm.

[2] 冯芸清，重华. 央企并购王中国化工 10 年购 10 家公司：并非是征服 [EB/OL]. [2017-07-11]. https：//finance.china.com/industrial/11173306/ 20170711/ 30953096_all. html.

随着经济全球化不断发展，组织的经营活动范围已经跨越国界，跨文化的交往活动日趋频繁。导引故事中的中国化工在 10 年并购之路上不断融入新成员，跨文化沟通逐渐成为管理的日常。因此，我们需要了解不同国家的文化差异，掌握跨文化沟通的原则和策略。

12.1　跨文化沟通概述

12.1.1　文化概述

"文化"一词源于拉丁文"cultura"，最初意为经过人类耕作、培养、教育、学习而得到发展的各种事物或方式，后来逐步演变为个人素质与整个社会的知识、思想、文艺等精神财富的总和，并且引申为全部社会生活。《辞海》中对文化的解释是："文化，广义是指人类社会历史实践过程中所创造的物质和精神财富的总和。狭义就是指社会的意识形态，以及与之相适应的制度、组织机构。"爱德华·泰勒（1871）从人类学角度将文化定义为"包括全部的知识、信仰、艺术、道德、法律、风俗以及作为社会成员的人所掌握和获取的各种能力和习惯的复合体"。霍夫斯泰德从社会学角度将文化形象地描述为"在同一个环境中的人民所具有的共同的心理程序"。可见，文化是指同一环境中，人们的生产活动、思维活动的本质特征的总和。

关于文化的定义过于宽泛、并不十分精确，未能反映人类行为的基本要素，因而在文化管理研究中，我们常常用"洋葱"或"冰山"辅助理解文化的涵义，以使其抽象的定义更加形象化。

（1）文化"洋葱模型"。荷兰学者霍夫斯泰德提出文化"洋葱模型"，认为文化是有层次的，就像洋葱一样，由许多可以剥离的层次组成，如图12-1所示。

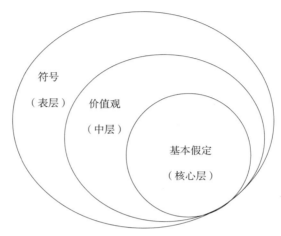

图 12-1　文化"洋葱模型"

资料来源：Neuhauser P C，Bender R，Stromberg K L. Culture. com：Building corporate culture in the connected workplace[M]. John Wiley & Sons，Inc.，2000.

"洋葱模型"将文化分为三层：表层、中层、核心层。表层文化是指当我们进入一个新群体，面对一种不熟悉的文化时，看见、听见与感受到的一切现象，是组织中可见的事物，包括语言、服装、故事、标语、建筑和装饰等。中层文化是指一个社会的规范和价值观，即人们如何区分正误以及如何规范自身行为准则的一些标准，反映在行礼、握手、拥抱等行为习惯，或习俗、生活方式上。核心层文化是指一个社会共同的关于"为什么存在"的基本假设，它触及人们最根深蒂固和不容置疑的东西，是人们在处理具体事务时所遵循的基本信念（Neuhauser 等人，2000）。

（2）文化"冰山模型"。文化"冰山模型"由路易斯等人（1995）提出。冰山模型把文化看做两个部分：显性部分（即浮在水上的部分）、隐性部分（即隐藏在水下的部分），如图12-2所示。

显性部分是指人们能够直接观察或感受到的符号现象，即人们的具体行为，包括语言、行为、情绪、仪式、典礼、服饰和物理环境的设置等；隐性部分，包括深层价值观、基本假设、态度、信念、直觉和感觉等。从文化"冰山模型"可以看出，人们能够观察到的只是冰山一角，真正起作用的是藏在水下的部分——人们的内在缘由，这通常是无意识的。行为者并没有意识到自己是在按照某种文化所指引的方式来行动，而总把这种内在的文化看成是理所当然的。

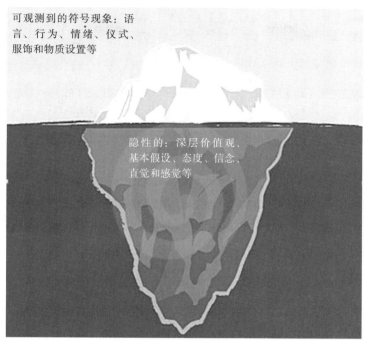

可观测到的符号现象：语言、行为、情绪、仪式、服饰和物质设置等

隐性的：深层价值观、基本假设、态度、信念、直觉和感觉等

图 12-2　文化 "冰山模型"

资料来源：Lewis P S，Goodman S H，Fandt P M. Management：Challenges in the 21st century[M]. West Publishing Company，1995.

12.1.2　跨文化沟通

　　跨文化是指具有不同文化背景的群体之间的交互作用，通常是指两个及以上来自不同种族、民族、国家的群体之间的交互。跨文化沟通是指拥有不同文化背景的人们之间的信息、思想和情感的互相传递、交流和理解，最终达成共识或妥协的过程。与一般情况下的沟通过程相比，跨文化沟通更具复杂性。具体来说，在一种文化中进行编码的信息、思想和情感，被赋予了特定的文化涵义，传递到另一种文化时，要经过特殊的解码和翻译才能被接收者感知和理解。发送者和接收者受到不同文化的影响，会因为语言、行为习惯、价值观等方面的差异而使得跨文化沟通过程变得更为复杂。

　　跨文化沟通过程的复杂性在一定程度上延长了跨文化沟通的时间，按照沟通的深入程度可将跨文化沟通划分为文化交流阶段、文化适应阶段和文化融合阶段，如图 12-3 所示。

　　（1）文化交流阶段。文化交流阶段是跨文化沟通的第一阶段，是合作双方文化交汇、彼此开放、相互了解的过程。在此阶段，合作双方通过各种途径敞开彼此心扉，展示出己方文化的特征和主要思想态度，同时客观、公正、深层次地了解、认识对方文化的主要内容以及与己方文化的主要差异，进而开放自己，增进彼此

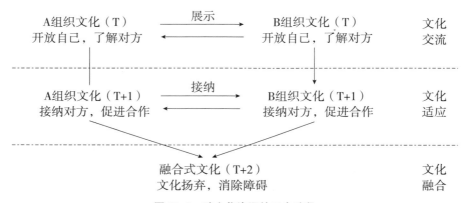

图 12-3   跨文化沟通的三个阶段
改编自：沈江，赵云龙. 弥合文化鸿沟 [J]. 北大商业评论，2014（5）：44-51.

之间的了解与信任，避免不必要的冲突和矛盾。

在文化接触初期，各方对待文化差异的态度是比较乐观的，甚至会忽视差异及其可能带来的后果。新文化和新事物总是令人欢欣激动，人们会被不同的文化所吸引，对新文化充满好奇和期待，对双方合作可能带来的商机充满希望。但是在好奇过后，随着文化交汇程度逐步加深，文化之间的差异会越来越清晰，人们对他方文化逐渐出现不适应，甚至产生怀疑和排斥，这就势必产生不同文化间的激烈碰撞，进而产生文化误解甚至文化冲突。这一阶段产生的文化冲突会对跨文化合作造成阻碍，影响和阻碍组织决策的制定和执行。

（2）文化适应阶段。在经过第一阶段的文化交流之后，跨文化沟通各方在进一步认知文化差异的基础上，做到"接纳对方，促进合作"。具体来说，文化适应阶段是指两种文化的相互渗透时期，在这一时期，人们既能看到自身文化的优点和对方文化的不足，又能认清自身文化的缺陷和对方文化的长处，能够以包容的心态，接纳和认可他方文化，理解、体谅和支持来自不同文化背景的管理者的观念和行为方式，形成互相谅解、互相学习、取长补短的局面，跨越因文化差异引起的鸿沟，化解跨文化交流过程中产生的冲突，进而促进各方在信息、知识和技术等方面的合作和交流。

在文化适应阶段，双方对于出现的矛盾与冲突能够予以更多的理解、体谅和包容，对于文化差异有更加正确的认识和预期。双方处理事情更加理性，能在比较中互相学习。这一阶段，虽然文化风险依然存在，但是组织中的核心员工对待文化差异更加理性，有了更多的自我审视，同时也积累了一定的应对和处理文化风险事件的经验。

（3）文化融合阶段。当跨国公司中的中外雇员能够客观地对待文化差异，理性地处理文化风险，熟练地应对和处理各种文化冲突时，双方已经进入文化融合阶段。文化融合阶段是沟通双方进行跨文化沟通的核心环节，是指在承认、重视差异的基础上，各种文化因素相互尊重、认同、结合与协调的过程。经过前两个阶段，各方之间逐渐消除了隔阂，在相互沟通理解的基础上产生了认同感，都能认识到对方文化的优势与己方文化的不足，以其中的相似点、共同点为突破口，求大同、存小异，及时发现隐藏的文化问题，共同探讨，提出解决方案，将各方共同认定的文化内容集中化、核心化，形成共同认可与遵守的文化理念与价值观体系，消除跨文化沟通阻碍。

在文化融合阶段，跨文化组织中既有多元文化共存共荣，又有全体员工共同追求的统一的价值观和行为准则，公司获得文化多样性的优势，主要体现在：①市场方面，提高组织对于地方市场上文化偏好的应变能力。②资源获取方面，丰富组织人力资源，提高组织聘用具有不同国家背景的员工的能力。③成本方面，减少组织在周转和聘用非当地人士担任经理方面花费的成本。④问题解决方面，多样化的思维方式提高了决策的效率，能够创造性地提供解决方案。⑤系统灵活方面，提高了组织在面临多重需求和环境变化时的灵活应变能力。

12.1.3　沟通中的文化差异

沟通主体和客体间存在的文化差异是跨文化沟通的重要特征，也是影响跨文化沟通的主要因素。识别主体和客体间的文化差异对增进跨文化沟通很有必要。由跨文化沟通的定义可知，在跨文化沟通中，主客体之间的沟通行为涉及两个及以上的、有差异的文化领域。文化"洋葱模型"从横断面角度解读了文化的内外层次之分，"冰山模型"则从纵断面角度解读文化的深浅层次之分，两种模型都道出了文化的显隐特征。在文化"冰山模型"的基础上，分析跨文化沟通中可能存在的文化差异，我们对跨文化沟通情境中可能对沟通效果产生影响的因素进行整合，并给出跨文化沟通的文化差异框架图，如图 12-4 所示。

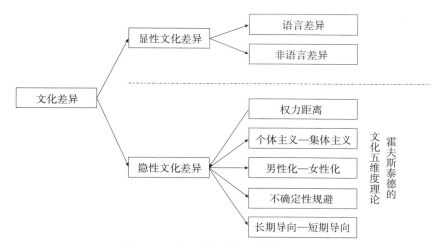

图 12-4　跨文化沟通的文化差异框架图

根据文化"冰山模型"，可将跨文化沟通过程中的文化差异分为显性文化差异和隐性文化差异。其中，显性文化差异部分主要介绍与跨文化沟通情境直接相关的语言差异和非语言差异。隐性文化差异部分主要介绍对跨文化沟通有显著影响的沟通主体和客体的价值判断，并通过霍夫斯泰德的文化五维度理论进行分析。

1. 显性文化差异

跨文化沟通中，显性文化差异是指跨文化沟通中最常见和最公开化的文化差异，是来自行为者双方的象征符号系统之间的差异，即通常所说的表达方式所含的意义不同而引起的差异。这些表达方式通常通过语言、神态、手势、表情和举止等表现出来。跨文化沟通中存在的显性文化差异可以概括为语言差异和非语言差异。

（1）语言差异。跨文化沟通中的语言差异主要表现在以下四个方面。

①直接与婉转。跨文化交流过程中，沟通主体和客体在说话方式上所表现出的直接与婉转是阻碍沟通顺利进行的较普遍的障碍之一。众所周知，美国人讲话较为直接，开门见山，很少拐弯抹角；中国人则喜欢把讲话的目的很好地包装起来，尤其是面对一些坏消息或试图拒绝他人时，更是犹抱琵琶半遮面。例如，在面试时，美国主考官在不满意时会直接说"No"，而中国主考官通常会说"我们再商量商量，你先回去等通知"。若美国应聘者不了解中国人的说话方式，会以为考官们真的会商量，结果往往是等不到任何通知。

②插嘴与沉默。在跨文化沟通中，另一种语言差异表现在对话方式上。当对方说话时，你是应该等他说完且短暂停顿后再发表自己的观点，还是即使对方话没说完也可以随时打断并提出自己的不同见解？不同的民族、文化的人在这一点上有明显的不同。

陈晓萍（2009）在强皮·纳斯和汉普顿·特纳（1998）研究的基础上，总结了欧美人、拉美人和东方（亚洲）人的对话方式，如图 12-5 所示。其中 A、B 是指对话中的两个人。

对欧美人来说，最佳的对话方式应该是一方说完另一方接着说，一来一往，有问有答，顺序清楚。如果一个人在别人还没说完前就插进来，会被视为不礼貌、遭到白眼。

但对拉美人来说，A 开始说话，但在 A 尚未停下时，B 就应该插嘴，打断对方，并接着往下说，然后在 B 还未结束时，A 插进来继续。打断对方被看成是对对方的谈话感兴趣，而且自己也有很多感受要分享。如果不插嘴，则说明此话题无趣。

相比之下，东方人的沟通中经常出现沉默。如图 12-5 中，A 先开始说话，B 在接 A 的话之前两条线段间有小小的非重合区域，这段空白表示沉默。这个小小的停顿，表明你在思索对方的话，也表示对对方的尊重。

当 A、B 处于同样的文化背景下，即属于同一"类"人时，彼此在对话方式上会有共识，所以不容易发生误解，但当这两个人不属于同一"类"时，问题会不

图 12-5　3 类人的对话方式

可避免地出现。

③高语境与低语境。"语境"是指两个人在进行有效沟通之前所需要了解和共享的背景知识，所需要具备的共同点（爱德华·霍尔，1977）。两人共享的背景知识和共通点越多，语境就越高，反之则越低。

在高语境文化中，沟通过程的信息发出者和接收者对情境所包含的意思都很明确，都会利用情境传达信息。低语境文化中的成员用文字把自己的想法表达出来，他们都认为如果思想不用文字表达，就不能正确、完整地被理解。如果信息明明白白地以文字表达出来，那么信息接收者就可以据此作出判断或决策。相反，高语境文化则较少依赖文字沟通，而是利用情境来澄清或补充信息。高语境文化的人认为，仅仅停留在文字层面的信息是浅薄的、幼稚的和粗鲁的，他们更喜欢用传统的方式，如引经据典、使用寓言和谚语、轻描淡写、用反话引人联想等进行沟通，如果沟通者不精于此道，就会产生误解。

④倾听与对话。英国语言学家理查德·路易斯（1996）在他的《文化碰撞》一书中，提出了"倾听文化"和"对话文化"的概念，以区分文化在倾听上的差异。查德·路易斯认为，倾听文化中的成员很少主动发起讨论或谈话，他们喜欢先认真倾听，搞清楚别人的观点，然后再对这些观点作出反应并形成自己的观点。在这种文化中，人们偏向的沟通方式是"自言自语——停顿——反思——自言自语"，而且尽可能让对方先自言自语。相反，在"对话文化"中，人们常常会用发表意见或问问题的方式打断对方的"自言自语"，以此显示自己对话题感兴趣。

日本是倾听文化最典型的国家，然后是中国、新加坡、韩国、土耳其和芬兰。这些国家的人在听别人讲话时会表现出专注、不插嘴，回复时也不会用太强烈的语言。此外，他们常常会通过问问题的方式，让讲话者澄清意图或表明期望。对话文化最突出的特点是以人为中心，喜欢通过聊天的方式与他人建立良好的关系，并依赖于人际关系解决各种问题。在对话文化中，最典型的有意大利文化、拉丁文化、阿拉伯文化和印度文化。

（2）非语言差异。非语言差异是影响跨文化沟通的重要因素，正确认识和理解非语言差异在跨文化沟通中的影响是十分重要的。其表现形式主要有以下几种。

①语音语调。世界上的人可以简单地划分为三类：欧美人、拉美人和东方（亚洲）人。其中，欧美人说话抑扬顿挫、跌宕有致；拉美人说话语调很高，而且保持亢奋状态，情绪激昂；东方人语调平缓单一，不紧不慢。语音语调平和或是夸张，与一个文化的价值理念密切相关。拉美文化注重个人情感，情感丰富，表现出对生活的热爱，讲话当然得眉飞色舞、语调夸张才行。东方文化求静，讲求含蓄深沉，追求"不以物喜，不以己悲"，讲话不露声色就是这种境界的表现。

在语音方面，有的文化崇尚小声，有的文化却崇尚大声。例如，美国人喜欢大声说话，他们认为大声说话表示自己坦荡，没有什么需要隐瞒，因此在许多场合，美国人都不在意其他人听到他们的谈话。英国人却完全不同，他们忌讳干扰别人，因此在与人谈话时，他们会尽量小声，只要保证与自己谈话的人能听到就足够了。

②目光接触。目光接触是沟通过程中常用的非语言渠道。一般来说，在群体沟通中，人们会用30%~60%的时间与别人"目光交流"。当人们听人讲话时，会注视讲话者。当讲话者搜索词句时，会将目光看向上空。当听讲人对讲话内容感兴趣时，会较长时间地注视讲话人。当人们被盯视长达10秒钟以上时，就会感到不自在。当地位不同的人谈话时，地位低的一方有时就会避免双方目光的接触（晏雄，2011）。

目光可以反映和表达人们的内心想法和情感。在跨文化沟通中，眼神或目光的接触方式往往受到文化、性格、性别等因素的影响。在中国文化中，人们在沟通时不会像美国人那样直视对方的眼睛，而会低眉顺眼以示谦卑。在中国人看来，缺乏眼神交流常常表示服从或尊敬，而不表示缺乏兴趣。美国人那种频繁的目光接触在中国可能被认为是不礼貌乃至带有侵犯性的行为。美国人有这样一句话："不要相信那些不敢直视你的人。"以英语为母语的国家的人相互交际时，会直视对方，认为缺乏眼神交流就是缺乏诚意，是为人不诚实的表现。例如，对英国人而言，直接注视与他交往的人是一种有教养的表现。

当中国人面对美国人时，中国人常常不看着对方。美国人完全想不到这是对方对他们尊敬的表现，反倒觉得对方是否隐藏了什么，或者没说真话。因此，了解各种不同的文化中目光定位的区别，有助于实现超越语言层面的、真正的跨文化沟通。

③触摸、手势。在交谈过程中，使用手势的多少，是否触摸对方，以及身体面向对方的多少都因文化而异。触觉的重要性没有视觉和听觉那么大，但是，它的感知和体验作用比我们日常意识到的要大得多。同样，触觉受文化影响的程度也比人们起初预料的要强得多。一些国家的特点是身体接触频繁，而另一些国家的身体接触却较为少见。例如，意大利人在与你交谈时喜欢不停地拍拍你、碰碰你，表示亲热和友好，美国人大部分不喜欢触摸，除非是熟人或友人。

在日常生活中，我们总是无意识地大量地运用手势：启动、调控和终止谈话时，增强、阐明我们要说的内容时，或者表达我们想说但没有说出来的话时。在跨文化情境中，关于错误运用手势的尴尬场景有：同一种手势在不同的文化中涵义不相同，甚至完全相反。有些手势只在某些特定文化中存在，因而不被来自异文化的人理解。例如，同一只手的拇指与食指尖相接，另外三指竖起，在美国等国家表示"OK"；在中国这一动作表示数字"3"；在日本表示"钱"；在法国代表"零"或"无价值"；在巴拉圭、新加坡和俄罗斯文化中，这样的示意具有"下流"的意思。

2. 隐性文化差异

跨文化沟通中，隐性文化差异是指文化的内在核心部分存在的差异。隐性文化通常是隐藏在文化表层之下，不易被对方所感知，需要一定时间与实践的积累或后天努力才能获得感知。这类差异主要体现在个体的价值判断标准上，霍夫斯泰德的文化五维度理论在分析各种文化背景下人们的价值判断差异方面作出了重要贡献。

霍夫斯泰德通过探索所调查国家的人们在价值判断上的差异，对各国文化以及不同文化下的组织管理进行阐释，并提出文化五维度理论。该理论将不同国家的人在认知和行为上存在的差异确定为"文化维度"，即"权力距离""个体主义—集体主义""男性化—女性化""不确定性规避""长期取向—短期取向"维度，如图 12-6 所示。5 个维度分别从不同的角度反映出各个国家的人们的价值判断特征，并以可预见的方式长期影响人们的思想、情感、行为以及组织行为模式，这对组织间的跨文化沟通同样具有重要的指导意义。

（1）权力距离。权力距离指的是组织机构中处于弱势地位的成员对权力分布不平等的接受度，这反映出不同组织的人们对人与人之间不平等权力关系的认同程度。认同程度高的地区属于权力距离大的文化，这些地区的人们对于由权力与

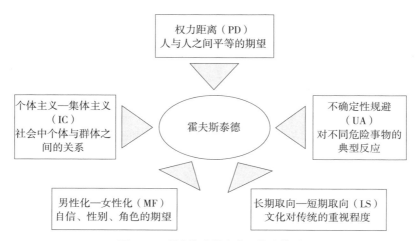

图 12-6　霍夫斯泰德文化五维度模型

财富所引起的层级差异有较高的认同度和接受度。反之，权力距离小的地区的人们则不认可由权力与财富引起的层级差异，而更加强调个人权力、地位和机会的平等。直观地讲，如果某个组织的领导要是在高权力距离的团体召开一个集会，这位领导会自然而然地受到尊重。不过，同一个领导在一个低权力距离的团体中发言，其权威不会因为其在组织中的地位而有所提升。

一般来说，东方文化有着典型的传统儒家文化的特点，有着较大的权力距离，如韩国、中国、日本的公司。由于东方公司权力距离较大，人们的等级观念非常强烈，地位象征非常重要，上级所拥有的特权被认为是理所当然的，个人的行为受上级意愿、自己"本分"的限制。简言之，下级对上级只能服从，而不能挑战。多数公司的等级观念不仅体现在工作中，而且延伸到了生活中。管理者在任何场合都很注重保持自己的领导者形象，被管理对象由于对权力的遵从，也习惯于在任何有领导的场合扮演服从者的角色。

西方公司的权力距离相对较小，如美国、北欧的公司。在公司中，即便是上下级也认为彼此之间是平等的，级别的不同不过是所任职务不同而已。之所以有这种级别制度，是为了工作的方便，人们倾向于用相对较少的权力来达到目的。人们的级别观念较淡，下级通常认为上级是"和我一样的人"。

在组织内部，权力距离与组织结构、集权程度、领导权威联系在一起。在"高权力距离"的文化中，组织倾向于具有严格的层级状权力结构，沟通会受到各种限制，一般从层级的顶层扩散开来，倾向于自上而下的命令式沟通，双向沟通较少。指令一旦发出，下级就必须严格执行。在"低权力距离"的文化中，有权力和没有权力的人之间的距离较短，层级结构不是很鲜明，组织结构一般比较扁平，沟通受到的约束较少，既可以向下沟通，也可以向上沟通，作为底层的人也敢说出自己的想法，表 12-1 总结了权力距离大小的差异。

表 12-1　权力距离大小的差异

权力距离小	权力距离大
• 社会上的不平等应缩小 • 等级制意味着角色的不平等，建立它是为了方便工作 • 上级认为下级是"和我一样的人" • 下级认为上级是"和我一样的人" • 权力的运用应正当合法，并服从于权力运用好坏与否的判断 • 掌权者应试图使自己的权力看上去比实际掌握的权力要小 • 有权者和无权者之间存在潜在的和谐	• 世上应存在不平等的秩序 • 等级制意味着存在不平等 • 上级认为下级是"和我不同类的人" • 下级认为上级是"和我不同类的人" • 权力是不分好坏的社会基本事实，与其正当合法性不相关 • 掌权者应试图使自己尽可能表现出有权的样子 • 有权者和无权者存在着冲突

改编自：史蒂夫·莫腾森.跨文化传播学：东方的视角 [M].关世杰，胡兴，译.北京：中国社会科学出版社，1999.

当然，权力距离的大小都是相对的。组织结构的扁平化和决策的民主化已成为未来管理的发展趋势。人们追求高度民主，通过实行社会的经济民主，消除阶级差别以及一切社会与经济不平等的现象，让平等、关心、合作和互助精神贯穿于整个社会。

（2）个体主义—集体主义。个体主义—集体主义指的是个体在诸如家庭、学校、工作单位这样的群体中保持个人独立或融入群体中的程度。个体主义认为要鼓励追求个人成就、个人权利以及自我独立性，让每个人的个性都能得到充分的发挥，并认为个体利益比集体利益更重要，美国、英国和加拿大等国家的人就具有典型的个体主义倾向。而集体主义则认为个体利益是建立在群体成员的利益基础之上的，所以集体利益应高于个体利益，群体负责保护个体，而个人要对群体保持忠诚，中国、墨西哥、韩国和日本等属于集体主义文化的国家。

雷诺兹和瓦伦丁（2004）对人们在主导意识、隐私和空间、沟通方式、商业活动、时间等方面的认识和表现进行分析，总结了个体主义文化和集体主义文化之间的关键差异，见表 12-2。

表 12-2　个体主义文化与集体主义文化之间的差异

个体主义文化	集体主义文化
• "我"的意识居主导地位	• "我们"的意识居主导地位
• 独立	• 感情依赖
• 每个人都有隐私权	• 隐私受到组织和家族的参与介入
• 直接、明确的沟通	• 间接迂回的沟通
• 交易导向（关注结果）	• 关系导向（关注过程）
• 竞争、决策驱动	• 合作、一致同意
• 短期收益	• 长期发展
• 强调内容（事实、比率、统计数据）	• 强调情境（经验、直觉和关系）
• 依赖于直线式的推理	• 依赖于迂回式的推理
• 直线式的时间，缺乏耐心	• 可变通的时间，充满耐心

改编自：雷诺兹，瓦伦丁. 跨文化沟通指南 [M]. 张微，译. 北京：清华大学出版社，2004.

①在个体导向性价值观占主导地位的社会里，关键是个人。人们关注自己，有强烈的自我意识，认为自己是独立于组织之外的，要求个体能够为自己的行为负责。在集体导向性价值观占主导地位的社会里，关键是群体，人们把自己看做某个与他人密切联系的组织网络中的一分子，对组织有强烈的感情依赖。个体只是某个强大的、有凝聚力的单位（家庭、宗教、职业、公司和宗教）中的一个组成部分，这个单位在个体的一生中为其提供保护和支持，而个体也要为此付出自己的忠诚。

西方人，尤其是美国人，极其崇拜个体主义，做事以自我为中心。只要看看从以"self"为前缀的 100 多个合成词，如 self-control、self-esteem 等，就可以看出个体在美国生活中占着何等重要的位置。与西方文化相反，中国人提倡凡事以家庭、社会和国家利益为重，个体利益必要时可以忽略，正所谓"先天下之忧而忧，后天下之乐而乐"。

②个体主义重视个人自由，对物理空间和隐私的要求更高。例如，美国宪法保障了所有公民都有权使自己的身体、住所、文件和私人财产，免受不合理的搜查和强占。与重视个体主义的文化相比，集体主义文化所需的空间要少得多。毕竟，如果你所在的群体对你而言是非常重要的，你可能就会非常想要与这个群体的成员在物理上保持亲密接触，你甚至可能会将组织成员对你隐私的关注看成是对你的关心。

③个体主义强调直接、明确和个性化的沟通。当人们需要表达个性的时候，使你变得与众不同的正是你表达思维、看法、观点和感受的方式。集体主义文化则倾向于间接、迂回和柔和的沟通。在中国和日本，委婉的间接沟通是有智慧和得体的行为，而在美国和英国，人们更认同直截了当的沟通方式。

（3）男性化—女性化。男性化—女性化指的是人们强调自信、竞争、物质主义（男性化注重生活数量）还是强调人际关系和他人利益（女性化注重生活质量）的程度。在男性化较强的地区，性别角色区分明显，人们更多地表现出男性的性格特征，如自信、果断、竞争和追求成就等。在这些地区，男性通常占支配地位，凡事拥有决定权，一般比较看重成功和金钱。女性化较强的地区的人们则更加注重和谐的人际关系，崇尚礼让谦虚，强调男女平等，关心生活质量，如这份工作是否适合我、居住的地方是否让我愉悦等。表12-3归纳了男性化和女性化的主要差异。

表 12-3　男性化和女性化的主要差异

男性化	女性化
●男性应主导社会	●性别之间应该平等
●表现出权威和自信是价值所在	●生活质量是最重要的
●生活是为了工作	●工作是为了生活
●金钱和物质是重要的	●人和环境是重要的
●独立是理想	●相互依赖是理想
●羡慕成功者	●同情不幸者
●大的、快的是美	●小的、慢的是美
●社会中性别的角色是明显不同的	●社会中性别的角色不是一成不变的
●男性必须表现为权威和自信，女性应承担教养孩子的角色	●男性不必表现为权威和自信，而且也能承担教养孩子的角色

改编自：史蒂夫·莫腾森.跨文化传播学：东方的视角[M].关世杰，胡兴，译.北京：中国社会科学出版社，1999.

男性化—女性化维度提倡在跨文化过程中，重视员工对成功、金钱、物质等的追求意向，合理利用激励和惩罚工具，对症下药。比如，由于工期限制，某项工作需要临时加班，对于中国和美国员工，管理者可以开出较高的加班费，而对于重视生活质量的法国人，管理者可以允诺延长假期来让其愿意加班。

（4）不确定性规避。不确定性规避指的是不同的文化在面对不确定性时，会采取不同的态度和措施来规避风险和威胁。具有较强不确定性规避的地区比较注重寻求有序的社会系统，会采取各种措施减少不确定的因素，在创新和改革方面更加强调连续性和稳定性。不确定性规避较弱的文化对不确定的事物具有较高的容忍度和适应力，做事灵活性较大，喜欢新的变化和新鲜事物，愿意面对来自未知领域的风险和挑战。

不确定性规避的差异主要体现在不同文化背景的人们在社会制度、冒险、时间、真理、努力工作、情感流露等方面的不同认识和态度，见表 12-4。

表 12-4　不确定性规避的不同态度

低不确定性规避	高不确定性规避
•法律与法规很少，通常是一般的 •人们相信，如果法规得不到尊重，就应加以改变 •居民的异议是可以接受的 •强烈的创新意识，愿意冒险 •时间是自由的 •拼命工作不是一种美德	•法律与法规较多，且非常具体 •如果法规得不到尊重，人们会认为自己是罪人，应该悔改 •居民的异议不能接受，应抑制 •强烈的保守意识，安全第一 •时间是金钱 •被内在动力驱使着努力工作
•较少表露情感 •对年轻人的看法是积极的 •容忍和温和是社会的特征 •相信具有多方面才能的人和一般的常识 •强调相对主义、经验主义 •对宗教、政治和思想意识容忍	•较多表露情感 •对年轻人的看法是消极的 •极端主义和法律秩序的利害关系是社会的特征 •相信专家和内行 •追求终极的、绝对的真理和价值 •对宗教、政治和思想意识不能容忍

改编自：张静河.跨文化管理：一门全新的管理科学 [M].合肥：安徽科学技术出版社，2002.

从跨文化管理的角度来看，不确定性规避影响了一个组织结构化和制度化的程度。在一个高不确定性规避的社会中，公司应为员工应对不确定性建立严格的工作条例与规范。在一个低不确定性规避的社会中，管理者会鼓励其成员接受多样性的事物、创新工作方式，几乎不会制定那些对个人创造性严格限制的政策和程序。

（5）长期取向—短期取向。长期取向—短期取向指的是特定文化中的成员对延迟其物质、情感、社会需求的满足所能接受的程度。有着长期取向的文化做事通常会着眼于未来，看重长期承诺，强调尊重传统、推崇节俭、坚忍不拔和持之以恒等品格。趋向于短期取向的文化则更关心眼前利益，做事愿意追求立竿见影的成效。

例如，中国公司倾向于以长远的目光进行投资，每年的利润并不重要，最重要的是逐年进步以达到一个长期的目标。然而，在短期取向的文化中，人们关注社会责任的履行，认为此时此刻才是最重要的。美国文化就是此类文化的典型，各公司更关注季度和年度的利润成果，美国的管理者给予员工非常明确的短期绩效目标，极其关注员工的季度和年度绩效。美国人认为变化总是最好的，所以总是不断地探索或者更新做事的方法，并且乐观地把未来看做是过去的发展。

中国人的思维和行动具有长期导向，体现在工作生活中的方方面面。比如，第一次与对方公司的代表见面，即使商谈一桩很小的生意，我们也会花很多时间介绍公司的历史、发展方向、各类产品线以及人事组织结构等。然后让对方公司介绍自己的情况，全部完毕之后，才进入项目谈判。如果是外商来中国谈判，一般不会在第一次会议上就详谈生意细节，总是要先带对方参观一下公司，或请对方游山玩水、参与休闲社交活动，然后到最后一两天才进入正题。为什么这么做？因为我们想了解对方派来的代表和对方公司的背景，代表的人品是否可靠、是否值得信任。为何要了解这些？因为我们下意识想的就是未来的长期合作，而不是做完眼前的这桩生意就完事了。

表 12-5 汇总了前面介绍的关于长期导向和短期导向的差异，以便更好地比较学习。

表 12-5　长期导向和短期导向的主要差异

长期导向	短期导向
• 着眼未来	• 着眼现在和过去
• 重视长期承诺	• 要求立见功效
• 尊重传统	• 变化总是最好的
• 打太极式沟通	• 沟通直奔主题
• 做事留有余地	• 做事果断、不留余地
• 信奉"美德"	• 信奉"真理"
• 注重友好关系	• 讲求效率
• 以后还有合作的机会	• 一锤子买卖

综合来看，霍夫斯泰德的文化维度理论为人们分析和解读跨文化交际背景下的文化差异性提供了有力的支撑，一方面可以帮助人们理解跨文化交际活动中不同的文化现象，比较异同进而采取合适的管理方法；另一方面可以帮助人们提高跨文化交际的意识，尊重不同国家的文化传统，以使人们成功地进行跨文化沟通。

12.2　跨文化沟通的障碍

12.2.1　语言障碍

在跨文化沟通中，语言障碍主要体现在意义的流失、语言对人们心理的影响、语言表达方式的差异、语言意义的误解等 4 个方面。[①]

---

① 彭凯平 . 吾心可鉴：跨文化沟通 [M]. 北京：清华大学出版社，2020.

　　意义的流失主要是指在跨文化沟通中，在不同语言之间的交流过程中导致原来语句含义的偏差。一般而言，当我们没有掌握对方的语言，或者当对方没有掌握我们的语言时，翻译就成为双方沟通的工具。翻译的困难主要在于意义的流失，因为即使是最显而易见、最直截了当的翻译，词语在不同的文化中可能存在根本差异。例如，一位美国朋友夸奖自己的异性朋友"hot"（火辣、性感），其汉语的直译为"热"就很容易脱离原来的含义。

　　语言对人们心理的影响主要是指语言本身对于人的思维、情绪有着很大的指导或限制作用，这种正向或负向影响在生活中时有体现。例如，越是汉语流利，就越容易受到形近字的影响，因为语言的流利水平和心理的预期会使我们在阅读时对句子进行快速加工，反而容易产生误读。所以，语言沟通有不理解带来的障碍，也有过于流利带来的障碍。

　　语言表达方式的差异主要是指在不同的文化背景下，人们的语言表达方式往往大相径庭。中国人讲话时非常自谦，很多场合下更愿意多讲自己的缺点，而不愿过多地宣扬自己的优点。比如，中国学者在国际会议上作报告，结束时总爱按照中国人的习惯说几句谦虚话："本人学识、能力有限，文中所谈有不妥之处，望诸位多多批评、指教。"外国学者听后，就感到奇怪，甚至不能理解。

　　听众对于信息发送者语言意义本身的误解也是跨文化沟通中的一个重要障碍。语言作为一种交流工具，它的意义在跨文化沟通中让人产生错误的解读，就会给沟通双方带来一定的困难。

12.2.2　风格障碍

　　个体之间的沟通风格千差万别，不同文化之间的沟通风格也相差甚远，往往影响着沟通的方式和效果。著名的社会学家爱德华·霍尔提出，在跨文化沟通中还有一些沉默的语言障碍，这其中最大的差异就是在高情境沟通风格与低情境沟通风格之间。[①]

　　高情境的沟通文化强调的是，在很多情况下沟通的情境、信息和意义的交换不是由你说的内容、词汇、语句来决定的，而是由你表达的方式、手势、语调、语速等情境性因素来决定的。在高情境的沟通文化中，沟通的意义在很大程度上是间接的，表达的词汇和语句往往比较间接，而且常常只是所要传递信息的很小部分，其余部分必须通过受众的理解和意会加以补充，而这种意会建立在受众对沟通背景的理解、对沟通情境的敏感和其他外在信息的利用上。如中国古话所说的"响鼓不用重锤""一切尽在不言中"等，指的就是高情境沟通。中国文化、日本文化、西班牙文化等都属于高情境文化。

---

① 爱德华·霍尔. 超越文化 [M]. 何道宽, 译. 北京: 北京大学出版社, 2010.

低情境的沟通文化强调的方式是直接的、明确的，它的意义应该直接由字面表达，受众不需要对背景和情境进行再加工，就可以从沟通者所说的、所用的词汇中理解对方的意思。美国、加拿大和很多欧洲国家是明显的低情境沟通文化。

这两种沟通风格的差异，主要集中在如下六个方面。

（1）沟通双方是否能推测到对方的隐含意思。高情境文化中的人更能听懂弦外之音，低情境文化中的人需要对方把话讲透。

（2）具体的表达方式。高情境文化中的人表达更委婉，倾向于用一些礼貌、间接和委婉的语言，低情境文化中的人表达更直接。

（3）对人际关系的敏感程度。高情境文化中的人比较敏感，能够快速地从双方交流的方式和结果，以及对方的态度、表情、姿态来判断双方关系的亲密程度。相对而言，低情境文化中的人则不太能够从沟通方式中判断出与对方的亲密程度。

（4）使用的词汇。高情境文化中的人不需要用直接或夸张的词汇来表达所要传递的信息，低情境文化中的人往往用一些夸张的词汇来强化所要表达的意义。

（5）指导行为的方式。高情境文化中的人较多地利用自己的情感来指导行为，低情境文化中的人往往用直接的语言来指导行为。

（6）对辩论和对话的兴趣。高文化情境中的人厌恶争辩，强调双方之间的和谐、礼貌。而低情境文化中的人强调对话和争论，要对所讨论的意义有比较直接的理解、比较详细的分析和区别。

12.2.3　认同障碍

认同障碍是指团体的人很难超越自己团体的局限，而很容易从负面的、猜疑的甚至是敌意的结果来判断他人的行为。团队认同除了影响我们思考问题的方向，更重要的是容易使我们将自己的团体与他人的团体进行比较。而且，这种比较的方向往往倾向于夸大自己团体和他人团体之间的差异，美化自己的团体而贬低他人的团体，这样的社会比较是一种相当普遍的心理现象。

在跨文化的沟通中，也容易产生本文化中心主义和本文化的优越感，这是人性的普遍现象。团队认同的优点是可以使本民族的成员在民族存亡的关键时刻更加团结一致，共同抵抗外族和外敌，尤其是在遭受民族磨难的时候，这样的民族精神是值得赞许的。

但是，在和平时期以及在一般的社会、经济和文化交流中，在需要彼此平等合作的时候，这种现象就会导致沟通出现障碍。这种障碍就使得人们对于外族和外文化的成员存在某种恶意偏见或者刻板成见，容易出现感情、行为和观念上的歧视和敌意。一个具有文化偏见的人，不太喜欢与其他文化的人交流，并且容易作出歧视其他文化和文化成员的行为，会认为对方意图危险、人格有缺陷等，但这样的判断往往可能与事实大相径庭。

12.2.4　心理障碍

跨文化沟通最大的障碍恐怕源自文化心理差异所造成的误解和敌意，这种障碍会因文化之间交流的增加而与日俱增。跨文化沟通中的心理障碍主要是指人们的心理定势，它是一种知觉上的错误，是指人们在头脑中把形成的对某类知觉对象的形象固定下来，并对以后有关该类对象的知觉产生强烈影响的效应。这种心理定势对于跨文化沟通的消极影响在于过分的简化和类化，根据某一群体的共同特征而将其分门别类，并作为认知固定下来，往往会造成"以偏概全""坐井观天"等认识错误，并会直接导致沟通中的误解和障碍。

越来越多的国际贸易、商务往来、谈判，越来越多的电影、电视、网络的交流和对话，都让我们愈发容易观察到其他文化中的人的心理和行为差异。这种差异会导致行为的异同、情感活动的异同、思维方式的差异。

（1）行为的异同。所有的文化认为某些行为是可以接受的、合适，某些行为是不可以接受的、不合适的，经常会有人将这些社会期望或者规范看成限制人的负面力量。我们每一个人都沉浸在文化中而不自知，只有当我们跳出已有的文化"大海"，才能意识到它的存在。因此，了解我们文化规范的最好方式就是去了解另外一种文化，去观察其中成员如何行动。

（2）情感活动的异同。情感的表达是人类内心体会的外现。这种方式的主要作用就是进行社会沟通。当我们环顾四周时，会发现有的人在微笑，有的人面无表情，而有些人则在哭泣。所有这些不仅是个体的主观感受，也作为一种社会信息，引起别人的同情或共鸣。因此，情感提供了一种社会信号，以供我们周围的人进行接收并提供反馈。

（3）思维方式的差异。在思维方式层面，文化差异主要体现在：①在思维方式的应用过程中，文化会起到决定性的作用，即思维过程会受到文化背景的影响，不同文化的人如何进行因果关系分析，会产生跨文化的差异。②体现在思维所处理的内容上。③文化还会对那些高级的感知过程产生巨大的影响，作出带有差异性的、有意义、有价值的加工。

12.3　跨文化沟通的原则

沟通具有社会性，因此与其他社会活动一样，有着必须依据的原则。只有当沟通双方都承认并遵循一些基本的原则时，沟通才能有效、顺利地进行。对于跨文化合作的参与者而言，由于其存在文化背景差异问题，在跨越文化鸿沟时需要遵循以下跨文化沟通的原则：尊重原则、平等原则、包容原则、灵活原则。

12.3.1　尊重原则

尊重原则是指尊重多元化的文化价值观、尊重不同的宗教信仰、尊重各国的商业习俗、尊重对方的管理习惯等。文化的多样性是一种客观存在。在漫长的人类历史发展进程中，不同的国家和民族受政治、经济、历史的影响，逐渐形成了不同的文化特质。即使是在经济全球化迅速发展的当代，文化的多样性也依然存在。文化只存在差异性，并没有好与坏、对与错之分，因而我们要尊重不同的文化差异。坚持尊重原则是有效跨文化沟通的基础。根据马斯洛需求层次理论，尊重是人类需求层次中较高层次的需求，这种需求的满足，将极大地增强人的自信心和上进心，在沟通交流中起到积极的作用。因此，在与不同文化背景的人进行交流时，我们要学会尊重和适应不同文化下的价值判断、宗教信仰、风俗习惯、语言表达、行为方式等方面的差异，保持积极的沟通心态，减少文化误解和沟通壁垒，提高沟通效率。

12.3.2　平等原则

跨文化沟通应当在平等的基础上进行。所谓平等原则，就是在跨文化沟通的过程中，要克服文化优越感或自卑感。文化是一个动态的发展过程，没有高级和低级之分，那么就不应该按照本族文化的观念和标准静止地去理解和衡量他族文化中的一切，包括人们的行为举止、交际方式、社会习惯、管理模式以及价值观念。沟通者应树立这样的信念：文化是没有优劣之分的，不要因对方来自经济发达地区就产生了自卑感，或因对方来自经济不发达地区就产生优越感。不能将与自己不同的文化视为异端去征服、同化甚至灭绝。对于平等原则，沟通者应做到以下两点：一是树立正确观念，克服文化优越感或自卑感观念；二是尝试接纳对方的观点，避免强制性要求对方改变观点。

12.3.3　包容原则

包容原则是指在跨文化沟通过程中，允许沟通对方在价值判断、行为习惯等方面发出差异信息、存在不同观点的原则。坚持包容原则要求我们做到"求同存异"，这是避免产生无谓的价值观冲突、沟通误解的前提。首先是"求同"，双方在沟通实施前，应当对双方文化和共性进行一定的知识了解，同时做好心理准备。其次要"存异"，要求从观念上接受不同文化共存的客观现实，不盲目地用自身的文化道德标准去衡量和要求具有不同文化背景的人们，对他人因文化差异而给自己造成的"冒犯、侵犯、挑衅"采取包容的态度。因此要求公司从管理上给予包容、理解，提倡相对自由、民主的态度，让不同文化的员工拥有自主思考、选择、判断的自由，管理者适时地加以指导，确保员工选择、判断的正确性，这样不仅可以让员工感到尊重和鼓励，也可以减少不必要的文化摩擦。再次，沟通时双方保持开放心态，坚持"属地原则"，入乡随俗，尊重对方的文化习惯。最后，也要保持"适度原则"，即接受对方的可取文化，同时又不完全舍弃自身的文化，在二者之间寻找平衡，要掌握好度，在文化平等的基础上互相尊重，共同发展。

12.3.4　灵活原则

灵活原则是指在跨文化沟通过程中，沟通策略的选择应根据实际需要和情境变化权衡变通，方案的制定应具备弹性。针对跨文化沟通显性文化中的语言差异或非语言差异，以及隐性文化差异，沟通者应采取以下两种方法以坚持灵活原则：①针对显性文化，跨文化沟通时要注意增进对语言或非语言文化差异的了解以及民族间的尊重，有意识地接受不同民族的语言和非语言文化，注重文化融合。②针对更难被注意到的隐性文化，沟通前要树立隐性文化存在差异的观念，学习不同民族地区的隐性文化知识，成功实现跨文化沟通。

同时，在选择跨文化沟通的方式与渠道时，应灵活对待，不能拘泥于惯例或经验。灵活原则要求信息发出者与信息接收者随时随地注意沟通工作的进展，根据沟通的目的与实际情况，灵活地选择合适的沟通方式与渠道。例如，一般情况下，信息接收者应该选择与信息发出者相同的沟通方式与渠道（如邮件）进行反馈，但是，为了表现出对信息发出者的重视或拟发送信息的重要性，信息接收者可以选择其他沟通方式与渠道（如面谈）来反馈信息。当事情发生意想不到的变化时要能够快速反应和有效应对。例如，本来计划好的事情发生了变化，政府官员的想法难以预测，人们有时不遵守他们许下的诺言等突发事件发生时，都需要沟通主体灵活应对。

12.4　跨文化沟通的策略

近年来，中国有大量的公司走向国外经营，也有大量的外国公司在中国经营，越来越多的中国员工要在跨文化环境下工作。"走出去"公司，是指在海外有实质性商业活动和贸易活动的中国公司。在公司"走出去"方面，我国在 2019 年新设外商投资公司 4.1 万家，截至 2019 年年底，累计设立外商投资公司达 100.2 万家再创历史新高，规模居全球第 2 位。"走进来"公司是指在中国开展实质性商业活动和贸易活动的外资公司。"十三五"时期，我国吸收外资总量达 5496 亿美元，年均增长 1%，2017—2019 年连续 3 年位居全球第二大引资国。①

---

① 中华人民共和国商务部 . 中国外资统计公报 2020[EB/OL][2020−11−05].http：//images.mofcom.gov.cn/wzs/202012/ 20201230152644144.pdf.

在日趋频繁的跨国交流中，跨文化社交和商务活动离我们越来越近。作为组织和个体，我们需要掌握相应的跨文化沟通组织策略和个体策略。

12.4.1　跨文化沟通的组织策略

为顺利开展各种跨文化交流活动，跨国公司可以从以下 4 个方面着手：①有意识地进行文化分析。②有针对性地开展跨文化培训和教育。③有目的地促进不同文化之间的融合。④有步骤地完善沟通交流机制。

1. 进行文化分析

进行文化分析包括：①识别文化差异。在跨文化沟通中，不同国家或地区之间确实存在一定的不同，这是客观事实，也是跨文化沟通的前提。为此，在沟通实施之前，沟通双方应了解对方文化和自己所在文化存在的各方面差异，并对跨文化沟通过程中可能出现的差异做好充分的心理准备，这是实现有效跨文化沟通的基本条件。②分析差异类型。根据文化"冰山模型"，我们了解到文化差异可能是显性的语言、非语言行为，也可能是隐性的价值观、信仰等。比如中国某公司出于人力成本的考虑，在印度设立分公司，并派送中国的经理前往管理。由于此经理缺乏对印度文化的了解，禁止员工在桌前放置家庭合照（印度人家庭观念浓厚）等，分公司工作效率一直无法提高。此后，总部派出一名具有印度血统的员工前往协助工作，让印度员工在个人范围内可摆放照片、神像，增加员工集体活动的机会，短期内分公司工作效率得到提高。由此可见，由行为习惯引起的冲突可以通过长期的文化交流和思想沟通逐渐消除，而价值观差异带来的摩擦和沟通障碍常常是不易消除的。因此，辨别行为习惯、价值观等文化差异，然后才能采取针对性的措施。

2. 开展跨文化培训

对于文化差异的研究只是开展跨文化培训的前期资料积累，清晰地认知文化差异，并不一定表示能够正确地应对沟通过程中的文化摩擦。文化差异研究是文化知识的增加，全面、系统的跨文化培训才是跨文化沟通能力的提升之路。

跨文化培训是指通过语言训练、敏感性训练、情景模拟、案例研究、现身说法、地区环境模拟等方法，提高员工跨文化沟通和合作的能力，它是促进沟通和防止文化冲突的有效途径。首先，开展跨文化培训应该明确跨文化教育和培训的重点。跨文化培训的内容主要有对文化的认识及敏感性训练、语言学习、情景模拟等。一般而言，文化的敏感性培训对跨国公司而言会更加关键。有针对性地开展文化讲座、环境模拟、语言培训等教育活动，提高组织成员对其他文化的认识和文化敏感性，以便打破每个人心中的文化障碍和角色束缚。其次，跨文化培训需要培养和发展组织成员的沟通能力，注重组织内部的沟通、组织与其他组织之间的沟通以及组织与公众环境之间的沟通，使组织成员在工作中能真正理解和学习对方的文化,实现组织成员跨文化理解能力、适应能力和沟通能力的提升。

例如,某公司有外派需求时,在人员外派前的准备阶段,他们需要获取自己即将居住地区的住房、学校、娱乐、购物、医疗保健设施等信息,以便更快、更好地适应新的生活方式。为了进一步激励外派人员,上级管理人员还应为外派人员制订一份职业发展规划,将外派工作与外派人员个人的职业生涯匹配起来,并明确外派人员回国以后有可能会担任何种职务等。在此情景下,跨文化培训的方法主要包括讲授法、地区环境模拟等方法。其中,讲授法主要是指举行培训讲座,由专家为外派人员及其家人讲解所到国家的风俗习惯和宗教文化等方面的知识。地区环境模拟则是指将员工及其家人带到本国的某些具有文化多样性的社区进行生活体验,有时候甚至可以先派往东道国去体验一段时间。

3. 推动文化融合

在跨文化沟通过程中,由于不同文化背景的沟通主体和客体,各自按自己的文化习惯处事,文化冲突在所难免。冲突的代价可能是巨大的,因此,推动文化融合,求同存异,化解文化冲突是实现跨文化有效沟通的关键一步。

文化融合是指不同文化之间相互承认、相互尊重、相互协调,在求同存异的过程中认识到文化差异,并且相互学习,从而形成一种新的、被不同文化背景下的人们所认可的组织文化。文化融合应从三方面着手:①建立共同价值观。共同价值观可以提高员工的凝聚力和向心力,让不同文化背景的人朝着一个方向努力。共同价值观将成员的思想与行为与组织目标联系在一起,减少文化冲突的出现。②完善相关制度。高度认同的价值理念只有落实到具体的制度中,才能真正规范、约束成员行为,减少文化冲突。③创新组织文化。积极学习借鉴外国的优秀文化和先进思想,在融合中创新,努力形成既体现优良传统,又吸收先进思想,还符合全球规律的中外双方员工都高度认可的组织文化。

比如,长安福特马自达汽车有限公司开创了整体文化特色,充分把握好中外文化的共性和个性,实行了特别豁免制度和通融政策:"在馈赠方面,在不会引起他人无端误解又能促进公司业务的前提下,允许接受商业伙伴低于一定价值的自愿馈赠。在社交活动方面,经过经理事先批准并保证不给第三方丝毫理由怀疑的前提下,允许接受与业务有关的餐食活动。"

4. 完善交流机制

来自不同国家的员工想要实现良好、有效的沟通和交流,除了要适当参与跨文化培训之外,组织也应该在公司内部建立有效的沟通和交流机制。完善跨文化环境下的交流机制,主要有两步工作:①构建交流平台,为员工尽可能多创造交流机会,不论是工作上的还是非工作上的,如通过例会、文体活动、聚餐、郊游促进员工之间的友谊,增强彼此的感情和信任。②完善反馈机制。管理者可以安排定期的接待或者是提供信箱、邮件等联络方式,使员工能够及时、有效地反馈信息，营造上下级沟通顺畅的氛围，缩小员工与领导的距离，在一定程度上消除下级与上级沟通的心理障碍。

12.4.2 跨文化沟通的个体策略

  日趋频繁的公司跨国并购、合资和合作带来的跨文化挑战造成了跨国公司的员工个体沟通问题。[①] 因此，我们须明确"走出去"和"走进来"跨国公司内部的中国员工进行跨文化沟通的挑战、不同的情境和应对策略。"走出去"跨国公司内的中国员工面临的跨文化沟通包括跨文化组织的内部沟通与外部沟通，"走进来"跨国公司内的中国员工面临的跨文化沟通以内部沟通为主，因此前者挑战往往比后者的更多、更复杂。

  跨文化组织内部沟通在"走出来""走出去"公司中都有出现，主要集中在跨文化工作团队中，包括部门内同事与同事之间、员工与上级之间、跨部门交流等。而跨文化组织外部沟通主要是指不同文化背景的人以达成交易为目的而进行的沟通，包括公司与客户之间、公司与合作伙伴之间、公司与他国政府之间等。当然，这些以达成交易为目的的沟通情境都是由人来实现的。由此可见，"走进来"公司的中国员工因在进行外部交易时更多与本国人沟通，因此较少面临外部跨文化交流的冲突。

  跨文化组织内部沟通情境如图 12-7 所示，跨文化组织外部沟通情境如图 12-8 所示。

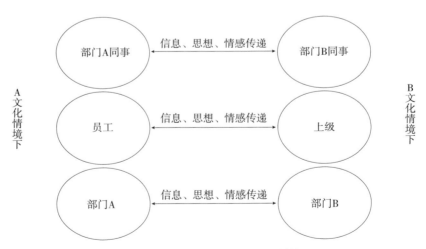

图 12-7　跨文化组织内部沟通情境

改编自：田志龙，熊琪，蒋倩，JIN Lixian，ZHOU Yun. 跨国公司中中国员工面临的跨文化沟通挑战与应对策略 [J]. 管理学报，2013，10（7）：1000-1015.

---

① 霍夫斯泰德 J，霍夫斯泰德 G Y. 文化与组织：心理软件的力量 [M]. 李原，孙健敏，译. 北京：中国人民大学出版社，2010.

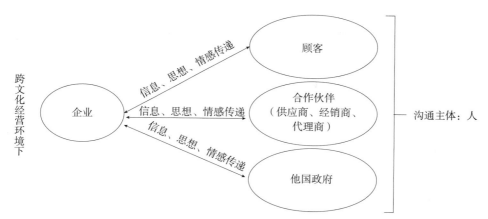

图 12-8　跨文化组织外部沟通情境

改编自：田志龙，熊琪，蒋倩，JIN Lixian，ZHOU Yun.跨国公司中中国员工面临的跨文化沟通挑战与应
对策略 [J]. 管理学报，2013，10（7）：1000-1015.

1. "走出去" 公司中国员工的跨文化沟通

"走出去" 公司的中国员工往往处于 "内外交困" 的状态，既要面临公司内部的跨文化沟通挑战情境，还要应对公司外部的跨文化沟通情境。其中内部挑战主要是指在东道国分公司内部的中外员工之间的沟通问题。外部挑战主要来自于东道国客户和东道国政府人员，其次来自合作伙伴的沟通问题。

在跨文化沟通过程中，"走出去" 公司的中国员工面临的主要挑战包括：内部管理机制，外部跨文化沟通中的交易事项、政府政策事项、语言事项和战略与战术事项等方面的冲突。

（1）跨文化组织内部沟通。"走出去" 中国公司在内部团队的跨文化沟通方面的冲突因素来源于三个层面：①组织层面，包括行为规范、人事管理、执行方面、决策等方面。②环境层面，包括文化自恋 / 文化狭隘、风俗习惯差异等。③个人层面中的个人行为、立场、价值取向、语言差异等因素。

在内部管理机制上的沟通挑战，集中在人力资源管理事项和计划执行事项。由于中国公司在开拓期，希望通过高绩效工资发放机制激发员工的高效率，但是东道国很多员工只注重基础部分，不关注期望部分，工作努力程度较低，当他们没有得到最低奖金时，中外员工之间的冲突就产生了。而且，中国员工大多不擅长计划，虽执行力有余，但往往完成的任务并不符合要求；而外国员工虽讲究计划性，按部就班，任务完成质量较好，但效率低，缺乏灵活性。这常常导致中外员工在计划执行等方面存在各种冲突。

（2）跨文化组织外部沟通。"走出去" 公司的中国员工面临的跨文化组织外部沟通情境主要分为与海外政府工作人员之间以及与外国客户之间的跨文化沟通。

中国员工在与海外政府工作人员沟通过程中，冲突主要源于员工对东道国的低合法性认知。他们的主要原则是：尽量让当地人与当地人沟通。其主要表现为：没了解清楚国外的法律时，在不必要的前提下尽量避免与他们打交道。当避免不了时，就让公司的当地员工来负责沟通解决。当所涉及的事情较为复杂、处理手续繁多的时候，中国员工一般会聘请专业的项目顾问、咨询公司、法律顾问来作为沟通中介。

例如，中兴在印度的公司高管就是一名印度本地人，而不是从母公司派过去的。这样做，第一，树立了公司形象，给了客户很大的信心。大家会开始认为中兴开始真正本地化了，是一个会长久做下去的公司。第二，会给本地员工一个很大的激励，会让他们觉得骄傲，觉得自己的职业发展道路有了盼头。第三，在公众关系和政治关系的运作上，尖端的本地人才能够提供较大的帮助。

"走出去"公司的中国员工在与外国客户的跨文化沟通方面，风俗习惯差异、个人行为等因素是造成沟通冲突最主要的原因。在处理与海外客户的关系时，他们会把重点集中在"尊重风俗文化""低价策略""了解客户各方面需求"以及"搞好客户关系"4个方面。

"走出去"公司在遇到上述跨文化沟通产生的冲突时，公司往往倾向于采用借助东道国的员工、机构等外力的应对战略，其中国员工更多地采用间接型应对策略，如增强自身的跨文化知识、经验、外语水平，以及采用妥协的应对策略。

（1）学习策略。学习策略主要应用于分公司内部中外员工沟通、中国员工与当地客户和当地政府人员沟通挑战情境当中。由于外派的中国员工大都比较年轻，主要是刚毕业的学生在总部工作几年就被派到海外来，或者是从事技术研发工作的员工被调派到海外做市场工作，基本没什么社会阅历，因此急需学习跨文化知识、积累经验和提高外语水平。

（2）妥协策略。妥协策略主要应用于中国员工与当地政府人员、合作商和客户沟通的情境中，因为东道国政府政策和法律限制是中国员工无法控制和改变的，只能妥协。少部分妥协策略也针对公司内部沟通情境和事项。例如，改变沟通方式，逐渐适应外国员工，这种策略主要应用于公司内部的跨文化沟通情境，以及中国员工与当地客户之间的沟通情境。

（3）引入第三方策略。在遇到跨文化沟通挑战时，进行及时沟通、尊重对方、保持诚信、维护双方平等也是非常重要的方法。如果是在自身解决不了跨文化沟通挑战，那么只能寻求第三方的帮助，如请上司进行调解。

2. "走进来"公司中国员工的跨文化沟通

"走进来"公司多会因为资本背景、技术水平和管理水平等原因招聘一些外籍员工，通常从事技术和管理岗位，因此中国员工的跨文化沟通情境主要在公司内部。"走进来"的外资公司在内部团队的跨文化沟通方面的冲突因素集中在行为规范、利益不同、风俗习惯差异以及执行方面。因为在通常情况下，这些"走进来"

的外资公司里的外籍员工多为技术专家或是管理层员工，人数并不是非常多，在社会文化差异如宗教、风俗等方面都会以尊重的态度来对待，很少情况下会因此而造成沟通冲突。而在工作过程中，由于工作理念、执行方式等原因造成的误解的情景会比较多。在非文化差异因素上，利益作为一个显性因素，也容易造成沟通过程中的冲突。

因此，"走进来"公司的中国员工面临的主要挑战事项主要包括内部管理机制、语言事项中的沟通挑战。①

首先，在内部管理机制上，其中计划与执行冲突仍然显著。首先是由于中国员工的低计划、高执行和外国员工的高计划、低执行的工作习惯的不匹配带来的冲突，例如，某中法合资的汽车公司，法方的工作人员计划性非常强，工作时间和私人时间严格区分，在人事管理上工会的作用发挥非常重要，而中方的员工相比较而言，计划性会弱一些，对于加班加点的工作要求接受性更高，为人处事上更中庸一些。二是由于中国员工的结果导向和外国员工注重风险点控制的过程导向的不匹配带来的冲突。

其次，在语言事项上，由于语言、文字的深层内涵及其表达方式上的不同造成了沟通中的误会，因而容易产生沟通障碍。例如，一位中方员工认为技术图纸上某处粘胶的位置存在问题，就说"你这个粘胶怎么这样粘的？"其实他的意思是"这个粘胶的位置弄错了"，但是由于沟通上的误解，美国同事理解为："粘胶的位置在工艺流程上是怎么做的？"于是他就讲了一大堆流程上的解释。所以跟外籍员工沟通时，应该直截了当，而不是用反问的方式。

"走出去"公司和"走进来"公司之间及其中国员工之间采取的应对跨文化沟通挑战的策略存在显著差异，"走进来"公司更倾向于采用从公司内部培育中国员工能力的应对策略，中国员工在遇到跨文化沟通挑战时更多地采用直接型应对策略，主要策略是改变沟通方式、及时沟通、引入第三方等。

（1）方式改变。改变沟通方式，逐渐适应对方，这种策略主要应用在分公司内部中外员工之间的沟通中。例如，通常中国员工表达比较含蓄，而"走进来"外资公司的外派员工表达比较直接，所以有问题必须清楚明白地告诉他们，否则容易出现沟通的问题，中国员工意识到这个问题后，就逐渐从含蓄的沟通方式调整为比较直接的沟通方式。

（2）及时沟通。与外国人员进行及时沟通，这种策略也是中国员工应对公司内部跨文化沟通问题的重要方式，这种方式可以快速降低沟通冲突带来的成本，提高效率。

---

① 田志龙，熊琪，蒋倩等.跨国公司中中国员工面临的跨文化沟通挑战与应对策略 [J].管理学报，2013，10（7）：1000-1015.

（3）引入第三方策略。引入第三方（如上司、工会等）帮助解决跨文化冲突，公司要建立集体协商制度，加紧"走进来"公司中工会的建设，使工会能够成为一个缓冲地带，发挥工会在员工关系调整中的作用。

跨国公司的中国员工面临的跨文化沟通挑战情境如图 12-9 所示。

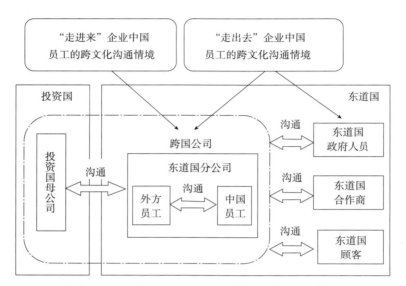

图 12-9　跨国公司的中国员工面临的跨文化沟通挑战情境

改编自：田志龙，熊琪，蒋倩，JIN Lixian，ZHOU Yun. 跨国公司中中国员工面临的跨文化沟通挑战与应对策略 [J]. 管理学报，2013，10（7）：1000-1015.

【本章小结】

1. 跨文化沟通的模型：文化"洋葱模型"、文化"冰山模型"。

2. 跨文化沟通的含义：不同文化背景的群体之间的交互作用，通常是指两个及以上来自不同种族、民族、国家的群体之间的交互。

3. 跨文化沟通的 3 个阶段：文化交流阶段、文化适应阶段、文化融合阶段。

4. 沟通中的文化差异分为显性文化差异和隐性文化差异，其中显性文化差异包括语言和非语言差异，隐性文化差异包括权利距离、个体主义—集体主义、男性化—女性化、不确定性规避、长期导向—短期导向之间的差异。

5. 跨文化沟通的障碍在于：语言障碍、风格障碍、认同障碍、心理障碍。

6. 跨文化沟通的原则：尊重原则、平等原则、包容原则、灵活原则。

7. 跨文化沟通的组织策略包括进行文化分析、开展跨文化培训、推动文化融合以及完善交流机制，个人策略包括对于组织内部与外部的沟通策略。

【问题讨论】

1. 简述跨文化沟通的概念内涵。
2. 跨文化沟通中有哪些障碍?
3. 跨文化沟通应该遵循哪些原则?
4. 在东道国的跨文化沟通中,有哪些策略?
5. 在母国的跨文化沟通中,有哪些策略?

【案例分析】中国石油在哈萨克斯坦 M 项目的跨文化管理

1993 年, 中国石油开始走出国门, 实施国际化经营。经过 28 年的努力, 中国石油海外业务经历探索发展、基础发展、快速发展和规模发展四个阶段, 实现了从无到有、从小到大、从弱到强的跨越式发展。特别是 2019 年、2020 年, 海外油气作业产量当量连续突破 1 亿吨, 权益产量当量超过 5000 万吨, 并保持可比国际同行的盈利能力, 成为我国跨国公司的领头羊, 有效地保障了国家能源供应安全。截至 2020 年年底, 中国石油在 35 个国家参与运营, 管理着 94 个油气合作项目, 并作为油气承包商、供应商和服务商在全球近 80 个国家开展业务。中国石油所取得的成绩离不开其在跨文化管理上的成功实践。

哈萨克斯坦 M 项目是中国石油在 2009 年收购的海外大型在产油田, 总交易金额近 30 亿美元。M 项目由中国石油和哈萨克斯坦国家石油公司派出人员实行 50 ∶ 50 等权管理、等权决策, 文件双签。项目建设和运营整合的高峰时期, M 项目共有员工近 6000 人, 其中中方员工只有约 40 人, 员工本地化比例超过 99%。

作为等权管理项目, 经常会面临管理双方讨价还价, 影响项目决策和正常运转, 最终导致双方不欢而散的情况。对于 M 项目, 中国石油没有绝对的话语权, 处于跨文化管理的被动地位, 如何不卑不亢地完成跨文化整合, 中国石油需要合理地将不同的文化特性、价值观念和文化传统与先进的管理方法有机地融为一体, 使双方的文化充分发挥协同效应。中国石油主要有以下三个方面的举措。

(1) 倡导相互尊重、相互理解、相互信任、相互支持的工作氛围。中国传统儒家文化主张与人为善, 谦和礼让, 维护集体;哈国文化信奉成王败寇, 以个人愿望和利益为中心。针对这种文化差异, M 项目着力在中哈双方员工中培育团结一致、和谐共赢、拼搏创新的企业精神和共同价值观。将儒家文化“厚德、包容、开放”的优良传统发扬光大, 充分尊重哈方的股东和管理人员, 并要求中方员工多了解哈国文化习俗、多学习哈族语言、多结交哈族朋友。通过平等交流, 努力消除语言、文化的隔阂和障碍,在合作中增进理解和信任。鼓励中方员工参加哈方员工的婚丧、生日活动, 实现“本地化”。这些举措, 实现了中哈员工间的文化融合, 增强了员工对企业的归属感、荣誉感和忠诚度。

（2）在完成并购后，M 项目管理层主动与哈国国家相关部门、州区政府沟通交流，与工会保持良好的关系，结合社会公益和赞助活动，适度安排油田周边社区贫困家庭成员和毕业大学生就业，在追求企业利益最大化的同时，兼顾社会整体利益和长远发展，最大限度地取得各利益相关方的支持，为 M 项目运营打造良好的外部环境。中国石油收购接管后，新管理层在处理多起重大法律纠纷时，都得到了利益相关方的大力支持，M 项目全部获得胜诉，使得公司避免了大量的权益损失，也为文化融合塑造了良好的外部环境。

（3）M 项目聘请专业管理咨询公司，在获得文化共性认识的基础上建立起共同的组织愿景，推行"平衡计分卡"战略管理体系，明确实现愿景的计划和步骤，同时通过各种方式在双方员工中不断地宣传和沟通这一方案，并得到大家的认同。最终 M 项目中外方达成一致：使 M 项目成为哈萨克斯坦领先的、财务盈利能力强、经济效益最大化，并有效挖掘油田潜力、具有良好社会形象的石油公司、技术创新的先锋和承担社会责任的楷模。许多著名的并购案例，最终失败的根本原因在于未能有效达成对未来共同的期望。M 项目新的愿景既体现了中国石油的企业宗旨、企业精神和企业理念等，同时也吸收了哈国文化满足个人愿望和利益以及哈国政府和社会对公司的期望，具有很强的包容性、激励性和先进性。

中国石油 M 项目的成功表明，中国石油的跨文化管理水平持续提升，具有中国特色的国际化、标准化项目运作模式逐渐成形。

资料来源：陆如泉. 全球化遭遇逆流、偏见无所不在，但这家石油央企的跨文化管理却做得有声有色！[EB/OL].[2021-06-27](2021-09-14). https://www.sohu.com/a/474395959_158724.

思考讨论题：

1. 结合案例内容，谈谈中哈两国在文化上有什么差异？

2. 你认为中国石油在 M 项目上有哪些成功的跨文化管理沟通经验？

3. 假如你有机会被派到国外工作，你需要做好哪些跨文化沟通准备？

参 考 文 献

[1] Axelrod A，Georgescu P. Eisenhower on Leadership：Ike's Enduring Lessons in Total Victory Management [M]. John Wiley & Sons，2010.

[2] Belbin R M. Team Roles at Work（Second edition）[J]. Oxford：Butterworth-Heinemann，2010.

[3] Festinge L. A Theory of Social Comparison Processes[J]. Human Relations，1954，7（2）：117-140.

[4] G. 理查德·谢尔. 沃顿商学院最实用的谈判课（原书第二版）[M]. 林民望，李翠英，译. 北京：机械工业出版社，2020.

[5] Lewis P S，Goodman S H，Fandt P M. Management：Challenges in the 21st Century [M]. St. Paul，Minnesota：West Publishing Company，1995.

[6] Luft J，Ingham H. The Johari Window：a Graphic Model of Awareness in Interpersonal Relations [J]. Human Relations Training News，1961，5（9）：6-7.

[7] Neuhauser P C，Bender R，Stromberg K L. Culture. com：Building Corporate Culture in the Connected Workplace[M]. Ontario：John Wiley & Sons，2000.

[8] Nienkamp，Jean. Internal Rhetorics：Toward a History and Theory of Self-persuasion [M]. IL：Southern Illonois University Press，2001.

[9] Rosenthal U. Pijnenburg B. Crisis Management and Decision Making：Simulation Oriented Scenarios [M]. Dordrecht：Kluwer Academic Publishers，1991.

[10] Tuckman B W. Developmental Sequence in Small Groups [J]. Psychological Bulletin，1965，63（63）：384-399.

[11] William W Wilmot，Joyce L Hocker. Interpersonal Conflict（7th ed.）[M]. New York：McGraw-Hill，2007.

[12] 艾森·拉塞尔. 麦肯锡方法 [M]. 北京：机械工业出版社，2009.

[13] 爱德华·霍尔. 超越文化 [M]. 何道宽，译. 北京：北京大学出版社，2010.

[14] 巴纳德. 经理人员的职能 [M]. 王永贵，译. 北京：机械工业出版社，2007.

[15] 芭芭拉·明托. 金字塔原理：思考、写作和解决问题的逻辑 [M]. 汪洱，等译. 海口：南海出版社，2010.

[16] 彼得·圣吉，等．第五项修炼：实践篇 [M]．张兴，等译．北京：东方出版社，2006.

[17] 曹曼．为什么要睡觉 [J]．科学世界，2013（5）：54–61.

[18] 曹怡晴．多一些"板凳上的谈心" [N]．人民日报，2017–05–24（005）.

[19] 岑丽莹．中外危机公关案例启示录 [M]．北京：企业管理出版社，2010.

[20] 曾仕强．圆通的人际关系 [M]．北京：北京大学出版社，2008.

[21] 查尔斯·E–贝克．管理沟通：理论与实践的交融 [M]．康青，等译．北京：中国人民大学出版社，2003.

[22] 陈晓萍．跨文化管理 [M]．2 版．北京：清华大学出版社，2009.

[23] 陈志霞．社会心理学 [M]．北京：人民邮电出版社，2016.

[24] 戴尔·卡内基．卡内基沟通与人际关系 [M]．北京：中信出版社，2008.

[25] 戴维·迈尔斯．社会心理学（第 11 版）[M]．侯玉波，乐安国，张智勇，等译．北京：人民邮电出版社，2016.

[26] 丹尼尔·戈尔曼．情商 [M]．杨春晓，译．北京：中信出版社，2010.

[27] 丹尼斯·库恩．心理学导论：思想与行为的认识之路 [M]．郑钢，等译．北京：中国轻工业出版社，2004.

[28] 丁海宴，赵鸿燕，等．新闻发言人与媒体沟通策略与技巧 [M]．北京：中国传媒大学出版社，2009.

[29] 丁宁．管理沟通：理论、技巧与案例分析 [M]．北京：人民邮电出版社，2016.

[30] 杜慕群．管理沟通案例 [M]．北京：清华大学出版社，2013.

[31] 端木自在．社交与礼仪 [M]．南昌：江西美术出版社，2017.

[32] 方其．商务谈判：理论、技巧、案例 [M]．3 版．北京：中国人民大学出版社，2012.

[33] 盖伊·拉姆斯登．群体与团队沟通 [M]．冯云霞，译．北京：机械工业出版社，2004.

[34] 高福安，孙江华．媒体管理概论 [M]．北京：中国传媒大学出版社，2006.

[35] 高捍东．有效演讲口才技能 [M]．长沙：中南工业大学出版社，1995.

[36] 龚荒．商务谈判与沟通：理论、技巧、案例 [M]．北京：人民邮电出版社，2018.

[37] 郝继明．危机事件中新闻发言人的"十要"与"十忌" [J]．领导科学，2010（18）：15–16.

[38] 何斌．信息管理原理与方法 [M]．北京：清华大学出版社，2011.

[39] 何海燕，张晓甦．危机管理概论 [M]．北京：首都经济贸易大学出版社，2006.

[40] 黑尔里格尔，斯洛克姆，伍德曼，等．组织行为学 [M]．岳进，王志伟，俞家栋，于波，等译．北京：中国社会科学出版社，2001.

[41]　亨利·明茨伯格. 管理者的工作：传说与事实 [J]. 哈佛商业评论，2004（01）：27–42.

[42]　胡百精. 危机传播管理 [M]. 3 版. 北京：中国人民大学出版社，2014.

[43]　黄芙蓉. 危机管理与媒体应对 [M]. 北京：知识产权出版社，2012.

[44]　黄甜，等. 沟通技巧与团队建设 [M]. 北京：人民邮电出版社，2013.

[45]　黄桢善. 商务男士的魅力衣装 [M]. 千太阳，译. 桂林：漓江出版社，2011.

[46]　惠亚爱，舒燕. 沟通技巧与团队合作：微课版 [M]. 3 版. 北京：人民邮电出版社，2019.

[47]　霍夫斯坦德. 文化之重：价值、行为、体制和组织的跨文化比较 [M]. 徐力生，导读. 上海：上海外语教育出版社，2008.

[48]　吉尔特·霍夫斯泰德，格特·扬·霍夫斯泰德. 文化与组织：心理软件的力量（第二版）[M]. 李原，孙健敏，译. 北京：中国人民大学出版社，2010.

[49]　基蒂 O. 洛克，唐娜 S. 金茨勒. 商务与管理沟通（原书第 8 版）[M]. 赵银德，等译. 北京：机械工业出版社，2013.

[50]　纪志明. 团队管理 [M]. 北京：科学出版社，2011.

[51]　冀巧英，谷静敏. 人际沟通与礼仪 [M]. 北京：对外经济贸易大学出版社，2010.

[52]　贾启艾. 人际沟通 [M]. 南京：东南大学出版社，2013.

[53]　贾璇. 快递小哥被打顺丰强势应对 [J]. 中国经济周刊，2016（16）：11.

[54]　简·博克，莱诺拉·袁. 拖延心理学 [M]. 蒋永强，等译. 北京：中国人民大学出版社，2009.

[55]　姜维. 管理沟通：实践与策略 [M]. 北京：电子工业出版社，2013.

[56]　杰拉尔德·格林伯格，罗伯特·A. 巴伦. 组织行为学（第 9 版）[M]. 毛蕴诗，主译. 北京：中国人民大学出版社，2011.

[57]　金正昆. 礼仪金说：金正昆教你学礼仪 I[M]. 西安：陕西师范大学出版社，2006.

[58]　金正昆. 交际礼仪 [M]. 2 版. 北京：中国人民大学出版社，2015.

[59]　靳娟. 跨文化商务沟通 [M]. 北京：首都经济贸易大学出版社，2010.

[60]　卡尔·霍夫兰，欧文·贾尼斯. 传播与劝服：关于态度转变的心理学研究 [M]. 张建中，译. 北京：中国人民大学出版社，2015.

[61]　雷诺兹，瓦伦丁. 跨文化沟通指南 [M]. 张微，译. 北京：清华大学出版社，2004.

[62]　李爽. 商务谈判 [M]. 北京：人民邮电出版社，2017.

[63]　刘思扬，吴丹，耿欣. 努力掌握灾难报道舆论引导主动权：新华社关于"东方之星"客船翻沉事件报道简析 [J]. 中国记者，2015（08）：42–44.

[64] 罗宾斯.管理学 [M].孙健敏，译.北京：中国人民大学出版社，2004.

[65] 罗纳德·B.阿德勒，拉塞尔·F.普罗科特.沟通的艺术：看入人里，看出人外（原书第 12 版）[M].黄素菲，译.北京：世界图书出版公司，2012.

[66] 麻友平.人际沟通艺术 [M].2 版.北京：人民邮电出版社，2017.

[67] 玛丽·爱伦·伽菲.商务沟通：过程与结果 [M].柳治国，逄艳红，高鹏，译.大连：东北财经大学出版社，2001.

[68] 玛丽·蒙特.管理沟通指南：有效商务写作与演讲（第八版）[M].钱小军，张洁，译.北京：清华大学出版社，2010.

[69] 迈克尔 –E.哈特斯利，林达·麦克詹妮特.管理沟通原理与实践 [M].李布，等译.北京：机械工业出版社，2008.

[70] 欧文·戈夫曼.日常生活中的自我呈现 [M].黄爱华，等译.杭州：浙江人民出版社，1989.

[71] 潘肖钰，谢承志.商务谈判与沟通技巧 [M].2 版.上海：复旦大学出版社，2012.

[72] 彭凯平.吾心可鉴：跨文化沟通 [M].北京：清华大学出版社，2020.

[73] 乔治·H.米德.心灵、自我与社会 [M].赵月瑟，译.上海：上海译文出版社，2005.

[74] 曲扬.竞争还是合作？——红黑博弈揭示的商务谈判思维 [J].经济问题，2014（02）：91–94.

[75] 荣格.荣格性格哲学 [M].李德荣，编译.北京：九洲出版社，2003.

[76] 桑德拉·黑贝尔斯，理查德·威沃尔二世.有效沟通（第 7 版）[M].李业昆，译.北京：华夏出版社，2005.

[77] 沈江，赵云龙.弥合文化鸿沟 [J].北大商业评论，2014（05）：44–51.

[78] 沈远平.管理沟通案例分析精选 [M].北京：知识产权出版社，2011.

[79] 史蒂芬·柯维.高效能人士的七个习惯 [M].高新勇，王亦兵，葛雪蕾，译.北京：中国青年出版社，2010.

[80] 史蒂夫·莫腾森.跨文化传播学：东方的视角 [M].关世杰，胡兴，译.北京：中国社会科学出版社，1999.

[81] 史蒂文·L.麦克沙恩，玛丽·安·冯·格利诺.组织行为学（原书第 7 版）[M].吴培冠，译.北京：机械工业出版社，2012.

[82] 史蒂文·L.麦克沙恩.新技术下的组织沟通 [J].北大商业评论，2013（06）：54–65.

[83] 苏勇，罗殿军.管理沟通 [M].上海：复旦大学出版社，2011.

[84] 孙汝建.口语交际与副语言 [M].北京：中国轻工业出版社，2007.

[85] 田志龙，熊琪，蒋倩，JIN Lixian，ZHOU Yun.跨国公司中中国员工面临的跨文化沟通挑战与应对策略 [J].管理学报，2013，10（7）：1000–1015.

[86] 王财玉，雷雳，乔雪 . 愉悦追求在自我调节疲劳与大学生智能手机成瘾之间的中介作用：自然联结的调节作用 [J]. 心理发展与教育，2021（04）：601-608.

[87] 王灿昊，段宇锋 . 主管发展性反馈与员工建言的双向反馈机制研究：工作场所压力的调节作用 [J]. 经济与管理研究，2021，42（04）：105-118.

[88] 王瑞永，王晔，邹晓春 . 管理沟通：理论、工具、测评、案例 [M]. 北京：化学工业出版社，2014.

[89] 王雪芳，张红霞 . 全行业危机下沟通策略的选择与消费者信任重建 [J]. 管理学报，2017，14（09）：1362-1373.

[90] 王雨涵 . 认识自我：心理学家名家名著导读 [M]. 北京：生活·读书·新知三联书店，2019.

[91] 威尔伯·施拉姆，威廉·波特 . 传播学概论（第二版）[M]. 何道宽，译 . 北京：中国人民大学出版社，2010.

[92] 威廉·沃克·阿特金森 . 催眠控制术：暗示与自我暗示术 20 讲 [M]. 天津：天津社会科学院出版社，2012.

[93] 魏江 . 管理沟通：成功管理的基石 [M]. 4 版 . 北京：机械工业出版社，2019.

[94] 文欣 . 领导不可不知的管理学常识 [M]. 北京：金城出版社，2011.

[95] 吴湘频 . 商务谈判 [M]. 北京：北京大学出版社，2014.

[96] Brian Luke Seaward. 压力管理策略：健康和幸福之道（第五版）[M]. 许燕，等译 . 北京：中国轻工业出版社，2008.

[97] 亚伯拉罕·马斯洛 . 动机与人格（第 3 版）[M]. 许金声，等译 . 北京：中国人民大学出版社，2013.

[98] 亚伦·皮斯，芭芭拉·皮斯 . 身体语言密码 [M]. 王甜甜，等译 . 北京：中国城市出版社，2007.

[99] 严文华 . 跨文化沟通心理学 [M]. 上海：上海社会科学院出版社，2012.

[100] 姚裕群，等 . 团队建设与管理 [M]. 3 版 . 北京：首都经济贸易大学出版社，2013.

[101] 叶伟巍，朱新颜 . 商务谈判 [M]. 杭州：浙江大学出版社，2014.

[102] 俞敏洪 . 我曾走在崩溃的边缘：俞敏洪亲述新东方创业发展之路 [M]. 北京：中信出版社，2019.

[103] 詹姆斯·S. 奥罗克 . 管理沟通：以案例分析为视角（第 4 版）[M]. 康青，译 . 北京：中国人民大学出版社，2011.

[104] 张传杰，黄漫宇 . 商务沟通：方法、案例和技巧 [M]. 北京：人民邮电出版社，2018.

[105] 张继民 . 机关思考录 [M]. 北京：国防大学出版社，2012.

[106] 张龙,李想.管理者为什么纳言?——基于说服理论的研究 [J].外国经济与管理,2016,38（09）：80-92.

[107] 张守刚.商务沟通与谈判 [M].3 版.北京：人民邮电出版社,2020.

[108] 张巍.逻辑表达：高效沟通的金字塔思维 [M].杭州：浙江大学出版社,2020.

[109] 张振刚,陈志明.创新管理：企业创新路线图 [M].北京：机械工业出版社,2013.

[110] 张振刚,雷育胜.大学生学习与职业生涯规划 [M].北京：清华大学出版社,2014.

[111] 张振刚,李云健,余传鹏.员工的主动性人格与创新行为关系研究：心理安全感与知识分享能力的调节作用 [J].科技学与科学技术管理,2014,35（07）：171-180.

[112] 张振刚,徐洋洋,余传鹏.家长式领导研究述评与展望 [J].中国人力资源开发,2013（13）：22-30.

[113] 张振刚.大学教师的三个境界 [N].光明日报,2008-12-03（11）.

[114] 张振刚.关于《甲子华章》创作的思考 [J].华南理工大学学报,2012,14（05）：139-145.

[115] 张振刚.论促进大学生事业发展之三要素 [J].高校辅导员,2013（02）：3-7.

[116] 张振刚.培养创新创造创业型国际化人才 [N].南方日报,2010-12-05（A7）.

[117] 张振刚.以"组织型学习"推进学习型组织建设 [N].广州日报,2009-11-24（B4）.

[118] 张振刚,等.问鼎"挑战杯"：全国大学生课外学术科技作品竞赛指南 [M].北京：高等教育出版社,2012.

[119] 中共中央马克思恩格斯列宁斯大林著作编译局.马克思恩格斯选集 [M].北京：人民出版社,2012.

[120] 周庆.群狼战术：华为销售团队建设与激励法则 [M].北京：中国人民大学出版社,2018.

[121] 朱春燕,陈俊红,孙林岩.商务谈判案例 [M].北京：清华大学出版社,2011.